Knaur

Von Ruediger Dahlke sind außerdem erschienen:

Herz(ens)probleme (76010)
Gewichtsprobleme (76024)
Die Psychologie des blauen Dunstes (76025)
Verdauungsprobleme (76026)

Über die Autoren:

Ruediger Dahlke, Jahrgang 1951, ist Arzt für Naturheilwesen und Psychotherapeut. Zusammen mit seiner Frau Margit Dahlke leitet er ein Heilkundezentrum für ganzheitliche Medizin.

Margit und
Ruediger Dahlke
(Hrsg.)

Das spirituelle
Lesebuch

Mit Texten von Khalil Gibran,
Dalai Lama, Thorwald Dethlefsen,
David Steindl-Rast, Oliver Sacks,
Lama Anagarika Govinda,
C. G. Jung, Rabindranath Tagore

Knaur

Besuchen Sie uns im Internet:
www.droemer-knaur.de

Dieses Buch wurde auf chlor- und säurefreiem Papier gedruckt.

Vollständige Taschenbuchausgabe März 1999
Droemersche Verlagsanstalt Th. Knaur Nachf., München
Copyright © 1996 Scherz Verlag, Bern und München
Alle Rechte vorbehalten. Das Werk darf – auch teilweise –
nur mit Genehmigung des Verlages wiedergegeben werden.
Umschlaggestaltung: Peter F. Strauss
DTP-Satz und Herstellung: Barbara Rabus
Druck und Bindung: Ebner Ulm
Printed in Germany
ISBN 3-426-86181-X

2 4 5 3 1

Inhalt

Einführung

Das Lesen spiritueller Texte ist inzwischen auch bei uns im Westen wieder in Mode gekommen. Wie aus einem Nachholbedarf und um viele Jahrzehnte Materialismus zu kompensieren, werden wir seit Jahren von einer wachsenden Flut spiritueller Schriften geradezu überschwemmt. Während ständig Neues erscheint, werden glücklicherweise auch die alten und eigentlich zeitlosen Werke der Weisheitslehren wiederentdeckt und neu aufgelegt. *Lesen* wir die Bedeutung des Lesens spiritueller Literatur an der Zahl der jährlichen Publikationen in diesem Bereich ab, ist sie ohne Frage enorm. Mehr als ein Drittel aller Neuerscheinungen auf dem Buchmarkt stammt aus dieser Ecke. Während vor fünfundzwanzig Jahren die entsprechenden deutschsprachigen Bücher noch recht überschaubar gerade ein kleines Regal unserer Buchhandlung füllten, sind die inzwischen zahlreichen esoterischen Läden kaum mehr in der Lage, das ganze Angebot zu präsentieren. Wir erleben eine in vieler Hinsicht beeindruckende Renaissance spirituellen Gedankenguts, und das in einer Zeit, da das Lesen eher hintangestellt und geistiges Fastfood in Form von Comics und Videos bevorzugt wird.

Die Gründe für das neuerliche Erstarken spiritueller Strömungen samt der entsprechenden Literatur sind vielfältig, lassen sich jedoch an drei Haupttendenzen festmachen. Zum einen ist da der Verfall der großen christlichen Amtskirchen, die in beeindruckender Geschwindigkeit Anhänger verlieren und deren Vertreter in Großstädten schon jetzt vielfach vor fast leeren Bänken predigen müssen. Das so entstandene religiöse Vakuum ruft gleichsam nach Ersatz, und daher ist es nicht verwunderlich, daß die Esoterikszene gerade dort am besten gedeiht, wo die Kirchen am stärksten abbauen.

Ein weiterer Grund dürfte in der ebenfalls rasant zunehmenden Abkehr von der Schulmedizin liegen. Für immer mehr Menschen sind immer mehr Medikamente zur Bekämpfung immer neuer Symptome keine Lösung, und so suchen sie nach Alternativen. Das Bedürfnis nach *Heil*ung in einem umfassenden Sinn erfüllt die Menschen, interessiert aber die Vertreter der offiziellen Medizin mehrheitlich kaum. Reparatur – auch wenn sie noch so gut ist – reicht vielen nicht und kann vor allem die Suche nach dem Eigentlichen nicht länger ersetzen. Menschen, denen die Einheit von Körper, Seele und Geist klargeworden ist, lassen sich durch ausschließliche Beschäftigung mit dem Körper nicht mehr zufriedenstellen.

Zum dritten dürfte noch hinzukommen, daß die offizielle Psychotherapie das Bedürfnis nach Seelsorge in dem von den Kirchen zurückgelassenen Vakuum nicht befriedigend erfüllt. Sie kümmert sich lieber um wissenschaftlich faßbare Bereiche und widmet sich mit mathematisch-statistischen Methoden dem Verhalten der Menschen oder erstellt intellektuelle Analysen. Daß sich einem archetypisch so weiblichen Gebiet wie der Psyche – man denke nur an das Märchen von Amor und Psyche – mit so männlichen Mitteln wie Mathematik nicht beikommen läßt, hat sich der Universitätspsychologie bis heute nicht erschlossen, und so arbeitet sie am Bedürfnis vieler Menschen vorbei. Konsequent ignoriert sie das Ziel des Lebensweges und hat die drängenden Fragen nach dem Sinn des Lebens noch nicht einmal entdeckt, geschweige denn beantwortet.

Gemeinsam ist allen drei Bereichen, daß sie die Sorge um die Seele und deren Heil so weitgehend außer acht lassen, daß sich als Ausweg die spirituelle Bewegung geradezu ergeben mußte. Ebenfalls gemeinsam ist ihnen der verständliche Wunsch und engagierte Versuch, Leid zu lindern. Daß mit den sich daraus ergebenden repressiven Methoden auch das Heil verhindert wird, erschließt sich auf den ersten Blick nur dem mit dem Polaritätsprinzip Vertrauten. Da das Heil das Ganze meint und also Vollkommenheit, zu der eben alles gehört, verhindern der Ausschluß und die Unterdrückung des Unheilen Ganzheit und führen so am Heil vorbei. Daß aber bei den allopathischen Methoden der Symptomunterdrückung etwas nicht stimmt beziehungsweise zu kurz kommt, spüren inzwischen auch Menschen, die sich um die wechselseitige Bedingtheit von Gut und Böse, Licht und Schatten noch wenig Gedanken gemacht haben. Wachsende Teile der Bevölkerung kehren einer Medizin den Rücken, die nach wie vor nicht einmal das Niveau der modernen Technik erreicht hat. Wer beim Auto die Warnanzeigen ernst nimmt, möchte das oft auch beim eigenen Körper tun und hat zum Beispiel keine Lust, Kopfschmerzen einfach mit Tabletten zu unterdrücken, ohne herauszufinden, was in seinem Kopf nicht stimmt. Die sich bietende Alternative wie etwa das Deuten von Krankheitsbildern führt aber bereits in unmittelbare Nähe spiritueller Ansätze.

Ein weiterer Antrieb hinter der Woge spirituellen Erwachens im Westen dürfte im Mangel an Exerzitien und praktischen Übungsanleitungen hierzulande liegen. Die Kirchen

– allen voran die evangelischen – haben so ziemlich alles abgeschafft, was den Gläubigen spirituelle Erfahrungen ermöglichen könnte. Da sich der Mensch aber auf Dauer ohne solche Erfahrungen nicht entwickeln kann und ihm das Überleben und Überstehen von sinnentleerten Lebensabschnitten auf lange Sicht nicht reicht, wird das diesbezüglich reichhaltige Angebot der spirituellen Szene von immer mehr Menschen bereitwillig angenommen und zum Teil leider auch recht unkritisch konsumiert.

Die *Medizin*, die einst ein ähnliches Ziel wie die *Medi*tation verfolgte, wie sich noch im gemeinsamen Wortstamm zeigt, hatte schon lange vor den etablierten Religionen auf praktische Hilfen zur spirituellen Entwicklung verzichtet. Das ursprüngliche Ziel, die innere Mitte, hat sie längst aus den Augen verloren und begeistert sich fast ausschließlich für Reparaturen am Körper. Bei den Medizinfrauen und -männern archaischer Religionen finden wir bis heute Wissen über Rituale und deren Einsatz, um den Menschen auf ihrem Lebensweg zu helfen. Die Zeit der Priesterärzte, die noch die Berufe von Priester und Arzt in einer Berufung vereinten, ist längst vorbei. Und doch gibt es Hinweise, daß auch unter modernen Ärzten langsam das Bewußtsein wächst, mit der rein funktional ausgerichteten Schulmedizin etwas Wesentliches verloren zu haben.

Was im angestammten ärztlichen Arbeitsfeld unter Hygiene und Diätetik geführt wurde und heute zu Bakterienhatz und Vermeidungsstrategien im Sinne von Schonkost verkommen ist, feiert in der spirituellen Szene in Form von praktischer Lebenshilfe und einer Vielzahl von Lebensreform- und Ernährungsbewegungen Auferstehung. In der Medizin ist es zur reinen Theorie verkommen und dient gerade noch für

Vorworte und zur Garnierung von wissenschaftlichen Einführungen.

Praktische Anleitungen auf dem spirituellen Entwicklungsweg sind in der modernen Psychologie ähnlich schwach vertreten. Abgesehen von Richtungen, die bis heute ein Außenseiterdasein führen – wie die Analytische Psychologie C. G. Jungs, die Psychosynthese Assagiolis, Frankls Daseinsanalyse und verschiedene Strömungen der Humanistischen Psychologie –, findet sich hier vor allem Verhaltensmanagement und Analyse im intellektuellen Sinne, was der Seele auf ihrem Individuationsweg nur wenig nützen und sie oftmals sogar behindern kann. So erleben spirituelle Therapien wie die Reinkarnationstherapie enormen Zulauf, was der Qualität des Angebotenen leider nicht immer besonders zuträglich ist. Nach beinahe zwanzig Jahren Erfahrung mit der Reinkarnationstherapie ist leider festzustellen, daß in der Zeit vor dem Esoterikboom auf diesem Gebiet sehr viel seriöser gearbeitet wurde und es heute viel schwieriger geworden ist, sich auf dem »Markt« zu orientieren.

Das Hauptproblem der spirituellen Bewegung liegt unseres Erachtens in der Gefahr, in das gleiche Fahrwasser zu geraten wie die drei Strömungen, die zu verbessern oder gar zu ersetzen sie sich angeschickt hat. In der breiten Front der Positivdenker finden zum Beispiel Vermeidungsstrategien eine neue Heimat unter anderem Vorzeichen. Statt mit Antibiotika wird jetzt mit Affirmationen zugedeckt. Sicher gut gemeint, hat sich so die New-Age-Bewegung ihr eigenes Grab geschaufelt, denn neu ist solch ein Denken keineswegs. Es ist im Gegenteil die Auferstehung des Alten im neuen Gewande und damit vor allem Irreführung. Allopathie, der Kampf gegen die störenden Dinge, ist nicht an sich schlecht, aber mit

Entwicklung und Heilung hat er nichts zu tun. Zum Heil- und Ganzwerden, zur Vollendung gehören immer auch die Anerkennung und Integration des Schattens, jener eigenen dunklen Seite, die so gern und so oft unterdrückt wird, aber immer wieder ans Licht der Bewußtheit drängt. Echte spirituelle Entwicklung verlangt deshalb den Abstieg in die eigenen Tiefen vor dem Aufstieg in lichte Höhen, und sie darf sich dabei natürlich nicht auf bloße Theorie beschränken.

In der Esoterikszene erschöpft sich aber leider vieles im Lesen. Und auch das dürfte ein Grund sein für die Flut an Gedrucktem. Lesen macht nicht wirklich satt, solange es nicht selbst zum Exerzitium wird. Andererseits liest sich aber soviel leichter, was zu leben schwerfällt und höchste Ansprüche stellt. Das Leben über die Dinge kann sehr wohl die Distanz zu ihnen wahren und so geradezu zum Alibi werden. »Das kenn' ich schon alles« sagt noch wenig darüber aus, ob ich es auch erfahren und erlebt habe, und gar nichts darüber, ob ich es lebe.

Alles *Not*wendige ist an sich bereits (in den heiligen Schriften) gesagt, und so bräuchte es die Flut der spirituellen Bücher eigentlich nicht. Die zeitlose Wahrheit aber kann in vielen Gewändern auftreten und erreicht und berührt jeden Menschen in einer anderen Form. Insofern sind all die Umgießungen dieses Wissens in neue Formen sinnvoll, solange sie wirklich zeitloses Wissen transportieren und die Brücke zu den Menschen von heute schlagen. Bei Interpretationen ist schon mehr Vorsicht geboten, obwohl auch sie oft notwendig sind. Der *normale* Erwachsene liest im allgemeinen keine Märchen mehr, ihre Interpretation aus der Sicht der Jungschen Psychologie aber spricht ihn vielleicht doch noch an. Jeder braucht seinen Einstieg, und das breite Angebot macht es da leichter, wenn es zum Teil auch Verwirrung stiftet und auf Um- und Irrwege führen kann. Letztlich werden die Dinge auf dem Weg einfacher, und das Wesentliche kann zum Schluß in wenigen Schriften gefunden werden. Das *Tao Te King* sagt in ebenso knapper wie poetischer Form alles.

Viellesen im Sinne von Konsumieren kann nicht die Lösung sein und der (Er-)Lösung nicht näherbringen. Ein einziges Gedicht mag ausreichen, wenn es den Leser am zentralen Punkt, in seiner Mitte berührt. *Hamartanein,* das hebräische Wort für »sündigen«, heißt nicht nur *sich absondern,* sondern auch *den Punkt verfehlen.* Ein einziger Vers oder Satz könnte die Absonderung der Menschen von der Einheit beenden und ihre Sünden aufheben, vorausgesetzt er trifft sie in ihrem *Mittel*punkt. Dieser tieferen Be-Deutung des Lesens und den damit verbundenen Chancen wollen wir uns nun vorsichtig nähern.

Das Wort »lesen« kommt von »Lese« und hat mit Auslese zu tun, ist also ursprünglich ein sorgsames Sammeln von Eindrücken und Bildern. Das Verschlingen von Büchern wird solcher ursprünglichen Lesart folglich nicht gerecht. Lesen leitet sich von der Divination her, der Enträtselung des göttlichen Willens, ausgedrückt in seiner Schöpfung. Die entsprechenden Wurzeln finden wir noch in unseren *Buchstaben,* die auf jene »Buchenstäbe« zurückgehen, mit deren Hilfe die Germanen versuchten, den Götterwillen zu erforschen. Ähnlich werfen Taoisten bis heute Schafgarbenstengel im Rahmen des I-Ging-Rituals, um Orientierung im Einklang mit dem Göttlichen zu finden. Wenn Lesen heiliger Texte letztlich ein Lesen von Gottes Schöpfung ist, muß das Lesen anderer Schriften eher als Ablenkung vom Wesentlichen erscheinen. Daraus ergibt sich unser Plädoyer für das Lesen jener zeitlos-lebendigen Urtexte oder doch wenigstens von Schriften, die zu ihnen hinführen.

Profanes Lesen – selbst das Verschlingen von esoterischen Reiseberichten – gerät leicht in die Gefahr, zu einer Art Vampirismus zu verkommen. Man »lebt« von fremden Erfahrungen, aber eigentlich lebt beziehungsweise reist man eben nicht. Möglicherweise ist man sogar *gefesselt* und *begeistert* von der Lektüre. Die eigentliche Lese im Sinne der Auslese aber fesselt den Geist nicht, sondern befreit und erhebt ihn. In einem tiefgründigeren, über momentanes Spannungsgefühl weit hinausgehenden Sinn begeistert, bringt sie ihn mit dem Weltgeist in Berührung. Sie weckt auf und führt zu Selbsterkenntnis. Niemals wird sie *unter*halten, sondern im Gegenteil den Geist erheben.

Während wir lesen, das heißt, bei unserer Lese Zeichen sammeln und Welt enträtseln, stoßen wir auf uns selbst und kommen mit unserer Mitte in Kontakt. Lesend projizieren wir uns in Legenden (wörtlich: »das zu Lesende«) und erkennen uns auf der eigenen Suche. Auch das Lesen von Märchen führt zu diesem Durchleben verschiedenster Lebensaufgaben und Persönlichkeitsanteile, sind doch in den Märchengestalten eigene Seelenanteile verborgen, die sich uns lesend erschließen. Alle Gestalten der Erzählung stehen für Wesenszüge des Lesers, so wie alle Erscheinungen der Schöpfung nur Ausdruck des Einen sind.

Nehmen wir unsere Projektionen zurück, entdecken wir in allem uns selbst. Das Lesen von Märchen und Entwicklungsgeschichten (wie wir heute Legenden oder Heil[igen]-geschichten lieber nennen) wäre diesbezüglich eine gute Vorübung für die uns später erwartende noch größere Aufgabe, die Projektionen aus aller Welt zurückzuholen, um alles in uns zu finden. »*Das Himmelreich Gottes liegt in Euch*«, sagt Christus, und »*Tat twam asi*« formulieren die Hindus, um auszudrücken, daß sie sich in aller Schöpfung wiedererkennen. »Mikrokosmos (Mensch) = Makrokosmos (Welt)« waren Paracelsus' Worte für diese Erfahrung, die Goethe in den Satz »*Alles Geschaffene ist ein Gleichnis*« faßte. »*Die Welt der 10 000 Dinge*«, wie die Taoisten sagen, ist lediglich Abbild der dahinterliegenden Ideenwelt, die Plato für das eigentlich Wesentliche hielt. Entwicklung im Sinne des Ostens meint die Überwindung dieser äußeren materiellen Welt des Scheins – Maya – und das Vordringen auf die innere Ebene der Ideen.

Die beiden großen Täuscher, die den Schirm der Scheinwelt aufspannen, Raum und Zeit, gelten mittlerweile auch der modernen Naturwissenschaft nicht mehr als so ehern und fest wie ehedem. Seit Einsteins allgemeiner Relativitätstheorie nähert sich die Naturwissenschaft den Aussagen der zeitlosen Weisheitslehre mehr und mehr. Es scheint, als gelänge es den Forschern auf ihre Art, den Schleier der Isis zu lüften und die unter der Oberfläche wirkende Wirklichkeit aufzuspüren. Schon sagen uns Wissenschaftler, daß objektive Wahrnehmung gar nicht möglich ist, weil Betrachter und betrachtetes Objekt einander nicht isoliert gegenüberstehen. Alles hängt mit allem zusammen, behaupten mittlerweile nicht nur Buddhisten, sondern auch Physiker. Und darüber hinaus macht das Bellsche Theorem noch klar, daß dieser Zusammenhang kein kausaler, sondern ein synchroner, uns logisch gar nicht nachvollziehbarer ist. Wir leben in einem großen Gewebe, das wir Wirklichkeit nennen und das verblüffende Ähnlichkeit mit dem Perlennetz des Indra, des hinduistischen Himmelsgottes, hat. Jede Perle hängt mit jeder anderen zusammen und spiegelt das ganze Netz in sich, das Ganze spiegelt sich aber auch in ihr und ist in jeder einzelnen Perle enthalten. Wenn wir aufhören, unsere Sicht der Dinge nach draußen, in die Welt zu projizieren, und anfangen, uns in allem wiederzufinden, sind wir auf dem besten Weg, unseren Platz im Netz der Wirklichkeit mit Bewußtheit einzunehmen. Dazu aber können und wollen uns spirituelle Texte anregen.

Kinder erleben das Phänomen des Sich-Wiedererkennens spontan, wenn sie Geschichten und Märchen hören, die ihre Seele nähren. Ganz automatisch identifizieren sie sich mit den jeweiligen Figuren. Und auch wenn sie bei den dunklen Gestalten den Bezug zu sich selbst nicht so gern herstellen, fehlte ihnen doch etwas, würden sie weglassen. Solche *Fehler* quittieren Kinder mit Ablehnung, das Märchen langweilt, weil es unvollständig ist, ihm fehlt Wesentliches. Je vollkommener Märchen sind, desto besser versorgen sie die Seele. Das aber bedeutet, daß sie Licht und Dunkel enthalten müssen, denn um Vollkommenheit zu erreichen, sind alle Seiten der Wirklichkeit *not*wendig.

Lesend können wir uns in der Schöpfung erkennen und Gottes Handschrift darin entdecken. So wie Christen die Welt als geronnenes Wort Gottes verstehen, gingen die alten Ägypter davon aus, er habe seine Schöpfung auf einen Papyrus geschrieben. Ob er sie aber geschrieben, gesprochen oder gesungen hat, wie wiederum die Ureinwohner Australiens, die Aborigines, glauben – immer wird das Geschaffene zum Gleichnis für das dahinterliegende Wesentliche. »Am Anfang war das Wort, und das Wort war bei Gott«, das heißt, alles war eins. Später erst ward das Wort Fleisch, kam so in die polare Welt, und die sichtbare Schöpfung nahm durch es Gestalt an. Spirituelle Weltbetrachtung wird also immer dazu tendieren, hinter dem Fleisch das Wort, die Idee zu sehen. Alle Übungen, die zu Transzendenz-Erfahrungen verhelfen wollen, zielen auf diese Ebene hinter den Dingen. Nach ihrer Vertreibung aus der Einheit, dem Paradies, vergaßen die Menschen, daß hinter allem Gottes Wort steht, und fingen an, viele Worte zu machen. Diese aber können ihren letzten Sinn nur darin finden, daß sie wieder zurück zur Erkenntnis der Einheit hinter der Vielheit führen beziehungsweise dazu, in allem Gottes Wort oder Handschrift wiederzuerkennen. Spirituelles Lesen regt so jene Art des Denkens an, die mit Andenken (an das Vergessene) zu tun hat und dem Danken (für das Unvergeßliche) nahesteht. Es eröffnet die Chance, die Trennung zwischen Subjekt und Objekt zu überwinden und sich in allem wiederzufinden.

Dann laufen das christliche »Liebe deinen Nächsten wie dich selbst« und das indische »*Tat twam asi*« (»ich bin das«) auf dasselbe hinaus. Sich in allem erkennend, öffnet sich der Blick für das Ganze. In der Einsicht, daß das Himmelreich Gottes in uns ist, aber auch sonst überall, liegt die Chance des Lesens spiritueller Texte. Das dürfte auch der Grund sein, warum die katholische Kirche das Lesen der Bibel jahrhundertelang verbot und ihre Heiligen zumeist erst lange nach deren Ableben anerkannte. Das Lesen heiliger Schriften zielt auf Kommunion, auf Vereinigung der Gegenpole und auch auf die Vereinigung des Lesers mit dem zu Lesenden, den Legenden, dem exemplarischen Leben der Heiligen. Das aber wollte die Kirche ihren Anhängern wohl ersparen, würden sie dadurch doch innerlich frei und unabhängig – und damit ausgesprochen schwer lenkbar.

Heute, wo jedem das Lesen der Bibel und aller anderen heiligen Schriften freisteht, geschieht es kaum noch. Es scheint, als hätte der freie Zugang zu den Schriften uns ihrer Weisheit gegenüber geradezu verschlossen. Sie werden kaum mehr ernst- und immer seltener angenommen. Der Sprengstoff, der in den Texten der Philosophia perennis, der zeitlosen Weisheitslehre, steckt, scheint entschärft durch Übersättigung. Hier liegt auch eine Gefahr der modernen Esoterikszene, die Wissen fast beliebig verfügbar macht und ihm damit unabsichtlich seine Attraktivität rauben könnte.

Eine weitere Gefahr liegt in der Vermischung von allem mit allem. Zwar ist letztlich alles mit allem verbunden, aber auf dem Weg kann es für den Suchenden recht irreführend sein, unterschiedliche Wegweiser vorzufinden. Will man ein bestimmtes Ziel erreichen, ist es nicht gut, dauernd die Richtung zu ändern. Wer immer wieder umsteigt und die Züge wechselt, kann leicht *auf der Strecke bleiben*. Aber natürlich muß den Zug wechseln, wer aus Versehen im falschen gelandet ist. In diesem Sinne sind die in diesem Lehrbuch versammelten Texte aus verschiedenen Traditionen als Anregungen gemeint, die eigene Richtung zu finden, und keineswegs als Aufforderung, allen Wegen gerecht zu werden.

Da letztlich alle echten Wege in die eine Mitte führen, ist es letztlich sogar egal, welchem wir folgen, solange wir ihm denn folgen. Insofern sind auch alle Streitereien über die verschiedenen Richtungen überflüssig und Behauptungen, im Besitz des einzig richtigen Weges zu sein, immer das Problem dessen, der solches behauptet. Die aus dem Judentum hervorgegangenen Religionen Christentum und Islam neigen besonders zu solchen Alleinvertretungsansprüchen und den sich daraus ergebenden Mißverständnissen. Doch selbst das wäre noch kein großes Problem für den, der dem von Christus gewiesenen Weg konsequent folgt. Wenn er schließlich das Himmelreich Gottes in sich erlebt und also Erleuchtung oder die Mitte erreicht hat, wird er bemerken, daß andere auch schon da sind. Dann wird es aber kein Problem mehr sein, daß einige über andere Wege Befreiung erlangt haben.

Spirituelles Lesen, bei dem die Leser sich selbst mit im Auge haben und sich bewußt sind, daß sie sich in allem Gelesenen spiegeln, wird zum Exerzitium und kann zur Aufhebung der »Seinsvergessenheit« beitragen. Solche Lesende werden sich in den Gleichnissen der Schriften ebenso erkennen, wie sie ihr Lebensmuster in der Natur lesen. Wenn dann überall das Eine durchscheint, erübrigt sich Viellesen ebenso wie abwechslungsreiche Lektüre. In allen heiligen Schriften steht dann das Eine, und es steht auch überall in der Schöpfung. Wer sich soweit *durchgelesen* hat, für den erübrigt sich jedes Buch – auch ein Lesebuch wie das vorliegende. Gottes Schöpfung wird ihm zu einem offenen Buch.

Wem diese Schöpfung aber wie ein Buch mit sieben Siegeln erscheint, für den sind Brücken notwendig und Hinweise, die die Siegel lösen. Bei diesem spirituellen Lesebuch ging es uns darum, Texte zusammenzustellen, die helfen können, Stufen zu nehmen. Nebenbei sind es natürlich auch Schriften, die Abschnitte unseres persönlichen Leseweges beleuchten. Denn hätten diese Texte nicht irgendwann zu uns gefunden, hätten wir sie jetzt nicht finden und an Sie, die Leser, weiterreichen können. Wir breiten hier unsere Auslese vor Ihnen aus. Eigentlich ist es sogar die Auslese der Auslese, denn wir mußten uns natürlich beschränken und konnten so nur die uns wichtigsten Teile der *ausgelesenen* Bücher auswählen, um nicht den Rahmen dieses Buches zu sprengen. Und wenn wir uns auch bemüht haben, eine ansprechende Auswahl zu treffen, bleibt diese doch immer individuell und es dem Leser nicht erspart, in unserer Auslese noch einmal selbst seine Perlen zu suchen – oder sogar die berühmte Nadel im Heuhaufen zu finden.

Jede Auslese erhebt den Anspruch, das Beste konzentriert zu versammeln wie die Beerenauslese beim Wein. Das aber schafft notgedrungen auch Probleme. Beim Lesegang durch unsere Auswahl ist es wichtig, im Auge zu behalten, daß jede Legende, jede Geschichte und jedes Märchen die Schöpfung oder den Lebensweg darstellen will. Da sind Ausschnitte oder kurze Zitate, wie sie notwendig waren, besonders heikel, weil dadurch gleichsam die Schöpfung zerstückelt wird. Von daher war es oft einfacher, aus Sachbüchern zu zitieren, obwohl gerade in Gleichnissen, *Gedicht*en und Legenden, in denen sich das Ganze verdichtet, das eigentlich Lesenswerte zu finden ist. Dichtung als höchstverdichtete Form der Literatur ist bezeichnenderweise in der spirituellen Szene weit weniger gefragt als Sachbücher, die eher zum Lernen und Arbeiten anregen als zur Kontemplation.

Um die ganze Schöpfung abzubilden, muß ein Bild umfassend sein. Es muß neben dem Licht auch die Schattenseiten einschließen und darf sich inhaltlich nicht an Zeitgeist oder gar Mode orientieren, die vor allem vom Ausschluß und der Beschränkung auf augenblickliche Vorlieben leben. Solche Texte müssen sich vielmehr an zeitloser Wahrheit orientieren, an dem, was in frühen Zeiten als Philosophia perennis bekannt war. Das aber ist selbst in der spirituellen Szene nicht sehr populär, die ja notgedrungen ein Kind unserer

Zeit ist. Es gilt also, den Spagat zu wagen zwischen zeitloser Wahrheit und einer Form, die sie dem am Zeitgeist orientierten Geschmack nahebringt. Im Zweifelsfall aber war der Inhalt, die Qualität, ausschlaggebend und darf dann auch einmal in einer für das moderne Ohr eher ungewohnten, antiquierten Form auftreten.

Jedes der Kapitel befaßt sich mit einem bestimmten spirituellen Themenkreis und schließt jeweils mit – einem Witz. Das mag ungewohnt erscheinen, doch ist der Witz seit jeher eine beliebte und bewährte Form der Vermittlung spiritueller Weisheit. Im Sufismus, der Mystik des Islam, haben Witze ebenso einen festen Platz wie im buddhistischen Zen, das davon ausgeht, daß man der paradoxen Wirklichkeit nur auf diese Weise gerecht werden kann. Wann immer ein Patient während einer Therapie wieder lernt, über sich selbst zu lachen, ist die Heilung oft schon abzusehen. Bisher hat sich entgegen aller Sprachweisheit noch niemand tot-, aber schon viele haben sich gesund- und, wenn man an das kosmische Gelächter der Zenmeister denkt, auch schon einige heilgelacht. Natürlich ist nicht jeder gleich bereit, sein Elend einem Witz zu opfern. Da man aber alle Tränen, die man lacht, nicht mehr weinen muß, sind Witze auch in der Auseinandersetzung mit der Polarität eine willkommene Erleichterung. Schließlich verhindert ein Witz zur rechten Zeit auch noch jenen scheinheiligen Ernst, der den spirituellen Weg, wo er dieserart mißverstanden wird, so moralinsauer erscheinen läßt. Im übrigen ist, wer sich ab und zu kranklacht, nicht im geringsten gehindert, sich und andere wieder gesundzubeten.

Der die letzten Jahrzehnte bestimmende Zeitgeist scheint dem Lesen entgegenzustehen. Filme und Comics haben

Konjunktur und (über)füttern die Menschen mit äußeren Bildern, während der Zugang zu den inneren Bildern allmählich verlorengeht und mit ihm das alte Ideal einer umfassenden *Bild*ung. Bildung und Bilder sind schon von der Sprache her eng miteinander verbunden, und was sollten das für Bilder sein, wenn nicht innere. Tatsächlich trägt nur das zu unserer Bildung bei, was sich mit einem inneren Bild verbindet. Im alten China galt als gebildet, wer viele bildliche Schriftzeichen in seinem inneren Bilderreservoir gespeichert hatte. Wer nur über wenige innere Abbilder verfügte, galt als entsprechend ungebildet. Schauen wir genau hin, ist es noch heute und auch bei uns so. Gerade deshalb mutet unsere moderne Vernachlässigung innerer Bilderwelten eigenartig und ungeschickt an. Die inneren Bilderlandschaften durch Ignorieren zu vernachlässigen ist aber nur die eine Seite, die andere, vielleicht noch gefährlichere ist die heute übliche Überfütterung mit äußeren Bildern, die uns für eigene innere Visionen geradezu blind macht. Wessen Bewußtseinsspeicher von Film- und Fernsehbildern geradezu überläuft, der geht seiner Phantasien und inneren Bilder auf deprimierende Weise verlustig. Es beginnt wohl damit, daß er fauler wird. Da er außen alles im Überfluß bekommt, nimmt er das Innere nicht mehr so wichtig – er braucht sich jedenfalls nicht mehr darum zu bemühen. Seit wir alle Armbanduhren tragen, kann kaum noch jemand die Zeit am Sonnenstand ablesen.

Hinzu kommt eine Entwertung der eigenen inneren Schöpfungen, da alles an äußeren Standards gemessen wird, die jene wenigen Spitzenkräfte aus Hollywood setzen. Eigene Bilder mögen da deutlich zurückbleiben hinter den Vorlagen der Profis aus der Zeichentrickbranche. Das bedenklichste an dieser um sich greifenden geistigen Verarmung ist, daß wir das fortschreitende Drama kaum noch wahrnehmen. Kinder können uns manchmal noch die Augen öffnen. Vor Jahren ging ich mit einem kleinen Mädchen, das ganz in der Welt von Michael Endes *Unendlicher Geschichte* lebte, in den gleichnamigen Film. Lange hatten wir keine Karten bekommen, und Spannung und Erwartung waren entsprechend groß, als es dann endlich klappte. Rasch merkte ich, daß etwas nicht stimmte, meine kleine Begleiterin war ungewöhnlich still und schaute eher betreten auf die Leinwand. Von der erhofften Begeisterung jedenfalls bemerkte ich keine Spur! Als dann sogar ein paar verstohlene Tränen weggewischt werden mußten, war ich sicher, daß sie nicht von Rührung oder Ergriffenheit herrührten. Ich rätselte, was wohl los sein mochte, und kam zu keinem Ergebnis. Auf dem Nachhauseweg teilte sie mir dann mit, daß der Film leider ganz falsch sei. Bastian und der Drache und all die anderen Wesen sähen nämlich in Wirklichkeit ganz anders aus. Es war völlig klar, daß sie mit Wirklichkeit ihre eigene innere Bilderwelt meinte. Der Film war mit dieser Innenwelt kollidiert, die voll war von Bildern, die während stundenlangem Vorlesen entstanden waren. Meine kleine Freundin war einfach noch gesund genug, ihre inneren Bilder für wirklicher zu halten als die, die der Regisseur aus seiner Erwachsenenphantasie und mit Hilfe vieler Spezialeffekte auf die Leinwand gezaubert hatte.

Unser Anliegen mit diesem (Aus-)Lesebuch war es, Texte auszusuchen, die innere Bilder entstehen lassen und so (Herzens-)*Bild*ung ermöglichen, in denen Bilder mitschwingen, die uns zum Mitschwingen bringen und uns solchermaßen innerlich bebildert und gebildet zurücklassen, ja die uns anregen, auf eigene Bilderreisen zu gehen – nach innen und nach außen.

Durch die moderne Form von Unterhaltung lassen wir uns dagegen – viele Menschen sogar allabendlich – hinunterziehen. Wer sich ehrlich fragt, wie es ihm nach einem bunten Fernsehabend geht, wird zu einem deprimierenden Ergebnis kommen. Weshalb sich die meisten Menschen solche Fragen schon nicht mehr stellen. Patienten antworten manchmal mit der Gegenfrage: Was soll man denn sonst machen? Sicher wäre Lesen eine Alternative und insbesondere das Lesen spiritueller Texte. Darüber kann man sich am nächsten Morgen dann aber kaum mit den Nachbarn *unter*halten, und die Kinder verlieren in der Schule allmählich den gesellschaftlichen Anschluß. Der Stoff, aus dem unsere *Feier*abende sind, hat mit Feiern nur noch wenig zu tun. Der Abend ist die Abschiedsfeier des Tages und die symbolische Entsprechung des Lebens*abends*. Ähnlich elend wie wir unsere Tage beenden, enden ja auch unsere Leben. Abgeschoben in Krankenhäuser und dort noch einmal abgeschoben in Badezimmer und Gänge, enden die allermeisten modernen Leben unter Umständen, die jeder Beschreibung spotten. Jeden Abend üben viele für dieses erbärmliche Drama.

Den Tag mit der Lektüre eines spirituellen Textes zu beenden wäre eine wirkliche Chance, deren Auswirkungen auf die Dauer unabsehbar sind. Schon die Nacht würde ganz anders verlaufen, solcherart eingeleitet und in ihrer Bilderproduktion gefördert. Das Drama der vergessenen Lebenshälfte, der Untergang unserer Träume im Meer der Unbewußtheit, ließe sich so beenden. Der große Unterschied aber wird am Ende zu spüren sein. Wenn ein achtzigjähriger Mensch mit ca. 15 000 Actionfilmen, 12 000 Krimis und

5000 Spielshows im Reisegepäck sich anschickt, den Weg in die andere Welt anzutreten, wird ihm die spirituelle Wegzehrung fehlen. Lösung und erst recht Erlösung kann ihm aus den Filmbildern nicht erwachsen, viel eher aus den eigenen inneren Bildern, gespeist aus den *erlesenen* Wahrheiten der Weisheitslehre.

In anderer Hinsicht unterscheidet sich der herrschende Zeitgeist weniger von früheren Strömungen. Zu allen Zeiten haben die Menschen, nachdem sie heilige, das heißt, vollkommene Schriften erhalten hatten, den Zugang zu ihnen wieder verloren. Insofern darf man den heutigen Boom in Sachen Spiritualität auch als Versuch betrachten, wieder die Brücke zu schlagen, zu den in jeder Kultur vorhandenen heiligen Büchern. Die Vielzahl der jährlichen Neuerscheinungen auf dem Buchmarkt ist kaum Maßstab für die Hilfe, die aus ihnen erwächst, in jedem Fall aber ist sie Beleg eines beeindruckend gewachsenen Bedürfnisses vieler Menschen nach Hilfe und Anregung auf dem Weg zur Vollkommenheit. Und gerade auch angesichts eines Zeitgeschmacks, der dem Lesen und dem Verständnis tieferer Zusammenhänge der menschlichen Seele so wenig geneigt ist.

Offenbar gehen wir einer Zeit entgegen, wo viele Menschen mehr Muße haben werden, sich aber materiell einschränken müssen. Bleibt das Materielle an erster Stelle in der Werteskala, wird es für sie eine bittere Zeit, die sich über Mangel definiert. Doch es könnte auch eine Zeit der Chancen werden, wenn andere Werte und Themen in den Vordergrund träten. Plötzlich gäbe es genügend Zeit, sich ihnen zu widmen und zum Beispiel weniges Lesenswertes zu vertiefen, anstatt viel Oberflächliches zu überfliegen.

Auf der anderen Seite wäre für eine Neuorientierung auch

ein Umdenken hinsichtlich der gesellschaftlich relevanten Werte notwendig. Ohne ein Gefühl dafür, daß jene, die im stillen meditieren, beten, rezitieren oder kontemplativ lesen, etwas Wesentliches zum Heil der Gemeinschaft beitragen, wird sich wenig ändern. Unsere überall zu spürenden Normen erschweren uns nicht nur den Umgang mit der kostbaren und unwiderruflich verrinnenden Zeit, sondern auch den mit unserer jeweiligen Arbeit und mit dem Lesen von und der Liebe zu Texten und Büchern.

In den letzten Oasen gelebten spirituellen Wissens auf dieser Erde, wie etwa in dem kleinen Himalajakönigreich Bhutan, geht noch heute ein Drittel der Bevölkerung ins Kloster, um für die übrigen zwei Drittel mitzubeten, die durch ihre Arbeit die ganze Gemeinschaft materiell am Leben erhalten. Es gibt keinen Unfrieden ob dieser Aufteilung, weil dort die spirituelle Nahrung nicht nur gleichwertig, sondern sogar höher eingeschätzt wird als die materielle.

Ein in einem buddhistischen Kloster mit dem Ausbessern beschädigter Seiten heiliger Schriften beschäftigter junger Mann wurde von einem westlichen Reporter, der dem langweiligen und ausgesprochen ineffektiv organisierten Arbeitsablauf zusah, gefragt, was sein Hobby sei. Ohne zu zögern, antwortete er: das Reparieren beziehungsweise Ersetzen der beschädigten Seiten der heiligen Schriften. Der Reporter versuchte das Mißverständnis aufzuklären, erklärte ihm, daß er offenbar viele Stunden am Tag diese monotone Arbeit verrichte, die Frage nach dem Hobby ziele jedoch auf das, was er denn gerne tue. Der junge Mann aber verstand ihn nicht, weil er die Seiten der Schrift gern erneuerte, darin seine Berufung sah und dies nicht an Effizienz- oder Karrieregedanken orientierte.

Das Wieder-populär-Werden heiliger Schriften und die Versuche, die entsprechenden Lehren für heutige Leser neu zu formulieren, könnten – als Selbstheilungsversuch dieser Zeit verstanden – zum Zeichen der Hoffnung werden. Spirituelle Bücher in der dem männlichen Denkpol vertrauten Weise zu verschlingen auf der Suche nach Rezepten wird allerdings sicher nicht aus der Krise führen. Wirkliche Wandlung dürfen wir nur unter Einbeziehung des weiblichen Pols mit seinem symbolisch-analogen Denken erwarten. So können spirituelle Texte eher zur Lösung werden, wenn sie in ihrer Be-Deutung kontemplativ betrachtet anstatt intellektuell verstanden werden. Das Wort *Kontemplation* könnte da als Schlüssel dienen. *Templum* meinte ursprünglich einen Bezirk des Himmels, der von einem Auguren beobachtet wurde, um aus dem oberen himmlischen Geschehen auf das untere irdische zu schließen. Die Aufgabe der Auguren war es, durch ihre Schau den oberen und den unteren *Tempel* zusammen(*con*)zubringen und so eine *einheit*liche Sicht zu erreichen.

Spirituelles Lesen möchte solch kontemplativem Schauen nahekommen und »wie oben, so unten« überall Einheit entdecken. Erst wenn alles im Licht der einen Wahrheit erscheint, ist die Aufgabe dieses Lesens erfüllt. So versteht sich spirituelles Lesen spiritueller Texte als lebenslange Aufgabe, die jedenfalls nicht vor der Erleuchtung endet und wohl nicht einmal mit ihr.

Spiritualität und Schicksal

Begegnung mit dem Schicksal

Der religiöse Mensch lebt im Schicksal. Er empfindet sich als Beauftragter, als Sendling Gottes, und er weiß, daß er nur in beschränktem Maße Herr über sein Leben ist. Er kann bis zu einem gewissen Grade sein äußeres Leben prägen, er kann seine Beziehungen zu den Mitmenschen gestalten, obwohl diese Gestaltung bereits ungezählten durch ihn nicht zu bestimmenden Umständen unterworfen ist. Was er allein zu bewirken vermag und was die wirkliche Sendung meint, ist: sich selbst innerlich zu gestalten. Aber auch dort stehen gewisse vorgebildete Faktoren – Erbmasse, Konstitution, Temperament, Intelligenz, die Wirkungen des Milieus und der Weltanschauung seines Milieus, der Zeitgeist – formend, bestimmend oder hindernd ihm im Wege.

Der Bischof Sergius von Prag (1881–1952) sagt: »Kraft seiner Sendung auf der Erde hat jeder Mensch einen bestimmten, von ihm allein ausgeübten Einfluß auf seine Umgebung und somit auch im gewissen Sinne auf das Weltgeschehen.«

So gibt es in der Gestaltung und in der Bewältigung des Schicksals verschiedene Stufen der Bewältigungsfähigkeit, die sich von außen nach innen hin steigert, dann aber von innen nach außen zurückstrahlt. Der wahrhaft religiöse Mensch weiß um das Geheimnis dieser Stufung und müht sich darum, den Pfad nach innen zuerst zu beschreiten, um dann von dort nach außen vorzudringen, um auch, soweit es in seiner Gestaltungskraft liegt, das Außen zu formen. So sagt Bischof Sergius: »Der Mensch ist für die Freude und das Glück geschaffen worden, und nur durch tägliche Übungen der Selbstüberwindung vermag er zur Freude und zu einem Zustand zu gelangen, aus dem er Freude und Licht für seine Umgebung und für die Welt ausstrahlt. Gelingt ihm das, so strahlt er von innen her ein Licht aus, das auf alle Kreatur, ja sogar auf die kleinsten Dinge um ihn her fällt, und alle Dinge werden durch dieses Licht verschönt ... Gelangen wir zu diesem inneren Leuchten, so verändert sich manches in unserer Umgebung, sogar die Menschen erscheinen anders, gütiger und gelassener!«

Es ist erstaunlich, mit welcher Demut und welchem beispielhaften Gleichmut der östliche, religiös gebundene Mensch dem Schicksal entgegentritt. Wie oft erlebte ich russische Bauern, denen das Haus und alle Habe abgebrannt waren, denen ein lieber Mensch gestorben war; zu dem Schmerz des Verlustes gesellte sich sogleich die demütige Hingabe an den Willen Gottes. »Bog dal, Bog wsjal«, heißt es dann (Gott hat es gegeben, Gott hat es genommen). Der Schmerz durch das Erlebte wird nicht geringer, aber er wird gemildert durch das Sich-Fügen in einen höheren Willen. Man lehnt sich nicht dagegen auf, man protestiert nicht, man hadert nicht, und man sagt auch nicht wie so oft bei uns: »Wenn Gott das zulassen kann, dann ist er grausam, oder dann gibt es ihn nicht, es ist ein blindes Schicksal!«

Die technisierte Gesellschaft des Abendlandes entfernt sich vorläufig noch, im Rausch über die Macht des Menschen und seine wunderbaren Erfindungen, von Gott. In dem Maße, wie sie gottferner wird, verliert sie den Sinn und den Begriff für das Schicksal. Tatsächlich sieht es so aus, als ob das Schicksal im Erfolge der sozialen Sicherungen weitestgehend zu eliminieren wäre. Das Leben jedes Erdenbürgers wird heute von ungezählten staatlichen und gesellschaftlichen Instanzen gesichert. Das Gesundheitsamt bekämpft durch Fürsorge, durch Impfungen, durch Belehrungen, durch Hygiene die Säuglingssterblichkeit. Durch die Fortschritte der Medizin werden todbringende Seuchen ausgerottet, werden Krankheiten, die früher als unheilbar galten, geheilt. Der Jedermann hat große Chancen, alt zu werden, auch das Alter erhöht sich fast von Jahr zu Jahr durch gesündere Lebensweise und durch Chemikalien, die die Kraft des Herzens, die Elastizität der Gefäße und die Kraft der Zellen steigern.

In der Industrie und dem Straßenverkehr werden alle erdenklichen Vorrichtungen getroffen, um Unfällen vorzubeugen, und dennoch fallen heute den Unfällen so viele Menschen zum Opfer wie früher den Seuchen. Man realisiert es nur nicht, weil die Seuchen durch ihre gleichzeitige Massierung imponieren, die ungezählten Unfälle aber sich in aller Anonymität abspielen.

Das Dasein des Menschen wird auch wirtschaftlich durch Renten gesichert. Wer arbeitslos ist, erhält Arbeitslosenunterstützung. Erkrankt einer und wird arbeitsunfähig, so bekommt er Rente. Die Alten erhalten Invalidenrenten, die Kriegsbeschädigten Kriegsopferrenten. Die Witwen von Versicherten erhalten Renten. Es gibt kaum noch Individuen in der abendländischen Welt, die einer Lebensentsicherung preisgegeben wären. Es ist also kaum noch möglich, daß einer, der nicht verwahrlost ist, auf der Straße vor Hunger tot umfällt. Die alten Menschen werden, wenn sie sich selbst nicht mehr helfen können, in Heimen untergebracht. Es sieht tatsächlich so aus, als ob es dem technisierten Menschen gelungen wäre, durch das Maschennetz des Schicksals hindurchzuschlüpfen. Jedenfalls glaubt er es so lange, bis das Schicksal mit seinen unerbittlichen Zeichen an seine Tür klopft. Da er es in seinem Leben nicht mehr anerkennt, steht er ihm völlig hilflos und preisgegeben gegenüber. Der moderne Mensch glaubt wirklich, daß sein Dasein berechenbar sei. Schicksal: daß ihm etwas geschickt wird von außerhalb seines Willens- und Berechnungsbereichs her, befremdet ihn, macht ihn stutzig und unsicher, weil er weder mit metaphysischen noch mit irrationalen Mächten zu rechnen gewohnt ist. In seinem Innern ist keine Entsprechung mehr zu diesen Dingen, weil er nicht mehr bereit ist, sie als unsichtbare, latent vorhandene Realität seines Daseins zu betrachten.

Ja, er ersetzt den Begriff Schicksal mit einem nicht minder alten und weisen Begriff: Zufall – den er ebenso bis zur Unkenntlichkeit banalisiert hat wie den des Schicksals. Meint doch auch dieses Wort, daß etwas aus dem Irrationalen, aus dem Unberechenbaren auf uns zufällt, das uns Auftrag zum Bewältigen ist, das uns Weisung zur Metanoia, zum Umdenken, zur Umkehr bedeutet!

Werner Wagner sagt in seinem Buch *Die Exekution des Typus:* »Mögen die Umstände sein, wie sie wollen, mag der eine das Glück haben, in einer durchsonnten Epoche aufzuwachsen, der andere dagegen gezwungen sein, unter extremen Verhältnissen zu leben, der Mensch ist berufen, die Verhältnisse zu ändern. Nicht selten tut er das zu seinem Nachteil. Zu seinem Heil aber ändert er sie nur, indem er sie zu meistern versteht. Dies versucht er, indem er Techniken entwickelt.« – Das ist aber nur der eine Weg, den der moderne Mensch geht, der schließlich der Technik als Ultima ratio verfällt. Der andere ist der des Religiösen, der in seiner Bindung an Gott, an die kosmischen Kräfte die Technik selbstverständlich in sein Dasein hereinnimmt, sie jedoch nur als untergeordneten Behelf zur Lebensmeisterung und -bereicherung auffaßt, dem Schicksal aber den dominanten Platz in seinem Leben einräumt. »Während nun der alte Mensch, den Zeitläuften sowie den Wetterstürzen der Epidemien ausgesetzt, religiöse Techniken entwickelt hat, die es ihm ermöglichten, den Verhältnissen mit Gelassenheit zu begegnen, verlangt es den modernen Menschen danach, das, was ihn beunruhigend stört, wissenschaftlich aufs Korn zu nehmen«, meint Wagner.

Nun hat der moderne Mensch zwar in der technischen Lebensbewältigung Ungeheures geleistet, doch geht es ihm unentwegt wie dem Zauberlehrling, der schließlich zum Opfer der von ihm erzeugten Wunder wird, weil er als Lehrling weder innere Reife noch Überlegenheit besitzt. Es mutet wie eine Rache des Irrationalen an, daß im Zeitalter der sozialen Sicherung die Menschheit, immer über das Ziel hinausschießend, die vernichtendsten Kriege entfacht und damit die Wunder der Technik immer wieder in den Dienst der Vernichtung und des Todes stellt. Demgegenüber erscheinen alle Sicherungsbestrebungen für den Menschen als geringfügig.

Obwohl der Mensch eine verringerte Beziehung zum Schicksal hat, hat das Schicksal selten so gewaltig und gewaltsam in sein Leben eingegriffen. Fast im ganzen Erdraum gibt es heute kaum mehr Individuen, die nicht infolge von menschenvernichtenden Diktaturen oder Kriegsereignissen unter erniedrigendsten Umständen in Gefängnissen, Konzentrationslagern, Gefangenenlagern geschmachtet hätten und körperlich oder seelisch gefoltert und gequält worden wären. Wie viele sind ohne ehrlichen Kampf, auf heimtückische Weise, in Massen mit allen erdenklichen Methoden der Technik kaltblütig, wie man heute noch Tiere zu Ernährungszwecken tötet, vernichtet worden. Wie viele Millionen sind aus ihrer Heimat vertrieben worden!

Für den säkularisierten Menschen bedeutet Schicksal immer Unglück, ein »zufälliges«, ein banalisiertes Unglück, ohne rechten Sinn und echten Zusammenhang mit dem eigenen Dasein. Man verbittert oder man stumpft ab, man reift aber aus solcher Gesinnung nicht an dem Erlebten. Es wird als wesensfremd und nicht als zu einem gehörig empfunden. Der technisierte Mensch von heute erlebt sich als Individualität, als etwas Einmaliges und sehr Wichtiges, er ist aber nicht gewillt, aus seinem endothymen Grund heraus dem anderen, dem Nachbarn, dem Nachbarvolk dieselbe Wichtigkeit beizumessen wie sich selbst. So bleibt er im Erlebnis- und Bewußtseinsbereich ohne echten Zusammenhang mit den Menschen in seiner Nähe und Ferne, mit den ihm Begegnenden, mit den Kreaturen, mit den Dingen, mit der Witterung und dem Klima, mit den Planeten seines Sonnensystems, mit dem Kosmos. Er ist gewohnt, an Ordnungen, an Gesetzmäßigkeiten, an physikalische und mathematische Regeln zu glauben. Er lehnt jedes Wunder als außerhalb des Ordnungsbereichs stehend ab, solange diese Wunder nicht durch neue Erfindungen handgreiflich werden. Aber in seinem eigenen Daseinsbereich ist er nicht gewillt, eine für ihn zwar unsichtbare Ordnung und einen ebenso unsichtbaren Zusammenhang zwischen sich, seiner Umgebung, den Zeitströmungen und den kosmischen Einwirkungen zu begreifen oder zu erfühlen.

Der abendländische Jedermann kommt auch so gut wie nie dazu, diesen unsichtbaren und scheinbar irrationalen Zusammenhang zu bemerken. Anders ergeht es dem Schriftsteller, der einen Roman oder ein Theaterstück schreibt. Würde er die Geschehnisse, wie der Jedermann sie erlebt, aneinanderreihen, so würde daraus bestenfalls ein Schreibbrei entstehen. Niemand würde das schriftstellerische Erzeugnis verstehen. James Joyce hat in seinem Roman *Ulysses* einen solchen Versuch unternommen. Er hat auf mehr als tausend Seiten beschrieben, was bewußt und noch mehr unterbewußt in einem Menschen an einem Tage vorgeht, wie Bilder aus der Tiefe auftauchen, Assoziationen sich bilden und wieder verschwinden. Es ist ein quälendes Konglomerat von unzusammenhängenden und oft sinnlos erscheinenden Dingen. Aber eigentlich spiegelt es den modernen Menschen recht plastisch wider – die Unordnung der in ihm wirkenden Faktoren, die von keinem Willen zur Regelung und Beherrschung und Klärung geordnet wird.

Der Schriftsteller, der schöpferisch ein Menschenschicksal gestaltet oder in einer Biographie rekonstruiert, kann sich nicht auf das Individuum allein beschränken, er baut aus den Mosaiksteinchen seiner Konstitution, seines Temperaments, seiner Intelligenz, des Milieus, der Landschaft, des Klimas, der Begegnungen, der Charaktere der ihn umgebenden und ihm begegnenden Menschen einen ineinander verwobenen geschichtlichen Ablauf, der dem Leser organisch und folgerichtig erscheint. Er schildert eben nicht nur ein Rädchen, sondern eine ganze Maschinerie mit ihrem komplizierten System, das nur dann gut funktioniert, wenn wirklich alle Rädchen ineinanderpassen.

Die Begegnungen, die Spannungen, die Sympathien und die

Antipathien erscheinen uns dann kausal zusammenhängend und folgerichtig. Das Ganze wird zu einem Schicksal. Die Übersehbarkeit des Schicksals erfolgt aber immer erst am Ende einer Geschichte oder eines Abschnitts. Im aktuellen Augenblick eines Schicksalseinbruchs vermag man aus einer besonderen Gesinnung heraus manchmal »ja« dazu zu sagen; begreifen und übersehen kann man es fast nie. Blickt man aber als alter Mensch auf seine Lebensgeschichte zurück, so sieht man, wie die vom Menschen selbst und die vom Schicksal erzeugten Dinge sich zu einem sinnvollen Mosaikbild ordnen. Dann sind die affektiven Ausbrüche, die mit dem Schicksalseinbruch verbunden waren, längst abgeklungen, die flüssige Lava ist zu einer Form erstarrt, und wir begreifen in dem bunten Auf und Ab des Lebens, zu welchem Anteil wir selbst Meister unseres Schicksals waren und zu welchem Anteil das Schicksal mit uns Ball gespielt hat. Hier macht wiederum die altchinesische Psychologie die Gewichte und Verhältnisse zwischen Person und Schicksal deutlich. Der schwache Mensch ist infolge seiner geringen Urteilskraft und seiner mangelhaften Willensbildung ganz dem Schicksal preisgegeben, er wird von ihm hin und her gerissen und schließlich vernichtet. Der begabte Mensch ist, sofern er Intelligenz, Willen und Gestaltungskraft besitzt, zu einem gewissen Teil Meister seines Schicksals, er vermag sich ihm auch vernünftig einzuordnen und vernünftig darauf zu reagieren. Der weise Mensch, der nahezu vollendete, der selbstverwirklichte aber steht, soweit es in diesem Dasein möglich ist, jenseits des Schicksals. Er nimmt es bewußt, wie es auch auftreten mag, in sein Dasein auf, er sagt ein volles Ja dazu und beugt sich ihm, ohne zu zerbrechen. Er hat die Fähigkeit, sich sozusagen im aktuellen Geschehen bereits historisch zu sehen. Außerdem mißt er seiner Person die ihr gebührende Bedeutung zu, er sieht sich als ein winziges Körnchen, das er ist, in dem unendlichen Kosmos und dramatisiert nicht das schicksalhafte Erlebnis. Laotse spricht es in einem prägnanten Satz aus: »Der Grund, warum ich große Übel erfahre, ist, daß ich ein Ich habe. Wenn ich kein Ich habe, welches Übel gibt es dann noch?!«

Ein objektiver, gelassener Mensch vermag zu beobachten, daß in seinem Dasein, jenseits der grob wahrnehmbaren Ereignisse, oft flüchtige Begegnungen, Begebenheiten geschehen, die, zunächst undeutlich, Zusammenhänge aufzeigen, die wir, während wir sie erleben, nicht zu deuten vermögen. Mögen es Träume sein oder plötzlich und unvermittelt auftauchende Ideenassoziationen oder Erinnerungen an einen Menschen, der uns schon lange aus dem Gedächtnis entschwunden war, immer sind es rational nicht zu deutende Zeichen. Ein Erlebnis etwa wie das folgende ist sicherlich fast jedem schon zuteil geworden: Man geht auf einer Straße und begegnet einem Bekannten, auf den man gerade zugehen will, als man gewahr wird, daß es ein ganz fremder Mensch ist. Wenige Minuten später trifft man den Bekannten wirklich. Oder man ahnt, daß man einen Brief oder sonst eine Nachricht erhalten wird. Von Erlebnissen und Ahnungen bei Todesfällen von lieben und verwandten Personen gibt es aus allen Zeiten ungezählte Zeugnisse.

Aber es gibt auch seltsame Erlebnisse, die man als Zufall bagatellisieren oder bei denen man besondere Zusammenhänge suchen mag. So erlebten wir kürzlich eine solche Summierung von Begegnungen, die in eine bestimmte Richtung wiesen. Wir kannten einen Menschen, der unsere Freundschaft und unser Vertrauen durch Diebstahl und Lügereien mißbraucht hatte und zu dem wir die Beziehungen infolgedessen abgebrochen hatten. Eines Tages trafen wir seine frühere Braut, die er auch geschädigt hatte, und sprachen über ihn. Am nächsten Tag fügte es der »Zufall«, daß er mich anrief und um eine Unterredung bat, der er aber später nicht nachkommen konnte. Zwei Tage darauf erschien völlig überraschend sein früherer Freund bei uns. Diese Koppelung der Begegnungen war so seltsam, daß man unwillkürlich an ein Komplott hätte denken müssen, wenn ich nicht genau gewußt hätte, daß diese drei Personen tatsächlich keine Beziehung mehr zueinander hatten. Dieses Erlebnis, wie so viele, an denen wir meist achtlos vorübergehen, mag uns lediglich ein Zeichen dafür sein, wie verzahnt die schicksalhaften Beziehungen unter den Menschen sind.

Es gibt eine religiöse Bewegung, die aus solchen Erlebnissen Nutzen zu ziehen weiß; das ist die »Moralische Aufrüstung«. Ihr Begründer Frank Buchmann sieht in allen uns einfallenden Ideen oder Ideenassoziationen eine metaphysische Sendung und einen Auftrag. Er empfiehlt, diese flüchtigen Gedanken zu notieren. Es seien oft Weisungen, irgendeinem Menschen zu helfen, ihm beizustehen, für ihn zu beten. Aus solcher Einstellung werden auch die flüchtigsten Erlebnisse vertieft und gewinnen an Bedeutung, die Welt wird größer und weiter und alle Begegnungen sinnvoller.

Gleiches spricht der Bischof Sergius aus: »Wir glauben für gewöhnlich, daß unsere Begegnungen mit Menschen zufällig seien. In Wirklichkeit aber ist es Gott, der uns neben- und zueinander in der Familie, in der Gesellschaft stellt, damit wir aneinander besser werden und uns innerlich bereichern. Gott spricht zum Menschen: ›Hier hast du eine Aufgabe. Ich bringe dich mit dem oder jenem Menschen in Berührung. In deinem Herzen ist eine Gabe, mit der ich dich beschenkt habe, entwickle sie, öffne dein Herz, laß sie erblühen!‹ Jeder Mensch ist einmalig und unwiederholbar, wenn er also seine geistigen Gaben nicht entwickelt, so bedeutet es den geistigen Tod, ein Schwinden von Gottes Licht aus diesem besonderen Bereich der Person und aus ihrem vorgeschriebenen Wirkungskreis.«

Der Christ steht anders zum Schicksal als der säkularisierte Mensch. Jener sucht den Bereich des Schicksals durch zunehmende Lebenssicherungen einzuengen und glaubt wahrhaftig, sich ihm dadurch entziehen zu können! Der Christ dagegen steht bewußt im Schicksal, er ordnet sich ihm als einem Auftrag Gottes unter, sei es, daß er es als eine Frage begreift oder daß er es als eine Sühne für begangenes Unrecht oder als hinzunehmende Strafe oder auch als Prüfung der Festigkeit seines Glaubens und seines Charakters erlebt.

Immer sagt der Gläubige, je nach Kraft seines Glaubens, »ja« zu dem, was ihm zum Tragen auferlegt wird, auch dann, wenn er seinen Sinn nicht recht begreift oder als Unschuldiger Unrecht, Verleumdung und Bedrängnis erleiden muß. Er hadert nicht mit Gott, weil er weiß, daß das Leben nicht nur aus sichtbaren und erklärbaren Kausalitäten besteht, sondern daß vieles sich unbegreiflich und hintergründig abspielt.

Er weiß noch mehr, er weiß, daß der religiöse Mensch »unterwegs« ist, daß er ein Bote Gottes ist, der auf Wanderschaft geschickt wird, daß er vom Winde des Schicksals hin und her geweht wird und daß es allein auf die »Bewährung des Herzens« ankommt. Der säkularisierte Mensch und die säkularisierte Tiefenpsychologie prägen das Bild vom Menschen als einem Baum und sprechen von »Verwurzelung« und »Entwurzelung«, einem sehr vielsagenden Begriff, mit dem gemeint ist, daß ein Mensch an einem Ort, in einer Stadt, einem Dorf oder einer Landschaft seine Wurzeln in den Boden versenkt. Es ist natürlich, daß er zerreißt oder zerbricht, wenn er gewaltsam aus dem heimatlichen Milieu herausgerissen wird. Das Herausgerissenwerden wird vom säkularisierten Menschen als Unglück erlebt, als Zusammenbruch des Besitzes, der ersessenen Dinge, der traditionellen Bindungen, auf die er Anspruch zu haben glaubt. Der Gläubige erlebt dieselben Dinge als Auftrag und begibt sich auf weitere Wanderschaft, wissend um die Vergänglichkeit aller Dinge dieser Welt, auch des Besitzes.

So läßt Martin Buber den Rabbi von Kobryn sagen: »Wenn der Mensch leidet, soll er nicht sagen: ›Es ist schlimm, es ist schlimm!‹ – nichts ist schlimm, was Gott dem Menschen tut. Aber man darf sagen: ›Es ist bitter!‹ – denn es gibt bittre Gifte unter den Arzneien!«

Während der säkularisierte Mensch sein Herz an die Dinge dieser Welt hängt und die Wurzeln seiner Seele tief in Besitz, in Geltung, in Eitelkeit, in Ruhm, in Leistung hineinwachsen läßt, besitzt der wahrhaftig Gläubige dieselben Dinge, als ob er sie nicht besäße; er weiß sich als ihr Pfleger und Verwalter, er ist aber bei aller Fürsorge und Liebe zu den Dingen bereit, ohne Schmerz sich von ihnen zu lösen.

Stellen doch alle Religionen der Welt die Armut und die Besitzlosigkeit sowie die Askese über Besitz und Reichtum. Bezeichnend ist der Ausspruch Christi in Hinblick auf den reichen Jüngling, den sein Besitz hinderte, ihm nachzufolgen, daß ein Kamel eher durch ein Nadelöhr hindurchzugehen vermag, als ein Reicher ins Himmelreich komme.

Eine der großartigsten Geschichten der unerschütterlichen Festigkeit im Glauben erzählt uns die Bibel im Buche Hiob. »Es war ein Mann im Lande Uz, der hieß Hiob, derselbe war schlecht und recht, gottesfürchtig und mied das Böse ...« Er war ein Mächtiger, ein Magnat, und lebte gottesfürchtig und gerecht und verwaltete seine Güter. Und plötzlich brach das Schicksal über ihn herein, seine Kinder kommen um, sein Vieh wird geraubt oder stirbt dahin. Er verliert alles in wenigen Stunden, und er fällt zu Boden und sagt: »Ich bin nackt von meiner Mutter Leibe kommen, nackt werde ich wieder dahinfahren. Der Name des Herrn sei gelobt!«

Ebenso gewaltig sind die Worte Christi im Garten Gethsemane im Wissen um alle kommende Erniedrigung, Schmach, Schmerz und Tod. »Mein Vater, ist's möglich, so gehe dieser Kelch von mir, doch nicht wie ich will, sondern wie Du willst!« Wie viele Millionen gingen seither und auch vorher diesen Weg, geduldig, willig und oft freudig. Die ganze Geschichte des frühen Christentums mit den unvorstellbaren Verfolgungen und Folterungen ist die Geschichte einer bedingungslosen Hingabe an Gott und einer frohen Bereitschaft, für ihn zu leben und zu sterben. Wenn wir die zeitgenössischen Berichte, von denen zahlreiche erhalten sind, lesen, fällt uns auf, mit welcher Freude, Beglückung und Hingabe die frühen Christen – Männer, Frauen und Kinder – auf die Scheiterhaufen stiegen oder sich vor die reißenden und hungrigen Tiere stellten. Diese Haltung war es am meisten, die der christlichen Lehre zum Siege über die Völker der Antike verhalf.

Von den Quäkern wird erzählt, daß sie in der Zeit der Verfolgung, während sie auf den Plätzen und Straßen ihre Versammlungen abhielten, in Mengen verhaftet wurden. Aber die unmündigen Kinder der Verhafteten stellten sich dann zu stillen Andachten auf die Straßen und wurden wiederum verhaftet und eingekerkert. Tausende starben damals in Gefängnislöchern, betend für ihre Peiniger und ohne ein Wort des Hasses oder der Verzweiflung.

J. E. Esslemont berichtet über das Martyrium der Anhänger des Mirzá Ali Muhammad, der als Prophet unter dem Namen Bab am 5. Juli 1850 mit seinem Jünger Aqa Muhammad Ali hingerichtet wurde: »Diese schreckliche Einkerkerung dauerte vier Monate. Aber Baha'u'llah (ein Schüler Babs und der Fortsetzer seiner Lehre) und seine Gefährten blieben eifrig und voll Begeisterung in größtem Glück. Beinahe jeden Tag wurden einer oder mehrere der Ihren gefoltert oder hingerichtet, und die anderen hielten sich vor Augen, daß die Reihe als nächstes an sie kommen würde. Wenn die Henkersknechte kamen, um einen der Freunde zu holen, sprang der, dessen Name aufgerufen wurde, buchstäblich vor Freude auf, küßte die Hände von Baha'u'llah, umarmte die übrigen seiner Mitgläubigen und eilte mit froher Erwartung zum Orte des Martyriums.«

An solchen Beispielen erleben wir die völlige Überwindung des Schicksals. Der Mensch steht so vollständig und bedingungslos in Gottes Hand, daß sogar die größten Erniedrigungen, Quälereien und Tod ihm nichts mehr anhaben können!

Ramakrishna sagt dazu: »Die Magnetnadel zeigt immer nach Norden, in welche Richtung das Schiff auch segelt; darum verliert das Schiff nie seine Richtung. Ist das Innere des Menschen immer auf Gott gerichtet, steuert er frei von jeder Gefahr.«

Die Weltanschauung des Menschen prägt seine Einstellung zum Schicksal. Während der säkularisierte Mensch, der sonst an alle Gesetzmäßigkeiten in der Natur glaubt, weil er es so in der Physik gelernt hat, aus dem Schicksal herausfällt und ihm die Eigenschaft des Akzidentellen, des Zufälligen beimißt, betrachtet der Chinese, der keinen persönlichen Gott kennt, sich selbst als Schöpfer seines Schicksals. Er sieht die Welt als einen Spannungszustand zwischen Himmel und Erde an; auch der Mensch ist zwischen diese beiden Kraftfelder eingespannt, sein Körper mit den Trieben ist den Erdkräften verhaftet, sein Geist strebt nach dem Ausgleich, nach der Harmonie. Herrscht der Geist über die Triebe, so ist der Mensch mit den kosmischen Kräften, mit den Kreaturen und mit sich selbst in Einklang, er ist auch weitgehend Herr seines Schicksals. Ist sein inneres Gleichgewicht gestört, so wird auch seine Umgebung, so wird sogar die Harmonie der Welt durch ihn gestört.

Der Mensch wird als ein Mikrokosmos im Makrokosmos angesehen, als ein verkleinertes Bild der großen Welt, als ein kleiner schöpferischer Gott. Stört er diese schöpferische Einheit, die Harmonie durch seine Triebhaftigkeit, seinen Jähzorn, seinen Neid, Haß, Aggressionen, Unlust, Verstimmtheit, Unfreundlichkeit, Mißgunst, Habsucht, so stört er das Schicksal von Nächsten und Fernen; er stört, soweit sein Wirkungskreis reicht, seine Umgebung, er dringt gewaltsam in ihr Schicksal ein, und alle diese Eigenschaften, die er aus sich heraussendet, fallen wie ein Bumerang auf ihn zurück. So ist es der Sinn des Daseins, sich verantwortlich zu wissen am eigenen Schicksal und an dem seiner Mitkreaturen, mit einem Wort: verantwortlich zu leben.

Der Inder, ob Hindu oder Buddhist, sieht das Schicksal aus

einem ganz anderen Aspekt an als wir. Er glaubt an die Seelenwanderung. Das derzeitige Leben ist nur ein winziger, zeitlich begrenzter, aktueller Ausschnitt aus ungezählten, ihre Form und Struktur verändernden Daseinsabwicklungen. Wie aus einer blattfressenden, kriechenden Raupe ein ruhender Kokon und schließlich ein buntschillernder, ätherischer Schmetterling wird, so kleidet sich die gleiche Seele auf ihren Wanderungen und Entwicklungen durch die Welten in immer neue stoffliche Kleider. Es mag mit den einzelligen Lebewesen beginnen, es geht über die Insekten, die Tier- und Vogelwelt schließlich bis zur Inkarnation im Menschen. Und hier, wie in der altchinesischen Psychologie, ist es zuerst der »schwache Mensch«, der in immer neuen Inkarnationen sich zum Begabten und schließlich zum Heiligen, zum Weisen, zum Selbstverwirklichten, zum Vollkommenen entwickelt. Der Inder weiß, daß es dem Menschen nicht gegeben ist, in einem einzigen Lebensabschnitt sich bis zur spirituellen Vollkommenheit, zum Bild der Heiligkeit zu entfalten. Dazu benötigt er ungezählte Inkarnationen. Wird doch der »Heilige« zum Abbild der kosmischen Harmonie oder zu dem in der Bibel gedachten und ausgesprochenen Abbild Gottes.

Von diesem Heiligen, den wir aus Erfahrung und Anschauung im Abendland kaum noch kennen, weil er im technischen Zeitalter seine Aktualität verloren hat, spricht der Apostel Paulus, wenn er an die Römer schreibt (Kap. 16): »... grüßet Philologus und die Julia, Nereus und seine Schwester und Olympas und alle Heiligen bei ihnen!« Und Carlyle zeichnet ein Bild von diesem Menschen: »Die reine Wahrheit, die ganz reine, denke ich, ist die, daß ... ein Mensch, der eine höhere Weisheit besitzt, in sich eine bis dahin unbekannte geistige Wahrheit trägt, stärker ist, nicht nur als zehn Menschen, die solche nicht besitzen, noch als zehntausend, sondern stärker ist als alle Menschen, die sie nicht haben; und er steht unter ihnen in einer geradezu ätherischen, engelgleichen Kraft, wie gerüstet mit einem Schwert aus des Himmels eigener Rüstkammer, dem kein Schild, keine eherne Feste auf die Dauer widersteht.«

Eine gleiche Forderung stellt die Bibel. So sagt der Rabbi von Kobryn: »Hätte ich die wahre Furcht Gottes, ich liefe auf die Gasse und schrie: ›Ihr vergeht euch gegen die Thora, in der geschrieben steht: Werdet heilig!‹«

Christus erwartet vom Menschen, daß er in seinem Leben diese Aufgabe der Heiligwerdung vollzieht. »Darum ist jemand in Christo, so ist er eine neue Kreatur, das Alte ist vergangen, siehe es ist alles neu geworden!« (Paulus an die Korinther, Kap. 6) So vollzieht sich eine gewaltige Wandlung, die Erneuerung des geistigen Menschen: »Ich bin aber durchs Gesetz dem Gesetz gestorben, auf daß ich Gott lebe; ich bin mit Christo gekreuzigt. Ich lebe aber, doch nun nicht ich, sondern Christus lebt in mir. Denn was ich jetzt lebe im Fleisch, das lebe ich in dem Glauben des Sohnes Gottes, der mich geliebt hat und sich selbst für mich dargegeben« (Galater 3).

In dieser Forderung wird der Prozeß von der Raupe über den Kokon zum Schmetterling in eine einzige Lebensphase hineingedrängt. Der Christ, wie er von Christus gemeint ist, verbrennt im Feuer des Glaubens und der Liebe den triebhaften Menschen. Seine Seele lodert weithin als leuchtende Flamme, als lebendiges Bild des Heiligen. Heute, in der Säkularisation und in der materialistischen Gesinnung, begreifen wir diese Bilder nicht mehr. Aber wenn Paulus an seine

Gemeinde schreibt und sie die Heiligen nennt, so weiß er, daß sie die Umkehr in sich wirklich vollzogen haben und Selbstverwirklichte geworden sind, das heißt, daß das Hagion Pneuma, der Heilige Geist, der Geist, aus dem Christus wirkte, in ihnen Wirklichkeit geworden ist. Hier erleben wir das Phänomen, daß drei bis vier Jahrhunderte hindurch im weit ausgedehnten morgenländischen Raum Hunderttausende von Menschen, die sich zu Christus bekannten, dies nur sein oder werden konnten, wenn sie bewußt den neuen, den geistigen Menschen anzogen, wenn sie durch das Mysterium des »Stirb und werde« hindurchgingen.

Der Alltagsinder hat in seinem Leben viel Zeit, weil er weiß, daß er ohne übermenschliche Anstrengung diesen selbstaufopfernden Weg nicht zu gehen vermag, daß dieser Weg immer und immer wiederholt wird, bis er an das Bild des Heiligen heranwächst. Solange muß er durch gute und böse Taten, Gedanken, durch sein Verhalten Schicksale binden und lösen, sein eigenes Geschick mit dem der anderen verbinden. Karma, der Begriff für unser Schicksal, stammt aus der Wurzel Kri, das heißt Handlung, Tat; es meint, daß jede Tat, die ein Wesen aus sich entläßt, schicksalerzeugend ist. Doch lehrt die Bhagavadgita, die in der tieferen Schicht eine Anweisung zum Yoga ist, ebenso wie Buddha, daß der Mensch, der sich selbst zu überwinden lernt, durch rechtes Denken, rechtes Handeln, rechtes Verhalten, rechtes Beten, rechtes Meditieren sich der Bindungen weitgehend entledigen kann und damit die Kette der Inkarnationen zu verkürzen vermag. Auch dieser Weg führt, wie bei den »Christen«, zum Heiligen, zum Weisen, zum Sādhu.

Der Inder zeichnet ein eindrucksvolles Bild von den drei Stadien des Karmas, des Schicksals. Er nennt sie »Samchita«, »Prarabdha« und »Agami«. Er bedient sich des Bildes eines Bogenschützen. Damit es zum Schuß kommt, bedarf es des Bogens, des Pfeils und in erster Linie des Schützen. Solange der Pfeil im Köcher ruht, ruht noch das Schicksal. Nun spannt der Schütze den Bogen, er setzt den Pfeil an. Es kann mit einem bestimmten Ziel oder auch ohne Ziel geschehen, er kann damit nur üben oder Sport treiben und auf eine Scheibe zielen, er kann ein Tier zur Nahrung damit schießen, er kann es damit aber auch nur grausam quälen, er kann im Krieg gegen einen Gegner den Pfeil abschießen, er kann damit einen Feind töten oder verwunden, er kann aber auch hinterrücks jemanden ermorden. Das ist die Vielfalt der Absichten. Ob der abgeschossene Pfeil sein Ziel immer erreicht, steht nur bedingt in der Macht des Schützen; ist er ein geschulter Meister, so wird er öfter treffen, ist er ein Stümper, wird er sein Ziel verfehlen oder ein unerwünschtes Ziel erreichen. Die kinetische, von dem Schützen entlassene Energie des Pfeils macht sich sozusagen selbständig, sie schafft Schicksale, fast möchte man sagen – zufällig, und doch ist der Schütze der Erzeuger dieser Energie. Der ins Ziel treffende Pfeil, wenn es auch ein zufälliges Ziel war, erzeugt eine Kettenreaktion; es entstehen neue Schicksale, die nach eigenen Gesetzen ihren Lauf nehmen, die aber im Schützen ihren Auslöser haben.

So wirkt das Schicksal des Menschen oder der Kreatur in neuen Inkarnationen weiter. Jeder böse Gedanke, jeder Neid, Haß, jede Mißgunst, jeder Klatsch, jede Denunziation, Ehrabschneidung, Antipathie sind im geistigen Bereich abgeschossene Pfeile, die unsichtbar, aber wirksam den anderen treffen. Noch mehr natürlich sind die unmittelbaren Wirkungen des Tuns und Handelns schicksalschaffend. So bindet der Mensch im Bereich der aktuellen Gegenwart, aber ebenso auch in weite Zukunft hinein sein Schicksal an ungezählte andere. In jeder negativen und bösen Bindung ist aber gleichsam die Forderung enthalten, diese Bindung durch das Gute, durch die Umkehr zu entbinden. Der Sinn und das Endziel jeder Menschwerdung aber ist das Bild des vollkommenen, des vom Karma durch Weisheit, Güte, Toleranz, Demut und Besitzlosigkeit entbundenen Menschen. Doch bis dahin ist ein weiter Weg. Solange der alte Adam in uns lebendig ist und wir von den Trieben regiert werden, schaffen wir Schicksal. Wir schießen, und es wird auf uns geschossen. Wir können wiederum in doppelter Weise reagieren. Aus der Triebebene beantworten wir Haß mit Haß, Mißgunst mit Mißgunst, Schmerz mit Schmerz. Das ist die Haltung von jedermann. Alle Religionen lehren uns aber eine andere Haltung. »So einer dich auf die linke Wange schlägt, so biete ihm auch die rechte«, sagt Christus. Und die Forderung Buddhas lautet »Ahimsa« – Gewaltlosigkeit: weder Gewalt erzeugen noch mit Gewalt antworten!

Einer kann einem anderen das Unrecht, das dieser ihm zufügt, aus vollem Herzen verzeihen. Dann wird der karmischen Wirkung dadurch eine Grenze gesetzt, das Böse wird nicht mehr fortgesetzt und wird nicht beantwortet. Der Verzeihende setzt sich außerhalb des Karmas. Der Täter wird damit allerdings von seiner Tat noch nicht entbunden, er muß für sich erst die Umkehr vollziehen!

Christus bestätigt die Folgerichtigkeit der Handlungen und Gesinnungen in dem Satz: »An ihren Früchten sollt ihr sie erkennen. Ernten die Menschen etwa Trauben von Dornen, oder Feigen von Disteln? Genau wie ein guter Baum gute Früchte hervorbringt und der schlechte Baum schlechte

Frucht erzeugt, so kann auch ein schlechter Baum keine guten Früchte tragen.«

Und Buddha sagt im Gespräch mit seinem Lieblingsschüler Ananda: »Wie tiefgründig ist dieses Kausalgesetz, und wie tiefgründig erscheint es!« – »Und doch finde ich es ganz leicht verständlich«, erwidert Ananda, und Buddha antwortet: »Sag das nicht, Ananda! Tiefgründig ist wahrscheinlich das Kausalgesetz, und tiefgründig erscheint es. Es ist durch das Nichtwissen, durch das Nichtverstehen, durch das Nichteindringen in diese Lehre, daß die Welt der Menschen wie ein Garnknäuel verwickelt worden ist … unfähig, aus dem Weg des Leidens und den endlosen Reihen der Wiedergeburten auszutreten.«

In der Thora finden wir die gleiche Vorstellung! Begegnet uns doch im Evangelium die Frage an Johannes den Täufer, ob er der wiedergekehrte Prophet Elias sei. Bei den Griechen sind es die Orphiker und die Philosophen Pythagoras, Empedokles und Platon, die die Idee von der Wiederverkörperung vertreten. Im frühen Christentum gab es verschiedene Richtungen, von Indien inspiriert, die ebenfalls an die Wiedergeburt glaubten, bis auf dem Konzil zu Nikäa 325 diese Lehre verworfen wurde. Selbst Lessing sagt in der *Erziehung des Menschengeschlechts:* »… daß ich auf meinem Weg zur Vervollkommnung wohl durch mehr als eine Hülle der Menschheit durchmüßte, erscheint mir nicht schlechterdings so unsinnig.«

In dieser Lehre werden die sozialen Ungerechtigkeiten, das Unerklärliche der Ungleichheit der Menschen in der sozialen Ordnung, in Intelligenz, Gesundheit und Schönheit sowie Lebensalter ausgeglichen, weil jeder als der Schöpfer und Erbauer seines eigenen Schicksals angesehen wird. Gott wirkt nicht aus bloßer Gnade, er wirkt als der große Ausgleichende; er gibt aber dem Menschen das Werkzeug, seine Intelligenz, seinen Willen, sein Unterscheidungsvermögen für Gut und Böse und die Wahl, sich danach zu richten, in seine eigene Hand. Sein derzeitiges Leben und Schicksal ist die logische Folge der vergangenen, von ihm gestalteten Daseinsformen.

In Hinblick auf Schicksal-Erleben und Schicksal-Erzeugen stehen wir alle in einem Bannkreis, den wir nicht zu durchdringen vermögen. Ja, wir schießen die Pfeile ab, und Pfeile werden auf uns abgeschossen, ohne daß wir immer sagen können, aus welchem Bogen ein Pfeil stammt und von welcher Person er abgeschossen worden ist. Es ist wie im Kriege, man wird von einer Kugel getroffen, die jemand zwar abgeschossen hat, dieser Jemand hat aber nur geschossen und nicht gezielt. Noch mehr trifft das für die Bomben zu, die aus einer Kanone oder aus einem Flugzeug geschleudert wurden. Sie vernichten gleich in Massen. Der Schießende hat überhaupt keine Beziehung mehr zum getroffenen Objekt, er trifft nur Objekte; was für Grauen, was für Schicksale er erzeugt, bleibt ihm verschleiert. Würde er nur mit einem Bruchteil von Phantasie sich vorstellen können, war er anrichtet, so würde seine mordende Hand eher verdorren. Aber all solcher Mord und solche Vernichtung geschehen kollektiv: Der eine fliegt, der andere nimmt die Funksignale auf, der dritte kontrolliert die Meßinstrumente, und der vierte löst die Bomben aus. Wer ist der Mörder? Ist es nur der, der die Bomben auslöst?
Jeder von uns hat einen kleinen oder größeren Kreis von Schicksalen, die er beeinflußt. Je größer, je berühmter, je

mächtiger einer ist, um so größer ist sein Kreis, um so weitergreifend, auch über die Gegenwart hinaus, ist seine Wirkung, aber auch das Maß seiner Verantwortung. Wie viele Millionen von Menschenleben und Schicksalen sind von einem Hitler, einem Lopez, einem Stalin, einem Napoleon zerbrochen und vernichtet worden! In der großen Abrechnung, die manchmal in diesem Dasein auf massierte Missetaten folgt, erleben wir dann, wie die Nutznießer und Verbreiter von politischen Wahnideen sich klein machen und sich nur zu Werkzeugen eines einzelnen stempeln. Als sie mit ihrem Führer an der Macht waren, benahmen und fühlten sie sich alle als kleine Führer, als Repräsentanten seiner Idee und seiner Person. Waren sie wirklich nur blinde Werkzeuge – die Menschen, die ihre Unterschrift unter die Rassengesetze und unter die Befehle zur Vernichtung von Juden, Zigeunern, Russen, von Geistesschwachen und Gebrechlichen setzten? Nein, jeder von ihnen war ein Bogenschütze und schoß durch seine Handlung Bündel von Pfeilen ab, die auch sicher trafen. Und zur Zeit der Tat war jeder von ihnen stolz, an dieser verantwortlichen Stelle gestanden und die Befehle oder Anordnungen seiner Führer vollzogen zu haben. So gibt es eine Kettenreaktion von Schicksal, die sich in einem weiten Kreis vollzieht, vom Initiator über den Parteibonzen, über den hörigen Beamten, Richter, über den Denunzianten bis zum Henker oder Gefängniswächter. Sie möchten später nicht beteiligt gewesen sein, sie alle berufen sich auf höhere Befehle, auf Gesetze, deren bloße Vollzieher sie waren und als deren blinde Werkzeuge sie sich deklarieren, nicht begreifend, daß jeder von ihnen ein Veranlasser zum Schicksal anderer war.

Hätte man Hitler zur Verantwortung ziehen können, auch

er hätte sicherlich einen anderen Schuldigen gefunden. Sicher hätte er sich auf Nietzsche mit seiner Idee vom Übermenschen, auf Houston Stewart Chamberlain mit seiner Idee von der Vorzüglichkeit der germanischen Rasse und schließlich auf die Auswirkungen des Versailler Vertrags berufen!

Wenn eine Bombe auf ein Stadtviertel fällt und Tausenden ihr Leben und ihren Lebensraum zerstört, so ist es immer die andere Nation, etwas Anonymes, die das Ereignis veranlaßt hat. Dasselbe geschieht, wenn in Diktaturen Menschen verschleppt, gequält, gefoltert, getötet, für Jahrzehnte eingekerkert werden. Wer ist der Veranlasser? Man sieht sich einer grausamen, selbsttätig funktionierenden Maschinerie gegenüber. Ist es der Mann, der einen verhaftet oder der einen verhört oder der einen bestialisch quält oder der den letzten Genickschuß oder Beilhieb oder die Bedienung des Gashahns vollzieht? Es sind nur kleine Funktionäre, die meist routiniert und letztlich gedankenlos das Erlernte ausüben. Auch das Quälen, das Bewachen, das Töten wird zur Routine! Der betroffene Mensch sucht aber nach dem Veranlasser, den er nicht finden kann; er findet keinen Verantwortlichen, gegen den er seinen Zorn richten oder dem er verzeihen könnte. Er steht einer gewaltigen, namenlosen, dämonischen Macht gegenüber, und es bleibt ihm nichts anderes übrig, als zu resignieren.

Welch großer Unterschied zu dem heldenhaften Sterben der ersten Christen, die willig und bewußt für Christus, für ihre Idee in den Tod gingen. Hier stand eine ungeheure, neue Macht des Geistes gegen die Macht der Cäsaren! Für wen aber starben die Millionen von Juden, Zigeunern, Russen, die Gegner des politischen Regimes in Rußland und in

Deutschland, die Gebrechlichen? Sie wurden vertilgt, genauso mitleidlos und genauso geschäftsmäßig, wie man Ungeziefer zu vertilgen pflegt. Sie wurden als Individuen ausgelöscht und lediglich als Zugehörige zu der oder jener unerwünschten Gruppe erledigt. In der Massiertheit des Erduldens verliert alles Grauen seinen persönlichen, einmaligen Wert. Erst wenn es uns, wie in dem Tagebuch der Anne Frank, als Einzelschicksal vor Augen geführt wird, gewinnt es seine Einmaligkeit zurück.

Aber auch in jeder Begegnung spielt sich Schicksal ab. Zwischen Eltern und Kind, zwischen Lehrer und Schüler, Meister und Arbeiter, Generaldirektor und Angestelltem, zwischen Arzt und Patient, jeder übt auf den anderen einen mehr oder minder entscheidenden Einfluß aus; auch die ungezählten Ämter, die der Staat zur Sicherung des Daseins errichtet hat und die leider oft, ihre dienende Aufgabe vergessend, zum Selbstzweck geworden sind.

Wie viele seelische Traumen aber entstehen aus fehlerhaften Begegnungen, weil ungezählte Menschen in Machtpositionen begegnungsunfähig geworden sind und sich nur noch als Funktionäre einer Macht benehmen, statt als lebendige Menschen einem anderen Begegnung suchenden lebendigen Menschen entgegenzutreten.

Wieviel Schicksal erwächst aus einer der scheußlichsten und allgemeinsten Seelenhaltungen des Menschen, aus Neid, Mißgunst und Klatsch. Es ist fast ein generelles Leiden der Menschheit: die Lust, den anderen, den Nachbarn zu verkleinern, seine Ehre zu beschmutzen, ihn in den Augen der anderen herabzusetzen. Wieviel Unglück, Diffamation und, in diktatorischen Systemen, Verhaftungen und Vernichtungen sind aus solcher Gesinnung entsprossen! Heinrich Heine schildert stellvertretend für alle eine solche Repräsentantin: »… und ein Maul, das eine Guillotine war für jeden guten Namen. In der Tat, für einen guten Namen gab es keine leichtere Hinrichtungsmaschine als Madame Piepers Maul; sie ließ ihn nicht lange zappeln, sie machte keine langen Vorbereitungen; war der beste Namen zwischen ihre Zähne geraten, sie lächelte nur – aber dieses Lächeln war wie ein Fallbeil, und die Ehre war abgeschnitten und fiel in den Sack …«

Erinnert uns dieser Passus nicht an manchen unserer lieben Angehörigen – oder gar an uns selbst? Bei der Leichtgläubigkeit der Menschen und ihrer Bereitschaft, in den Fehlern der anderen zu schwelgen, kommt nichts besser an als Klatsch. Heute hat sich auch die Presse dieses mächtigen Instinkts bemächtigt und spielt meisterhaft auf dem Instrument der Diffamierung und der Verächtlichmachung von Menschen. In Wissenschaft, Psychologie und medizinischem Gutachterwesen hat sich das Gift der Ehrfurchtslosigkeit eingeschlichen und uns begegnungsunfähig gemacht. Aus dem Aspekt des allgemeinen Mißtrauens kann es zu keiner Begegnung mehr kommen, jeder panzert sich gegen den anderen. Wo Ehrfurchtslosigkeit herrscht, ist auch kein Vertrauen; ohne Vertrauen aber ist der Mensch isoliert, ohne echte Gemeinschaft, sich selbst überlassen.

Erstaunlich ist die Vielschichtigkeit des Verhaltens. Jeder von uns ist hinsichtlich seiner eigenen Ehre überempfindlich, aber unempfindlich gegenüber der Ehre des anderen. Kleine abfällige Urteile über uns verstimmen uns gewaltig, verletzen unser Selbstwertgefühl und können uns geradezu existentiell erschüttern, und dennoch vergehen wir uns täglich und stündlich gegen die Integrität des anderen.

Bleiben wir bei dem indischen Bild des Schicksals, des Karmas – als der Wirkung eines abgeschossenen Pfeils. In allen Erlebnissen, bei der Analyse aller schicksalhaften Verknüpfungen sehen wir, daß letztlich nur der Augenblick des Bogenspannens und des Abschießens in unserer Hand liegt und von unserem Willen abhängig ist. Alles andere gehorcht dann unerklärlichen Gesetzen, die weder unserem Willen noch unserer Absicht unterliegen. Wir können selbstgerecht und pharisäisch, wie wir oft sind, uns an die Brust schlagen und sagen: Wir sind nicht schuld, das geschieht jenseits unserer Absicht! Aber ein tieferes und nachdenklicheres, empfindlicheres Ich sagt uns etwas anderes. Der Arzt, der mit seinem Wissen und Können einem Kranken nicht die erwünschte Hilfe zu bringen vermochte, hat ein schlechtes Gewissen. Was nützt es, daß er sich selbst sagt, er habe alles Erforderliche getan? In seinem Inneren fühlt er sich schicksalsmäßig mit dem Hilfesuchenden verknüpft und erlebt das eigene Ungenügen, über das er auch nicht mit Selbstbeschwichtigungen hinweggelangen kann. Der Chirurg, dem ein Kranker während oder nach der Operation stirbt, fühlt sich schuldig. Er weiß, daß er alle Vorsichtsmaßnahmen getroffen hat, daß er keinen Fehler begangen hat. Und doch erlebt er unbewußt und in der Tiefe seines Seins eine geheimnisvolle, nicht zu deutende Verbindung zwischen sich und dem Toten. Die Angehörigen, die die Zusammenhänge nicht zu übersehen vermögen, sprechen es allzuoft deutlich aus und machen den Arzt oder das Krankenhaus unmittelbar verantwortlich für den Tod eines bereits todkranken Patienten.

Ich erlebte als Junge in Rußland in den letzten Jahren des Ersten Weltkriegs, daß meine Mutter einer Bekannten, die mit ihrer alten Mutter zusammenlebte, unter eigenen Opfern eine große Geldsumme lieh. Die Frau beabsichtigte, damit ein Geschäft zu gründen. Wenige Tage später wurde sie wegen dieses Geldes ermordet und hinterließ die alte Mutter allein und ohne Ernährer. Ich erinnere mich noch ganz lebhaft, wie uns dieses Ereignis traf und wie wir mit dem Erlebnis nicht fertig wurden, da wir an dem Geschehnis mittelbar beteiligt waren. Wir waren sozusagen das auslösende Moment. Unser Gewissen war gegen uns, obwohl wir etwas Gutes tun wollten. Es kamen dann Bekannte und sagten: »Hättet ihr der Frau das Geld nicht gegeben, so wäre das nicht passiert. Wir haben es ihr abgeschlagen!« Und sie standen da wie Gerechte gegen uns Ungerechte.

Unser Kutscher wurde wiederholt ertappt, wie er kleinere und größere Diebereien und Unterschlagungen beging. Im Rate der Familie überlegten wir angestrengt, was man tun sollte, man konnte ihn doch nicht anzeigen und ins Gefängnis bringen. Man beschloß, ihn zu ermahnen. Schließlich wurde er eines Tages von der Polizei abgeholt und zu einigen Jahren Gefängnis verurteilt, weil er auch außerhalb, auf fremden Besitzungen, Diebstähle begangen hatte. Wieder fragten wir uns, ob wir richtig gehandelt hätten, ihn nicht anzuzeigen. Wir blieben ohne Antwort, wir wurden aber von unserem Gewissen nicht freigesprochen.

Wie oft erlebt man, daß Menschen – Mitarbeiter, Bekannte, Untergebene – plötzlich und scheinbar ohne jeden Grund »einschnappen«, beleidigt sind und mit Aggression oder Verstimmung reagieren, obwohl man sich frei von jeder Schuld weiß. Manchmal gelingt es dann, in langen und gewundenen Gesprächen voll versteckter Spitzen und Andeutungen zu erfahren, daß der Betroffene etwas auf sich bezogen hatte, was gar nicht gegen ihn gerichtet war; sofort hatte er sich durchschaut, entblößt und beleidigt gefühlt. Solche Erlebnisse begegnen uns auf Schritt und Tritt, wir können uns ihnen nicht entziehen. Da sie meist unausgesprochen bleiben, führen sie zu oft dauernder Entfremdung zwischen Freunden und Bekannten, zu Feindseligkeiten, die ein Leben lang dauern können. Fragt man sich nach dem Grund der Entzweiung, so findet man ihn nicht mehr, da er meist völlig nichtswürdig war. Was sich aber daraus aufbläht, ist die schwere dauernde Aggression mit echten Vernichtungstendenzen. Solche Aggressionen spielen sich schon unter den Kindern ab, sie sind gang und gäbe in den Nachbarschaften, in den Minderheiten, unter den Angehörigen verschiedener Konfessionen, Parteien und Rassen, und sie sind die Anlässe zu jahrhundertelangen Fehden, kalten und heißen Kriegen unter benachbarten Völkern.

Alles Seiende steht in dieser Verhaftung mit dem anderen Wesen, sei es aus der Nähe oder der Ferne, und niemand kann sich ihr entziehen. Wieweit man diese Verhaftetheit erlebt, ist eine Frage der Empfindlichkeit des Gewissens und der Gesinnung. Der bindungslose säkularisierte Mensch glaubt nur an das unmittelbar erzeugte Böse, an das Böse, das juristisch geahndet wird. Der religiöse Mensch aller religiösen Bindungen weiß, daß bereits ein böser Gedanke, ein böser Wunsch, ein böses Gefühl eine Wirklichkeit ist und Böses im metaphysischen Bereich erzeugt. Der Inder geht noch einen Schritt weiter und sieht sich verstrickt in die Bindungen, an denen er mit oder ohne eigene Willensausrichtung beteiligt ist; er nennt das Karma.

Stefan Zweig gibt in seiner Erzählung *Die Augen des ewigen Bruders* ein farbiges Bild dieser karmischen Verstricktheit.

Es ist die Geschichte des indischen Heerführers Virata, der im Kampf gegen die Rebellen unwissend seinen eigenen Bruder, der auf der anderen Seite kämpft, erschlägt. Erschüttert von dieser Verstricktheit in Schuld und Schicksal, wendet sich Virata vom Kriegshandwerk ab und wird oberster Richter. Er verurteilt die Übeltäter zu Kerker, nicht zum Tode, bis ihm durch eine Begegnung offenbar wird, daß er auch da wieder Schicksal spielt. Schließlich läßt er sich selbst in den Kerker sperren und erlebt all die Qualen derer, die er zu langen Gefängnisstrafen verurteilt hatte. Er entsagt auch diesem Beruf, doch erlebt er auch in der häuslichen Gemeinschaft die gleichen Verstrickungen. Schließlich geht er in die Wildnis und lebt dort zurückgezogen als Yogi. Er wird als Heiliger bekannt, und zahlreiche Wahrheitssuchende bahnen sich den Weg zu ihm durch die Wildnis und werden seine Schüler. Er glaubt sich nun von den Verstrickungen frei. Eines Tages wandert er durch ein Dorf und sieht haßerfüllte Blicke auf sich gerichtet; er erfährt von Müttern und Frauen, daß ihre Söhne und Männer die Familie verlassen haben, um ihm zu lauschen, und er begreift: es gibt kein Dasein, kein Tun und keine Untätigkeit, die ohne schicksalhafte Wirkung wäre.

Zweig setzt die bedeutsamen Worte der Bhagavadgita seiner Erzählung voraus:

Nicht durch Vermeidung jeder Tat wird wahrhaft man vom Tun befreit,
Nie kann man frei von allem Tun auch einen Augenblick nur sein ...
Was ist denn Tat? Was ist Nichttun? Das ist's, was Weise oft verwirrt.

Denn achten muß man auf die Tat, achten auf unerlaubtes Tun.
Muß achten auf das Nichttun auch – der Tat Wesen ist abgrundtief.

Wir können uns weder unserem Schicksal noch dem Karma entziehen. Aber wir können unserem Sein und unseren Handlungen und Verhaltungen eine Ausrichtung geben. Und darauf kommt es an, daß wir nicht bewußt Böses aus uns entlassen, daß wir, wie Dostojewski sagt, unser Gewissen sensibilisieren, daß die Person, das Leben und das Schicksal der nahen und fernen Kreaturen, nicht nur der Menschen, uns so nahe angehen, daß wir uns mit ihnen identifizieren. Nur aus solcher Gesinnung heraus werden wir in unserem Denken und in unseren Handlungen behutsamer und rücksichtsvoller werden. Wir entwickeln Takt: Was ist das anderes als die Fähigkeit, mit liebender, einfühlender Phantasie in die Seinssphäre der anderen Wesen ohne Aggression einzudringen? Ein chassidischer Rabbi antwortet einem, der ihn nach der wahren Liebe fragt: »Wenn du nicht im Umkreis von hundert Kilometern den Schmerz jeder Gebärenden nachzufühlen vermagst, so weißt du nicht, was wahre Liebe ist.«
So nah man in seinem Gefühl der Kreatur sein soll, soviel Abstand sollte man aber gegenüber der eigenen Person und ihrer Art, die Welt zu erleben, haben. Selbstkritik, die zu jedem Reifen unentbehrlich ist, kann nur aus der Perspektive einer gewissen Entfernung geübt werden. Letztlich kommt es darauf an, daß man zum Schicksal, zu dem, was einem aus dem großen Unbekannten des Weltalls geschickt wird, ja sagt. Das heißt nicht, daß man sich fatalistisch und ohne Widerstand dem Schicksal hingeben sollte. Letztlich

hat man selbst die Entscheidungen zu treffen, sie abzuwägen und auch das Schicksal zu gestalten. Es gibt dazu eine indische Parabel: »Zwei heilige Männer meditierten in einem Urwald. Plötzlich sahen sie einen Tiger heranschleichen. Der eine ergab sich in den ›Willen Gottes‹ und begann sich auf den Tod vorzubereiten. Der andere zwang ihn zu laufen. Sie liefen, und es gelang ihnen, dem Tiger zu entkommen. Da sagte der eine Freund zum anderen: ›Natürlich ist es recht, sich in Gottes Willen zu ergeben, aber das, was wir selbst an unserem Schicksal tun können, sollen wir auch aus eigenem Antrieb tun. Denn ist es nicht der Wille Gottes, daß wir aus eigenem Willen handeln?!‹«

Der Schwache und Dumme, welcher weder Phantasie noch Gefühl für sein Schicksal hat, stellt sich immer quer dazu. Der Weise erfühlt aus dem Schicksal behutsam die Weisung und ist im Einklang damit. Rilke gibt uns in dem Gedicht *Der Schauende* das Bild eines vom Schicksal Gestalteten und das Schicksal Gestaltenden:

Wie ist das klein, womit wir ringen
was mit uns ringt, wie ist das groß;
ließen wir, ähnlicher den Dingen,
uns so vom großen Sturm bezwingen –
wir würden weit und namenlos.

Was wir besiegen, ist das Kleine,
und der Erfolg selbst macht uns klein.
Das Ewige und Ungemeine
will nicht von uns gebogen sein.
Das ist der Engel, der den Ringern
des Alten Testaments erschien:

wenn seiner Widersacher Sehnen
im Kampfe sich metallen dehnen,
fühlt er sie unter seinen Fingern
wie Saiten tiefer Melodien.
Wen dieser Engel überwand,
welcher so oft auf Kampf verzichtet,
der geht gerecht und aufgerichtet
und groß aus jener harten Hand,
die sich, wie formend, an ihn schmiegte.
Die Siege laden ihn nicht ein.
Sein Wachstum ist: Der Tiefbesiegte
von immer Größeren zu sein.

Und der große, tragische Schöpfer des »Übermenschen«, der Widerspenstige, der Mitleid als Schwäche haßte und geißelte, der glaubte, mit seiner Idee des Übermenschen das Christentum überwinden zu können, Friedrich Nietzsche kommt am Ende seines unruhigen Lebens zu einer Stille und Bejahung des Schicksals, die ihm bisher völlig fremd war. Er schreibt:

»… Und alles in allem und im Großen: ich will irgendwann einmal nur noch ein Ja-Sagender sein! … Meine Formel für die Größe am Menschen ist amor fati: daß man nichts anderes will, vorwärts nicht, rückwärts nicht, in alle Ewigkeit nicht. Das Notwendige nicht nur ertragen, sondern lieben! …

… Jetzt können wir mit Händen greifen, daß uns alle, alle Dinge, die uns treffen, fortwährend zum Besten gereichen. Das Leben jedes Tages und jeder Stunde scheint nichts mehr zu wollen, als immer nur diesen Satz neu beweisen: sei es was es sei, böses wie gutes Wetter, der Verlust eines Freundes, eine Krankheit, eine Verleumdung, das Ausbleiben eines Briefes, die Verstauchung eines Fußes, ein Blick in einen Verkaufsladen, ein Gegenargument, das Aufschlagen eines Buches, ein Traum, ein Betrug; es erweist sich sofort, oder sehr bald nachher als ein Ding, das nicht fehlen durfte. Es ist voll tiefen Sinns und Nutzens gerade für uns!«

Aus der Überheblichkeit des säkularisierten Menschen kehrt hier ein demütig Gewordener zurück unter das Kreuz Christi und wiederholt die Worte des Evangeliums: »Wir wissen aber, daß denen, die Gott lieben, alle Dinge zum Besten dienen« in seiner Sprache.

Während der Weise durch seinen Einklang mit dem Leben zum Meister des Schicksals wird und der Schwache dem Schicksal immer unterliegt, kämpft der Neurotiker gegen das Schicksal, weil er sich mit seiner Person immer in den Vordergrund schiebt und nicht zu begreifen vermag, daß er nur ein winziges, bedeutungsvoll-unbedeutendes Rädchen im Gefüge des Weltalls ist. In seiner Gesinnung sind die Gewichte verschoben, das kleine Ich ist hypertrophiert, die Pforten zum Dasein, die so groß wie die Person sein sollten, sind nur noch Schießscharten, durch die der Neurotiker ängstlich einen Schein vom Leben hereinläßt und nur Aggressionswaffen heraussendet. Er bleibt unglücklich, weil in ihm die Maße und Gewichte verschoben sind und weil er nie nach den Dingen der Welt und nach den Kreaturen fragt, ohne seine Person, auf die er alles bezieht, im Auge zu haben. Eine unangepaßte, materialistisch orientierte Psychotherapie geht bei ihm am Ziel vorbei; sie enthemmt ihn, ohne ihn reif zu machen, sie steigert sein Selbstbewußtsein, ohne ihn zur Demut und zur Liebe zu führen, sie gibt ihm einen Spiegel in die Hand, in dem er sich selbst spiegelt, statt ihm alle Spiegel zu verhängen und die Augen für die Köstlichkeit dieser Welt und ihrer Kreaturen zu öffnen. Nur durch eine Umkehr der Gesinnung kann sich hier ein Wandel vollziehen.

Wir sollten uns gewöhnen, jede Begegnung, jedes Erlebnis als Schicksal zu begreifen, und nicht nur das plötzlich über uns hereinfallende Unglück, das wir dann als Schicksal bezeichnen. Das wirkliche Schicksal aber sind die ungezählten Mosaiksteinchen, die wir aktiv und die uns aus der Begegnung zu einem Bild formen. Dazu gehören natürlich auch die Katarakte, die Stürme und die Zusammenbrüche, auch die Unfälle und die Krankheiten.

An uns liegt es, der Begegnung standzuhalten und sie zu formen. Ein östlicher Weiser, Mirdad, gibt uns ein Rezept, das Dasein zu bewältigen. Er sagt: »Dies ist der Weg zur Befreiung von Sorge und Schmerz: Denke so, als ob jeder deiner Gedanken in flammenden Buchstaben an den Himmel geschrieben wäre, so daß jedermann es lesen könnte. Sprich so, als ob die ganze Welt nur ein einziges Ohr hätte, das begierig wäre, nur auf dich zu hören. Handle so, als ob die Folgen jeder deiner Taten auf dich zurückfielen. Liebe so, als ob Gott selbst dich brauchte. Und wahrlich, so sei es!«

WLADIMIR LINDENBERG

Vermutungen

»Was ist das Schicksal, Mullah Nasrudin?«
»Vermutungen.«
»Wie soll ich diese Antwort verstehen?«
»Du vermutest, alles wird gut laufen –
und das tut es nicht.
Das nennst du dann Pech.
Du stellst dir vor, alles wird schiefgehen –
und das tut es nicht.
Das nennst du dann Glück.
Du vermutest, dies wird geschehen, jenes wird
geschehen.
Dir mangelt es so sehr an intuitiver Erkenntnis,
daß du nicht *weißt,* was geschehen wird.
Du vermutest nur.
Die Zukunft ist dir unbekannt.
Wenn es dich irgendwann einmal erwischt –
das nennst du dann Schicksal.«

Gott und die Wissenschaft

Werden wir so klug sein, den Schaden zu beheben, durch den wir es wurden?

NIKOLAUS CYBINSKI

Ein Mystiker hielt Nasrudin auf der Straße an und deutete auf den Himmel. Er meinte mit dieser Geste: »Es gibt nur eine Wahrheit, die alles umfaßt.«

Nasrudin war in Begleitung eines Gelehrten, der versuchte, den Sufismus rational zu begreifen. Der Gelehrte dachte: »Diese unheimliche Gestalt ist verrückt. Ob Nasrudin wohl irgendwelche Vorsichtsmaßnahmen gegen ihn ergreifen wird?«

Und wahrhaftig, der Mullah wühlte in seinem Tragesack und brachte ein aufgerolltes Seil zutage. Der Gelehrte dachte: »Ausgezeichnet, nun können wir den Wahnsinnigen ergreifen und fesseln, falls er gewalttätig wird.«

Die wahre Bedeutung von Nasrudins Geste war jedoch: »Der gewöhnliche Mensch versucht, jenen ›Himmel‹ mit Methoden zu erreichen, die genauso ungeeignet dazu sind wie dieses Seil.«

Der »Verrückte« lachte, schlug dem Mullah freundschaftlich auf die Schulter und ging weiter.

»Gut gemacht«, sagte der Gelehrte erleichtert zu Nasrudin, »Sie haben uns vor ihm gerettet.«

Als Arzt und Psychotherapeutin heute über Spiritualität zu schreiben erregt Verdacht im Kreise der Kollegen und bei vielen Naturwissenschaftlern. Spiritualität zielt auf die Einheit und damit letztlich auf Gott. Gott aber ist wissenschaftlich nicht faßbar und so weitgehend aus dem Blickfeld gerückt. Als sich die Kirche seinerzeit mit allen Mitteln gegen die Erkenntnisse der sich um Descartes, Galilei und Newton bildenden Naturwissenschaft wehrte, schien sie den ihr drohenden Abstieg geahnt zu haben. Der Siegeszug der Naturwissenschaften ließ mit dem Interesse an Gott auch das an der Kirche schwinden. Heute scheint ein Tiefpunkt, vielleicht aber auch schon wieder der Wendepunkt dieser Entwicklung erreicht.

Als der Arzt Dr. Geisler sich in 685 421 wissenschaftlichen Arbeiten der medizinischen Weltliteratur aus den Jahren 1991 bis 1993 auf die Suche nach dem Begriff »Gott« machte, überraschte sein Computer ihn mit folgendem Ergebnis: »Word ›God‹ not found, ignore it, use another or remove it.« (»Das Wort ›Gott‹ konnte nicht gefunden werden, ignorieren Sie es, benutzen Sie ein anderes oder sondern Sie es aus.«)

Dieser maschinellen Anweisung hat die Wissenschaft längst Folge geleistet und damit die Gesellschaft entscheidend verändert. Viele Menschen haben Gott gestrichen oder durch andere Begriffe ersetzt. Die Wissenschaft selbst und der von ihr ausgehende Fortschritt sind für viele zum Ersatz geworden. Die Mehrheit der Wissenschaftsanhänger sind nämlich gar keine Wissenschaftler, haben von wissenschaftlichem Arbeiten keine Ahnung, *glauben* aber an die jeweiligen Forschungsergebnisse. In modernen Kliniken hat der Glaube an die Machbarkeit technischer Wunder den Glauben an Gott längst überholt. Wunder werden häufiger von der modernen Medizin als von Gott erwartet.

Insofern ist es bemerkenswert, daß gerade die Physik, die das alte Weltbild, in dessen Mitte unangefochten Gott stand, abgelöst hat, ihn heute zurückholt. Es waren Erkenntnisse von Physikern, die die New-Age-Bewegung ausgelöst haben. Fritjof Capra machte sich Anfang der sechziger Jahre daran, die neuesten Ergebnisse seiner Physikerkollegen mit den Aussagen der Weisheitslehren zu vergleichen, und fand jene verblüffenden Übereinstimmungen, die er durch sein Buch *Tao der Physik* einer breiten Öffentlichkeit nahebrachte. Bereits Jahrzehnte vor Capra hatte MAX PLANCK Gott durch die Vordertür wieder hereingebeten in die moderne Welt. Ein kurzer Ausschnitt aus einer 1929 in Berlin von ihm gehaltenen Rede mag das beleuchten:

Es gibt keine Materie an sich. Alle Materie entsteht und besteht nur durch die Kraft, welche die Atomteilchen in Schwingung bringt und sie zum winzigsten Sonnensystem des Atoms zusammenhält.

Da es aber im gesamten Weltall weder eine intelligente noch eine ewige Kraft gibt, so müssen wir hinter dieser Kraft einen bewußten, intelligenten Geist annehmen. Dieser Geist ist der Urgrund aller Materie.

Nicht die sichtbare und vergängliche Materie ist das Reale, Wirkliche, Wahre – denn die Materie bestünde, wie wir gesehen haben, ohne diesen Geist überhaupt nicht –, sondern der unsichtbare, unsterbliche Geist ist das Wahre. Da es aber Geist an sich allein auch nicht geben kann, sondern jeder Geist einem Wesen zugehört, müssen wir zwingend Geistwesen annehmen. Da aber auch Geistwesen nicht aus sich selbst sein können, sondern geschaffen werden müssen, so scheue ich mich nicht, diesen geheimnisvollen Schöpfer ebenso zu benennen, wie ihn alle Kulturvölker der Erde früherer Jahrhunderte genannt haben: GOTT.

* * *

Der Theologe KARL RAHNER *hat bereits Jahrzehnte vor der Computerrecherche von Dr. Geisler darüber philosophiert, was geschähe, wenn wir dem Computerrat folgten und den Begriff Gott ganz aus unserem Vokabular strichen:*

Ein von niemand mehr gehörtes Signal
Meditation über das Verschwinden des Wortes »Gott«

Bedenken wir einmal diese Möglichkeit. Das Wort »Gott« soll verschwunden sein, spurlos und ohne Rest, ohne daß noch eine übriggebliebene Lücke sichtbar ist, ohne daß es durch ein anderes Wort, das uns in derselben Weise anruft, ersetzt wird, ohne daß durch dieses Wort auch nur wenigstens eine oder besser die Frage schlechthin gestellt würde, wenn man schon nicht dieses Wort als Antwort geben oder hören will. Was ist dann, wenn man diese Zukunftshypothese ernst nimmt? Dann ist der Mensch nicht mehr vor das eine Ganze der Wirklichkeit als solcher und nicht mehr vor das eine Ganze seines Daseins als solchen gebracht. Denn ebendies tut das Wort »Gott« und nur es – wie immer es phonetisch oder in seiner Herkunft bestimmt sein mag. Gäbe es das Wort »Gott« wirklich nicht, dann wäre auch dieses doppelt eine Ganze der Wirklichkeit überhaupt und des Daseins in der Verschränktheit dieser beiden Aspekte nicht mehr für den Menschen da. Er würde sich restlos über dem je einzelnen an seiner Welt und in seinem Dasein vergessen. Er würde *ex supposito* nicht einmal ratlos, schweigend und bekümmert vor das Ganze der Welt und seiner selbst geraten. Er würde nicht mehr merken, daß er nur ein einzelnes Seiendes, aber nicht das Sein überhaupt ist. Er würde nicht merken, daß er nur noch Fragen, aber nicht die Frage nach dem Fragen überhaupt bedenkt; er würde nicht mehr merken, daß er immer nur einzelne Momente seines Daseins neu manipuliert, sich aber nicht mehr seinem Dasein als Einem und Ganzem stellt. Er würde *in* der Welt und *in* sich steckenbleiben, aber nicht mehr jenen geheimnisvollen Vorgang vollziehen, der *ist* und in dem gleichsam das Ganze des »Systems«, das er mit seiner Welt ist, streng sich selbst als eines und ganzes denkt, frei übernimmt, so sich selbst überbietet und übergreift in jene schweigende, wie ein Nichts erscheinende Unheimlichkeit hinein, von der her er jetzt zu sich und seiner Welt kommt, beides absetzend und übernehmend.

Der Mensch hätte das Ganze und seinen Grund vergessen, und zugleich vergessen – wenn man das noch so sagen könnte –, daß er vergessen hat. Was wäre dann? Wir können nur sagen: Er würde aufhören, ein Mensch zu sein. Er hätte sich zurückgekreuzt zum findigen Tier. Wir können heute nicht mehr so leicht sagen, daß dort schon Mensch ist, wo ein Lebewesen dieser Erde aufrecht geht, Feuer macht und seinen Stein zum Faustkeil bearbeitet. Wir können nur sagen, daß dann ein Mensch ist, wenn dieses Lebewesen denkend, worthaft und in Freiheit das Ganze von Welt und Dasein vor sich und in die Frage bringt, mag er auch dabei vor *dieser* einen totalen Frage ratlos verstummen. So wäre es ja vielleicht – wer vermag das genau zu wissen – auch denkbar, daß die Menschheit in einem kollektiven Tod bei biologischem und technisch-rationalem Fortbestand stirbt und sich zurückverwandelt in einen Termitenstaat unerhört findiger Tiere. Mag dies eine echte Möglichkeit sein oder nicht, den Glaubenden, den das Wort »Gott« Sprechenden brauchte diese Utopie nicht als eine Desavouierung seines Glaubens zu erschrecken. Denn er kennt ja ein bloß biologisches Bewußtsein und – wenn man es so nennen will – eine tierische Intelligenz, in die die Frage nach dem Ganzen als solchem nicht eingebrochen, der das Wort »Gott« nicht Schicksal geworden ist, und er wird sich nicht so leicht getrauen, zu sagen, was solche biologische Intelligenz zu leisten vermag, ohne in das Schicksal zu geraten, das mit dem Wort »Gott« signalisiert ist. Aber eigentlich existiert der Mensch nur als Mensch, wo er wenigstens als Frage, wenigstens als verneinende und verneinte Frage »Gott« sagt. Der absolute, selbst eine Vergangenheit tilgende Tod des Wortes »Gott« wäre das von niemandem mehr gehörte Signal, daß der Mensch selbst gestorben ist. Es wäre ja vielleicht – wie schon gesagt – ein solcher kollektiver Tod denkbar. Das brauchte nicht außergewöhnlicher zu sein als der individuelle Tod des Menschen und des Sünders. Wo keine Frage mehr wäre, wo die Frage schlechthin gestorben und verschwunden wäre, brauchte man natürlich auch keine Antwort mehr zu geben, dürfte aber auch keine verneinende geben; und man könnte diese Leerstelle, die man als Möglichkeit denkt, auch nicht als Argument dafür machen, daß das, was mit »Gott« gemeint ist, nicht gegeben sei, weil man sonst ja wieder eine Antwort – wenn auch eben eine verneinende – auf diese Frage gegeben hätte. Daß man also die Frage nach dem Tod des Wortes »Gott« stellen kann, zeigt nochmals, daß das Wort »Gott« – auch durch den Protest gegen es – sich noch behauptet.

* * *

HERBERT PIETSCHMANN, *der Lehrer von Fritjof Capra, philosophiert in seinem Buch* Die Spitze des Eisbergs *über »die Welt, die wir uns schaffen«, und Gott spielt darin die beherrschende Rolle:*

Die Welt, die wir uns schaffen

»Am Anfang schuf Gott Himmel und Erde«, heißt es doch gleich am Beginn des Alten Testaments. Wird hier nicht unmißverständlich zum Ausdruck gebracht, daß Gott die Welt erschaffen hat?

Aber etwas später heißt es dann: »Gott schuf den Menschen ihm zum Bilde, zum Bilde Gottes schuf er ihn und schuf sie, einen Mann und ein Weib.« Hier ist nicht von »Abbild« oder gar »Modell« die Rede, die Ebenbildlichkeit des Menschen hat wohl eine tiefere Bedeutung. Dies wird besonders aus dem Neuen Testament klar, in dem Jesus von Nazareth sagt: »Steht nicht in eurem Gesetz geschrieben: Ich habe gesagt: Ihr seid Götter? Wenn die Schrift schon jene Götter nennt, an die das Wort Gottes ergangen ist, die Schrift aber nicht aufgehoben werden kann, dürft ihr dann von dem, den der Vater geheiligt und in die Welt gesandt hat, behaupten: Du lästerst Gott, weil ich gesagt habe: ich bin der Sohn Gottes?« (Joh. 10,34ff.)

Die 11. Kirchenversammlung zu Toledo fand im Jahre 675 dazu die Formulierung: »Wir glauben, daß im Sohne Gottes zwei Naturen sind: die göttliche und die menschliche, welche die eine Person Christi so in sich vereinte, daß nie mehr die Gottheit von der Menschheit oder die Menschheit von der Gottheit getrennt werden kann.«

Wenn weder die Gottheit von der Menschheit noch die Menschheit von der Gottheit getrennt werden kann, sollen wir dann noch dabei bleiben, daß Gott die Welt erschaffen hat, ohne daß die Menschheit dabei ein Wörtchen mitzureden hatte? Schließlich sagte einer der bedeutendsten christlichen Mystiker, Meister Eckhart, dazu: »Alles, was Gott seinem eingeborenen Sohn in der menschlichen Natur gegeben hat, das hat er alles auch mir gegeben: hiervon nehme ich nichts aus, weder die Einigkeit noch die Heiligkeit, sondern er hat mir alles ebenso gegeben wie ihm.« Und Meister Eckhart betonte noch: »Das bewahrheitet sich völlig an jedem guten und göttlichen Menschen.« Allerdings muß dazu gesagt werden, daß Meister Eckhart im März des Jahres 1329 für diese (und einige andere) Sätze von Papst Johannes XXII. in Avignon der Häresie verdächtigt wurde.

Wollen wir alle diese Textstellen ernst nehmen, so dürfen wir es vielleicht wagen, die Möglichkeit zu betrachten, daß Gott die Welt nicht direkt geschaffen hat, sondern daß er sich in gewisser Weise den Menschen geschaffen hat, damit er ihm bei der Erschaffung der Welt beistehe. Wenn wir die Unterscheidung zwischen Realität und Wirklichkeit übernehmen wollen, dann können wir als Realität alles das bezeichnen, was gegeben (von Gott geschaffen) ist, was sich aber unserem unmittelbaren Zugriff entzieht. Wirklichkeit wäre demgegenüber die Welt, in der wir leben, mit allen unseren Eindrücken, Vorurteilen, aber auch Sinnesempfindungen und wissenschaftlichen Erkenntnissen. Das Verhältnis von Realität und Wirklichkeit zu ergründen ist unter anderem Aufgabe der Wissenschaftstheorie. Es gibt dabei verschiedene typische Geisteshaltungen: Der Realismus meint, unsere Wirklichkeit sei eine mit dem wissenschaftlichen Fortschritt immer besser werdende Abbildung der Realität. Demgegenüber behauptet der Konstruktivismus, daß es gar nicht sinnvoll sei, von Realität zu sprechen, weil wir unsere Wirklichkeit frei konstruieren können.

Ich vertrete, ebenso wie Fritz Wallner, eine synthetische Haltung, die wir den »konstruktiven Realismus« nennen. Der konstruktive Realismus lehnt diese beiden extremen Richtungen als einseitig ab, folgt ihnen aber trotzdem insoweit, als er einerseits zugibt, daß die Realität nicht direkt erkannt werden kann, weil wir immer in einer konstruierten Wirklichkeit leben, daß er aber andererseits diese Konstruktion nicht für vollkommen frei oder willkürlich ansieht, sondern die Realität als notwendiges Korrektiv für die Wirklichkeit braucht. Die Wirklichkeit kann demnach die Realität zwar nicht abbilden, es können aber Widersprüche zwischen Realität und Wirklichkeit auftreten, die sich zum Beispiel als falsche Voraussagen einer Theorie, aber auch als Fehler in unseren Handlungen bis hin zu Katastrophen bemerkbar machen.

Wir Menschen leben *immer* in der von uns geschaffenen Wirklichkeit, trotzdem dürfen wir die zugrunde gelegte Realität nicht unbeachtet lassen, weil nur sie dafür Sorge tragen kann, daß unsere Wirklichkeit nicht in Illusion, Selbstbetrug oder gar Lügengebäude entartet und damit zu Katastrophen führt. Jeder Wirklichkeit ist also eine Realität vorausgesetzt, obwohl sie niemals direkt erkannt oder gar abgebildet werden kann.

Können wir dieselben Worte nicht von Gott aussagen? Der Schöpfer ist der Welt immer schon vorausgesetzt, obwohl Er niemals *direkt* erkannt oder gar abgebildet werden kann.

Wenn die Realität nie direkt erkennbar ist, wie können wir dann unsere Wirklichkeit an ihr orientieren?

Widersprüche zwischen beiden machen sich bemerkbar, und durch ihre Elimination entwickeln wir unsere Wirklichkeit weiter, wir verbessern sie. Aber nicht im Sinne einer getreueren Abbildung, vielmehr im Sinne eines Vermeidens von Widersprüchen (oder Fehlern). Nicht wie die Wirklichkeit zu konstruieren ist, sondern wie sie *nicht* aussehen sollte, weist uns die Realität.

Durch Ausschalten von Irrtümern und falschen Wegen – durch die Verneinung des Unrechten, die Doppelte Negation – tasten wir uns voran; wir sind nie sicher, ob wir am rechten Wege sind, aber wir können wissen, wenn wir etwas falsch machen. Die Wahl des Weges ist unserer Verantwortung überlassen; Fehler dabei zu vermeiden ist unsere Sorgfaltspflicht.

Auch die so erfolgreiche Methode der Naturwissenschaft beruht auf der Doppelten Negation, dem Ausschalten falscher Hypothesen und Theorien. Die so entwickelten Naturgesetze können nicht positiv bewiesen werden, trotzdem können wir uns absolut auf sie verlassen.

Und ist es nicht auch ein guter Weiser für die Entwicklung unserer je eigenen Persönlichkeit, darauf zu achten, daß wir nicht scheinen wollen, was wir nicht sind? Kann doch niemand sein eigenes Ich besser entwickeln als durch die Annahme dessen, was ihm oder ihr immer schon gegeben ist!

Was wäre der Welt doch verlorengegangen, hätte etwa Mozart oder Beethoven die eigene Gabe geringgeschätzt und darauf bestanden, Schriftsteller oder Maler zu werden! Was ich *nicht* bin, ist Versuchung, der ich zu widerstehen habe. Was ich bin, habe ich nicht selbst geschaffen, ich darf und muß mich aber dazu bekennen. Zum dritten Male können wir den Schlußsatz des vorigen Abschnittes abwandeln: Jeder Persönlichkeit ist immer schon ein Ich vorausgesetzt, das aber nicht direkt abgebildet werden kann: »Werden, was du immer schon bist« ist der Auftrag des Lebens, das sich in seiner Zeit erst entfaltet.

Im Verhältnis von Wirklichkeit und Realität ist wesentlich: es gibt so viele Wirklichkeiten wie Menschen, und trotzdem müssen zumindest gewisse Gemeinsamkeiten festgestellt werden. »Weltbild« wird dann oft die gemeinsame Wirklichkeit genannt, die im besten Falle durch Konsens aller Beteiligten, im schlimmsten Falle aber durch Ausschluß, Verbannung oder gar Ermordung aller Abweichler zustande kommt. Sehr schnell gerät ein solches »Weltbild« auch in Gefahr, als Abbild der Realität mißverstanden zu werden. Immer gerät es dabei in die Schere zwischen tyrannischem Absolutismus und gleichgültigem Relativismus, wobei sich einmal die eine, dann die andere Extremhaltung durchsetzt, obwohl beide in gleichem Maße falsch sind. Denn in beiden Fällen werden Widersprüche eliminiert, die aber zur gedeihlichen Entwicklung der Gemeinschaft wesentlich sind: die Widersprüche, die durch jedes Individuum verkörpert werden, weil in jedem Menschen immer schon eine ganze, vollständige und abgeschlossene Welt erschaffen wurde, die trotzdem ohne die Gemeinschaft mit anderen ihren Sinn nicht finden kann.

Ein absolutistisches Weltbild eliminiert diese Widersprüche durch Macht und Gewalt. In beiden Fällen tragen sie nicht zu einer fruchtbaren Entwicklung bei.

Ernstnehmen dieser Widersprüche, also weder Gleichgültigkeit noch Einmischung, sondern Entwicklung des Eigenen am anderen, das nenne ich Toleranz. Und wiederum können wir den Abschnitt mit einer Abwandlung des öfters zitierten Satzes schließen: Das Andere ist notwendige Voraussetzung dafür, daß das Eigene sich finden, darstellen und entwickeln kann.

Wenn der Auftrag des Lebens an das Individuum heißt: »Werde, was du immer schon bist«, könnte dann nicht der Sinn der Zeit darin liegen, das zu entfalten, was seit Anfang mit der Schöpfung gemeint ist, was sie also immer auch schon ist? Eine Entwicklung also, die den Großen Widerspruch jedes Individuums, Teil *und* Ganzes zu sein, in historischen Dimensionen entfaltet? Und ist – trotz aller furchtbaren Rückschläge – nicht wirklich ein solcher Weg der Menschheit zu erkennen? Sind wir nicht von der Selbstverständlichkeit absolutistischer Herrschaft durch viele Revolutionen, aber auch Rückfälle doch schon ein wenig emanzipiert?

Es geht nicht darum, ob diese These richtig oder falsch ist, es geht nur um die Möglichkeit, sich dazu zu bekennen! Denn der eigene Weg ist unserer Entscheidung in Verantwortung überlassen. Wenn wir uns aber dazu bekennen, daß jedes einzelne Leben seinen Sinn auch darin finden kann, zur Entwicklung der Toleranz beizutragen, dann können wir darin auch die Verwirklichung des christlichen Auftrages sehen, heißt es doch:

»Wenn ihr nur jene liebt, die euch lieben, welcher Lohn

steht euch zu? Auch die Sünder lieben die, von denen sie geliebt werden ... Liebt vielmehr eure Feinde, tut Gutes und leiht, ohne etwas zurückzuerwarten.« (Lk. 6,32–35) Und: »Liebt eure Feinde und betet für die, die euch verfolgen. Dann werdet ihr Kinder eures Vaters im Himmel, der seine Sonne aufgehen läßt über Böse und Gute und regnen läßt über Gerechte und Ungerechte.« (Mt. 5,45)

Und in einer letzten Abwandlung unseres Satzes möchte ich wagen, der »Wiederkunft Christi« eine symbolische Bedeutung zuzuschreiben: Durch die Person Jesus von Nazareth ist die Einheit von Gottheit und Menschheit manifest geworden. Nun liegt es an uns Menschen, die Schöpfung so zu entfalten, daß sie das werde, was sie immer schon ist. Wir wissen nicht, ob die Einheit von Gottheit und Menschheit in dieser Welt erreicht werden kann. Aber als anzustrebendes Ziel kann sie jedem individuellen Leben Sinn, Freude und Hoffnung geben.

***

Auf die Situation der modernen Naturwissenschaft in unserer Gesellschaft, die geprägt ist von Zerrissenheit zwischen Athen und Jerusalem, zwischen christlichem Glauben und griechischer Weisheit, geht HERBERT PIETSCHMANN *in seinem Buch* Die Wahrheit liegt nicht in der Mitte *ein. Einen zentralen Abschnitt daraus hat er dankenswerterweise persönlich für dieses Buch gekürzt:*

Die Frage des Philippus

Als einer der Jünger Jesus von Nazareth verraten hatte, da wandte dieser sich ein letztes Mal an seine Freunde mit seinen großen Abschiedsreden. (Am ergreifendsten sind sie wohl im Johannesevangelium wiedergegeben.) Jesus redete viel vom Vater und seiner Wesenseinheit mit ihm. Der Grundwiderspruch unseres Glaubens war selbst für seine Jünger nicht sofort erfaßbar, und so unterbrach ihn einer von ihnen, Philippus, mit der fragenden Bitte:

»Herr, zeige uns den Vater! Das genügt uns«. (Joh. 14,8) Jesus aber wies ihn zurecht: »So lange schon bin ich bei euch, und du kennst mich noch nicht, Philippus? Wer mich gesehen hat, hat den Vater gesehen. Wie kannst du nur sagen: Zeig uns den Vater? Glaubst du nicht, daß ich im Vater bin und der Vater in mir ist? Die Worte, die ich zu euch rede, sage ich nicht aus mir selbst; der Vater, der in mir bleibt, vollbringt die Werke. Glaubt mir, daß ich im Vater bin und der Vater in mir ist«. (Joh. 14,9f.)

Können wir uns vorstellen, daß fast zweitausend Jahre später der Heilige Geist manchmal verzagt bei sich denkt: So lange schon bin ich bei euch, und ihr kennt mich noch immer nicht? Wer den Nächsten wahrlich gesehen hat, hat den Vater gesehen. Wie könnt ihr noch immer sagen: Zeig uns den Vater?

Aber der Vater erscheint nicht *direkt* – weder im Sohn noch im Nächsten. Wer mit Parmenides das Nichts leugnet und Widersprüche fürchtet, wird daher versuchen, den Vater anderswo zu finden. Denn er muß wohl sein, weil nur das Sein ist. Und alles, was ist, ist irgendwo und irgendwann. So wurde die Philippus-Frage beim Zusammentreffen christlichen Glaubens mit griechischer Weisheit zum Symbol des dabei auftretenden Widerspruches.

Athen und Jerusalem.

Kann es eine konfliktfreie Einheit beider geben? Wenn Jerusalem in uns Abendländern sich nach dem Vater sehnt, fragt Athen alsbald: Zeigt ihn uns! Und wenn Athen in uns von der Eindeutigkeit und Widerspruchsfreiheit des Seienden spricht, mahnt Jerusalem: Ich und der Vater sind eins.

Eine ständig wiederholte Frage zwingt uns zu einer Antwort. Wer den Vater nicht im Nächsten sieht, verlegt ihn zunächst in die Natur, dann vielleicht immer weiter weg in Raum und Zeit bis zurück in die Schöpfungsstunde oder an den äußersten Rand des Universums. So heißt es auch in der von Beethoven in seiner 9. Sinfonie wunderbar vertonten Schillerschen *Ode an die Freude*:

> Ihr stürzt nieder, Millionen?
> Ahnest du den Schöpfer, Welt?
> Such ihn überm Sternenzelt!
> Brüder! überm Sternenzelt,
> muß ein lieber Vater wohnen.

Zeig uns den Vater, das genügt. Denn wir können nur glauben, wenn wir erkannt haben. Aus diesem Geiste sind im Abendlande die Universitäten gegründet worden.

Das 12. Jahrhundert stellt einen Einschnitt in der geistesgeschichtlichen Entwicklung des Abendlandes dar. Thomas von Aquin hatte die philosophische Durchdringung christlichen Gedankengutes zu einem Höhepunkt und ersten Abschluß gebracht, der die weitere Entwicklung mitprägen sollte. (Nur wenig später wurde Meister Eckhart für seine ganz anders geartete Mystik der Häresie verdächtigt und gar verurteilt.) Und schließlich entstand in diesem Jahrhundert die Idee der Universität, der Versuch, den Schöpfungsplan Gottes mit der Vernunft zu erkennen – gewissermaßen eine Realität gewordene Philippus-Frage: Zeig uns wenigstens den Plan Gottes, wenn doch der Vater selbst nicht sichtbar werden kann.

Der Historiker Klinkenberg sagte anläßlich der 25-Jahr-Feier der Humboldt-Gesellschaft im Mai 1987: »Aristoteles glaubte, wie auch Platon und alle griechischen Philosophen, (…) daß der menschliche Geist ohne Einwirkung seiner eigenen Konstruktion die Dinge, die Welt, auch die Götter und Gott, gewissermaßen als blanke Realität erkennen könne und, wenn er richtig denkt und beobachtet, auch erkennt.«

Die Universitätsidee wurzelt in diesem Glauben Athens, obwohl sie von christlichen Theologen entworfen worden ist. Klinkenberg führte aus, daß drei Grundannahmen der Antike dabei Pate standen:

1. das Erkennen als das alleinige und eigentliche Wissenschaftsziel,

2. die Einteilung der Wissenschaft in Spezialgebiete und
3. das Postulat des logischen Vorgehens in allen Wissenschaften.

Denn »Gott ist reiner Geist und besitzt selbst die vollkommene Rationalität. Von dieser hat er dem Menschen so viel mitgegeben, daß der Mensch Gott und Welt erkennen kann auch in dem, was ›hinter‹ dem Sichtbaren unsichtbar steckt, Gott eingeschlossen.«

Damit war aber auch ein ganz neuer Naturbegriff geschaffen. Alles Geheimnisvolle, Wunderbare, Widersprüchliche mußte aus ihr verdrängt werden, damit sie uns erlaubte, Gott in ihr zu erkennen.

»Indem man diese Naturidee für schlicht wahr hält, tritt auch der konsequente Irrtum auf, daß der Menschengeist durch Experimente nach und nach die Natur entschleiern kann, bis er sie, ihre Wahrheit, schließlich unverhüllt vor sich sieht«, sagte Klinkenberg.

Diese Einstellung gipfelte schließlich in dem Versuch, »Gottesbeweise« zu finden. Stellt nicht schon die Idee eines Gottesbeweises kindisch-starres Beharren auf der Philippus-Frage dar? Stellen wir uns doch vor, es gäbe tatsächlich einen Beweis für die Existenz Gottes. Wir hätten den Vater zwar auch dann noch nicht gesehen, aber wenigstens die Sicherheit in unserem Denken, daß er »ist«, zum »Sein« gehört. Aber dann wäre Glaube nicht mehr eine Frage des persönlichen Bekenntnisses, sondern eine Frage der Intelligenz. Wer den Gottesbeweis nachvollziehen kann, der hat keinen Grund mehr zu zweifeln, für den bedarf es aber auch keiner persönlichen Hinwendung mehr, Gott wäre neutral geworden, ohne Widersprüche und ohne Leidenschaften;

rational erfaßbar, ohne emotionale Beteiligung. Athen hätte über Jerusalem endgültig gesiegt.

Es war dieselbe Geisteshaltung, die große Naturwissenschaftler später mit Gott so argumentieren ließ, als wäre er in der Natur, in seiner Schöpfung, *direkt* erkennbar. So schrieb etwa Isaac Newton in den Schlußbetrachtungen seiner *Optik:*

»Nach all diesen Erwägungen ist es mir wahrscheinlich, daß Gott im Anfange der Dinge die Materie in massiven, festen, harten, undurchdringlichen und bewegten Partikeln erschuf, von solcher Größe und Gestalt, wie sie zu dem Endzwecke führten, für den er sie gebildet hatte, (...) so hart, daß sie nimmer verderben oder zerbrechen können, denn keine Macht von gewöhnlicher Art würde imstande sein, das zu zerteilen, was Gott selbst bei der ersten Schöpfung als Ganzes erschuf.«

Welch langer Weg von der Schöpfung als »Zwei-Machung« (am Anfang trennte Gott Himmel und Erde) und der Einheit als Aufgabe für den Menschen. Das Ganze ist nicht mehr die Einheit von Diesseits und Jenseits, von Zeit und Ewigkeit (von Athen und Jerusalem), das Ganze sind nunmehr die kleinsten Bausteine der Materie, geschaffen von einem Gott, den die Menschen erst wirklich werden ließen, um der Philippus-Frage doch noch eine Antwort anfügen zu können.

Wir wissen, daß die moderne Physik Kraft genug in sich hatte, um diese Ansätze selbst zu überwinden. Um aber zu verstehen, wie es überhaupt dahin kommen konnte, müssen wir uns jenen Ereignissen im 17. Jahrhundert zuwenden, die wir vielleicht als den Beginn einer zweiten Achsenzeit der Menschheit ansehen dürfen.

In der Generation nach Galilei und Descartes haben Newton und Leibniz unabhängig voneinander eine neue Disziplin der Mathematik geschaffen: die Differentialrechnung.

Die Differentialrechnung erlaubt uns, die sogenannten Bewegungsgleichungen, die grundlegenden Gleichungen für jedes Teilgebiet der Physik, zu formulieren. Denn diese Gleichungen geben an, wie sich ein physikalisches System (etwa ein im Schwerefeld der Erde hochgeworfener Stein) im Laufe der Zeit verändert. Aus dem Zustand des Systems in einem gegebenen Zeitpunkt wird der Zustand im folgenden Zeitpunkt bestimmt. Ein derartiges Vorhaben fordert den mathematischen Umgang mit »unendlich kleinen« Intervallen (der Mathematiker sagt lieber »Grenzübergängen«), um tatsächlich von einem Zeitpunkt zum nächsten zu kommen.

Genau das aber leistet die Differentialrechnung, und die Bewegungsgleichungen sind Differentialgleichungen. Ohne Differentialrechnung wäre die gesamte moderne Mathematik und Physik mit ihren Errungenschaften bis hin zum Mondflug nicht möglich geworden ...

Nun, da in so kurzer Zeit soviel Neues und Fruchtbares entstanden war, konnten die Menschen des Abendlandes der Versuchung nicht mehr widerstehen: Größenwahn begann sich auszubreiten. Aber kein persönlicher, egoistischer Größenwahn, vielmehr eine Euphorie der Allmacht und des Allwissens, die höchstens anerkennen wollte, daß etwas *noch nicht* möglich ist, die aber keine grundsätzlichen Grenzen mehr zulassen konnte. Damit geriet aber die soeben erst geschaffene Grenze zwischen der Wahrheit des Glaubens und den Kenntnissen über die Natur ins Wanken. Galilei mußte sich gegen Grenzüberschreitungen durch die Theologie wehren – nun begannen solche in umgekehrter Richtung. Wahrheit, ja sogar eine eigentümliche neue Art der Religiosität wurde der neuen Wissenschaft, der Naturwissenschaft, zugesprochen.

Dies wird deutlich aus einem Brief Voltaires (vom 15. November 1732) an den Physiker Maupertuis, der ihm die Gravitationstheorie Newtons erklärt hatte. Darin heißt es:

»Ihr erster Brief hat mich auf die neue Newtonsche Religion getauft, Ihr zweiter hat mir die Firmung gegeben. Ich bleibe voller Dank für Ihre Sakramente. Verbrennen Sie, bitte, meine lächerlichen Einwürfe. Sie stammen von einem Ungläubigen. Ich werde auf ewig Ihre Briefe bewahren, sie kommen von einem großen Apostel Newtons, des Lichts zur Erleuchtung der Heiden.«

Bis zur Überheblichkeit des Determinismus (am Beispiel des Laplaceschen Dämons) ist dann nur mehr ein kurzer, konsequenter Weg. Die Schöpfung war ein riesiges Uhrwerk, mechanisch ablaufend. Für Glaube, für den »Vater«, für Ewigkeit, für Jenseitiges gab es keinen Platz mehr in diesem Modell. Die Philippus-Frage war entweder ganz unnötig geworden, oder sie konnte durch den Hinweis auf die Gesetze der sichtbaren Welt beantwortet werden.

Freilich müssen wir zugeben, daß mit dieser einseitigen Haltung nicht nur das Ringen um die Wahrheit des Glaubens, sondern auch alle falschen Anmaßungen verschwanden. Vor allem die schrecklichen Hexenprozesse und die Verbrennungen durch die Inquisition fanden ein Ende.

So ist die »zweite Achsenzeit« zu einem großen Aufbruch der Menschheit geworden. Der neue Denkrahmen sollte sie in vorher nicht vorstellbare, weite Dimensionen führen. Der

Rausch und die Begeisterung waren groß. Zunächst bemerkten nur wenige, daß mit dem Gewinn des Neuen auch ein Verlust unersetzlicher, alter Werte drohte.

* * *

Der Abschied vom mechanistischen Weltbild, das für Gott keinen Platz mehr hatte, bahnte sich in der Physik mit ALBERT EINSTEIN *an. Noch sehr wissenschaftlich formuliert, kann der folgende Text dem Spurensucher Hinweise auf den bevorstehenden Umbruch im Denken geben. Die Idee des Feldes etabliert sich bereits in der Physik und ebnet so den Weg zu einem neuen Verständnis von Wirklichkeit.*

Die Evolution der Physik

Die Naturwissenschaft ist nicht bloß eine Sammlung von Gesetzen, ein Katalog zusammenhangloser Fakten. Sie ist eine Schöpfung des Menschengeistes mit all den frei erfundenen Ideen und Begriffen, wie sie derartigen Gedankengebäuden eigen sind. Physikalische Theorien sind Versuche zur Ausbildung eines Weltbildes und zur Herstellung eines Zusammenhanges zwischen diesem und dem weiten Reich der sinnlichen Wahrnehmungen. Der Grad der Brauchbarkeit unserer gedanklichen Spekulationen kann nur daran gemessen werden, ob und wie sie ihre Funktion als Bindeglieder erfüllen.

Wir haben gesehen, wie die Physik auf ihrem Vormarsch immer wieder neue Realitäten schuf. Dieser Schöpfungsprozeß läßt sich aber weit über den Ursprung der eigentlichen

Physik hinaus zurückverfolgen. Einer der primitivsten Begriffe ist der des Gegenstandes. Die Begriffe »Baum«, »Pferd« und überhaupt der Begriff eines materiellen Körpers schlechthin, sie alle sind Schöpfungen, die aus der Erfahrung erwachsen sind, mögen die ihnen zugrunde liegenden Wahrnehmungen auch im Vergleich zu den eigentlichen physikalischen Phänomenen noch so primitiv sein. Wenn die Katze mit einer Maus spielt, so dokumentiert sie damit, daß auch sie sich auf gedanklichem Wege ihre eigene primitive Realität geschaffen hat. Der Umstand, daß sie auf jede Maus, die ihr über den Weg läuft, in gleicher Weise reagiert, ist ein Beweis dafür, daß sie sich Begriffe gebildet und Theorien zurechtgelegt hat, die sie durch die Welt ihrer Sinneseindrücke geleiten.

Die Ausdrücke »drei Bäume« und »zwei Bäume« sind nicht dasselbe, und auch »zwei Bäume« und »zwei Steine« bedeuten etwas Verschiedenes. Die Begriffe der reinen Zahlen 2, 3, 4 usw. sind, losgelöst von den Objekten, mit denen zusammen sie ursprünglich entstanden sind, reine Schöpfungen des Verstandes und sollen uns zur Beschreibung der realen Verfassung unserer Welt dienen.

Das psychologisch verankerte subjektive Zeitgefühl gestattet es uns, unsere Eindrücke zu ordnen und zum Beispiel zu sagen, daß dieses Ereignis früher eingetreten sei als jenes. Wenn wir aber mit Hilfe einer Uhr jeden Augenblick im Zeitablauf gleichsam numerieren, wenn wir die Zeit als eindimensionales Kontinuum betrachten, so ist das bereits eine Abstraktion. Das gleiche läßt sich von den Begriffen der euklidischen und der nichteuklidischen Geometrie und von unserem, als dreidimensionales Kontinuum verstandenen Raum sagen.

Die eigentliche Physik setzte mit der Schöpfung der Begriffe

»Masse«, »Kraft« und »Inertialsystem« ein. Diese Begriffe sind alle reine Abstraktionen. Sie bildeten die Grundlage für das mechanistische Denken. Für den Physiker des beginnenden neunzehnten Jahrhunderts setzte sich die reale Außenwelt aus Partikeln zusammen, zwischen denen ausschließlich von der Entfernung abhängige einfache Kräfte walten. Er bemühte sich, so lange wie möglich an dem Glauben festzuhalten, es müsse ihm eines Tages doch noch gelingen, das ganze Naturgeschehen aus diesen Grundbegriffen heraus zu erklären. Erst auf Grund der Schwierigkeiten, die sich im Zusammenhang mit der Ablenkung der Magnetnadel und der Struktur des Äthers ergaben, sahen wir uns veranlaßt, eine subtilere Realität zu schaffen. Nun kam die hochbedeutsame Abstraktion des elektromagnetischen Feldes. Es bedurfte eines kühnen Gedankensprunges, um zu erkennen, daß nicht das Verhalten von Körpern, sondern das von etwas zwischen ihnen Liegendem, das heißt, das Verhalten des Feldes, für die Ordnung und das Verständnis der Vorgänge maßgebend sein könnte.

Im Zuge der weiteren Entwicklung wurden dann viele alte Begriffe verworfen und durch neue ersetzt. In der Relativitätstheorie kam man von der absoluten Zeit und dem Inertialsystem ab. Als Rahmen für das Naturgeschehen wurde fortan nicht mehr das eindimensionale Zeitkontinuum in Verbindung mit dem dreidimensionalen Raumkontinuum angesehen, sondern das vieldimensionale Raum-Zeit-Kontinuum, eine neue Abstraktion mit neuen Transformationsmerkmalen. Das Inertialsystem wurde nicht mehr gebraucht. Alle Koordinatensysteme mußten in bezug auf die Beschreibung von Naturereignissen als gleich gut geeignet angesehen werden.

Die Quantentheorie arbeitete dann wieder neue, grundlegende Züge unserer Realität heraus. Diskontinuität trat an die Stelle von Kontinuität. Die Gesetze für einzelne Teilchen wurden von Wahrscheinlichkeitsgesetzen abgelöst.

Das Weltbild der modernen Physik hat mit den Vorstellungen von einst wahrhaftig nicht mehr viel zu tun. Das Ziel bleibt jedoch für jede physikalische Theorie immer das gleiche.

Wir bahnen uns mit Hilfe der physikalischen Theorien einen Weg durch das Labyrinth der beobachteten Gesetzmäßigkeiten und bemühen uns, unsere sinnlichen Wahrnehmungen zu ordnen und zu verstehen. Es wird dabei immer angestrebt, die beobachteten Gesetzmäßigkeiten als logische Folgerungen aus unserem physikalischen Weltbild darzustellen. Ohne den Glauben daran, daß es grundsätzlich möglich ist, die Wirklichkeit durch unsere theoretischen Konstruktionen begreiflich zu machen, ohne den Glauben an die innere Harmonie unserer Welt, könnte es keine Naturwissenschaft geben. Dieser Glaube ist und bleibt das Grundmotiv jedes schöpferischen Gedankens in der Naturwissenschaft. All unsere Bemühungen, alle dramatischen Auseinandersetzungen zwischen alten und neuen Auffassungen, werden getragen von dem ewigen Drang nach Erkenntnis, dem unerschütterlichen Glauben an die Harmonie des Alls, der immer stärker wird, je mehr Hindernisse sich uns entgegentürmen.

Wir fassen zusammen:

Die große Vielfalt von Gesetzmäßigkeiten im Reiche der atomaren Phänomene nötigt uns, wiederum neue physikalische Begriffe zu ersinnen. Die Materie hat eine »körnige« Struktur, sie setzt sich aus Elementarteilchen, den Elementarquanten der Materie, zusammen. Genauso hat auch die elektrische Ladung und – was im Sinne der Quantentheorie das Wichtigste ist – die Energie eine »körnige« Struktur. Photonen sind die Energiequanten, aus denen sich das Licht zusammensetzt.

Hat das Licht Wellennatur, oder wird es von Photonenschauern gebildet? Ist ein Elektronenstrahl ein Schauer von Elementarteilchen, oder hat er Wellennatur? Diese Kardinalfragen erwachsen der Physik aus dem Experiment. In dem Bemühen, sie zu beantworten, müssen wir notgedrungen darauf verzichten, atomare Vorgänge als Ereignisse in Raum und Zeit zu beschreiben, und uns noch weiter von der alten mechanistischen Auffassung distanzieren. Die Quantenphysik bringt Gesetze, die für Kollektive und nicht mehr für deren Individuen gelten. Nicht Eigenschaften, sondern Wahrscheinlichkeiten werden beschrieben; nicht für die zukünftige Entwicklung von Systemen werden Gesetze aufgestellt, sondern für Veränderungen der Wahrscheinlichkeiten in der Zeit, Gesetze, die für große Ansammlungen von Individuen gelten.

ALBERT EINSTEIN/LEOPOLD INFELD

***

Die hier schon erscheinende Bedeutung der Felder hat Ru-
pert Sheldrake mit seiner Theorie der morphogenetischen
Felder weiterentwickelt und damit auch die Wissenschaften
vom Leben im Bereich jenseits des mechanistischen Weltbil-
des angesiedelt:

Das Gedächtnis der Natur

Die organizismische oder holistische Philosophie vermittelt
eine möglicherweise noch radikalere Revision der mechanistischen Theorie. Diese Philosophie leugnet, daß sich alles
im Universum gewissermaßen von Grund auf in der Sprache
der Eigenschaften von Atomen oder gar aller hypothetischen »letzten Bausteine« der Materie erklären läßt. Vielmehr erkennt sie die Existenz hierarchisch organisierter Systeme an, die auf allen Ebenen unterschiedlicher Komplexität Eigenschaften aufweisen und die nicht vollständig begriffen werden können, wenn man sie voneinander isoliert
betrachtet. Auf jeder Stufe ist das Ganze mehr als die Summe seiner Teile. Man kann sich diese Ganzheiten als Organismen vorstellen, wobei dieser Begriff in einem bewußt
weit gefaßten Sinne verstanden wird, um nicht allein Tiere,
Pflanzen, Organe, Gewebe und Zellen einzuschließen, sondern auch Kristalle, Moleküle, Atome und subatomare Teilchen. Diese Philosophie zielt letztlich auf einen Wechsel
vom Paradigma der Maschine zum Paradigma des Organismus in den biologischen *und* den physikalischen Wissenschaften. In A. N. Whiteheads bekanntem Satz heißt es: »Biologie ist das Studium der größeren Organismen, Physik das
Studium der kleineren Organismen.«

Verschiedene Spielarten dieser organizismischen Philosophie sind seit über fünfzig Jahren von vielen Autoren befürwortet worden, auch von Biologen. Doch wenn der Organizismus einen mehr als nur oberflächlichen Einfluß auf die Naturwissenschaften nehmen will, muß er fähig sein, überprüfbare Aussagen zu machen. Dies ist bislang nicht der Fall gewesen.

Die Gründe für dieses Versagen lassen sich am deutlichsten in jenen Bereichen der Biologie aufzeigen, in denen die organizismische Philosophie am einflußreichsten war, nämlich in der Embryologie und der Entwicklungsbiologie.

Das bedeutendste bislang zur Diskussion gestellte organizismische Konzept ist das der *Morphogenetischen Felder*. Diese Felder sollen dazu dienen, die Entstehung der charakteristischen Formen von Embryos und anderer sich entwickelnder Systeme zu beschreiben oder zu erklären. Problematisch ist jedoch, daß dieser Ansatz in einem mehrdeutigen Sinne gebraucht wird. Der Begriff selbst scheint auf die Existenz einer neuen Art eines physikalischen Feldes zu zielen, welches eine bestimmte Rolle bei der Ausbildung einzelner Formen spielt. Einige organizismische Theoretiker bestreiten jedoch, die Existenz eines neuen Typus eines Feldes, einer Daseinsform oder eines von der Physik bislang unerkannten Faktors suggerieren zu wollen; vielmehr gebrauchen sie diese organizismische Theorie, um einen neuen Weg der Sprache über komplexe physikochemische Systeme zu eröffnen. Diese Art des Vorgehens scheint nicht sehr weit zu führen. Das Konzept morphogenetischer Felder kann nur unter der Voraussetzung, daß es zu überprüfbaren Aussagen führt, die sich von denen der konventionellen mechanistischen Theorie unterscheiden, von praktischem wissenschaftlichen

Wert sein. Aussagen dieser Art aber sind nur dann möglich, wenn man davon ausgehen kann, daß morphogenetische Felder meßbare Auswirkungen haben.

Die Hypothese, die mit diesem Buch aufgestellt wird, beruht auf der Vorstellung, daß morphogenetische Felder in der Tat physikalische Effekte haben. Sie besagt weiter, daß spezifische morphogenetische Felder für die charakteristische Form und Organisation von Systemen auf allen Ebenen unterschiedlicher Komplexität zuständig sind, und dies nicht allein im biologischen Bereich, sondern auch in den Bereichen der Chemie und Physik. Diese Felder ordnen die Systeme, mit denen sie verbunden sind, indem sie auf Ereignisse einwirken, die, energetisch gesehen, als indeterminiert oder wahrscheinlichkeitsbedingt erscheinen; sie legen den potentiell möglichen Ergebnissen physikalischer Prozesse bestimmte »Beschränkungsmuster« auf.

Wenn morphogenetische Felder für die Organisation und die Form materieller Systeme verantwortlich sind, müssen sie selbst charakteristische Strukturen aufweisen. Woher also kommen diese Feldstrukturen? Die Antwort, die wir vorschlagen, besagt, daß sie sich von morphogenetischen Feldern ableiten, die ihrerseits mit früheren ähnlichen Systemen verbunden sind: Die morphogenetischen Felder aller vergangenen Systeme werden für jedes folgende System *gegenwärtig*, die Strukturen vergangener Systeme wirken auf folgende ähnliche Systeme durch einen sich verstärkenden Einfluß, der über Raum *und* Zeit hinaus wirksam ist.

Aus dieser Hypothese folgt, daß Systeme in einer bestimmten Weise organisiert werden, weil ähnliche Systeme auf ebendiese Weise in der Vergangenheit organisiert wurden. So kristallisieren die Moleküle eines komplexen organischen Präparats deshalb zu einem charakeristischen Muster, weil die gleiche Substanz auf diese gleiche Art zuvor kristallisierte; eine Pflanze nimmt die für ihre Art charakteristische Form an, weil frühere Exemplare ihrer Art die gleiche Form annahmen; und ein Tier handelt instinktiv auf eine bestimmte Weise, weil ähnliche Tiere sich zuvor ebenso verhielten.

Gegenstand der Hypothese ist die *Wiederholung* von Formen und Organisationsmustern. Die Frage nach dem *Ursprung* dieser Formen und Muster liegt außerhalb ihres Betrachtungsfeldes. Es gibt mehrere unterschiedliche Möglichkeiten, diese Frage zu beantworten, doch jede dieser Möglichkeiten scheint gleichermaßen mit dem Medium der Wiederholung vereinbar.

Von dieser Hypothese läßt sich eine Vielzahl überprüfbarer Aussagen ableiten, die sich entscheidend von denen der konventionellen mechanistischen Theorie unterscheiden. Ein einziges Beispiel mag genügen: Wenn ein Tier, beispielsweise eine Ratte, lernt, ein neues Verhaltensmuster auszuführen, so wird sich für jede folgende Ratte (derselben Art, unter den gleichen Bedingungen gezüchtet) die Tendenz zeigen, die Ausführung desselben Verhaltensmusters schneller zu erlernen. Brächte man zum Beispiel Tausenden von Ratten in London die Ausführung einer neuen Aufgabe bei, müßten somit ähnliche Ratten die gleiche Aufgabe in Laboratorien an beliebigen anderen Orten schneller lernen. Mäße man die Lerngeschwindigkeit der Ratten in einem anderen Laboratorium, beispielsweise in New York, vor und nach der Anlernung der Ratten in London, müßten die beim zweiten Versuch getesteten Ratten rascher als die Ratten des ersten Versuchs gelernt haben. Dieser Effekt träte ein bei vollständigem Fehlen jeglicher bekannten physikalischen Verbindung oder Informationsübermittlung zwischen den beiden Laboratorien. Bemerkenswerterweise gibt es bereits den Nachweis aus Laborexperimenten, daß sich der vorhergesagte Effekt tatsächlich einstellt.

Diese Hypothese, genannt Hypothese der formbildenden Verursachung, führt zu einer Interpretation vieler physikalischer und biologischer Phänomene, die sich radikal von der Interpretation gültiger Theorien abhebt. Sie ermöglicht es weiter, eine Reihe wohlbekannter Probleme in einem neuen Licht zu sehen. In diesem Buch wird sie in einer vorläufigen Form entworfen, einige ihrer Konsequenzen werden angesprochen, und verschiedene Möglichkeiten, sie zu testen, werden vorgeschlagen.

***

Sheldrakes weder materiell vermittelte noch kausal funktionierende Felder dürften die Basis einer neuen Wissenschaft vom Leben werden, die endgültig die Brücke zu den spirituellen Weisheitslehren schlägt. Sie können viele bisher rätselhafte Phänomene erklären, ohne allerdings den letzten Schritt absichern zu können, und so läßt Sheldrake auch ganz bewußt Gott im Spiel bzw. tastet sich mit Worten so nah an die Einheit heran, wie es einem Naturwissenschaftler eben möglich ist. Bei Rudolf Steiner finden wir bereits Gedanken, die man als Vorläufer zu Sheldrakes Theorien betrachten kann, doch bleibt Sheldrake das Verdienst, seine Erkenntnisse in wissenschaftliches Vokabular gekleidet und durch Versuche belegt zu haben:

Der Einfluß der Vergangenheit

Morphische Resonanz ist nichtenergetisch, und morphogenetische Felder selbst sind weder eine Form von Masse noch von Energie. Aus diesem Grunde scheint es *a priori* keinen zwingenden Grund zu geben, warum sie Gesetzen gehorchen sollten, deren Gültigkeit man für die Bewegung von Körpern, Teilchen und Wellen erkannt hat. Insbesondere muß sie nicht notwendigerweise durch die räumliche oder zeitliche Trennung zwischen ähnlichen Systemen an Wirksamkeit verlieren. Sie könnte sich über die Distanz von zehntausend Meilen als ebenso wirksam erweisen wie über einen Meter, und sie könnten über ein Jahrhundert ebenso unvermindert wirken wie über eine Stunde. Die Vermutung, daß sich morphische Resonanz über räumliche und zeitliche Distanz nicht abschwächt, soll uns der Einfachheit halber als vorläufige Hypothese dienen.

Wir nehmen weiter an, daß morphische Resonanz nur aus der *Vergangenheit* wirkt, daß also nur einstmals vorhandene morphische Einheiten einen morphischen Einfluß in der Gegenwart ausüben können. Die Vorstellung, daß noch nicht in Erscheinung getretene *zukünftige* Systeme einen kausalen Einfluß »rückwärts« ausüben können, mag logisch denkbar sein. Doch erst wenn es überzeugendes empirisches Beweismaterial für einen physikalischen Einfluß zukünftiger morphischer Einheiten gibt, wäre es geboten, diese Möglichkeit ernsthaft zu betrachten.

Doch zurück zu unserer Ausgangshypothese, die besagt, daß morphische Resonanz nur durch vergangene morphische Einheiten erfolgt und daß sie ungeachtet einer zeitlichen oder räumlichen Distanz unvermindert wirksam bleibt: Auf welche Weise mag der Prozeß stattfinden? Mehrere bildhafte Vergleiche können uns den Vorgang veranschaulichen. Es könnte sich so verhalten, daß der morphische Einfluß eines vergangenen Systems einem folgenden gegenwärtig wird, indem es sich »jenseits« von Raum und Zeit begibt, um dann dort »wiedereinzutreten«, wo und wann immer ein ähnliches Schwingungsmuster in Erscheinung tritt. Möglich wäre auch, daß es die Verbindung über andere »Dimensionen« herstellt. Es könnte aber auch einen Raumzeit-»Tunnel« durchlaufen, um dann in Gegenwart eines folgenden ähnlichen Systems in unveränderter Form aufzutreten. Oder aber der morphische Einfluß vergangener Systeme ist einfach überall stets präsent. Vermutlich aber ließen sich die unterschiedlichen Auffassungen über morphische Resonanz auf experimentellem Wege nicht gegeneinander abgrenzen. Aus allen aber ließe sich die gleiche Konsequenz ableiten: Die Formen vergangener Systeme würden zeitlich nachgeordneten Systemen automatisch präsent werden.

Die Hypothese impliziert unmittelbar, daß ein System von *allen* vergangenen Systemen ähnlicher Form und von ähnlichem Schwingungsmuster beeinflußt wird. Nach unserer Hypothese nimmt die Wirksamkeit dieser vergangenen Systeme durch räumliche und zeitliche Trennung nicht ab. Nichtsdestoweniger könnte die Fähigkeit der Beeinflussung folgender Systeme durch wiederholtes Wirken geschwächt oder ausgeschöpft werden. Sie hätten dann nur ein begrenztes Wirkungspotential, welches im Verlauf der morphischen Resonanz ausgegeben würde. Wir wollen zunächst davon ausgehen, daß ihr Aktionspotential sich nicht auf diese Weise vermindert, was dann also bedeutet, daß die Formen aller vergangenen Systeme alle nachfolgenden Systeme beeinflussen. Aus dieser Grundvoraussetzung leiten wir mehrere entscheidende Folgerungen ab:

1. Das erste System mit einer bestimmten Form wirkt sich auf das zweite System dieser Art aus; anschließend beeinflussen sowohl das erste als auch das zweite das dritte System, und der Vorgang läuft auf diese Weise sich ständig verstärkend weiter. Bei diesem Prozeß schwächt sich der unmittelbare Einfluß eines Systems auf jedes nachgeordnete System im Laufe der Zeit fortschreitend ab. Sein absoluter Effekt nimmt dabei nicht ab, doch sein *relativer* Effekt wird in dem Maße geringer, wie die Gesamtzahl ähnlicher ehemaliger Systeme zunimmt.

2. Die Form selbst einfachster chemischer morphischer Einheiten ist unbeständig. Subatomare Teilchen befinden sich in fortwährender Schwingung, und Atome und Mo-

leküle unterliegen der Deformation durch mechanische Kollision und elektrische und magnetische Felder. Noch wechselhafter sind biologische morphische Einheiten: Selbst wenn Zellen und Organismen die gleiche genetische Anlage haben und sich unter den gleichen Bedingungen entwickeln, werden sie doch kaum in jeder Hinsicht miteinander identisch sein.

Bei der morphischen Resonanz werden die Formen aller ähnlichen vergangenen Systeme für ein folgendes System vergleichbarer Form gegenwärtig. Auch unter der Annahme, daß man den Faktor der absoluten Größe vernachlässigen kann, werden sich viele dieser Formen voneinander in ihren Einzelheiten unterscheiden. Sie werden sich also, wenn sie durch das Phänomen der morphischen Resonanz übereinandergelegt werden, nicht miteinander zur Deckung bringen lassen. Das Ergebnis wird ein Prozeß einer *automatischen Mitteilung* sein, welcher die den meisten vergangenen Systemen gemeinsamen Charakteristika verstärkt. Doch wird diese »Durchschnittsform« innerhalb des morphogenetischen Feldes nicht scharf definiert, sondern von einem »Schleier« umgeben sein, der von der Wirkung der weniger gemeinschaftlich angetroffenen Varianten herrührt.

Das bewußte Selbst

Entgegen der Philosophie des Materialismus hat das bewußte Selbst eine Realität, die sich nicht nur aus der Materie ableitet. Es erscheint überzeugend, daß das eigene bewußte Selbst die Fähigkeit der freien Entscheidung hat. Analog dazu kann man schließen, daß auch andere Menschen bewußte Wesen mit ähnlicher Anlage sind.

Nach dem »gesunden Menschenverstand« *wirken* bewußtes Selbst und Körper *zusammen*. Aber wie spielt sich dieses Zusammenwirken dann ab?

Im Zusammenhang mit der mechanistischen Theorie des Lebens muß man das bewußte Selbst als eine Art »Gespenst in der Maschine« sehen. Einem Materialisten würde so etwas absurd vorkommen. Aber auch die Verteidiger der Interaktionstheorie waren bisher nicht in der Lage, den Mechanismus des Zusammenwirkens von Körper und Geist zu spezifizieren – abgesehen von der vagen Vermutung, daß er auf einer Veränderung im Bereich der Quantenereignisse des zentralen Nervensystems beruht.

Die Hypothese formbildender Verursachung läßt dieses alte Problem in einem neuen Licht erscheinen. Man kann sich das bewußte Selbst nicht in Interaktion mit einer Maschine, sondern nur mit motorischen Feldern vorstellen. Diese wiederum sind verbunden mit dem Körper und abhängig von seinen physikochemischen Zuständen. Das Selbst jedoch ist weder mit den motorischen Feldern identisch, noch findet seine Erfahrung in den Veränderungen, die im Zentralnervensystem durch energetische und formbildende Ursachen ablaufen, eine Entsprechung. Es findet Zugang zu den motorischen Feldern, bleibt ihnen aber übergeordnet.

Über diese Felder ist das bewußte Selbst direkt mit der äußeren Umgebung und den Zuständen des Körpers verbunden, sowohl bei Wahrnehmungsprozessen als auch bei bewußt kontrollierter Aktivität. Subjektive Wahrnehmung aber, die nicht direkt die reale Umgebung oder eine sofortige Handlung betrifft – beispielsweise in Träumen, beim Tagträumen oder bei diskursivem Denken –, muß nicht notwendigerweise in irgendeiner bestimmten Beziehung zu energetischen und formbildenden Kräften stehen, die auf das Zentralnervensystem einwirken.

Auf den ersten Blick scheint diese Schlußfolgerung unserem gesicherten Wesen zu widersprechen, nach dem Bewußtseinszustände häufig mit charakteristischen physiologischen Aktivitäten einhergehen. Träume sind beispielsweise gewöhnlich von schnellen Augenbewegungen und einem charakteristischen Frequenzmuster im EEG begleitet. Dies beweist jedoch nicht, daß bestimmte Einzelereignisse im Traum bestimmten physiologischen Veränderungen parallel laufen; diese könnten ja auch die nichtspezifische Folge eines Zuganges des Bewußtseins zum Traumzustand sein.

Dieser Sachverhalt läßt sich einfacher mit Hilfe einer Analogie herausstellen. Wenn man die wechselseitige Abhängigkeit von Auto und Fahrer betrachtet, so sind gewöhnlich die Bewegungen des Autos eng verbunden mit dem Verhalten des Fahrers und hängen unter anderem von seiner Wahrnehmung der Straße vor ihm, der Verkehrszeichen, der Meßinstrumente im Auto usw. ab. Unter anderen Bedingungen jedoch ist diese Verbindung sehr viel weniger eng: wenn der Fahrer eine Straßenkarte studiert, während das Auto mit laufendem Motor steht. Obwohl dann eine sehr allgemeine Beziehung zwischen dem Zustand des Autos und der Tätigkeit des Fahrers bestünde – während des Fahrens könnte er nicht die Karte studieren –, gäbe es keine spezifische Verbindung zwischen dem laufenden Motor und den Eintragungen auf der Landkarte. Genausowenig muß der EEG-Rhythmus im Traumzustand eine spezifische Beziehung zu den Traumbildern haben.

Wenn das bewußte Selbst über Materie, Energie, morphogenetische und motorische Felder hinausgehende Eigenschaften besitzt, müssen bewußte Erinnerungen – an bestimmte vergangene Ereignisse – nicht unbedingt materiell im Gehirn gespeichert *oder* von morphischer Resonanz abhängig sein. Diese Erinnerung könnte sich auch direkt von vergangenen Bewußtseinszuständen herleiten, unabhängig von Zeit und Raum, einfach durch die Ähnlichkeit mit einem momentanen Bewußtseinszustand. Dieser Prozeß würde wohl äußerlich an die morphische Resonanz erinnern, andererseits aber nicht von physikalischen, sondern nur von Bewußtseinszuständen abhängen. Es würde also *zwei* Typen von Langzeitgedächtnis geben: durch morphische Resonanz bewirktes motorisches oder Gewohnheitsgedächtnis und bewußtes Gedächtnis, das dem bewußten Selbst durch direkten Zugang zu seinen eigenen vergangenen Zuständen gewährt wird.

Wenn man dem bewußten Selbst Eigenschaften zugesteht, die man in keinem rein physikalischen System findet, so könnten einige dieser Eigenschaften für parapsychologische Phänomene verantwortlich sein, die durch die Theorie energetischer oder formbildender Verursachung unerklärbar bleiben.

Doch vorausgesetzt, das Selbst hat wirklich solche bestimmten Eigenschaften, wie wirkt es sich dann auf den Körper und die Welt der Objekte mittels motorischer Felder aus? Wir können uns zwei Möglichkeiten vorstellen: Erstens könnte es aus verschiedenen denkbaren motorischen Feldern wählen, wodurch einem Handlungsweg Vorrang vor anderen gegeben wird; und zweitens könnte das Selbst als kreatives Moment wirken, das neue motorische Felder, wie beim Lernen durch »Einsicht«, schafft. In beiden Fällen würde es wie eine formbildende Ursache wirken, die aber innerhalb bestimmter Grenzen unabhängig und frei von physischen Einflüssen ist. So wäre es letztlich eine formbildende Ursache anderer formbildender Ursachen.

Bei dieser Art der Interpretation hängen bewußt kontrollierte Handlungen von *drei* Möglichkeiten der Verursachung ab: bewußte Verursachung, formbildende Verursachung und energetische Verursachung. Im Gegensatz dazu lassen traditionelle interaktionistische Theorien vom Typ des »Gespenstes in der Maschine« nur zwei Verursachungen zu, die Bewußtseins- und die energetische Verursachung, wobei eine formbildende Verursachung zwischen ihnen ausgeschlossen bleibt. Der modifizierte Materialismus erlaubt wieder eine andere Kombination, die der formbildenden und energetischen, und leugnet eine bewußte Verursachung. Der konventionelle Materialismus läßt jedoch nur eine, die energetische Verursachung zu.

Die Beziehung zwischen Bewußtseins- und formbildender Verursachung wird wohl am besten durch eine Analogie zur Beziehung zwischen formbildender und energetischer Verursachung dargestellt. Die formgebende Verursachung hebt die energetische weder auf, noch widerspricht sie ihr, sie schafft aber eine Struktur für Ereignisse, die von der Theorie energetischer Verursachung her gesehen noch unbestimmt geblieben sind; sie unterscheidet quasi noch innerhalb dessen, was energetisch möglich ist. In ähnlicher Weise schließt die bewußte Verursachung die formgebende nicht aus, noch widerspricht sie ihr, sondern sie trifft ihre Entscheidung zwischen motorischen Feldern, die auf der Grundlage morphischer Resonanz in gleicher Weise möglich sind.

Situationen, in denen mehrere verschiedene Aktivitätsmuster möglich sind, können auftauchen, wenn ein Verhalten noch nicht über motorische Felder durch angeborene oder gewohnheitsbedingte Chreoden kanalisiert worden ist, oder wenn zwei oder mehrere motorische Felder bei der Kontrolle physischer Felder miteinander in Konkurrenz stehen.

Bei niederen Tieren läßt die weitgehende Kanalisierung des Instinktverhaltens wenig oder keinen Raum für bewußte Verursachung. Bei höheren Tieren jedoch kann die angeborene, doch relativ offene Kanalisierung des Appetenzverhaltens wohl einen gewissen Raum dafür freigeben. Beim Menschen ermöglicht die enorme Vielfalt denkbarer Verhaltensformen den Rahmen für bewußte Entscheidungen in vielen unentschiedenen Situationen, in denen eine bewußte Wahl getroffen werden kann. Auf niederer Ebene erfolgt diese Wahl zwischen möglichen Methoden der Zielfindung, die bereits durch die wichtigsten motorischen Felder gegeben sind; auf höherer Ebene durch Entscheidung zwischen konkurrierenden übergeordneten motorischen Feldern.

Bei dieser Betrachtungsweise ist Bewußtsein primär auf die Wahl zwischen mehreren Verhaltensmöglichkeiten gerichtet, und seine Entwicklung ist seit jeher eng verknüpft mit dem wachsenden Feld bewußter Verursachung.

In einem frühen Stadium der Entwicklung des Menschen muß sich dieses Feld sprunghaft ausgedehnt haben, nämlich bei der Entstehung der Sprache. Dies geschah einmal direkt durch die Fähigkeit, eine unbegrenzte Anzahl von Lautmustern in Artikulationen und Sätzen hervorzubringen, und einmal indirekt durch all die Handlungen, die dieses flexible und verfeinerte Kommunikationsmittel ermöglichten. Zudem muß im Verlauf der hiermit verbundenen Entwicklung begrifflichen Denkens das bewußte Selbst auf irgendeiner Stufe sich selbst in einem qualitativen Phasensprung als Mittler bewußter Verursachung erkannt haben.

Wenn auch die bewußte Kreativität ihre höchste Entfaltung im Menschen erreicht hat, so spielt sie doch auch eine bedeutende Rolle bei der Entwicklung neuer Verhaltensmuster höherer Tiere, und sie kann auch bei niederen Tieren einige Bedeutung haben. Sie benötigt jedoch einen bereits gestalteten Rahmen formbildender Verursachung, der durch morphische Resonanz von Tieren strukturiert würde, die früher gelebt haben; sie kann nicht für die Existenz der übergeordneten motorischen Felder, in deren Rahmen sie sich ausdrückt, verantwortlich gemacht werden, noch darf man sie als Ursache der charakteristischen Ausprägung der Art ansehen. Noch weniger kann die bewußte Kreativität den Ursprung neuer pflanzlicher Formen erklären. So bleibt das Problem der evolutionären Kreativität immer noch ungelöst.

Diese Kreativität kann man einer nichtphysikalischen kreativen Instanz, die über individuelle Organismen hinausgeht, zusprechen, oder eben dem Zufall.

Die zweite der metaphysischen Positionen, die mit der Hypothese formbildender Verursachung vereinbar sind, beinhaltet die Annahme der zuletzt genannten Alternative. In dieser wird die Realität eines bewußten Selbstes als ursächliche Instanz zugestanden; die Existenz einer nichtphysisch gebundenen Instanz, die individuelle Organismen transzendiert, wird dagegen geleugnet.

Das kreative Universum

Obwohl eine kreative Instanz, die fähig ist, neue Formen und Verhaltensmuster im Laufe der Evolution hervorzubringen, notwendigerweise individuelle Organismen transzendieren müßte, so muß sie aber nicht die gesamte Natur transzendieren. Sie könnte zum Beispiel dem Leben als Ganzem innewohnen. In diesem Fall entspräche sie dem Bergsonschen Prinzip des *élan vital*. Andererseits könnte sie dem Planeten als Ganzem, unserem Sonnensystem oder dem gesamten Universum immanent sein. Es könnte sogar eine Hierarchie der diesen Ebenen immanenten Schöpfungskräfte geben.

Solche kreativen Instanzen könnten neue morphogenetische und motorische Felder schaffen, und zwar in einer Weise, die stark an die oben angesprochene bewußte Verursachung erinnert. Akzeptiert man erst einmal derartige kreative Instanzen, so ist es in der Tat schwierig, die Schlußfolgerung zu vermeiden, daß sie selbst bewußte Seinsformen sind.

Falls eine solche Hierarchie bewußter Seinsebenen existiert, könnten die höheren Ebenen ihre Kreativität durchaus mittels der untergeordneten ausdrücken. Wenn sich eine solche kreative Instanz höherer Ebene mittels des menschlichen Bewußtseins ausdrückte, könnten die Gedanken und Handlungen, die durch sie hervorgerufen werden, als von außen kommend erfahrbar sein. Diese Erfahrung von *Inspiration* ist in der Tat nichts Unbekanntes.

Weiter besteht die Möglichkeit, falls solche höheren Formen des Selbstes der Natur innewohnen, daß Menschen unter bestimmten Bedingungen die Erfahrung machen, daß sie von diesen umgeben oder in sie eingeschlossen sind. Die

Erfahrung einer inneren Einheit mit allem Lebendigen, der Erde oder dem Universum ist häufig beschrieben worden, soweit eine solche Erfahrung überhaupt ausdrückbar ist.

Doch obwohl eine immanente Hierarchie bewußter Formen des Selbst sehr wohl die evolutionäre Kreativität im Universum deuten könnte, kann sie nicht die primäre Ursache für die Existenz des Universums sein. Auch könnte diese immanente Kreativität kein Ziel haben, solange es im Universum nichts gibt, auf das sie sich zubewegen kann. Danach würde sich die gesamte Natur ständig weiterentwickeln, aber blind und richtungslos.

Diese metaphysische Position läßt die ursächliche Kraft des bewußten Selbstes zu *und* die Existenz kreativer Instanzen, die individuelle Organismen transzendieren, aber der Natur innewohnen. Andererseits verneint sie die Existenz einer letzten kreativen Instanz, die das Universum als ein Ganzes transzendiert.

Transzendente Wirklichkeit

Das Universum als Ganzes kann nur dann eine Ursache und einen Zweck haben, wenn es durch eine bewußte Kraft geschaffen wurde, die über es selbst hinausgeht. Dieses transzendentale Bewußtsein würde sich im Gegensatz zum Universum nicht auf ein Ziel hin entwickeln, vielmehr fände es sein Ziel in sich selbst. Es würde nicht auf eine endgültige Form zustreben, da es in sich selbst bereits vollständig ist. Wenn dieses transzendente Sein die Ursache des Universums und alles darin Existierenden wäre, hätte alles Erschaffene in irgendeiner Weise teil an seiner Natur. Die mehr oder weniger begrenzte »Ganzheit« von Organismen auf allen Ebenen der Komplexität könnte demnach als Spiegelung der transzendenten Einheit betrachtet werden, von der sie abhängen und von der sie letztlich abstammen.

So bejaht diese vierte metaphysische Position die ursächliche Wirksamkeit des bewußten Selbstes *und* die Existenz einer Hierachie kreativer Instanzen, die der Natur innewohnen, *und* die Realität eines transzendenten Ursprungs des Universums.

Der kleine Karl geht neben dem Herrn Pfarrer nach dem Unterricht nach Hause.

Zur Abkürzung nehmen sie den Weg über den zugefrorenen See.

Sagt der Herr Pfarrer:

»Ist es nicht ein Wunder, wie unser Herrgott einen so großen See einfach zufrieren lassen kann?«

Karl: »Kunststück – im Winter!«

Märchen, Mythen, Rituale

Ein Becher voll Maya

Vor langer Zeit lebte in Indien ein Held. Eines Tages begegnete er Vishnu. Sie wanderten zusammen durch das Land, und Vishnu fragte ihn, ob er irgendeinen Wunsch habe, den er ihm erfüllen könne.

»Lehre mich, was Maya bedeutet«, bat der Mann.

»O nein«, sagte Vishnu, »wünsche dir irgend etwas anderes, nur nicht das.«

»Aber ich möchte von dir lernen, was Maya bedeutet«, beharrte der Mann.

»Du kannst dir alles wünschen«, sagte Vishnu, »eine schöne, hingebungsvolle Frau, große Reichtümer, Paläste, Gesundheit, ein langes Leben.«

»Ich möchte lernen, was Maya bedeutet«, antwortete der Mann.

»Nun gut«, sagte Vishnu, »wenn das dein Wunsch ist, werde ich ihn erfüllen. Aber hole mir bitte zuerst einen Becher voll Wasser von dem Bauernhaus da drüben, und dann werde ich dich lehren, was Maya bedeutet.«

Der Mann ging zu dem Bauernhaus und klopfte höflich an die Tür. Die Tür wurde von der schönsten Frau geöffnet, die er je gesehen hatte. Sie war nicht nur wunderschön, sie hatte auch tiefe, seelenvolle Augen. Er sah in diese Augen und verliebte sich. In diesem Augenblick wußte er, daß sie sich von vielen früheren Leben her kannten und daß sie füreinander bestimmt waren. Sie wußte es ebenfalls. Sie bat ihn ins Haus und stellte ihn ihrer Familie vor. Ihre Eltern hießen ihn willkommen, als sei er ihr eigener, geliebter Sohn. Als er mit ihnen beisammensaß, fühlte er so tiefen Frieden in sich, daß er wußte, hier war er zu Hause. Er hielt um die Hand des Mädchens an, und die Eltern gaben mit Freuden ihren Segen. Sie schenkten dem Paar ein Stück Land und ein kleines Bauernhaus.

Es dauerte nicht lange, da hatte das Paar Kinder. Erst einen kleinen Jungen, dann ein kleines Mädchen. Ihre Liebe zu den Kindern vertiefte ihre Liebe zueinander. Die Felder brachten reiche Ernte. Sie lebten mit den Jahreszeiten und waren mit ihrem Leben zufrieden und glücklich.

Dann, eines Tages, hörte man schreckliches Donnergrollen aus den Bergen. Der Himmel verdunkelte sich, und die Erde bebte, und eine gewaltige Flut ergoß sich in die Ebene. Der Mann ergriff seine kleine Tochter mit der einen Hand, seine Frau und den Jungen mit der anderen. Sie rannten davon. Die Wassermassen zerstörten erst ihre Felder, dann das Haus. Sie liefen, so schnell sie konnten, aber das Wasser um sie herum begann zu steigen, und eine plötzliche Flutwelle trennte den Mann von seiner Frau. Er schrie auf und versuchte, nach ihr zu greifen, als sie weggerissen wurde. Dabei verlor er das Baby, das er getragen hatte. Er schrie wieder auf, und das Leid zerriß sein Herz. Er klagte und weinte, und um ihn herum tobte der Sturm, der sein Haus, seine Liebe und sein Leben zerstört hatte. Er blickte nach unten und sah, wie seine Tränen in das schlammige, tosende Wasser fielen, in dem er stand. Als die Tränen die Wasseroberfläche berührten, beruhigte sich das Wasser und wurde klar. Er sah auf und erkannte, daß er in einen

Becher geweint hatte, den er in der Hand hielt. Er blickte in Vishnus Augen.

Vishnu lächelte und sagte: »Das ist Maya.«

***

Der Sprung von der Wissenschaft zu den Märchen und Mythen mag groß erscheinen. Dabei waren sie es, die zusammen mit den religiösen Legenden früher unser Weltbild prägten, und im Rahmen der Fortschritte der modernen Wissenschaft werden sie wieder interessant. Sheldrakes morphogenetische (= formgebärende) Felder könnten unter anderem die für den rationalen Menschen verblüffende Wirksamkeit von Ritualen erhellen und auch jene Felder erklären, in denen sich Märchen und Mythen durch die Jahrhunderte erhalten haben und sogar noch heute gegen den Zeitgeist bestehen.

Bevor die Naturwissenschaft zur dominierenden Kraft in unserer Kultur wurde, fanden sich die Menschen in ihren Mythen, Märchen und religiösen Geschichten wieder. Märchen machten sie mit den wichtigsten Etappen des individuellen Entwicklungsweges vertraut. Sie liefern die archetypischen Muster, die die Wurzeln eines jeden Volkes bilden. Und von jeher waren Märchen Seelennahrung für Kinder, deren Lebensweg von den vermittelten Bildern bestimmt wird. Die Geschichten von Ödipus und Odysseus, den Argonauten oder den Grimmschen Märchenhelden zeigen uns archetypische Muster vom Seelenweg. Nichts ist für Heranwachsende gefährlicher als Orientierungslosigkeit. Menschen, deren Suche zur Sucht und damit zur Flucht verkam, hat sehr häufig ein Rahmen für ihren Lebensweg gefehlt. Ob aufgrund eines Zuwenig oder eines Zuviel, spielt dabei die geringere Rolle. Wer schon auf befriedigende Wegweiser verzichten mußte, hat mit Sicherheit auch kein Bild vom Lebensziel vermittelt bekommen. Märchen enthalten beides und geben der kindlichen Seele auf diese Weise Sicherheit und Vertrauen.

Aber auch Erwachsene und vor allem Psychotherapeuten können von Märchen profitieren. Die aus unserem Kulturkreis hervorgegangenen Königs- und Zaubermärchen, die die Brüder Grimm gesammelt haben, offenbaren seelische Zusammenhänge, die uns die Augen für manche Probleme und viele Chancen öffnen könnten. Sie zeigen zum Beispiel, wie die zerrütteten Verhältnisse in vielen Märchenfamilien für den Helden zum wichtigen Sprungbrett ins Leben werden. Die garstigen Eltern erhalten da plötzlich eine ganz andere Bedeutung. Die heute so verbreiteten Gluckeneltern, die ihre Kinder noch als Erwachsene mit ihrer Liebe verfolgen, erscheinen plötzlich in weniger günstigem Licht. Allein für die Problematik des Erwachsenwerdens könnten uns Märchen und Mythen wie etwa die Parzivalgeschichte oder auch religiöse Legenden wie jene, die sich um das Leben des Buddha rankt, unschätzbare Dienste leisten. Zu ängstliche Eltern sind es demnach, die das Erwachsenwerden ihrer Kinder am meisten behindern, um bei diesem Beispiel zu bleiben.

Als Reinkarnationstherapeuten folgen wir den Märchenhelden über die Niederungen der Tiefenpsychologie (wie sie in Sagen und Mythen zum Ausdruck kommen) – hinaus in Bereiche, die den Namen Höhenpsychologie verdienen – ein Begriff, der von unserem Kollegen Oskar Ruf geprägt wurde. Im Märchenhelden zeigt sich der Mensch, der, mit sich ins reine gekommen, die Abgründe der eigenen Seele und damit auch die Tiefenpsychologie überwunden hat. Angstfrei und fast heiter folgt er seinem Weg und läßt Regungen wie Rache und Verbissenheit hinter sich. Die Bestrafung der Bösewichte ist nicht seine Sache. Seinem Schicksal wie auch den Helfern, die ihm zur rechten Zeit begegnen, vertrauend, interessiert ihn nur das eine Ziel: die Bewältigung der gestellten (Lebens-)Aufgabe. Die Entwurzelung aufgrund seines schwierigen, oft sogar schrecklichen familiären Hintergrunds wird ihm nicht zum Hindernis, sondern geradezu zum Wegbereiter. In der Heimat von aller Unterstützung abgeschnitten, macht er kein Drama daraus, sondern begibt sich auf den Weg. Jeden Hinweis dankbar annehmend, läßt er sich geradezu demütig helfen, und tatsächlich erwächst ihm Hilfe, wo immer er ihrer bedarf. So gelingt es ihm, alle Gefahren zu bewältigen und schließlich seine andere, »bessere Hälfte« in Gestalt der Königstochter zu finden. Am Ende des Weges feiert er mit ihr chymische Hochzeit, das heißt, er vermählt sich mit seinem weiblichen Seelenanteil, seiner Anima.

Während die Mythen uns mit den Dramen des Entwicklungsweges der Seele konfrontieren und deshalb eine Fundgrube für Tiefenpsychologen von Freud über Jung bis in die Gegenwart wurden, zeigen uns die Märchen die Entwicklungsstufen der Psyche bis in den Bereich der esoterischen Psychologie. Fast alle Märchen enden in der Einheit, ausgedrückt durch die Heimkehr ins Reich des Vaters und durch die Zeitlosigkeit, die hier herrscht: »... und wenn sie nicht gestorben sind, dann leben sie noch heute.«

Nach den *Ver*wicklungen, die uns die Mythen erläutern, erscheint die *Ent*wicklung, wie die Märchen sie darstellen, als Rettung. Hier wird letztes und höchstes Wissen in einfachster Form offenbar. Märchen sind sicherlich die älteste und bildkräftigste Möglichkeit, zurück zu unseren Wurzeln und voraus auf unser Lebensziel zu schauen. Wie wichtig sie sind, zeigt sich auch daran, wie neue Märchen und Mythen entstehen, wenn die alten vernachlässigt oder gar ignoriert werden. Die Geschichten um Außerirdische und ihre Ufos samt den dazugehörenden Entführungen, aber auch das neu erwachte Interesse an Engeln scheinen uns in diesem Zusammenhang zumindest erwähnenswert.

Die Engel wurden – wie auch alle anderen himmlischen Wesen – lange Zeit von den Kirchen vernachlässigt, totgeschwiegen oder mit entschuldigendem Unterton in den Vorschul-Religionsunterricht verbannt. Da aber nichts, was einmal da war, wieder aus der Welt zu schaffen ist – auch seelische Energien nicht –, tauchen sie außerhalb der angestammten kirchlichen Bereiche in den inneren Bilderwelten der Menschen wieder auf, und manche tragen wohl auch Raumanzüge und haben statt strahlender Flügel strahlende Antriebe. Auf jeden Fall beruht die Fortbewegung der himmlischen Wesen auf uns unerklärlichen und meist auch unvorstellbaren Energien. Darin sind sich religiös wie technisch-futuristisch inspirierte Beobachter einig.

Daß Engel extraterrestrische Wesen (E. T.s) sind, steht außer Frage, und da ist es sicher kein Zufall, daß ihre Renaissance mit dem Boom der Ufos samt ihren außerirdischen Insassen zusammenfällt. Der Traum vieler Menschen, von solchen himmlischen Wesen in eine bessere Welt entführt zu werden, ist nur zu verständlich. Kinder träumen von unirdischen Wesen wie Peter Pan, Pubertierende träumen sich in die Arme himmlischer Geliebter, die sie in die Welt der Liebe entführen und ihnen alle Verantwortung abnehmen, manche Erwachsene in der Esoterikszene träumen von himmlischen Dualseelen, die ihr Leben doch noch zum Guten wenden, und jene großen Kinder, die sich Kindsein nicht mehr zugestehen und sich im Stich gelassen fühlen von dieser Welt, neigen dazu, sich in außerirdische Wesen zu vergucken, die gerade nur sie unter ganz vielen anderen auswählen und dereinst retten sollen. Es fällt auf, wie sehr in solchen Träumen das Leben vertagt und in eine Zukunft verlegt wird, die nicht von dieser Welt ist. Daß die Träumer darauf bestehen, ihr Traum sei kein Traum, sondern Realität, ist nichts Besonderes und erinnert an die chinesische Geschichte von Wang:

Wang hatte so lebhaft geträumt, daß er ein Schmetterling sei,
daß er aufwachend nicht mehr wußte, war er Wang,
der geträumt hatte, ein Schmetterling zu sein,
oder ein Schmetterling, der träumte, Wang zu sein.

***

Ohne solche Erfahrungen letztgültig bewerten zu können,
fällt jedenfalls auf, daß sich hier neue Mythen und Märchen
bilden. Deutlicher und klarer können wir die notwendigen
Botschaften aber noch immer alten überlieferten Texten ent-
nehmen. OSKAR RUF, *der uns beiden in verschiedener Hin-*
sicht Weggefährte war und dem wir, was Märchen betrifft,
nach unseren (Groß-)Müttern am meisten verdanken, hat die
esoterische Bedeutung der Märchen *in seinem gleichnamigen*
Buch untersucht. Die folgende Abhandlung – eine Zusam-
menfassung seiner Arbeit – hat er freundlicherweise eigens
für dieses Buch geschrieben, wofür wir ihm sehr danken.

Die esoterische Bedeutung der Märchen

1. Grundlagen

Den Anstoß zur Beschäftigung mit den Märchen erhielt ich
durch Publikationen des Astrologen Wolfgang Döbereiner,
der das Grundmuster im Horoskop anhand weniger Hinweise mit dem Entwicklungsweg in den Märchen verglich,
nämlich von der Verzauberung (Aszendent), über einen
Weg (Sonnenstand) zur Entzauberung (Medium coeli). Man
kann also aus einem Horoskop in der Tat das persönliche
Märchen eines Menschen herauslesen. Ich werde zum
Schluß noch einmal auf die Astrologie zurückkommen.
Doch zunächst wollen wir uns mit dem Entwicklungsweg
befassen.

Die Überprüfung der Idee des Astrologen anhand der Mär-
chentexte, vor allem der sogenannten Königs- und Zaubermärchen, ergab für mich ihre Stimmigkeit. Diese Märchen
enthalten eine Reihe von Merkmalen eines Menschenbildes,

die auffallen und zu denken geben. Dieselbe Gattung von Märchen können wir auch Entwicklungsmärchen nennen. Sie sind für uns Bilder des Weges von der kindlichen Abhängigkeit zur erwachsenen Selbständigkeit und Souveränität. Freilich stellt sich die Frage: welche Selbständigkeit, welche Souveränität? Ist damit ein Reifezustand innerhalb unserer gesellschaftlichen Erlebniswelt gemeint, oder reicht dieser darüber hinaus?

Die Märchen sind inzwischen längst von den Psychologen als Entwicklungs- und Konfliktlösungsmuster erkannt worden, werden also innerhalb der tiefenpsychologischen Arbeit als Bilder verwendet, mit denen die Menschen sich identifizieren können und die gleichzeitig Aufschluß über Lösungen geben können.

Meine Beschäftigung mit den Märchen führte aber über die Tiefenpsychologie hinaus, indem ich in ihnen Bilder eines initiatischen Weges sah. Sie weihen uns ein in ein höheres Bewußtsein. Das ist für mich ihre esoterische Dimension.

Mit dieser Feststellung soll die Anwendung der Märchen in der gängigen Psychotherapie nicht kritisiert werden, im Gegenteil, wir haben eher davon auszugehen, daß Märchen so hochverdichtete Erzählungen sind, daß sie, Edelsteinen ähnlich, Licht in viele Richtungen brechen. Dieser Gedanke hat einen nächsten zur Folge, nämlich jenen von der Wahrheit jeglicher Betrachtungsart, weshalb die unterschiedlichen Auffassungen nicht miteinander rivalisieren müssen. In diesen Geschichten sind viele Bewußtseinsebenen mit ihren Standorten vereinigt; dabei gilt es nur herauszufinden, welche Betrachtungsebene einen Leser am meisten anspricht.

Der Gedanke der Verdichtung ergibt sich aus der Kürze der Märchen, aus ihrem Erzählstil, der die Dinge und die gesellschaftlichen Unterschiede der Menschen nur nennt, nicht beschreibt, und dem Leser (oder Hörer, Märchen sollten ja eigentlich erzählt werden!) Spielraum für die eigene Einbildungskraft läßt. Ein König ist ein König, ein Müller ein Müller, es wird höchstens gesagt, ob er jung oder alt ist, eine Prinzessin ist schön und hat goldene Haare, mehr wird nicht berichtet. Dadurch bieten sich die Märchen als Fundgrube von kristallener Klarheit an. Die Einzelheit ist eher unbedeutend, wichtig ist der Gang der Geschichte.

Früher wurde angenommen, Märchen seien für Kinder (Brüder Grimm: »Kinder- und Hausmärchen«). Doch die Märchenforscher wissen längst, daß die Märchen ursprünglich den Erwachsenen erzählt wurden. Doch gerade die Kinder fragen weniger nach Details, sondern sind mehr am Fortgang der Geschichte interessiert. Sie verstehen Märchen also richtig. Denn Märchen berichten nicht von Individualitäten wie die Romanliteratur oder alle jene Geschichten, die wir heute in endloser Abwandlung verfilmt via Fernsehen direkt ins Haus geliefert erhalten.

Die Grimmschen Märchen sind Volksmärchen, wenn auch redaktionell bearbeitet. Sie gehören also dem Volk. Wir wissen nicht, welche weisen Menschen einst im Gewande solcher Erzählungen die den Märchen innewohnende Weisheit dem Volke – übrigens gut getarnt durch die Naivität der Geschichten – anvertraut haben. Das ist auch gleichgültig, wenn wir in der Lage sind, ihre Weisheit wiederum zu entdecken. Mir geht es darum, diese Weisheit allen zugänglich zu machen, weil ich denke, daß wir ihrer dringend bedürfen und es viele Menschen gibt, die sich danach sehnen.

Es sei noch darauf hingewiesen, wie kunstvoll diese Märchen in der Regel gebaut sind. Das kann uns eigentlich erst dann ganz deutlich werden, wenn wir eingehend über sie nachdenken.

Ich beschränke mich auf die Grimmschen Märchen, weil ich mit ihnen aufgewachsen bin. Sie stehen mir gefühlsmäßig am nächsten.

2. Der Erfahrungsweg in den Königs- und Zaubermärchen der Brüder Grimm (Volksmärchen)

Nehmen wir als Beispiel das Märchen *Der Teufel mit den drei goldenen Haaren*. Anhand dieses Märchens sollen die wesentlichen Bedingungen und Wegmarken von der Verzauberung zur Entzauberung aufgezeigt werden. Ich erzähle stark gekürzt:

Armen Leuten wird ein Sohn geboren, dem geweissagt wird, er werde im Alter von vierzehn Jahren die Tochter des Königs zur Frau bekommen. Der König, der davon erfährt und den armen Eltern für einiges Geld das Kind abkauft, will der Erfüllung dieser Weissagung zuvorkommen und das Kind töten, indem er den Knaben in einer Schachtel in den Fluß wirft. Doch die Schachtel bleibt im Wehr einer Mühle hängen, das Kind wird entdeckt und gerettet, von den kinderlosen Müllersleuten an Sohnes Statt angenommen und aufgezogen. Der König begegnet dem inzwischen vierzehn Jahre alten Knaben zum zweiten Mal, als er auf der Jagd an der Mühle vorbeikommt und zu seinem Schrecken entdeckt, wer er ist. Er schickt ihn mit einem Brief ins Schloß, in dem steht, man solle ihn auf der Stelle töten. Der Junge verirrt sich im Wald und gerät in ein Räuberhaus, wo ihm dank einer dort lebenden alten Frau nichts geschieht. Doch während er schläft, wird der Brief von den Räubern gegen einen anderen ausgetauscht, in dem die Weissagung als Befehl steht. Am Hof angekommen, wird der Junge mit der Königstochter vermählt. Soweit der erste Teil.

Im zweiten Teil des Märchens kehrt der König ins Schloß zurück und stellt fest, daß sich die Weissagung und nicht sein Vernichtungsplan erfüllt hat. Um den verhaßten Schwiegersohn wieder loszuwerden, bestimmt er, der Junge könne die Königstochter nur dann als Frau behalten, wenn er eine Aufgabe löst: Er soll die Hölle finden und von dort drei goldene Haare vom Haupt des Teufels holen. Furchtlos macht der Junge sich auf den Weg, diese Aufgabe zu erfüllen, wobei er in zwei Städte gelangt, deren Bewohner ihm Rätsel aufgeben, ohne deren Lösung sie ihn nicht weiterziehen lassen wollen. In der ersten muß er sagen können, warum ein Baum, der einst goldene Äpfel trug, nicht mal mehr ein Blatt trägt, in der zweiten, warum ein Brunnen, der Wein spendete, nicht mal mehr Wasser hergibt. Der furchtlose Junge vertröstet die Leute auf die Beantwortung bei seiner Rückkehr. Der Fährmann über den Grenzfluß zum Hades will wissen, warum er nie abgelöst würde. Ihm gibt er die gleiche hinhaltende Antwort. Mit Hilfe der Großmutter des Teufels erlangt er die drei goldenen Haare von dessen Haupt und erhält sogar noch vom allwissenden Teufel die Antworten auf die drei Fragen. Er erlöst den Fährmann und die zwei Städte aus ihrer Not und kommt – zum Dank goldüberfüllt – wieder nach Hause. Nun muß der König dem jungen Mann seine Tochter überlassen. Aus Gier nach solchen Schätzen, wie der Junge sie mitbrachte, macht der König sich schließlich selbst auf den Weg, auf den er den Tochtermann geschickt hatte. Der König aber kehrt nie mehr zurück.

Aus dieser Geschichte will ich jetzt das herauslesen, was auch in vielen andern Königs- und Zaubermärchen wiederkehrt und was zum Grundmuster des Erfahrungsweges gehört.

Der Entwurzelte

Erste Bedingung, auf diesen Erfahrungsweg zu gelangen – gleichgültig mit welcher gesellschaftlichen Ausgangslage –, ist die *Entwurzelung*. Der Sohn wird früh verkauft, weggegeben, wird von fremden Leuten aufgezogen. Die Entwurzelung ist das erste markante Kennzeichen der Märchenhelden und -heldinnen. Wir haben eine andere Tradition, welche die *Ver*-wurzelung beschreibt, nämlich die Volkssagen. In ihnen begegnet die Hauptfigur irgendeiner unerklärlichen, überirdischen Erscheinung, kann dieses Erlebnis nicht verarbeiten, wird krank und stirbt. Der Verwurzelte ist in seiner Erlebnis- und Erfahrungswelt beschränkt. Die Volkssagen kennen keine Lösung, wenn es um die Begegnung mit anderen Welten geht. Begegnung mit dem Numinosen oder dem Unter- bzw. Überirdischen und seinen Kräften ist sowohl Thema der Volkssagen als auch der Volksmärchen. Diese Gattungen der Volksdichtung kennen gar keinen anderen Gegenstand. Sie handeln von der Hauptfrage des Menschen, der Frage nach dem Bezug zum Unsichtbaren. Die Lösung kennt nur das Märchen. Lösung ist das Geheimnis der Volksmärchen.

Nämlich: der Entwurzelte, gesellschaftlich nicht Anerkannte, der Mensch minderer Geburt (und sei es auch der dritte

Königssohn, wie in manch anderem Märchen), ist nicht verwurzelt. Das bringt mancherlei Leid mit sich, Mißachtung, Heimatlosigkeit. Der Entwurzelte wird eigentlich aus dem Ort seiner Geburt – wir können auch sagen aus seiner Heimat – vertrieben – oder geht selber weg –, er geht weg, er ist *ein Weggeher,* ein Wanderer, er wählt seinen Weg, und dieser Weg ist nicht ohne Gefahr. Doch die Gefahren werden überwunden, weil der Märchenheld seine Helfer hat. Der Weg endet mit der Krönung.

Die Entwurzelung, welche innerhalb unseres gesellschaftlichen Bewußtseins beklagt wird, ist der Beweggrund, das Motiv, eine Bewegung zu vollziehen, die mit der Krönung, das heißt mit der Souveränität endet. Anstatt von der Entwurzelung können wir auch von der Isolation sprechen. Die Hauptfigur ist in irgendeiner Weise isoliert, doch diese Isolation hat ihre Kehrseite, nämlich eine gewisse Allverbundenheit.

Blicken wir auf andere Märchen: Aschenputtel wird durch die zweite Heirat des Vaters mit einer Witwe, die zwei stolze Töchter mit ins Haus bringt, in die Küche verbannt, gelangt als die wahre Tochter ihres Vaters in ein Außenseiter-Dasein. Aber genau sie ist es, die schließlich die Braut des Königs wird. Für die Heimatlosen ist der Weg frei zur Krönung und damit zur wahren Souveränität, nicht den Verwurzelten. Das kennen wir in unserer Gesellschaft nicht. Dort ist es umgekehrt. Nun, furchtlos ist auch der Junge unseres Märchens überall zu Hause. Der Ellermutter im Räuberhaus erklärt er, keine Angst zu haben. Als der König ihn zur Hölle schickt, macht er sich furchtlos auf den Weg. Auch in der Hölle hat er eine Helferin. *Isolation und Allverbundenheit* sind die Kennzeichen dieser Hauptfiguren. Was heißt das genau? Der Junge unseres Märchens verirrt sich im Wald, gerät in die Hände von Räubern, muß später schier unlösbare Rätsel lösen, selbst in der Hölle kommt er nicht um. Es gibt keinen Ort und keine Art des Daseins, vor denen er zurückschreckt und wo er sich nicht behauptet. Dies- und Jenseits stehen ihm offen, er ist mit allem verbunden. Dieses Menschenbild entwirft die Volkssage nicht. Dies gibt es nicht innerhalb des gesellschaftlichen Bewußtseins, das auf Ortsgebundenheit, Festhalten, Bewahren ausgerichtet und vom Kampf ums Überleben geprägt ist.

So gehört als erster Baustein zum Menschenbild in den Märchen die Entwurzelung, als Voraussetzung dafür, den Weg zu schreiten, nämlich *weg*zugehen, weg vom Ort der Geburt. Hier zeigt sich eine Parallele zur Schöpfungsgeschichte in der Bibel, nämlich zur Vertreibung aus dem Paradies. Der Märchenheld wird »aus dem Nest geworfen«, allerdings zu dem einzigen Zweck, ein wirklicher Erwachsener zu werden. Die Bedingungen für das Erwachsenwerden setzt das Märchen außerordentlich hoch. Verläßt eine Hauptfigur in einem Märchen freiwillig das Elternhaus, so sind doch vertreibende Impulse gegeben, so ist zum Beispiel im Märchen *Allerleirauh* die Begierde des Königs nach seiner eigenen Tochter Auslöser für ihre Flucht aus dem Elternhaus. Sprechen wir eine einfache, handfeste Sprache, so enthält das Königs- und Zaubermärchen nichts anderes als den *Hinauswurf aus dem Nest um der künftigen Paarung willen.* Paarwerdung meint: aus zwei wird eins, aus zwei Hälften ein Ganzes, Polarisierung oder Spaltung ist damit überwunden! Die Märchen enden mit der Hochzeit als krönendem Abschluß. Dabei fällt auf, wie ausschließlich sich das Entwicklungsmärchen auf die Zeit von der Geburt bis zur Hochzeit

konzentriert. Was danach kommt, ist nicht mehr erzählens-
wert, heißt es doch: »... und wenn sie nicht gestorben sind,
so leben sie noch heute.« Die Vertreibung aus der elterlichen
Geborgenheit begründet den eigenen Erfahrungsweg. In unserer Zivilisation halten wir an der Geburt fest, so gut wir
nur können. Haben wir einen adeligen Namen, so erhält er
die Angabe, woher wir sind. Der entwurzelte Märchenheld
dagegen ist oft ein Niemandssohn, besitzt keinen Ausweis,
woher er stammt, sein Adel besteht nicht in der Herkunft,
sondern in seiner Hinkunft (wohin er kommt).

Hochzeit

Das Ziel der Märchen ist die Krönung und die Verheira-
tung. In den Zauber- und Königsmärchen heiraten Gekrönte, Souveräne, wahre Erwachsene. Doch Krönung und Ver-
heiratung haben eine höhere Bedeutung als in unserer Gesellschaft, sie meinen wahre Eigenständigkeit, Freiheit von
den Bedingungen des Elternhauses, Befreiung aus der Begrenzung der Geburtsbedingungen, Befreiung aus dem begrenzten Denken und Fühlen der menschlichen Gesellschaft. Dies genau zu verstehen heißt, die Tatsache zu berücksichtigen, daß der Mensch durch die Geburt in eine tiefe
Bewußtseinsschwingung gerät, in die Begrenzung durch Abhängigkeit und Unselbständigkeit. Die Entwicklungsmärchen zeigen den Aus-Weg. Schließlich heißt Krönung, das
Scheitelchakra zu öffnen und – weil die Heldinnen und Helden der Märchen nach oben offene Kronen tragen – dem
unbegrenzten Denken und Empfinden geweiht zu sein.
Dorthin gelangt nur jener, der die materiellen und gesellschaftlichen Begrenzungen hinter sich läßt.
Was heißt Paarung, was heißt Hochzeit? Nichts anderes als

die Vereinigung der Gegensätze von Mann und Frau, von weiblich und männlich, die Überwindung des Bruchs zwischen den Geschlechtern, welcher in unserer Gesellschaft seit weiß Gott wie langer Zeit schon herrscht. Darüber hinaus aber heißt Hochzeit noch mehr, nämlich die Vereinigung mit »allem dem, was ist«. Im schweizerdeutschen Wort für Hochzeit, »Hürat«, steckt das Wort »ghür«, also der Bezug zu »geheuer«. Wer mit allem dem verheiratet ist, was es gibt, dem ist die Welt geheuer, da gibt es keine Ungeheuer, denen man erliegt, wie eben in den Volkssagen. Alles Ungeheure läßt man auf dem Weg zur Krönung hinter sich. Dem Verwurzelten (Volkssage) aber ist die Welt ungeheuer.

Die Helfer

Märchen erzählen und begründen nichts. Auch nicht, warum ihre Helden und Heldinnen Helfer haben. Unser Märchenheld, das Glückskind mit der glücklichen Weissagung, hat seine Helferinnen (und Helfer: die Räuber). Wir können daraus ableiten: Helfer gehören zum Menschenbild in den Märchen. Sie sind am richtigen Ort und zur richtigen Zeit da. Wenden wir diese Tatsache auf uns an, die wir ja aus den Märchen lernen wollen, werden wir auf etwas verwiesen, das wohl in uns selber sein muß, denn Märchen projizieren Bilder nach außen von etwas, das im Menschen selber gegeben ist. Überlegen wir, was Helfer vergegenwärtigen, dann erkennen wir, daß sie nichts anderes darstellen als eine höhere Dimension von uns selbst. Gehört zum Menschenbild in den Märchen die *Allverbundenheit*, was einen Bezug auch zum Unsichtbaren beinhaltet, so liegt die Lösung dieser Frage auf der Hand: Die Helfer sind Repräsentanten unseres höheren Ichs oder höheren Selbst.

Stellen wir uns die Frage, unter welchen Bedingungen wir Märchenleser den Helfer in uns selbst entdecken können, müssen wir auf einen weiteren entscheidenden Baustein aufmerksam werden, der zum Glück der Zentralfiguren in den Märchen beiträgt. Als Wesensart der Märchenhelden fällt ihre *Rachelosigkeit* auf. Zwar kann der Märchenheld kriegerisch auftreten, zum Beispiel als Drachentöter, er kann den Drachen besiegen, der eine Prinzessin oder sonst eine Jungfrau gefangenhält, aber er kämpft nicht für sich selber – auch wenn er dadurch ein Königreich gewinnt –, rächt auch nie in der Kindheit erlittene Schmach, die Demütigungen, die Herabsetzungen, die Unterdrückung durch die anderen Mitspieler, die sogenannten Unhelden. Will die Moral unserer Zivilisation die Bösen am Ende – der uns heute bekannten Märchenfassungen – bestraft wissen, übernehmen dies andere Instanzen. Der Märchenheld rächt sich nie. Mit anderen Worten: Der Märchenheld lebt nicht reaktiv, er lebt aktiv, er agiert, er reagiert nicht. Wer nicht reagiert, lebt nicht im Krieg. Wer nicht im Krieg lebt, kann aus sich selber leben, folgt seinem Erfahrungsgang. So gesehen wären die Märchen, würden sie ernst genommen, ein entscheidender Beitrag zur Friedensforschung.

Die Helfer stellen sich ein, wenn wir nicht mehr reaktiv leben. Unbeirrt geht die Zentralfigur im Märchen ihren Weg, und wenn sie nicht mehr weiterweiß, setzt sie sich nieder, drückt ihr Gefühl der Hilflosigkeit aus, weint vielleicht, und schon ist ein Helfer da. Der Helfer ist eine Dimension unseres Seins, die sich erst melden kann, wenn wir nicht mehr martialische, wenn wir vielmehr solare Menschen sind, Menschen, die aus ihrer Eigenbewegung heraus dazu veranlagt sind, schließlich wie eine Sonne zu strahlen.

Helfer treten auf, wenn wir nicht mehr mit unserem äußeren, kriegerischen Ich alles machen wollen auf Erden, sondern im Bewußtsein leben, nur halbe Wesen zu sein, die der Ergänzung bedürfen und auf dem Weg sind, die Ganzheit zu erlangen. Diesen Weg kann nur das innere Ich des Menschen gehen, das wir das sonnenhafte Ich nennen können.

Die Jenseitsfahrt des Märchenhelden

Im zweiten Teil unseres Märchens *Der Teufel mit den drei goldenen Haaren* wird die bisher erreichte Lage des Glückskindes völlig klar. Er ist als Schwiegersohn des Königs noch nicht souverän, sondern abhängig vom König. Zwar ist er ein Verheirateter, aber noch abhängig von einer Autorität, gleichgültig ob dies die eigenen oder die Schwiegereltern sind. Es fehlt ihm noch ein entscheidender Baustein zur Souveränität und Autonomie.

Der Tochtermann wird in die Hölle geschickt, er macht die sogenannte Jenseitsfahrt, die wir aus vielen Mythologien kennen. Was ist nun der Sinn der Jenseitsfahrt? Ihr Sinn ist derselbe wie bei jeglicher Art von höherer Einweihung, nämlich: die Vollständigkeit zu erlangen. Was ist die Hölle? Bevor wir diese Frage allgemein zu beantworten versuchen, fragen wir, was sie für den Jungen in unserem Märchen ist. Die Hölle oder die Unterwelt, oder der Ort des Teufels ist der Ort der goldenen Haare, die den Jungen von der Autorität des Schwiegervaters befreien. Die drei goldenen Haare erinnern an das »Licht in der Finsternis«. Von elterlicher Vorherrschaft befreit kann nur sein, wer seine Ganzheit erreicht hat. Was aber ist diese Ganzheit? Was ist Souveränität? Nichts anderes als das Zurückholen aller Macht, die ein Mensch weggegeben hat, weggegeben an die Eltern, an andere Instanzen, an moralische und politische Systeme, an Religionen. So ist der Teufel der Hüter unserer weggegebenen Macht. Jenseitsfahrt dient dazu, diese Macht wieder heimzuholen, aus den Klauen des Hades (Unterwelt) zu befreien.

Ich sprach vom solaren Ich des Menschen, welches die Märchenheldinnen und -helden vergegenwärtigen. Mit dieser Benennung haben wir einen stringenten Bezug zur esoterischen Praxis der Initiation, weil diese seit eh und je sich in ihrer Symbolik am Sonnenlauf orientiert. Warum? Der Sonnenlauf ist ein ursprünglicher Eindruck für den Menschen. Weil die Sonne abends untergeht, der Mensch von ihr während der Nacht verlassen ist, fühlt er sich dieser Welt ausgeliefert. Die Nacht ist Quelle von Angst und Schrecken. Welcher Welt fühlt er sich ausgesetzt? Dieser zweigeteilten, halbierenden, polaren Welt mit Tag und Nacht, Krieg und Frieden, Armut und Reichtum usw. Wird der Mensch im übertragenen Sinn (metaphorisch) selber Sonne – so die grundlegende Phantasie –, identifiziert er sich mit ihr, macht als sie die Reise in die Nacht, geht »unten durch« und taucht am Morgen wieder auf. Das ist die Idee der Jenseitsfahrt, wie wir sie als Nachtfahrt der Sonne in der ägyptischen Mythologie kennen. Während dieser Nachtfahrt müssen Stationen der Prüfung durchschritten werden, wie in unserem Märchen ja auch.

Die Jenseitsfahrt enthält das Thema des Todes und der Wiedergeburt, der Untergang der Sonne ist gleichsam der Tod, ihr Aufgang am Morgen eine Wiedergeburt. Identifiziert sich der Mensch mit der Nachtfahrt der Sonne, wird er in die Kontinuität des Lebens (Reinkarnation) und in die überirdische Seite seines Daseins (das ewige Leben) eingeweiht. Kommt er mit diesem Bewußtsein zu den Menschen zurück, ist er im Besitz seiner Souveränität. Identifiziert sich der Mensch derart mit der Sonne, daß er die Quelle des Lebens und das Licht nicht mehr außer sich hat, sondern vielmehr sie selber ist, herrscht Licht, wo immer er sich aufhält. Die Nacht ist überwunden. Die Spaltung in Tag und Nacht, in die Zweiheit, ist überwunden.

Der junge Mann unseres Märchens kommt goldüberhäuft zurück. Gold ist traditionsgemäß das reinste Metall, was meint: Fremdes ist jetzt ausgeschieden. Gold tragen die Gekrönten, es ist Zeichen für Reichtum und Fülle des Lebens. Erinnern wir uns nur an die Goldmarie im Märchen *Frau Holle* oder an die goldenen Haare vieler Märchenheldinnen und -helden.

Die zweite Geburt und die zweite Hochzeit

In vielen Märchen wird ein zweites Mal geheiratet (vor allem in den Urfassungen, die den Brüdern Grimm vorlagen!). Aber nicht nur in ihnen. Auch in den großen Erzählungen der Weltliteratur. Parzival zeugt zwei Kinder mit seiner Frau Kondwiramur, muß sie aber nochmals verlassen, weil er noch nicht Gralskönig ist. Erneut geht er einen schweren Erfahrungsweg. Hat er diese Würde erreicht, holt er seine Frau zur Krönung. Die zweite Hochzeit dient der Befreiung von aller noch bestehenden Abhängigkeit.

Unternimmt der verheiratete Held seine Jenseitsfahrt, kommt sie auch einer zweiten Geburt gleich, entsprechend dem Tod und der Wiedergeburt. Das Kindliche, Abhängige im Menschen stirbt, geboren wird nun der Mensch in seinem wahren Wesen. Er ist jetzt wahrhaftig erwachsen geworden, erzeugt sich in seinem echten Naturell und in seiner wahren Individualität ins Leben hinein. Alle Fremdbestimmung, die er durch die Bedingungen seiner ersten Geburt auf sich nehmen mußte, ist jetzt verschwunden. Er ist jetzt wahrhaft selbstbestimmt.

Diese Lehre können wir für unser Leben übernehmen. Unsere Mütter gebären nur das Rohmaterial unseres Lebens. Die zweite Geburt ist die Erzeugung des eigenen Wesens. Analog dazu ist die zweite Hochzeit die Fähigkeit, in der Verbindung von Mann und Frau und Frau und Mann die Ganzheit zu bilden. So reden die Märchen von einer Daseinshöhe, hinter der wir in unserer gesellschaftlichen Zerstrittenheit in der Regel weit zurückbleiben. Und doch bleibt diese Höhe die Sehnsucht des Menschen. Wir müssen davon ausgehen, daß jene, denen es gelingt, diese Höhe zu erreichen, im Alltagstreiben eher unsichtbar bleiben.

3. Die Höhenpsychologie der Märchen

Wir begegnen hier einem hohen Menschenbild. Die Tiefenpsychologie ist damit überschritten. Warum? Die Hauptfiguren der Märchen setzen alles Innere sogleich nach außen um, sie grübeln und philosophieren nicht, sie erzeugen Szenarien, sie erzeugen Welt.

Da sie nicht in den Begrenzungen der Geburtsbedingungen verharren, verstricken sie sich auch nicht in Geschichten, wie wir Märchenleser es von uns selber kennen. Sie sind Weggeher, bis sie den Ort des Bleibens erreichen, sind wie von unsichtbarer Hand geführt – nämlich von der Höhe, die in ihnen waltet. Unbeirrbar folgen sie dem unreflektierten Ziel, den Zustand ihrer Höhe zu erlangen. Enden die Märchen mit der Hochzeit (respektive mit der zweiten Hochzeit), ist in diesem Wort »Höhe« sogar ausgesprochen. Aber was bedeutet nun die Höhe der Hochzeit? Sie meint die

Bewußtseinshöhe, die über der Polarität steht, weil ja die beiden Pole verheiratet sind. Dasselbe meint aber auch die Krönung.

Das gibt uns Gelegenheit, wieder auf das Geburtshoroskop zurückzukommen, von dem wir sagten, es beinhalte das individuelle Märchen des betreffenden Menschen.

Das Ziel ist die Entzauberung. Wie diese aussehen soll, spiegelt die Spitze des Horoskops wider, Medium coeli, und alles, was damit zusammenhängt. Diese Spitze nennen wir auch Zenit oder Scheitelpunkt. Der Scheitel ist der Ort, wo uns entweder andere die Hände auflegen (Fremdbestimmung) oder wo wir unsere Krone tragen (Eigenbestimmung).

Vom Scheitel zum Scheitelchakra ist gedanklich die Verbindung unmittelbar gegeben. Was meint das? Nichts anderes, als daß die Hypophyse des Menschen geöffnet ist und er Zugang hat zu den unendlichen Gedanken von »allem, was ist«, zur wahren Dimension des Menschen, zu seinem unbegrenzten Dasein.

Der Märchenheld ist ein Emigrant, der seine ungünstigen Ausgangsbedingungen nicht beklagt, wie wir in unserem gesellschaftlichen Bewußtsein es tun, solange wir in unserem begrenzten Denken glauben, wir fänden nur in unserem sozialen Zusammenhang unsere Geborgenheit und nicht in uns selber.

Wiederholen wir die Grundbedingung für das wahre Emigrantentum: die Rachelosigkeit. Rache üben unbewußt oder bewußt nur die Verletzten. Die moderne Psychologie spricht vom kindlichen Trauma – wir alle würden verletzt aus der Kindheit hervorgehen. Die Märchen aber zeigen den unverletzten Menschen oder den, der diese Verletzungen abstreift, unbewußt also weiß, daß sie nichts anderem dienen, als den Weg der Befreiung zu gehen. Sie bleiben nicht an den Ereignissen der Kindheit haften, weil sie nicht von ihrer Herkunft bestimmt sind, sondern vom Adel ihrer Herkunft.

Hier herrscht also reine Alchimie. Aus Dreck wird Gold. Der Schweinehirt wird König, die Gänsemagd wird Königin, wie andere Märchen uns erzählen. Wie aber ist das möglich? Nur darum, weil im Schweinehirten der König schon als Anlage vorhanden ist.

Höhenpsychologie will darauf hinweisen, wie stringent dies für alle Menschen gilt, unabhängig davon, welche Rollenspiele sie in der jetzigen Inkarnation gerade treiben. Der Weg von der Verzauberung zur Entzauberung muß auch nicht auf ein einziges Leben projiziert, er will eher auf viele Inkarnationen verteilt begriffen werden.

Höhenpsychologie urteilt nicht über die Rollenspiele der Menschen, so wie auch die Märchenhelden über nichts urteilen und nichts verurteilen. Gehen wir bis zur Quelle der Märchen zurück, ins Goldene Zeitalter, gibt es auch den Drachentöter nicht, weil er eine spätere Stufe darstellt, Krieger gehören ins eherne Zeitalter. Doch auch Zeitalter sind nicht nur gewesene Zeiten, sondern mögliche Zustände, die wir jetzt durchleben. Wir können das Goldene Zeitalter in uns wieder wachrufen, indem wir (wieder) Gekrönte werden, wie die Märchenheldinnen und -helden uns aufzeigen, denn sie gehen den Weg zurück aus einer niederen Lichtschwingung in jene hohe des wahren Wesens des Menschen. Das ist jene, auf der Licht keinen Schatten mehr, das Wort Ja das Wort Nein nicht mehr kennt. Dies ist aber das Ziel jeglicher Einweihung. Aus diesem Grund betrachte ich die Königs- und Zaubermärchen als Initiationsmuster, als die

Weisheit eines Weges, der wohl oft schwere Hindernisse überwinden, aber am Ende eine unbeschwerte Leichtigkeit des Daseins erlangen hilft.

Märchen sind folglich echte Ermutigung für den Menschen, den eigenen Weg zu gehen, was nichts mit Egoismus zu tun hat, sondern die Bejahung seiner selbst und damit die Liebe zu sich selber erlangen hilft, die dann, wenn sie erreicht ist, unwillkürlich umschlägt in die Liebe zu allen Menschen. Anders gesagt: In den Himmel (das ist seine Krönung, aber inmitten dieser Welt!) kommt der Mensch nur, wenn er seine Individualität lebt. Das ist niemals eine Gefahr für die anderen Menschen, sondern vielmehr die Voraussetzung für ein friedliches Dasein unter ihnen.

***

Das für uns beide wichtigste moderne Märchen war und ist
die Entwicklungsgeschichte der Möwe Jonathan Livingston
Seagull, wie sie RICHARD BACH *aufgezeichnet hat. Daraus*
nun der folgende Abschnitt, jener entscheidende Moment,
da Jonathan, obwohl aus dem Schwarm ausgestoßen und
entwurzelt, seine Liebe zu den anderen Möwen entdeckt
und zurückkehrt. Auch er beginnt also als Verbannter, und
auch er kennt keine Rache, sondern nur seinen Weg. Die
Liebe zu den anderen, die ihm übelwollten, ist es, die ihn vor
einem egobezogenen Weg ins Glück bewahrt und in der
Verantwortung für seine Familie, den Schwarm, zur Reife
gelangen läßt.

Die Möwe Jonathan

Zur Schande in die Mitte treten müssen, das bedeutete, daß
man ihn aus der Gemeinschaft der Möwen ausstieß, ihn zu
einem einsamen Dasein auf den Fernen Klippen verdammte.
»… eines Tages, Möwe Jonathan, wirst auch du begreifen,
daß sich Verantwortungslosigkeit nicht bezahlt macht. Leben, das ist das Unbekannte, das Unerkennbare.
Wir wissen nur eines. Wir wurden in die Welt gesetzt, wir
müssen uns ernähren und uns, so lange es nur irgend möglich ist, am Leben erhalten.«
Keine Möwe darf je dem Urteil der Ratsversammlung widersprechen, doch Jonathan erhob die Stimme. »Verantwortungslosigkeit?« rief er aus. »Meine Brüder! Keiner
kann mehr Verantwortungsbewußtsein beweisen als eine
Möwe, die ein höheres Ziel erkennt, die dem Ruf folgt und
den Sinn des Lebens findet. An die tausend Jahre sind wir

nur mühselig hinter Fischabfällen hergewesen, jetzt aber hat unser Leben einen neuen Inhalt bekommen – zu lernen, zu forschen, frei zu sein! Gebt mir eine Chance, laßt mich euch zeigen, was ich gefunden habe …« Der Schwarm hockte wie aus Stein.

»Die Bruderschaft ist zerbrochen«, intonierten die Möwen einmütig im Chor, schlossen feierlich die Augen und wandten sich von ihm ab. So verbrachte Jonathan sein weiteres Leben in Einsamkeit und flog weit über die Fernen Klippen hinaus. Nicht die Einsamkeit bedrückte ihn, nur die Tatsache, daß die anderen Möwen die Herrlichkeit des Fliegens nicht erleben konnten, daß sie sich weigerten, die Augen aufzumachen, zu sehen.

Täglich wurden seine Fähigkeiten vollkommener. Er lernte, im Sturzflug in Stromlinienhaltung weit genug ins Wasser einzutauchen, um die seltenen, wohlschmeckenden Fische zu erlangen, die in Schwärmen unter der Oberfläche des Ozeans dahinzogen.

Er brauchte keine Fischkutter und kein altbackenes Brot mehr zum Leben. Er lernte, im Flug in der Luft zu schlafen, indem er sich bei Nacht quer zum Wind stellte, der von der Küste her blies. So vermochte er zwischen Sonnenuntergang und Sonnenaufgang hundertsechzig Kilometer zurückzulegen. Mit Hilfe des gleichen inneren Richtungssinnes durchstieß er die schweren Seenebel und stieg über sie hinaus in blendend lichte Höhen auf … indem die anderen Möwen zur selben Zeit auf dem Boden hockend nichts als Nebel und Regen kannten. Er lernte, auf Hochwinden weit ins Land hinein zu schweben, um dort köstliche Insekten zu verspeisen.

Was er sich einst für seinen Schwarm erhofft hatte, ihm

allein wurde es zuteil; er lernte, was wahrhaft Fliegen heißt, und er bereute nie den Preis, den er dafür bezahlt hatte. Die Möwe Jonathan entdeckte, daß nur Langeweile, Angst und Zorn das Leben der Möwen verkürzen, nachdem diese drei von ihm gewichen waren, lebte er ein langes und ein wahrhaft lebenswertes Leben.

Und eines Abends geschah es. Zwei Möwen kamen, und sie fanden Jonathan friedvoll und einsam unter seinem geliebten Himmel schwebend. Sie tauchten neben seinen Schwingen auf, sie schimmerten in reinstem Weiß und erhellten mit sanftem, sternenhaftem Leuchten die Nacht. Das schönste aber war ihr meisterhafter Flug, ihre Schwingen bewegten sich in vollkommenem Gleichmaß, und die Flügelspitzen hielten sich in geringem Abstand neben den seinen. Wortlos unterwarf Jonathan sie seiner Prüfung, die noch nie eine Möwe bestanden hatte. Er drehte die Flügel und verlangsamte seinen Flug fast bis zum Stillstand. Die beiden strahlenden Vögel taten das gleiche mühelos, ohne die Lage zu verändern. Sie wußten um den langsamen Flug.

Er legte die Flügel ein, kippte vornüber und ließ sich in einen rasenden Sturzflug fallen. Sie stürzten mit ihm, schossen in geschlossener Formation senkrecht hinab.

Schließlich zog er bei gleichbleibender Geschwindigkeit kerzengerade hoch in eine endlose, vertikale Spirale, und sie folgten wie schwerelos. Er fing sich zu horizontalem Flug ab und schwieg lange. Dann fragte er: »Wer seid ihr?«

»Wir sind von deiner Art, Jonathan. Wir sind deine Brüder.« Stark und ruhig tönten die Worte. »Wir sind gekommen, um dich höher hinauf zu geleiten, wir holen dich heim.«

»Ich bin nirgends daheim, ich gehöre zu keinem Schwarm.

Ich bin ein Ausgestoßener. Und wir fliegen jetzt schon sehr hoch, wir fliegen auf dem Gipfel des Großen Bergwindes. Viel höher kann ich diesen alten Leib nicht mehr erheben.«

»Doch, du kannst es, Jonathan. Du hast viel gelernt. Die eine Lehrzeit ist zu Ende, die Zeit ist gekommen, um in einer anderen neu zu beginnen.«

Das Licht, das ihm sein Leben lang geleuchtet hatte, das Licht des Verstehens, erhellte auch diesen Augenblick. Die Möwe Jonathan verstand. Sie hatten recht. Er *konnte* höher fliegen, es war Zeit, heimzugehen.

Mit einem letzten langen Blick nahm er Abschied von seinem Himmel, von diesem majestätischen silbernen Reich, das ihn soviel gelehrt hatte. »Ich bin bereit«, sagte er dann. Und die Möwe Jonathan erhob sich mit den beiden sternenhellen Möwen und entschwand in vollkommene Dunkelheit. »Das also ist das himmlische Paradies«, dachte er amüsiert. Seine Empfindungen waren nicht besonders ehrerbietig, wo er doch anscheinend gerade in den Himmel kam. Während er in enger Flugformation mit den zwei strahlenden Möwen über die Wolken aufstieg, begann auch sein Gefieder so hell zu strahlen wie das ihre. Immer hatte hinter den goldenen Augen unwandelbar jung die Möwe Jonathan existiert, und sie lebte weiter, nur die äußere Form verwandelte sich.

Es schien der vertraute Körper zu sein, doch Jonathan flog besser und leichter als je zuvor. »Ich werde mit halber Kraft zweifache Geschwindigkeit erreichen«, dachte er, »werde die Leistungen meiner besten Erdentage verdoppeln.«

Sein Gefieder leuchtete jetzt ganz weiß, und seine Schwingen schimmerten glatt und vollendet wie poliertes Silber. Voller Freude erprobte er sie und ließ seine Kraft in diese neuen Flügel einströmen. Bei vierhundert Stundenkilometern spürte er, daß er sich seiner Höchstgeschwindigkeit im Horizontalflug näherte. Bei vierhundertfünfzig hatte er das Äußerste erreicht und war fast etwas enttäuscht. Auch dieser neue Körper war also in seinen Möglichkeiten eingeschränkt. Er hatte zwar seinen früheren Weltrekord überboten, doch immer noch gab es eine Grenze, die ihn zu großen Anstrengungen herausforderte. »Im Himmel«, dachte er, »im Himmel sollte es keine Beschränkungen mehr geben.«

Die Wolkendecke riß auf, seine Begleiter riefen: »Glückliche Landung, Jonathan«, und lösten sich in durchsichtige Luft auf. Er schwebte über einem Meer auf eine zerklüftete Küste zu. Einzelne Möwen kämpften mit den Aufwinden über den Klippen. Fern im Norden, fast am Rande des Horizonts, kreisten noch ein paar Vögel. Neue Ausblicke, neue Gedanken, neue Fragen. Warum nur so wenig Möwen? Der Himmel müßte voll von Schwärmen sein. Und er war so müde. Im Himmel dürfte es doch keine Müdigkeit geben. Muß man hier auch schlafen? Schlafen? Wo hatte er das Wort gehört? Die Erinnerung an sein Erdendasein verflüchtigte sich. Gewiß war die Erde ein Platz gewesen, wo er manches gelernt hatte, aber die Einzelheiten verschwammen. Futter suchen oder so ähnlich und – ja – Verbannung.

Die Möwen vor der Küste flogen ihm zur Begrüßung entgegen, doch gaben sie keinen Schrei, keinen Laut ab. Trotzdem fühlte er, daß er willkommen war und daheim. Es war ein großer Tag für ihn, aber an den Sonnenaufgang dieses Tages erinnerte er sich nicht mehr.

Er kreiste tiefer, flatterte nah über dem Boden fast auf der Stelle, dann setzte er leicht auf dem Sand auf. Die anderen Möwen aber landeten schwebend, keine bewegte auch nur eine Feder. Die schimmernden Flügel weit ausgespannt, drehten sie in den Wind, dann änderten sie, Gott weiß wie, die Stellung der Schwungfedern und kamen im Augenblick zum Stillstand, da sie mit den Füßen den Boden berührten. Die vollkommene Körperbeherrschung war herrlich. Doch Jonathan war zu müde, es auch so zu versuchen. Da, wo er aufgesetzt hatte, war er im Stehen eingeschlafen.

Dann folgte ein Tag dem anderen. Auch hier übte Jonathan unablässig neue Flugtechniken wie in dem Leben, das hinter ihm lag. Nur eines war anders. Die Möwen hier fühlten wie er. Jede einzelne erstrebte die höchste Vollkommenheit auf dem Gebiet, das allen das wichtigste war, dem Fliegen. Es waren großartige Vögel, alle. Täglich verbrachten sie viele Stunden damit, ihre Flugtechnik zu üben und sich im Kunstflug zu erproben.

Jonathan vergaß alles Frühere. Versunken war die Welt, aus der er gekommen war, vergessen der Schwarm, der die Augen gegen die Herrlichkeit des Fliegens verschlossen hatte und die Flügel einzig als Mittel zum Zweck beim Futtersuchen und Raufen um die Nahrung gebrauchte. Doch ab und an blitzte sekundenlang die Erinnerung auf, und dann kamen die Fragen. So geschah es an einem Morgen, als sein Lehrer und er nach einer Serie von Loopings mit anliegenden Flügeln auf dem Wasser ausruhten.

»Wo sind sie denn alle, Sullivan?« dachte er. Er war jetzt mit der mühelosen Gedankenübertragung vertraut, die hier das Kreischen und Krächzen der Möwen auf der Erde ersetzte. »Wieso sind nicht mehr von uns hier? Es gab doch …«

»… Tausende und Abertausende von Möwen – ich weiß.« Sullivan schüttelte den Kopf. »Ich kenne nur eine Antwort, Jonathan. Du bist wahrscheinlich eine unter Millionen, die große Ausnahme. Die meisten von uns sind nur ganz allmählich weitergekommen, von einer Welt in die nächste, die dann anders war. Wir vergaßen sofort, woher wir gekommen waren, und es kümmerte uns nicht, wohin wir gingen. Wir lebten nur für einen Augenblick. Es ist kaum vorstellbar, durch wie viele Leben wir hindurchmußten, bis wir verstanden, daß Leben mehr ist als fressen und kämpfen und eine Vormachtstellung im Schwarm einnehmen. Tausend Leben, zehntausend, und danach vielleicht noch hundert Leben, ehe uns die Erkenntnis aufdämmerte, daß es so etwas gibt wie Vollkommenheit, und dann nochmals hundert Leben, um endlich als Sinn des Lebens die Suche nach der Vollkommenheit zu sehen und zu verkündigen. Diese Regel gilt auch jetzt. Wir erlangen die nächste Welt nach dem, was wir in dieser gelernt haben. Lernen wir nichts hinzu, so wird unsere nächste Welt nicht anders sein als diese, sie bietet die gleichen Beschränkungen, und es gilt, die gleiche bleischwere Last zu überwinden.«

Er breitete die Schwingen aus und wendete den Kopf in den Wind. »Du aber, Jon«, sagte er, »hast so viel auf einmal gelernt, daß du nicht durch viele tausend Leben mußtest, um hierherzugelangen.«

Und wieder schwangen sie sich in die Lüfte und setzten ihre Übungen fort. Beim Fliegen in der Formation waren die Drehungen um die eigene Achse besonders schwierig, da die Hälfte der Flugfigur Rückenlage erforderte. Jonathan mußte dabei umdenken, mußte die Flügel zurückstoßen und die Flügelhaltung genau auf die seines Mentors abstimmen. Immer wieder sagte Sullivan: »Versuchen wir es noch einmal, versuchen wir es noch einmal.« Und endlich sagte er: »Gut.« Und sie begannen eine neue Figur zu üben.

Hatten die Möwen keine Nachtflüge, so hockten sie beisammen und meditierten. An einem Abend faßte Jonathan sich ein Herz und näherte sich dem Ältesten, der sich, wie es hieß, bald über diese Welt hinaus erheben würde.

»Chiang …«, begann er ein wenig unsicher.

Der Uralte sah ihn gütig an. »Ja, mein Sohn?« Das Alter hatte ihn nicht geschwächt, sondern gestärkt. Er konnte jede andere Möwe im Flug überholen und kannte Techniken, die die anderen erst ganz allmählich erlernten.

»Diese Welt ist gar nicht das himmlische Paradies, nicht wahr, Chiang?«

Im Mondlicht sah er, daß der Älteste ihm freundlich zunickte. »Du hast wieder etwas dazugelernt, Jonathan«, sagte er.

»Und was geschieht nachher? Wohin kommen wir dann? Gibt es gar kein Paradies?«

»Nein, Jonathan, einen solchen Ort gibt es nicht. Das himmlische Paradies ist kein Ort und ist keine Zeit. Paradies, das ist Vollkommenheit.« Er schwieg einen Augenblick. »Du bist ein sehr rascher Flieger, nicht wahr?«

»Ich, ich liebe die Geschwindigkeit«, sagte Jonathan betroffen, aber doch stolz, daß es dem Ältesten aufgefallen war.

»Du wirst zum ersten Mal den Rand des Paradieses streifen, wenn du die vollkommene Geschwindigkeit erreicht hast. Und das bedeutet nicht, daß du in der Stunde tausend oder hunderttausend Kilometer zurücklegen kannst. Selbst wenn du mit der Geschwindigkeit des Lichtes fliegen würdest, hättest du nicht die Vollkommenheit erreicht. Alle Ziffern sind Begrenzungen, Vollkommenheit aber ist grenzenlos. Vollkommene Geschwindigkeit, mein Sohn, das heißt ganz dasein.«

Dann war Chiang plötzlich ohne ein weiteres Wort verschwunden und tauchte im gleichen Augenblick weit entfernt an der Küste auf, verschwand sofort wieder und stand neben Jonathan. »Das macht Spaß«, sagte er.

Jonathan war völlig verblüfft. Er vergaß alle weiteren Fragen nach dem Paradies. »Wie machst du das? Was empfindet man dabei? Wie weit kannst du dich entfernen?«

»Man kann überall hinkommen, man muß es nur wirklich wollen. Ich bin überall gewesen und in allen Zeiten, die ich mir vorstellen kann.«

Sinnend blickte der Älteste über das Meer. »Seltsam, Möwen, die um ihrer begrenzten Wege und Ziele willen die Vollkommenheit des Fliegens verachten, kommen nur langsam vorwärts und nirgendwo an. Die aber um der Vollkommenheit willen des Weges nicht achten, kommen in Sekundenschnelle überall hin. Bedenke immer, Jonathan, das himmlische Paradies findet sich nicht in Raum oder Zeit, denn Raum und Zeit sind bedeutungslos. Das Paradies ist ...«

»Kannst du mich lehren, auch so zu fliegen?« Jonathan bebte vor Sehnsucht nach dem Unbekannten.

»Gewiß, wenn du es lernen möchtest.«

»So gern. Wann können wir anfangen?«

»Wenn du willst, sofort.«

»Ich möchte so fliegen lernen«, sagte Jonathan, und seine Augen strahlten vor Eifer. »Sag mir, was ich tun soll.«

Chiang setzte seine Worte bedächtig und sah die jüngere Möwe dabei unentwegt prüfend an. »Um in Gedankenschnelle zu fliegen, ganz gleich an welchen Ort, mußt du schon vor Beginn wissen, daß du bereits dort angekommen bist.«

Nach Chiangs Worten mußte man also als erstes aufhören,

sich selbst als Gefangenen eines irdisch-begrenzten Körpers zu empfinden, dessen Flügelspannweite etwa einen Meter betrug und dessen Leistungsfähigkeit sich mit Hilfe graphischer Darstellung berechnen ließ. Die Voraussetzung für das Gelingen lag in dem Bewußtsein, daß das wahre Sein so vollkommen ist wie eine nicht aufgeschriebene, wie eine abstrakte Zahl und überall zugleich existiert, unabhängig von Zeit und Raum.

Vom Morgengrauen an, noch vor Sonnenaufgang und lange bis nach Mitternacht überließ Jonathan sich mit Leidenschaft seinen Versuchen. Aber alle seine Anstrengungen halfen ihm nicht weiter.

»Vergiß alles Wissen«, sagte ihm Chiang wieder und wieder. »Du hast es nicht gebraucht, um zu fliegen, du hast einfach fliegen müssen.

Und jetzt ist es das gleiche. Versuche es noch einmal ...«

Und eines Tages war es soweit. Jonathan ruhte auf dem Strand aus. Mit geschlossenen Augen versenkte er sich ganz in sich, und in jähem Begreifen fühlte er, was Chiang gemeint hatte. »Natürlich. So ist es. Ich bin. Ich bin eine vollkommene, durch nichts beschränkte Möwe!« Glück durchströmte ihn wie ein heftiger Schreck.

»Gut«, sagte Chiang. Seine Stimme klang triumphierend.

Jonathan machte die Augen auf. Er stand ganz allein neben dem Ältesten an einer gänzlich fremd anmutenden Küste – Bäume wuchsen bis an den Saum des Ozeans hinab, und zu Häupten kreiste ein Zwillingsgestirn gelber Sonnen.

»So hast du es endlich erreicht«, sagte Chiang, »aber du mußt noch weiter daran arbeiten, dich selbst zu steuern ...«

Jonathan war überwältigt. »Wo sind wir?«

Den Ältesten ließ die fremde Umwelt kühl. Er tat die Frage

ziemlich gleichgültig ab. »Wir sind auf irgendeinem Planeten, wie es scheint. Er hat einen grünen Himmel und eine doppelte Sonne.«

Jonathan stieß vor Entzücken einen hellen Schrei aus, den ersten Laut, seit er die Erde verlassen hatte. »Es ist gelungen!«

»Natürlich ist es gelungen, Jon«, sagte Chiang. »Es gelingt immer, wenn du genau weißt, was du willst. Und nun zu der Selbststeuerung ...«

Als sie zurückkamen, war es schon dunkel. Die anderen Möwen betrachteten Jonathan, und in ihren goldenen Augen stand ehrfürchtige Scheu. Sie hatten gesehen, wie er urplötzlich von der Stelle, auf der er lange Zeit wie angewurzelt verharrt hatte, verschwunden war. Er ließ sich aber nicht lange bewundern. »Ich bin hier noch ein Neuling. Ich fange ja erst an. Ich bin es, der von euch lernen muß.«

»Ich bin aber doch überrascht«, sagte Sullivan, der unweit von ihm stand. »In all den zehntausend Jahren hab ich keine Möwe gesehen, die so furchtlos alles Neue erlernen will wie du.« Die anderen Möwen nickten dazu. Jonathan trippelte vor Verlegenheit von einem Fuß auf den anderen.

»Wenn du willst, werden wir uns als nächstes mit der Zeit beschäftigen«, sagte Chiang. »Du wirst lernen, durch Vergangenheit und Zukunft zu fliegen. Wenn dir das möglich ist, dann erst kannst du das Allerschwerste, das Großartigste, das Schönste beginnen. Dann erst kannst du dich dazu aufschwingen, das wahre Wesen von Güte und Liebe zu begreifen.«

Ein Monat verging, oder vielmehr ein Zeitraum, der sich wie ein Monat ausnahm. Jonathan lernte außerordentlich schnell. Er hatte schon sehr rasch Fortschritte gemacht, als er noch aus der praktischen Erfahrung lernte, nun aber, als

Einzelschüler des Ältesten selbst, verarbeitete er die neuen Ideen wie ein stromlinienförmiger, gefiederter Computer.

Doch dann kam ein Tag, an dem Chiang endgültig verschwand. Zuvor hatte er noch einmal lautlos die ganze Gemeinschaft ermahnt, niemals das Lernen aufzugeben, unentwegt weiter zu üben und danach zu streben, das vollkommene, unsichtbare Prinzip alles Lebens zu erfahren. Dabei wurde sein Gefieder lichter und lichter, und zuletzt erstrahlte es in solchem Glanz, daß die Möwen geblendet die Augen abwenden mußten.

»Jonathan, erlerne die Liebe.« Das waren seine letzten Worte. Als die Blendung der Augen nachließ, weilte Chiang nicht mehr unter ihnen.

Und die Zeit verrann. Immer häufiger mußte Jonathan jetzt an die Erde zurückdenken, von der er einst gekommen war. Hätte er dort unten nur ein Zehntel, nur ein Hundertstel von dem gekannt, was er jetzt wußte, wieviel sinnvoller wäre sein Leben gewesen. Er stand im Sand und fragte sich, ob es dort unten vielleicht wieder eine Möwe gäbe, die ihre Grenzen zu überwinden trachtete, eine Möwe, der das Fliegen mehr bedeutete als nur Fortbewegung zu dem Ziel, ein paar Brocken Brot von einem Fischkutter zu ergattern. Vielleicht war wieder eine Möwe in Verbannung geschickt worden, weil sie gewagt hatte, dem großen Schwarm die Wahrheit zu sagen. Und je länger Jonathan sich um Güte bemühte, je mehr er danach strebte, das Wesen der Liebe zu begreifen, desto größter wurde sein Verlangen, zur Erde zurückzukehren. Trotz der Vereinsamung in seinem vergangenen Erdendasein war Jonathan im Grunde der geborene Lehrer. So gab es für ihn nur eine einzige Möglichkeit, der Liebe zu dienen. Er mußte die von ihm erkannte Wahrheit weitergeben an eine Möwe, die auch die Sehnsucht nach Wahrheit in sich trug.

Sein Lehrer Sullivan war bereits Meister im gedankenschnellen Flug und half den anderen bei ihren Übungen. Er hatte seine Zweifel. »Du bist früher auf der Erde ein Ausgestoßener gewesen, Jon. Wie kannst du glauben, daß dir jetzt auch nur eine Möwe aus deiner Vergangenheit zuhören würde? Du kennst doch das Sprichwort: *Am weitesten sieht, wer am höchsten fliegt.* Darin steckt Weisheit. Die Möwen, von denen du abstammst, kleben am Boden und zetern und streiten miteinander. Unendlich weit sind sie vom Himmel entfernt – und da glaubst du, du kannst ihnen von ihrem Standort aus den Himmel öffnen? Sie können doch nicht über ihre eigenen Flügelspitzen hinausblicken. Bleib bei uns, Jon. Hilf den Anfängern hier. Sie sind schon weiter, sie können erkennen, was du ihnen zeigen willst.«

Er schwieg einen Augenblick, dann fuhr er fort: »Wenn Chiang in *seine* früheren Welten zurückgekehrt wäre, wo wärst du jetzt?«

Diese Bemerkung gab den Ausschlag. Sullivan hatte recht. Am weitesten sieht, wer am höchsten fliegt. So blieb Jonathan und arbeitete mit den Neulingen, die alle klug und lernbegierig waren. Doch die alten Wünsche kehrten wieder. Immer stärker und häufiger mußte er an die Erde zurückdenken und daß ihn dort vielleicht ein oder zwei Möwen als Lehrer brauchten.

Wieviel weiter wäre er selber gekommen, wäre Chiang bei ihm in der Verbannung gewesen.

»Ich muß zurück, Sully«, sagte er schließlich. »Deine Schüler entwickeln sich gut. Sie können dir bei den Neulingen helfen.«

Sullivan seufzte und widersprach nicht länger. »Du wirst mir sehr fehlen, Jonathan.«

»Schäm dich, Sully!« sagte Jonathan vorwurfsvoll. »Sei nicht töricht. Was üben wir denn jeden Tag? Wäre unsere Freundschaft von Raum und Zeit abhängig, dann taugte sie nichts mehr, sobald wir Raum und Zeit hinter uns lassen. Überwinde den Raum, und alles, was uns übrigbleibt, ist hier. Überwinde die Zeit, und alles, was uns übrigbleibt, ist jetzt. Und meinst du nicht auch, daß wir uns im Jetzt und Hier begegnen können?«

Trotz seines Kummers wurde Sullivan wieder fröhlich. »Du komischer, du verrückter Vogel«, sagte er zärtlich. »Wenn überhaupt einer den beschränkten Möwen auf der Erde Weitblick beibringen kann, dann bist du es.« Er starrte in den Sand. »Leb wohl, Jon, mein Freund.«

»Leb wohl, Sully. Wir sehen uns wieder.« Im Geist sah er große Möwenschwärme an den Küsten einer anderen Welt und Zeit. Aus langer Übung hatte er die innere Gewißheit, daß er selbst kein Wesen aus Knochen und Federn mehr war, sondern die reine Idee des freien Fluges, der keine Grenzen kennt.

Auf der Erde lebte ein Möwenvogel, der hieß Fletcher Lynd. Er war noch sehr jung, doch hatte er schon böse Erfahrungen hinter sich und meinte, daß kein anderer je so hart von seinem Schwarm behandelt, daß niemandem je solches Unrecht angetan worden wäre.

»Mir ganz gleich, was sie sagen«, dachte er wütend, und ihm verschwamm alles vor den Augen, als er auf die Fernen Klippen der Verbannung zuflog. »Fliegen ist doch wichtiger, als nur von einem Ort zum nächsten zu sausen. Das kann jede *Mücke!* Eine kleine Rolle in der Luft rund um den

Ältesten, nur so aus Spaß, und schon haben sie mich ausgestoßen.

Sind sie denn blind? Können sie sich das Glück gar nicht vorstellen, das richtiges Fliegen mit sich bringt? Mir ganz gleich, was sie denken. Ich werde ihnen zeigen, was Fliegen heißt. Ich breche das Gesetz – sie wollen es ja nicht anders. Das wird ihnen noch leid tun ...«

Da vernahm er eine Stimme, die aus seinem Innern zu kommen schien. Sie tönte ganz sanft und erschreckte ihn doch so sehr, daß er erstarrte und durch die Luft taumelte.

»Denk nicht so hart über sie, Möwe Fletcher Lynd, die anderen haben sich nur selbst geschadet, als sie dich ausstießen. Eines Tages werden auch sie begreifen, eines Tages werden auch sie sehen, was du siehst. Vergib ihnen und hilf ihnen.«

Kaum einen Zoll entfernt von ihm segelte wie schwerelos und ohne eine einzige Feder zu rühren, die reinste, strahlendste Möwe der Welt. Mühelos hielt sie sein Tempo, das für ihn schon Höchstgeschwindigkeit war.

Der junge Vogel war völlig verwirrt.

»Was ist das? – Träume ich? Bin ich tot? Was ist das?«

Leise und ruhig tönte die Stimme aus seinem Herzen fort und verlangte nach Antwort. »Möwe Fletcher Lynd, willst du fliegen?«

»*Ja, ich will fliegen!*«

»Willst du es so sehr, daß du bereit bist, deinem Schwarm zu vergeben, da du lernen willst und nur lernen und dann zu ihnen zurückkehren und ihnen helfen, damit auch sie verstehen?« Diesem glorreichen, überlegenen Wesen gegenüber gab es kein Ausweichen. Sosehr der junge Vogel auch noch an seinem gekränkten Stolz litt, er mußte nachgeben.

»Ich bin bereit.«
»Nun«, erklang es liebevoll aus dem strahlenden Wesen, »dann wollen wir mit dem Horizontalflug beginnen ...«

* * *

Nach dem Ausflug in die Welt der Märchen, der vor allem durch die Lektüre der Märchen aus der eigenen Kultur noch beliebig zu vertiefen wäre, jetzt noch ein Blick auf den Mythos durch die Augen Herman Weideleners. Unsere Seele weiß um die Notwendigkeit der Ent-wicklung aus den Wirrnissen und Verstrickungen des individuellen Lebens. Ihre Sprache ist die der Symbole, der Mythen und Märchen. Mythen waren zu allen Zeiten Wegweiser und Muster des seelischen Entwicklungsweges. Kaum jemand hat es wie HERMAN WEIDELENER *verstanden, uns diese Sprache nahezubringen, das Mythische in unser alltägliches Leben zu übertragen und unserer Seele so die wichtigste Nahrung zu vermitteln:*

Göttliche Berufung

Wir wissen es ganz genau aus den Bereichen, die uns zugänglich sind – also etwa aus den biblischen Bereichen –, daß alle die Menschen, die in diesem Stil der abendländischen Auffassung eine göttliche Berufung tragen, an Ereignissen und Kräften des Lebens teilnehmen müssen, an denen wir alle – die durchschnittlichen Bürger des Daseins – nie teilhaben möchten. Es ist uns ganz recht, daß diese großen Berufenen das auf sich nehmen, aber wir sind doch froh, daß es uns erspart bleibt. Wir möchten im Ernst in gar keiner

Weise an den Schicksalen der göttlichen Berufung teilhaben, sondern uns ist wohl in dieser – wie wir ja glauben – Nicht-Berufenheit. Wir richten unser Leben so ein, daß möglichst nichts von dem sich ereignet, was unmittelbar zu den Signaturen dieser Leben gehört.

... Vergessen wir doch nie, in welcher Weise der Zentralheros des Abendlandes, *Jesus von Nazareth*, an der Dunkelheit des Daseins teilnehmen mußte! Man darf solche Dinge nicht übersehen wie diese, daß er sich in seinen Kreis den Judas und den Petrus ruft ...

Wenn wir an den Beginn des Lebens Jesu denken und wenn wir für einen Augenblick den im Neuen Testament immer wieder auftretenden Hinweis auf Prophezeiungen, auf Voraussagen ernst nehmen, etwa die Formulierung: »wie geschrieben steht ...«, dann wird doch darin zum Ausdruck gebracht, daß die Geschehnisse von morgen schon ihre Bestimmung im Heute haben und daß die Geschichte nach einem großangelegten Plan verläuft, in dem die einzelnen Züge auf eine wunderbare Weise geordnet sind, manchmal auf eine erschreckende Weise. Wenn wir das also ernst nehmen, dann ist doch gerade das geschichtliche, geographische und zeitliche Milieu, in dem eine solche Gestalt wie Jesus von Nazareth geboren wird, genau das, was sein muß. Oder umgekehrt: Dieses Milieu muß sein, damit dieser Mensch geboren werden kann.

Wie sieht dieses Milieu aus? Es hat wenig zu tun mit der so gemütlich-gemütvollen, meist etwas ins Sentimentale verlagerten Weihnachtsstimmung, die ja mehr aus den Bedürfnissen des heutigen Menschen erwächst als aus einer objektiven Erkenntnis des Jesuslebens. Die Eltern in einer bürgerlich absolut fragwürdigen Situation, irgendeine voreheliche

Geschichte, ein nicht ganz geklärtes Verhältnis von Mann und Frau – über was regt sich die bürgerliche Moral mehr auf als über solche Dinge! Dann eine Familie, die diesen bestimmten Geruch um sich hat: ehemals regierende Familie, jetzt verarmt, mehr oder weniger in der Emigration lebend, etwas leicht Heruntergekommenes daran. Dann die Heimatlosigkeit in diesem Augenblick, die gekennzeichnet ist dadurch, daß niemand etwas mit den beiden zu tun haben will. Eine absolut unwürdige Situation in einem Stall oder in einer Höhle, als Wiege eine Krippe. Es folgt das Erschrecken und Aufscheuchen der Hirten auf dem Felde und die Auslösung der Bosheit des Herodes. Jesus von Nazareth ist schuld daran, daß unzählige Kinder bei dem Kindermord von Bethlehem sterben müssen, denn der Plan des Herodes kommt ja aufgrund seiner Erscheinung zustande, ohne seine Geburt wäre nichts geschehen. Dann die Flucht nach Ägypten, Emigrantenschicksal und so weiter ... Da ist auch gar nichts, was uns darüber im Zweifel ließe, was zur göttlichen Berufung dazugehört!

Wie es zu der Zeit in den Seelen von Maria und Joseph ausgesehen hat, können wir uns denken. Das mindeste, was man sagen kann, ist: sehr gespalten. Natürlich war auf der einen Seite das Himmelhoch-Jauchzen eine Möglichkeit, aber auf der anderen Seite Angst, Entsetzen, Grauen und Zweifel. Das ist eben menschlich, und das heißt: gespannt in die entgegengesetzten Pole und dazwischen hin und her schwankend das menschliche Gebilde. Das ist der Mensch. In dieser Umgebung spielt sich das sogenannte Weihnachtswunder ab. Das ist Mythos.

Der Stern der göttlichen Berufung ist ein Stern der Umwälzungen, der Gewitter, der Erdbeben, der Erschütterungen.

Das ist eine Signatur, die wir nicht übersehen dürfen. Das wunderbare, zarte Bild der jungfräulichen Mutter mag für eine tiefere Schicht Gültigkeit haben und uns da ergötzen, aber hüten wir uns ja, uns ängstlich in dieses Bild zu flüchten, damit wir die anderen vordergründigen, wirklichen, fleischlichen Bilder nicht sehen müssen! *Die* stehen da. Die wunderbare Jungfräulichkeit der Mutter geht eigentlich nur diese Mutter an und das Kind, aber nicht uns …

Dann geschieht das, was immer geschieht: die Vertreibung aus der Heimat. Sie gehört zu der grundlegenden Signaturenreihe jeder großen Berufung, von Adam angefangen über Amphitryon und Alkmene bis hin zu Joseph und Maria. Immer muß man weg von dem Ort, an dem man aufgrund des Erbes und der Tradition verwurzelt ist. Das ist eine Voraussetzung für die göttliche Berufung und ihre Verwirklichung. Man kommt dann an einen anderen Ort, der fremd oder vertraut sein kann, an den Ort der eigenen Wahl oder der Bestimmung und damit vielleicht der Qual. Sobald ja der Mensch aus dem natürlichen Zusammenhang der Heimat, aus dem festen Boden der Sitte und Sittlichkeit herausgerissen ist, ist er ein Elender – wie das deutsche Wort im Mittelalter hieß –, ein Fremdling; das war damals dasselbe. Er ist ein Freiwild, preisgegeben, ausgesetzt.

Für den heutigen Menschen ist Ausgesetztheit, Preisgegebenheit, Freiwild-Sein etwas Furchtbares, weil unser Geschlecht nichts Heldisches an sich hat, sondern kleinlich, bürgerlich und ängstlich ist. Für das heroische Zeitalter waren diese Dinge die Anzeichen der großen Berufung …

In dem Augenblick, da man die Sicherungen der Geschichte verläßt, der Vergangenheit, des Gewordenen, in diesem Augenblick, da man sich aussetzt oder ausgesetzt wird, da man sich preisgibt oder vom Schicksal preisgegeben wird, in dem Augenblick ist der Zugang frei für das, was die Menschen das Fürchterliche nennen, das Furchtbare: Entweder man verfällt der *Furcht* oder wird aus der Begegnung zur *Frucht* und bestimmt damit über den Rang und die Qualität und den Ort, den man einzunehmen hat.

Wenn man also die sicheren Mauern des Traditionellen, Konventionellen und damit Berechenbaren verlassen hat, dann beginnt das Unberechenbare, und das ist immer das Geistige. Die Gottheit kommt unmittelbar. Man kann sich nicht bewahren und man kann sich nicht hüten, denn die Gottheit kennt genau den Augenblick, wann der Einbruch erfolgen kann, denn sie kennt ja das Schicksal ...

Nichts ist größer für die menschliche Seele, als in die unmittelbare Berührung mit der Gottheit zu kommen. Aber es ist ein ungeheures Schicksal, das sich vollzieht. Denn selbstverständlich entsteht in der Berührung mit dem Göttlichen der lockere Rausch, die Begeisterung, der Enthusiasmus, wie der Grieche sagt, der Tanz, das Fest, die wunderbare Verzauberung, die Unwirklichkeit des Wirklichen, die Verklärung, der Glanz, Verklärung ist immer Täuschung – auch auf dem Tabor –, aber es ist eben die Herrlichkeit der göttlichen Welt, die sich manifestiert in dem Gefängnis der irdischen Sklaverei ...

Wenn dann die hellen Stunden über uns leuchten, hat das Wort »Viele sind berufen, aber wenige sind auserwählt« einen anderen Klang und einen anderen Glanz. Wohl erschauern wir genau wie vorher vor der Unerbittlichkeit, vor der scharfen Härte dieses Wortes, wohl nahen wir uns ihm vielleicht zitternd und bebend, aber wir versuchen die Begegnung mit ihm. Was kümmert uns die Tatsache, daß unendlich viele nichts anderes sein werden als Spreu, daß sie vermodern und verwesen werden in einer Nichtigkeit ohnegleichen, im Unwesentlichen? Was tarnen wir unsere Angst mit solchem sozialen Mitleid? Fassen wir es doch von der anderen Seite: Mit diesem Wort ist jeder Mensch auf das eindringlichste gewarnt und hingewiesen darauf, daß er seine möglichen Kräfte aufzurufen hat in dem Wissen, daß er in jedem Augenblick an der Stelle steht, wo er wählt zwischen Berufung und Auserwähltheit.

Niemand kann sich dem entziehen, daß er die Berufung besitzt. Der Schritt von der Möglichkeit, der Potenz der Berufung bis zur Vewirklichung ihres Gemeinten ist der Schritt vom Berufensein zum Auserwähltsein. Und dieses Auserwähltsein wird nicht vollzogen durch eine Macht von der Höhe, sondern wird von uns selbst in dem Maß vollzogen, als wir die Berufung vernehmen, annehmen, aufnehmen und sie realisieren mit der gewaltigen Lust unseres Daseins zum Allerhöchsten.

Das wohltemperierte Klima bürgerlicher Existenz im Abendland ist der Feind möglicher Größe, ist der Tod der Erwählten. Das müssen wir mit aller Deutlichkeit sehen. Von niemandem wird verlangt, daß er sich irgendeiner asketischen Mühsal aussetze, aber in dem Augenblick müssen wir wissen, ob wir bestehen können vor der Unerbittlichkeit der Welteinsamkeit, vor der sengenden Glut der Lichtesmächte, vor dem Kältefrost letzter Nüchternheit, ob wir bestehen können vor den tausend Gefahren des Wilden, Ungezähmten, vor den Feuern der Tiefe, den Fluten des Meeres; ob wir die Kraft haben, zu verzichten auf alles das, was die menschliche Klugheit sich erdachte und erbaute. Das ist die Frage, die jeder Mensch, der auf seine Auserwähltheit bedacht ist, sich jeden Tag stellen muß. Und er schaue in den Spiegel und erblicke, was er sich erwählt hat.

Es geht nicht darum, daß wir einer möglichen Macht verantwortlich sind. Was kümmert in dieser Fragestellung die mögliche Macht? Gültig ist allein das Bild, das wir aus uns selbst herausbilden im Gange unserer Lebenskräfte. Allein wir selbst sind von uns vor uns selbst verantwortlich. Und wenn die Schergen und Knechte dem Jesus von Nazareth in jener unerbittlichen Stunde in das Gesicht spien, was tat es ihm? – da er sich dessen bewußt war, daß er, wenn er in den Spiegel sah, das Antlitz erblickte, das die Züge der ewigen Ausgerichtetheit trug. Für ihn leuchtete es in dem Strahlenglanz der bestimmten Erfüllung, mochten die anderen damit tun, was sie wollten.

So muß man stehen können vor sich und seinem Schicksal, ganz gewiß in der Kraft, den letzten Glanz aus sich herausgeholt zu haben – nicht um der Götter willen und nicht um der Menschen willen, sondern um des Wertes des eigenen Lebens willen. Hier erstickt sich die Frage von selbst, ob Egoismus oder nicht Egoismus, denn hier überrundet sich die Egoität des Menschen und mündet ein in das allerhöchste Wesen, das in ihn gelegt ist, oder es geht zugrunde ...

Will man auch nur etwas vom Mythos und vom Heros und vom Mythos des Heros begreifen, so muß man sich auf etwas ganz anderes einstellen als das, woran man sich gewöhnt hat. Der Heros ist immer ein *Wanderer*. Er besitzt nie eine Wohnung. Er gehört jenen Bereichen an, für die gilt: »Der Geist weht, wo er will, du weißt nicht, von wannen er kommt und wohin er fährt.« Das Unbestimmte ebensowohl wie das Unbestimmbare gehört zum Wesen des Heros. Auf die Frage »Wohin?« antwortet er immer: »Hierhin!«

Jeder, der eine Wohnung besitzt, wird verhindert, ein Heros zu werden, weil er gewöhnlich wird. So etwas hören wir nicht gerne. Und doch wissen wir es ganz genau, daß eine Wohnung gewöhnlich macht; vielleicht nicht in den höheren und größeren Bereichen des seelischen Daseins, aber in tausend Kleinigkeiten; und wenn in tausend Kleinigkeiten, dann auch einmal in großen Dingen, denn die großen Dinge setzen sich aus tausend Kleinigkeiten zusammen.

Früher hatte man noch einen Ausdruck dafür: das *Gemeine*. Goethe sagt von Schiller das schöne Wort, daß das Gemeine hinter ihm in wesenlosem Scheine liegt. Das ist ein großes Problem, denn damit wird eine uralte europäische Frage aufgerollt; das Verhältnis des Heros zur Polis. Die Polis ist die Gemeinstadt, die Gemeinde, und zwischen Heros und Gemeinde besteht eine grundsätzliche mythologische Aversion. Natürlich entsteht in solchen Spannungsbeziehungen nicht nur der Haß, sondern auch mitunter die Liebe oder eine göttliche Verehrung.

Die Begegnung mit dem Heros ist für jeden Gemeinen eine Prüfung, und man muß sich dieser Prüfung unterziehen. Wenn man den Mythos und das, was darüber gesagt werden kann, nicht versteht, so darum, weil man keinen Willen zur Selbsterkenntnis hat. Ist man offen nach dieser Seite hin, dann fällt der Mythos nicht über einen her, sondern das eigene Wesen fühlt sich darin ausgesprochen, weil die Identität mit den Bildern des Mythos sofort gegeben ist.

Aber der Mensch mit einer Wohnung will sich einrichten, und er möchte, daß es heimisch ist bei ihm. Das wahrhaftige Wort für heimisch heißt *heimlich,* und das Gegenwort heißt *unheimlich.* Man muß sich überprüfen, wieweit man einen Zugang zum Unheimlichen besitzt, denn das Un-heimliche, das Offenbare, ist der Raum des Heros, und das Heimliche ist der Raum des Gemeinen, des Gemeindemitglieds, ob nun im bürgerlichen, religiösen oder sonstigen Sinn. Es handelt sich darum, daß wir die Tendenzen verfolgen, die in unserem Inneren auftreten, um zu wissen, warum wir zu bestimmten Fragen unseres Daseins – etwa zu der Frage des Heros – so oder so stehen.

Häuser ... Es ist wichtig, das Wesen des heutigen Menschen in der Beziehung zum Hause zu erleben. Die Frage des Eigenheims oder der Mietwohnung ist mythologisch wichtig. Die Häuser stehen am Himmel, sagt die uralte Tradition der Astrologie; und das Wesen des Heros ist es, daß er nicht einem bestimmten Hause zugeordnet werden kann, sondern daß er ein Wanderer am Himmelsdom ist, während der Gemeine sich mit seinem Geburtshaus irgendwie begnügt. Auch er kreist natürlich, aber er kreist immer nur unter demselben Zeichen, variiert durch die Wandelsterne und ihre verschiedenartigen Beziehungen. Aber wie wenig spielt das im geistigen Raum eine Rolle, allenfalls in den faßbaren Schicksalen. Der Heros kann nicht gefaßt werden durch *ein* Haus, er *geht durch* – wie wir so schön sagen –, und die Durchgänge sind für die bürgerliche Erziehungswelt, für Lehrer, Erzieher und Eltern das Schrecklichste. Der Durchgänger hat etwas von einer heroischen Anlage in sich.

Will man das Heroische verstehen, so muß man sich also aus seinem Häuschen hinwegbegeben und dem Heros etwas nachlaufen, Gefolgschaft leisten. Man wird finden, daß einem diese Wandlungen des Herakles durchaus nicht sympathisch sind. Man liest oder hört gerne die eine oder die andere seiner Taten; aber sobald man gezwungen ist, in die Folge, in die Konsequenz der Taten einzutreten, empfindet man eine Sperrung. Wir können das nicht leiden, was der Heros erleidet. Nicht-leiden-Können ist ein sehr aufschluß-reiches Wort, denn genau das ist es: Wir können nicht leiden. Und der Weg des Heros ist ein *Leiden*.

Leiden ist ein geheimnisvolles Wort. Die Sprache flüstert es uns meist nur zu in dem Versuch, ob wir es vielleicht doch verstünden. Denn das Leiden ist die Folge des Leitens und der Weg zum Leiten. Die meisten Menschen versuchen, dem Leid irgendwie aus dem Wege zu gehen oder, wenn sie darin sind, möglichst rasch zu entfliehen, und darum gewinnen sie keine Leitung über ihr Selbst. Im großen Zusammenhang tut das gar nichts, denn der Wagenlenker wurde uns von der höchsten Macht gestellt. Nur ist es kein heroischer Anblick, wenn in der Kutsche unseres Lebens jemand sitzt, der mehr oder weniger verschlafen sich zurechtschuckeln läßt. Man muß schon in dem Rennwagen drinstehen und die Pferde an den Zügeln halten, und der Wagenlenker darf nur wie ein schwebender Genius über einem sein und es nie nötig haben, uns zu sagen, wohin wir zu fahren haben. Er sollte uns nur immer dann, wenn wir für einen Augenblick erschlaffen wollen, das »Ahoi!« zurufen oder das »Hoiotoho!« oder das »Evoe!«. Das »Hoiotoho!« ist der Schlachtruf des hero-isch leitenden Menschen.

Ein langes Leben zeigt einem, wie enttäuschend es ist, daß die Menschen zu dem Leid so eine seltsame oder eben gar keine Beziehung haben, höchstens eine wehleidige oder mit-unter eine mitleidige, aber das sind die schlechten Beziehun-gen zum Leid. Man muß wissen, daß dieses Geschunden-Werden durch das Leid das A und das O aller Entwicklung ist. Und dann ist es eben auch wieder kein Leid; das Leid verwandelt sich in die Leitung.

Zeit und Ewigkeit

> Man versteht das Leben nur rückwärts,
> aber leben muß man es vorwärts.

Unsere überall durchzuspürende Wertung erschwert uns nicht nur den Umgang mit der kostbaren und unwiderruflich verrinnenden Zeit, sondern auch den mit unserer jeweiligen Arbeit und mit dem Lesen und der Liebe zu Texten und Büchern.

Jeder Mensch hat mit Zeit zu tun. Viele haben zuwenig davon, wenige zuviel. Letztere versuchen, sie totzuschlagen, erstere, sie einzusparen. Wir alle wollen die Zeit nützen, mit ihr auskommen, umgehen, haushalten, sie uns einteilen. Oft jagen wir verlorener Zeit hinterher oder versuchen, durch schnelles Arbeiten sie wiedergutzumachen, als wäre sie durch Trödeln schlecht geworden. Menschen, die sich besonders wichtig nehmen, finden kaum noch Zeit zum Atmen, so sehr haben sie den Fluß der Zeit in ihrem Leben beschleunigt. War im letzten Jahrhundert noch die relativ gemütliche Zigarre ein erträgliches Zeitmaß, sind wir heute auf die Zigarettenlänge gekommen. Die Zigarettenpause, in der man sich eben gerade nicht erholt, sondern sich zur »Erholung« vergiftet, ist ein Symptom unserer hektischen Zeit geworden. In diesen sprichwörtlichen Zigarettenpausen galoppieren uns Zeit und Gesundheit davon, und wir wissen nicht so recht, wie uns geschieht. Was ursprünglich als Genuß gedacht und zur Erholung eingeplant war, ist – ohne daß wir das recht erklären können – ins Gegenteil verkommen. In Zigarettenpausen können wir uns ebensowenig erholen, wie wir uns in Fast-Food-Restaurants (zu deutsch: Schnell-Futter-Regenerationsorte) restaurieren können.

Fast alle unsere Erfindungen dienen dazu, Zeit einzusparen durch Rationalisierung, schnelleres Reisen, effizientere Kommunikation, besseren Informationsfluß. Der Hinweis, daß eine durchschnittliche deutsche Hausfrau heute gegenüber ihrer Vorgängerin vor hundert Jahren mehr als dreißig Stunden pro Tag einspare, läßt schon ahnen, daß es mit der Zeit ein tieferes Geheimnis auf sich haben müsse.

An diesem Geheimnis der Zeit kann man alles begreifen. Wenn man aber die Zeit nicht begreift, kann man umgekehrt das meiste nicht begreifen. An diesem Punkt läßt sich die esoterische Philosophie aufhängen und auch der Unterschied zum alten wissenschaftlichen Weltbild aufzeigen, das nach wie vor unser Gesellschaftsleben bestimmt. Das Wesen der Zeit zu verstehen ist aber nur ein kleiner Schritt im Vergleich zum Erleben des Geheimnisses der Zeit.

Die Wissenschaft geht heute noch davon aus, daß Zeit objektiv und quantitativ ist und keine besondere Qualität habe. Dabei wissen wir es aus Erfahrung besser. Der Sonntag hat für die allermeisten Menschen eine ganz andere Qualität als der Montag. Ein Nachtdienst in der Psychiatrie bei Vollmond unterscheidet sich erheblich von dem bei anderen Mondphasen. Praktisch jeder Mensch hat die Erfahrung, daß Zeit wie im Fluge vergehen oder sich elend dehnen kann. Routine-Arbeitstage ziehen sich scheußlich hin, erlebnisreiche Urlaubstage verfliegen dagegen geradezu. Selbst die sprichwörtliche Zigarettenpause ist ganz verschieden lang und hängt vom individuellen Grad der Getriebenheit ab.

In der Antike kannte man noch beide Aspekte der Zeit: Für die Quantität war Chronos zuständig, für die Qualität Kairos. Alles hatte damals seine eigene »Zeit« und damit Qualität. Bei genauerem Hinsehen finden wir diesen Aspekt noch immer. Die Länge, die Qualität der Zeit ist dagegen in unserem Empfinden durchaus subjektiv: jeder beurteilt sie aus seinem Zeitrahmen heraus, dieser aber ist systemabhängig: Die Eintagsfliege hat offensichtlich einen ganz anderen Zeitrahmen als Elefant oder Mensch. Nach einer einfachen Faustregel könnte man sagen: Je größer das Wesen, desto länger seine Lebensspanne, aber subjektiv leben alle ein ganzes Leben. Die Zeit ist also subjektiv, lediglich Zeitmessung ist objektiv.

Das Wort Zeit geht, wie das englische *time,* das französische *temps* und das lateinische *tempus,* auf die indogermanische Wurzel *da* zurück, die soviel wie »teilen, zerlegen, zerreißen« bedeutet. Aus dieser Wurzel stammen die Sanskritworte *dayate* und *dayatí* (»er schneidet«) wie auch das englische *day* (»Tag«). Der Tag ist demnach der Zerschneider und Zerteiler. Er zerlegt den Zeitfluß in für uns Menschen handliche Teile, eben Tage.

Jedes Wesen wählt sein Zeitmaß nach seinem Gutdünken, seinem Lebensrhythmus entsprechend. So ist zum Beispiel unser Tag ein durchaus subjektives Maß: Schon Sonnenauf- und -untergang sind völlig subjektiv, die Sonne bekommt davon nichts mit, weil sie in Wirklichkeit weder auf- noch untergeht. Das kleinere Zeitmaß, die Zigarettenlänge, ist offensichtlich variabel und ganz eindeutig auf den Menschen beschränkt, weil alle anderen Wesen auf dieser Erde Nikotin peinlich vermeiden. Wir wählen den Rhythmus, an dem wir uns orientieren wollen, nach seiner Praktikabilität und unserem Geschmack. Der Abstand zwischen zwei Eiszeiten wäre für uns zu groß, der zwischen zwei Herzschlägen zu klein.

Vom Herzschlag aber dürfte unser Zeiterleben doch weitgehend abhängen. Alten Menschen vergeht die Zeit schneller, ihre Herzfrequenz sinkt, und sie erleben eine innere Verlangsamung, die sich häufig auch auf den Atem überträgt. Das Herz scheint als Metronom des Lebens zu fungieren: Der Abstand zwischen zwei Schlägen wird subjektiv offenbar gleich lang wahrgenommen. Wenn in eine Minute viele Schläge fallen, wirkt diese Minute lang wie zum Beispiel bei Lebensgefahr. In einer winzigen Zeitspanne kann vor dem inneren Auge das ganze Leben vorbeiziehen. Der Herzschlag ist in diesen Situationen aufgrund eines schlagartig erhöhten Adrenalinspiegels enorm beschleunigt. Solch ein intensiver Lebensmoment wird subjektiv lang empfunden.

Raubtiere, die häufig mit hohem Adrenalinspiegel durchs Leben jagen, haben eine kurze Reaktionszeit. In einer Sekunde ist ihnen vieles möglich. Sie kann über Leben und Tod entscheiden. Bei der mit niedrigem Adrenalinspiegel gemächlich wiederkäuenden Kuh ist innerhalb einer Sekunde deutlich weniger los. Menschen mit hohem und niedrigem Blutdruck geben ein ähnliches Beispiel: Beim Hypertoniker drängt sich mit seiner höheren Frequenz mehr Intensität in dieselbe objektive Zeit. Er lebt ein kürzeres Leben, in das sich aber vieles drängt. Die Hypotonie verschafft ein deutlich längeres Leben bei geringerer Intensität.

Subjektive Zeiterfahrungen kennen wir bestens aus dem Traumreich. Eigentlich wissen wir gar nicht, was im Traum geschieht, denn wir beurteilen ihn immer von der Tageszeit aus, weil wir das Tagesbewußtsein für das einzig richtige halten. Archaische Kulturen – wie die Indianer – können uns zeigen, daß es genauso legitim ist, die weibliche Seite der Wirklichkeit, die Nacht mit ihren Träumen und Visionen, genauso wichtig oder sogar wichtiger zu nehmen.

Viele Menschen kennen die Erfahrung, daß sich ihre Träume ganz stimmig anfühlen, aber sobald sie sie aus dem Tagesbewußtsein heraus erzählen wollen, ergeben sich Brüche: Das Ganze ist nämlich weder logisch noch chronologisch. Im Traum herrscht häufig ein ganz anderer Zeitfluß mit beliebiger Richtung, anderer Raumorientierung, und vor allem fehlt die so gewohnte Kausalität. Im Traum läßt sich in den fünf Minuten, bis der Wecker zum zweiten Mal klingelt, manchmal ein ganzes Leben träumen, was neuerlich auf die subjektive Länge der Zeit hinweist.

Es läßt sich nicht entscheiden, welche Zeitebene die stimmigere ist: Aus einer Traumzeit läßt sich die Wachzeit und aus der Wachzeit die Traumzeit nicht beurteilen. Versuche in Schlaflabors ergaben, daß wir nicht sicher entscheiden können, wie lange wir geschlafen haben. Die Länge unseres Schlafens messen wir lediglich an Gewohnheiten, an Rhythmen, im Zusammenhang mit dem Licht, dem Wecker usw. Ohne solche Hilfsmittel hätten wir keine Orientierung. Märchen kennen und arbeiten mit beiden Zeitebenen: Wenn die Helden auf eine zweite Zeitebene geraten, etwa ins Reich der Elfen, kann es geschehen, daß sie nach einem subjektiven Empfinden von wenigen Tagen uralt in die Menschenwelt zurückkehren oder auch in der Zeit hoffnungslos zurückbleiben.

Heute ist uns diese Realität der Zeit mit Hilfe der Wissenschaft sogar wieder ein gutes Stück näher gerückt. Wir können uns im Nachvollzug eines Einsteinschen Gedankenexperiments vorstellen, daß sich jemand in einer Rakete mit

Lichtgeschwindigkeit von der Erde entfernt. Wenn wir die ganze Zeit über seine Armbanduhr sehen könnten, würde die Zeit für uns Zurückgebliebene stillstehen, da das Licht sich nur genauso schnell zu uns hinbewegen kann, wie sich die Rakete von uns entfernt. Der Astronaut würde zwar subjektiv innerhalb seines Raumschiffes weiter altern, käme er aber nach Jahren (nach unserer Zeit) zurück, wäre er im Vergleich zu uns Zurückgebliebenen nicht gealtert.

Eine sehr viel leichter zugängliche Erfahrung über die Relativität der Zeit liefert die Hypnose als Karikatur der Wirklichkeit: Es ist durchaus kein Problem, zwanzig Personen in tiefer Hypnose zu suggerieren, sie könnten in einer bestimmten vorgegebenen Zeit ihren Lieblingsfilm auf einer inneren Leinwand sehen. Danach gibt es zwanzig verschiedene Zeiteinschätzungen, da ein jeder der Filme nach äußerer Zeit eine andere Länge hat, während objektiv für alle dieselbe Zeit vergangen ist.

Eine der diesbezüglich eindrucksvollsten Erfahrungen ist der Zeitstillstand während tiefer Meditation. Versunken in Trance oder Meditation, ist es mit einiger Übung möglich, die Augen einen Spaltbreit zu öffnen und trotzdem in dem veränderten Bewußtseinszustand zu bleiben. Ein Blick auf den Sekundenzeiger der Uhr kann in solchen Situationen zeigen, wie dieser langsamer wird und manchmal sogar ganz stehenbleibt. Das ist eine Erfahrung, die in verschiedenen Traditionen bekannt ist und lediglich mit etwas abweichenden Worten beschrieben wird. Etwa als Anhalten des inneren Zeitflusses oder auch Anhalten des inneren Dialoges.

Solche Stillstände des Zeitstroms sind auch während spezieller Atemübungen häufig. In diesem Fall gehen sie jeweils mit dem Stillstand der Atmung einher und häufig einer extremen Verlangsamung des Herzschlages. Der Atem ist Ausdruck unserer Bindung an die Polarität, vom ersten Atemzug bis zum letzten sind wir normalerweise durch Ein- und Ausatmen an die Polarität gebunden. Situationen, wo der Atem stillsteht, haben immer mit dem Verlassen der Polarität zu tun. Am offensichtlichsten ist das beim Sterben. Wenn jemand seinen letzten Atemzug macht, verläßt er die Polarität. Durch Meditationserfahrungen wie auch durch Reanimationserfolge der modernen Medizin ist es aber auch möglich geworden, solche Erlebnisse innerhalb eines Lebens zu machen. Sowohl wiederbelebte Patienten als auch Meditierende, die aus tiefer Trance zurückkehren, berichten übereinstimmend, daß sich in diesen Zeiträumen das Zeitempfinden völlig verändert. Nach beiden Situationen wird in mehr oder weniger euphorischer Stimmung und blumigen Worten von Erfahrungen der Zeitlosigkeit und Ewigkeit berichtet.

Anhänger der Transzendentalen Meditation haben diesen Vorgang wissenschaftlich untersucht. Meditierende wurden dazu in speziellen Labors an EEG, EKG, Hautwiderstands- und Atemfrequenzmeßgeräte angeschlossen. Wenn sie Erfahrungen von Transzendenz oder tiefer Trance machten, hatten sie den Auftrag, einen leichten Druck auf einen Anzeigeknopf zu geben. Es zeigte sich, daß solche Erfahrungen jeweils mit einer zum Teil extremen Verlangsamung der Atemfrequenz einhergingen. Alle Meditierenden berichteten über Empfindungen von Zeitstillstand oder Zeitlosigkeit in diesen besonderen Situationen. Auch ohne solche Extreme zu erreichen, ist vielen Meditierenden die Erfahrung gemeinsam, daß die Zeit in der Meditation ihre sonst so beherrschende Stellung verliert. Ganz offenbar ist es so, daß wir uns aus der Polarität, unserer Welt der Gegensätze, auf zweierlei Wegen dem Gegenpol, der Einheit, nähern können: zum einen über die extreme innere Verlangsamung, die sich am spektakulären Absinken der Atem- und Herzfrequenz zeigt, zum anderen über die extreme Beschleunigung unseres inneren Lebensrhythmus, wie in äußersten Gefahrensituationen oder bei extremer emotionaler Bewegung. Hier mag auch die Erfahrung hingehören, daß für Verliebte die Zeit stillzustehen scheint. Sie sind im Augenblick angekommen und haben den linearen Zeitstrom verlassen.

Als Fazit können wir formulieren: Zeit läßt sich zwar objektiv in ihrer Quantität messen, das aber hat wenig bis gar nichts mit unserem subjektiven Erleben der Zeit zu tun. Hypnose-, Lebensfilm-, Traum- und Verliebtheitserfahrungen und auch die nüchternen Erkenntnisse der Relativitätstheorie belegen es. Andererseits hat Zeit ganz sicher Qualität.

Damit sind wir bereits im Widerspruch zu unserer gängigen Zeiteinschätzung und in der Nähe der Esoterik, die vor allem die Zeitqualität beachtet. Ihre noch wichtigere Aussage zur Zeit wäre, daß es außer der Gegenwart gar keine Zeit gibt. Das scheint nun all unseren Erfahrungen zu widersprechen, bekommen wir doch gerade die Vergangenheit ganz gut in den Griff, über die Zukunft können wir uns wenigstens noch Gedanken machen, die Gegenwart aber entwischt uns immerzu. Andererseits ist Leben tatsächlich nur in der Gegenwart möglich. Denn in einer Zeit, die es, wie die Vergangenheit, schon nicht mehr gibt, kann man offensichtlich nicht leben. In einer Zeit, die es noch nicht gibt, wie die Zukunft, genausowenig. Leben ist also tatsächlich nur im Hier und Jetzt möglich. Das heißt aber, wer nicht in der Gegenwart lebt, lebt eigentlich gar nicht!

Daher also die Tendenz aller Weisheitslehren und Traditionen, in die Gegenwart, das Hier und Jetzt, zu führen. Wenn die Zen-Schüler den Tag auf ihrem »Allerwertesten« verbringen und dabei nur auf den sanften Fluß des Atems achten, so doch in der Hoffnung, daß sie über die Konzentration auf die Polarität des Atems, diese transzendierend, in der Einheit landen. In ähnliche Richtung dürfte auch der Bibelhinweis zielen: Die Vögel des Himmels, sie säen nicht und ernten nicht und leben doch! Hier liegt auch eine der großen Chancen von schweren Krankheitsbildern und anderen verzweifelten Situationen, die die Zukunftsperspektive nehmen. Wenn die Zukunft verschwindet und die Vergangenheit unwichtig wird, besteht die Chance, in den Augenblick eintauchend, Befreiung zu finden. Ein biblisches Beispiel wäre jener Schächer, der neben Christus am Kreuz stirbt, diese Situation aber für seine Erleuchtung nutzt.

Wenn es in Wirklichkeit um die ewige, das heißt zeitlose Gegenwart geht, wie die heiligen Schriften der verschiedenen Kulturen berichten, heißt das auch: es gibt gar keine Zeit. Denn, was immer wir als solche in den Griff bekommen konnten, ist bereits Vergangenheit. Gegenwart ist Zeitlosigkeit oder Ewigkeit und entzieht sich damit unserem polaren Bewußtsein, das von der Illusion der Zeit lebt. Gegenwart läßt sich nur erfahren.

Befragt man Menschen, die solche Erfahrungen gemacht haben oder sogar »auf Dauer« in der Gegenwart angekommen sind, so erfährt man von den verschiedensten Wegen, wie etwa Meditation und Atemtherapie, aber auch Sport- und Musikerfahrungen. Eines aber ist immer gleich, es tritt eine tiefe innere Ruhe ein, und aller Widerstand hört auf. Aus der Umkehrung dieser Tatsache aber folgt: Wer nicht in der

Gegenwart lebt, lebt im Widerstand. Bei genauerem Hinsehen finden wir tatsächlich, daß alles, was uns davon abhält, im Augenblick anzukommen, Widerstand ist. Wenn wir abends todmüde sind, so zeigt das ebenso sicher unseren Widerstand an, wie die umgekehrte Tatsache bei Kindern verrät, daß sie ihren Tag weitgehend im Augenblick spielend verbracht haben.

Sofern wir also nicht gerade eine Erleuchtungserfahrung durchleben, sind wir im Widerstand, damit an unser polares Bewußtsein mit seinem »falschen« oder jedenfalls relativen Zeitverständnis gefesselt. Mit diesem Bewußtsein können wir uns der Wirklichkeit nur bildlich annähern und die Einheit aus der Polarität heraus nur mit polaren Worten beschreiben.

Jenseits der Polarität, in der Wirklichkeit, herrscht ewiges, zeitloses Sein, in der Polarität aber entsteht zwingend eine optische Täuschung, die Zeitachse. Wir leben in der Welt dieser Täuschung, können in ihr aber doch wissen und sogar erfahren, daß es in Wirklichkeit nur Einheit und den Augenblick gibt. Ein Bild dafür wäre die Schallplatte, auf der alle Lieder gleichzeitig vorhanden sind, auch wenn wir sie nur hintereinander hören können.

Solche Bilder mögen dem Intellekt eine kleine Hilfestellung sein, um sich der in der Tiefe wirkenden Wirklichkeit anzunähern. Letztlich kann aber nur Erfahrung helfen, die Einheit in allem zu erkennen. Es braucht eine große Seele *(Maha-atma)*, um den großen Atem *(Maha-atma)* in allem zu spüren.

* * *

In Momo, Michael Endes *Geschichte der modernen Zeit,*
durchschaut Beppo Straßenkehrer deren Geheimnis:

Er fuhr jeden Morgen lange vor Tagesanbruch mit seinem
alten, quietschenden Fahrrad in die Stadt zu einem großen
Gebäude. Dort wartete er in einem Hof zusammen mit seinen Kollegen, bis man ihm einen Besen und einen Karren
gab und ihm eine bestimmte Straße zuwies, die er kehren
sollte.
Beppo liebte diese Stunden vor Tagesanbruch, wenn die
Stadt noch schlief. Und er tat seine Arbeit gern und gründ-
lich. Er wußte, es war eine sehr notwendige Arbeit.
Wenn er so die Straßen kehrte, tat er es langsam, aber stetig:
Bei jedem Schritt einen Atemzug und bei jedem Atemzug
einen Besenstrich. Schritt – Atemzug – Besenstrich. Schritt –
Atemzug – Besenstrich. Dazwischen blieb er manchmal ein
Weilchen stehen und blickte nachdenklich vor sich hin. Und
dann ging es wieder weiter – Schritt – Atemzug – Besen-
strich – – –.
Während er sich so dahinbewegte, vor sich die schmutzige
Straße und hinter sich die saubere, kamen ihm oft große
Gedanken. Aber es waren Gedanken ohne Worte, Gedan-
ken, die sich so schwer mitteilen ließen wie ein bestimmter
Duft, an den man sich nur gerade eben noch erinnert, oder
wie eine Farbe, von der man geträumt hat.
Nach der Arbeit, wenn er bei Momo saß, erklärte er ihr
seine großen Gedanken. Und da sie auf ihre besondere Art
zuhörte, löste sich seine Zunge, und er fand die richtigen
Worte.
»Siehst du, Momo«, sagte er dann zum Beispiel, »es ist so:
Manchmal hat man eine sehr lange Straße vor sich. Man

denkt, die ist so schrecklich lang; das kann man niemals schaffen, denkt man.«

Er blickte eine Weile schweigend vor sich hin, dann fuhr er fort: »Und dann fängt man an, sich zu eilen. Und man eilt sich immer mehr. Jedesmal, wenn man aufblickt, sieht man, daß es gar nicht weniger wird, was noch vor einem liegt. Und man strengt sich noch mehr an, man kriegt es mit der Angst, und zum Schluß ist man ganz außer Puste und kann nicht mehr. Und die Straße liegt immer noch vor einem. So darf man es nicht machen.«

Er dachte einige Zeit nach. Dann sprach er weiter: »Man darf nie an die ganze Straße auf einmal denken, verstehst du? Man muß nur an den nächsten Schritt denken, an den nächsten Atemzug, an den nächsten Besenstrich. Und immer wieder nur an den nächsten.«

Wieder hielt er inne und überlegte, ehe er hinzufügte: »Dann macht es Freude; das ist wichtig, dann macht man seine Sache gut. Und so soll es sein.«

Und abermals nach einer langen Pause fuhr er fort: »Auf einmal merkt man, daß man Schritt für Schritt die ganze Straße gemacht hat. Man hat gar nicht gemerkt wie, und man ist nicht außer Puste.« Er nickte vor sich hin und sagte abschließend: »Das ist wichtig.«

***

In seinem Roman Siddhartha *läßt* HERMANN HESSE *den Fluß vom Geheimnis der Zeit erzählen. Der Fluß lehrt es Vasudeva, den Fährmann, und von diesem erfährt es der Wanderer Siddhartha am Ende seiner Lebensreise. Er gibt es weiter an Govinda, den Bettelmönch. Diese drei Menschen am Fluß stehen für die verschiedenen Wege: Vasudeva für den des Hausvaters, Govinda für den klassischen Klosterweg und Siddhartha selbst für den des individuellen Suchers. Alle drei erlangen sie Befreiung im Durchschauen des Zeitflusses.*

Siddhartha blieb bei dem Fährmann und lernte das Boot bedienen, und wenn nichts an der Fähre zu tun war, arbeitete er mit Vasudeva im Reisfelde, sammelte Holz, pflückte die Früchte der Pisangbäume. Er lernte ein Ruder zimmern, und lernte das Boot ausbessern, und Körbe flechten, und war fröhlich über alles, was er lernte, und die Tage und Monate liefen schnell hinweg. Mehr aber, als Vasudeva ihn lehren konnte, lehrte ihn der Fluß. Von ihm lernte er unaufhörlich. Vor allem lernte er von ihm das Zuhören, das Lauschen mit stillem Herzen, mit wartender, geöffneter Seele, ohne Leidenschaft, ohne Wunsch, ohne Urteil, ohne Meinung.

Freundlich lebte er neben Vasudeva, und zuweilen tauschten sie Worte miteinander, wenige und lang bedachte Worte. Vasudeva war kein Freund der Worte, selten gelang es Siddhartha, ihn zum Sprechen zu bewegen.

»Hast du«, so fragte er ihn einst, »hast auch du vom Flusse jenes Geheime gelernt: daß es keine Zeit gibt?«

Vasudevas Gesicht überzog sich mit hellem Lächeln.

»Ja, Siddhartha«, sprach er. »Es ist doch dieses, was du meinst: daß der Fluß überall zugleich ist, am Ursprung und an der Mündung, am Wasserfall, an der Fähre, an der Stromschnelle, im Meer, im Gebirge, überall, zugleich, und daß es für ihn nur Gegenwart gibt, nicht den Schatten Zukunft?«

»Dies ist es«, sagte Siddhartha. »Und als ich es gelernt hatte, da sah ich mein Leben an, und es war auch ein Fluß, und es war der Knabe Siddhartha vom Manne Siddhartha und vom Greis Siddhartha nur durch Schatten getrennt, nicht durch Wirkliches. Es waren auch Siddharthas frühere Geburten keine Vergangenheit, und sein Tod und seine Rückkehr zu Brahma keine Zukunft. Nichts war, nichts wird sein; alles ist, alles hat Wesen und Gegenwart.«

Siddhartha sprach mit Entzücken, tief hatte diese Erleuchtung ihn beglückt. Oh, war denn nicht alles Leiden Zeit, war nicht alles Sichquälen und Sichfürchten Zeit, war nicht alles Schwere, alles Feindliche in der Welt weg und überwunden, sobald man die Zeit überwunden hatte, sobald man die Zeit wegdenken konnte? Entzückt hatte er gesprochen. Vasudeva aber lächelte ihn strahlend an und nickte Bestätigung, schweigend nickte er, strich mit der Hand über Siddharthas Schulter und wandte sich zu seiner Arbeit zurück.

Und wieder einmal, als eben der Fluß in der Regenzeit geschwollen war und mächtig rauschte, da sagte Siddhartha: »Nicht wahr, o Freund, der Fluß hat viele Stimmen, sehr viele Stimmen? Hat er nicht die Stimme eines Königs, und eines Kriegers, und eines Stieres, und eines Nachtvogels, und einer Gebärenden, und eines Seufzenden, und noch tausend andere Stimmen?«

»Es ist so«, nickte Vasudeva, »alle Stimmen der Geschöpfe sind in seiner Stimme.«

»Und weißt du«, fuhr Siddhartha fort, »welches Wort er

172

spricht, wenn es dir gelingt, alle seine zehntausend Stimmen zugleich zu hören?«

Glücklich lachte Vasudevas Gesicht, er neigte sich gegen Siddhartha und sprach ihm das heilige Om ins Ohr. Und ebendies war es, was auch Siddhartha gehört hatte.

Und von Mal zu Mal ward sein Lächeln dem des Fährmanns ähnlicher, ward beinahe ebenso strahlend, beinahe ebenso von Glück durchglänzt, ebenso aus tausend kleinen Falten leuchtend, ebenso kindlich, ebenso greisenhaft. Viele Reisende, wenn sie die beiden Fährmänner sahen, hielten sie für Brüder. Oft saßen sie am Abend gemeinsam beim Ufer auf dem Baumstamm, schwiegen und hörten beide dem Wasser zu, welches für sie kein Wasser war, sondern die Stimme des Lebens, die Stimme des Seienden, des ewig Werdenden. Und es geschah zuweilen, daß beide beim Anhören des Flusses an dieselben Dinge dachten, an ein Gespräch von vorgestern, an einen ihrer Reisenden, dessen Gesicht und Schicksal sie beschäftigte, an den Tod, an ihre Kindheit, und daß sie beide im selben Augenblick, wenn der Fluß ihnen etwas Gutes gesagt hatte, einander anblickten, beide genau dasselbe denkend, beide beglückt über dieselbe Antwort auf dieselbe Frage ...

»Neige dich zu mir!« flüsterte Siddhartha leise in Govindas Ohr. »Neige dich zu mir her! So, noch näher! Ganz nahe! Küsse mich auf die Stirn, Govinda!«

Während aber Govinda verwundert, und dennoch von großer Liebe und Ahnung gezogen, seinen Worten gehorchte, sich nahe zu ihm neigte und seine Stirn mit den Lippen berührte, geschah ihm etwas Wunderbares. Während seine Gedanken noch bei Siddharthas wunderlichen Worten verweilten, während er sich noch vergeblich und mit Widerstreben bemühte, sich die Zeit hinwegzudenken, sich Nirwana und Sansara als eines vorzustellen, während sogar eine gewisse Verachtung für die Worte des Freundes in ihm mit einer ungeheuren Liebe und Ehrfurcht stritt, geschah ihm dieses:

Er sah seines Freundes Siddhartha Gesicht nicht mehr, er sah statt dessen andre Gesichter, viele, eine lange Reihe, einen strömenden Fluß von Gesichtern, von Hunderten, von Tausenden, welche alle kamen und vergingen, und doch alle zugleich dazusein schienen, welche alle sich beständig veränderten und erneuerten, und welche doch alle Siddhartha waren. Er sah das Gesicht eines Fisches, eines Karpfens, mit unendlich schmerzvoll geöffnetem Maule, eines sterbenden Fisches, mit brechenden Augen – er sah das Gesicht eines neugeborenen Kindes, rot und voll Falten, zum Weinen verzogen – er sah das Gesicht eines Mörders, sah ihn ein Messer in den Leib eines Menschen stechen – er sah, zur selben Sekunde, diesen Verbrecher gefesselt knien und sein Haupt vom Henker mit einem Schwertschlag abgeschlagen werden – er sah die Körper von Männern und Frauen nackt in Stellungen und Kämpfen rasender Liebe – er sah Leichen ausgestreckt, still, kalt, leer – er sah Tierköpfe, von Ebern, von Krokodilen, von Elefanten, von Stieren, von Vögeln – er sah Götter, sah Krischna, sah Agni – er sah alle diese Gestalten und Gesichter in tausend Beziehungen zueinander, jede der andern helfend, sie liebend, sie hassend, sie vernichtend, sie neu gebärend, jede war ein Sterbenwollen, ein leidenschaftlich schmerzliches Bekenntnis der Vergänglichkeit, und keine starb doch, jede verwandelte sich nur, wurde stets neu geboren, bekam stets ein neues Gesicht, ohne daß doch zwischen einem und dem anderen Gesicht Zeit gelegen wäre – und alle diese Gestalten und Gesichter ruhten, flossen, erzeugten sich, schwammen dahin und strömten ineinander, und über alle war beständig etwas Dünnes, Wesenloses, dennoch Seiendes, wie ein dünnes Glas oder Eis gezogen, wie eine durchsichtige Haut, eine Schale oder Form oder Maske von Wasser, und diese Maske lächelte, und diese Maske war Siddharthas lächelndes Gesicht, das er, Govinda, in eben diesem selben Augenblick mit den Lippen berührte. Und, so sah Govinda, dies Lächeln der Maske, dies Lächeln der Einheit über den strömenden Gestaltungen, dies Lächeln der Gleichzeitigkeit über den tausend Geburten und Toden, dies Lächeln Siddharthas war genau dasselbe, war genau das gleiche, stille, feine, undurchdringliche, vielleicht gütige, vielleicht spöttische, weise tausendfältige Lächeln Gotamas, des Buddha, wie er selbst es hundertmal mit Ehrfurcht gesehen hatte. So, das wußte Govinda, lächelten die Vollendeten.

Nicht mehr wissend, ob es Zeit gebe, ob diese Schauung eine Sekunde oder hundert Jahre gewährt habe, nicht mehr wissend, ob es einen Siddhartha, ob es einen Gotama, ob es Ich und Du gebe, im Innersten wie von einem göttlichen Pfeil verwundet, dessen Verwundung süß schmeckt, im Innersten verzaubert und aufgelöst, stand Govinda noch eine kleine Weile, über Siddharthas stilles Gesicht gebeugt, das er soeben geküßt hatte, das soeben Schauplatz aller Gestaltungen, alles Werdens, alles Seins gewesen war. Das Antlitz war unverändert, nachdem unter seiner Oberfläche die Tiefe der Tausendfältigkeit sich wieder geschlossen hatte, er lächelte still, lächelte leise und sanft, vielleicht sehr gütig, vielleicht sehr spöttisch, genau, wie er gelächelt hatte, der Erhabene. Tief verneigte sich Govinda, Tränen liefen, von welchen er nichts wußte, über sein altes Gesicht, wie ein Feuer brannte das Gefühl der innigsten Liebe, der demütigsten Verehrung in seinem Herzen. Tief verneigte er sich, bis zur Erde, vor dem regungslos Sitzenden, dessen Lächeln ihn an alles erinnerte, was er in seinem Leben jemals geliebt hatte, was jemals in seinem Leben ihm wert und heilig gewesen war …

Vasudeva nahm Siddharthas Hand, führte ihn zum Sitz am Ufer, setzte sich mit ihm nieder, lächelte dem Flusse zu.

»Du hast ihn lachen hören«, sagte er. »Aber du hast nicht alles gehört. Laß uns lauschen, du wirst mehr hören.«

Sie lauschten. Sanft klang der vielstimmige Gesang des Flusses. Siddhartha schaute ins Wasser, und im ziehenden Wasser erschienen ihm die Bilder: sein Vater erschien, einsam, um den Sohn trauernd, er selbst erschien, einsam, auch er mit den Banden der Sehnsucht an den fernen Sohn gebunden; es erschien sein Sohn, einsam auch er, der Knabe, begehrlich auf der brennenden Bahn seiner jungen Wünsche stürmend, jeder auf sein Ziel gerichtet, jeder vom Ziel besessen, jeder leidend. Der Fluß sang mit einer Stimme des Leidens, sehnlich sang er, sehnlich floß er seinem Ziele zu, klagend klang seine Stimme.

»Hörst du?« fragte Vasudevas stummer Blick. Siddhartha nickte.

»Höre besser!« flüsterte Vasudeva.

Siddhartha bemühte sich, besser zu hören. Das Bild des Vaters, sein eigenes Bild, das Bild des Sohnes flossen ineinander, auch Kamalas Bild erschien und zerfloß, und das Bild Govindas, und andere Bilder, und flossen ineinander über, wurden alle zum Fluß, strebten alle als Fluß dem Ziele zu, sehnlich, begehrend, leidend, und des Flusses Stimme klang voll Sehnsucht, voll von brennendem Weh, voll von unstillbarem Verlangen. Zum Ziele strebte der Fluß, Siddhartha sah ihn eilen, den Fluß, der aus ihm und den Seinen und aus allen Menschen bestand, die er je gesehen hatte, alle die Wellen und Wasser eilten, leidend, Zielen zu, vielen Zielen, dem Wasserfall, dem See, der Stromschnelle, dem Meere, und alle Ziele wurden erreicht, und jedem folgte ein neues, und aus dem Wasser ward Dampf und stieg in den Himmel, ward Regen und stürzte aus dem Himmel herab, ward Quelle, ward Bach, ward Fluß, strebte aufs neue, floß aufs neue. Aber die sehnliche Stimme hatte sich verändert. Noch tönte sie, leidvoll, suchend, aber andre Stimmen gesellten sich zu ihr, Stimmen der Freude und des Leides, gute und böse Stimmen, lachende und trauernde, hundert Stimmen, tausend Stimmen.

Siddhartha lauschte. Er war nun ganz Lauscher, ganz ins Zuhören vertieft, ganz leer, ganz einsaugend, er fühlte, daß er nun das Lauschen zu Ende gelernt habe. Oft schon hatte er all dies gehört, diese vielen Stimmen im Fluß, heute klang es neu. Schon konnte er die vielen Stimmen nicht mehr unterscheiden, nicht frohe von weinenden, nicht kindliche von männlichen, sie gehörten alle zusammen, Klage der Sehnsucht und Lachen des Wissenden, Schrei des Zorns und Stöhnen der Sterbenden, alles war eins, alles war ineinander verwoben und verknüpft, tausendfach verschlungen. Und alles zusammen, alle Stimmen, alle Ziele, alles Sehnen, alle Leiden, alle Lust, alles Gute und Böse, alles zusammen war die Welt. Alles zusammen war der Fluß des Geschehens, war die Musik des Lebens. Und wenn Siddhartha aufmerksam diesem Fluß, diesem tausendstimmigen Liede lauschte, wenn er nicht auf das Leid noch auf das Lachen hörte, wenn er seine Seele nicht an irgendeine Stimme band und mit seinem Ich in sie einging, sondern alle hörte, das Ganze, die Einheit vernahm, dann bestand das große Lied der tausend Stimmen aus einem einzigen Worte, das hieß Om: die Vollendung.

»Hörst du?« fragte wieder Vasudevas Blick.

Hell glänzte Vasudevas Lächeln, über all den Runzeln seines alten Antlitzes schwebte es leuchtend, wie über all den Stimmen des Flusses das Om schwebte. Hell glänzte sein Lächeln, als er den Freund anblickte, und hell glänzte nun auch auf Siddharthas Gesicht dasselbe Lächeln auf. Seine Wunde blühte, sein Leid strahlte, sein Ich war in die Einheit geflossen.

In dieser Stunde hörte Siddhartha auf, mit dem Schicksal zu kämpfen, hörte auf zu leiden, auf seinem Gesicht blühte die Heiterkeit des Wissens, dem kein Wille mehr entgegensteht, das die Vollendung kennt, das einverstanden ist mit dem Fluß des Geschehens, mit dem Strom des Lebens, voll Mitleid, voll Mitlust, dem Strömen hingegen, der Einheit zugehörig.

Als Vasudeva sich von dem Sitz am Ufer erhob, als er in Siddharthas Augen blickte und die Heiterkeit des Wissens darin strahlen sah, berührte er dessen Schulter leise mit der Hand, in seiner behutsamen und zarten Weise, und sagte: »Ich habe auf diese Stunde gewartet, Lieber. Nun sie gekommen ist, laß mich gehen. Lange habe ich auf diese Stunde gewartet, lange bin ich der Fährmann Vasudeva gewesen. Nun ist es genug. Lebe wohl, Hütte, lebe wohl, Fluß, lebe wohl, Siddhartha.«

Siddhartha verneigte sich tief vor dem Abschiednehmenden.

»Ich habe es gewußt«, sagte er leise. »Du wirst in die Wälder gehen?«

»Ich gehe in die Wälder, ich gehe in die Einheit«, sprach Vasudeva strahlend.

Strahlend ging er hinweg; Siddhartha blickte ihm nach. Mit tiefer Freude, mit tiefem Ernst blickte er ihm nach, sah seine Schritte voll Frieden, sah sein Haupt voll Glanz, sah seine Gestalt voll Licht.

Über die Zeit

Immer wieder und wieder
steigst du hernieder
in der Erde wechselnden Schoß,
bis du gelernt, im Licht zu lesen,
daß Leben und Sterben eines gewesen
und alle Zeiten zeitenlos.
Bis die mühsame Kette der Dinge
zum immer ruhenden Ringe
in dir sich reiht –
in deinem Willen ist Weltenwille.
Stille ist in dir – Stille –
und Ewigkeit.

MANFRED KYBER

»Vielleicht gibt es schönere Zeiten,
aber dieses ist die unsere.«

JEAN-PAUL SARTRE

»Die Zukunft hat viele Namen.
Für die Schwachen ist sie das Unvermeidbare.
Für die Furchtsamen ist sie das Unbekannte.
Für die Tapferen ist sie die Chance.«

VICTOR HUGO

»Jeder Zustand, ja jeder Augenblick ist von un-
endlichem Wert, denn er ist der Repräsentant
einer ganzen Ewigkeit.«

JOHANN WOLFGANG VON GOETHE

»Es ist nicht zu wenig Zeit, die wir haben,
sondern es ist zuviel, was wir nicht nützen.«

SURYA

Jedes Ding hat seine Zeit

Alles hat seine bestimmte Stunde,
jedes Ding unter dem Himmel hat seine Zeit.
Geboren werden hat seine Zeit,
und Sterben hat seine Zeit.
Pflanzen hat seine Zeit,
und Ausreißen hat seine Zeit.
Töten hat seine Zeit,
und Heilen hat seine Zeit.
Einreißen hat seine Zeit,
und Bauen hat seine Zeit.
Weinen hat seine Zeit,
und Lachen hat seine Zeit.
Klagen hat seine Zeit,
und Tanzen hat seine Zeit.
Steine wegwerfen hat seine Zeit,
und Steine sammeln hat seine Zeit.
Umarmen hat seine Zeit,
und Sichmeiden hat seine Zeit.

Suchen hat seine Zeit,
und Verlieren hat seine Zeit.
Behalten hat seine Zeit,
und Wegwerfen hat seine Zeit.
Zerreißen hat seine Zeit,
und Nähen hat seine Zeit.
Schweigen hat seine Zeit,
und Reden hat seine Zeit.
Lieben hat seine Zeit,
und Hassen hat seine Zeit.
Der Krieg hat seine Zeit,
und der Friede hat seine Zeit.

PREDIGER, 3,1–8

Der Tod als Ziel des Lebens

Der Tod, dein Diener steht vor meiner Tür.
Er hat die unbekannte See durchfahren und
deinen Ruf zu mir gebracht.
Dunkel ist die Nacht und mein Herz voller
Furcht, doch ich will die Lampe aufnehmen,
meine Tür öffnen und ihm Willkommen bieten. Dein Bote ist es, der vor meiner Tür
steht.
Ich will ihn mit gefalteten Händen verehren
und mit Tränen. Ich will ihm ihren und meinen Schatz zu seinen Füßen niederlegen.
Er wird gehen, wenn er deine Botschaft über-
bracht hat, und einen Schatten über mein
Morgen werfen. Und in meinem leeren Haus
wird mein verlassenes Ich bleiben als meine
letzte Gabe für dich.

RABINDRANATH TAGORE

Der Tod ist das in den westlichen Gesellschaften verblüf-
fend weit aus dem Bewußtsein gedrängte vorläufige Ziel des
Lebens. Eigentlich ist es eine Binsenwahrheit, daß mit dem
ersten Atemzug nichts so sicher ist wie der letzte. Trotzdem
glauben die meisten Menschen in unseren Breiten nicht an
ihren eigenen Tod. Die Angst vor dem Ende, das der Mehrheit eben nicht mehr Lösung und schon gar nicht Erlösung
ist, hat so zugenommen, daß auf die Frage, ob sie lieber zu
Hause oder in der Klinik sterben wollen, inzwischen eine
deutliche Mehrheit sinngemäß antwortet: *Wenn schon,
dann zu Hause.* Dieses *Wenn schon* läßt entweder auf enor-

me Angst oder auf einen recht hohen Grad von Verblödung schließen.

Im Osten ist durch die Beschäftigung mit dem Tod schon während des Lebens, wie sie etwa das *Tibetische Totenbuch* nahelegt, eine vergleichsweise beeindruckende Offenheit in dieser Hinsicht zu finden, die sich auch in entsprechenden Sterberitualen ausdrückt. Auch uns wird diese Haltung von den christlichen Mystikern empfohlen, etwa wenn Angelus Silesius sagt: *Wer nicht stirbt, bevor er stirbt, auf ewiglich verdirbt.*

* * *

In den letzten Jahrzehnten haben westliche Ärzte wie Raymond Moody und Elisabeth Kübler-Ross und überhaupt die ganze Disziplin der Sterbeforschung versucht, dieses Defizit auszugleichen. Auch Sogyal Rinpoche zielt mit seinem für den westlichen Leser bestimmten Tibetischen Buch vom Leben und vom Sterben *in diese Richtung – wie schon vor Jahrzehnten* C. G. JUNG:

Seele und Tod

Schon öfters ist an mich die Frage gerichtet worden, was ich vom Tode halte, von jenem unproblematischen Ende der menschlichen Einzelexistenz. Der Tod ist uns bekannt als ein Ende schlechthin. Es ist der Schlußpunkt, welcher oft noch vor das Ende des Satzes gesetzt wird, über den hinaus es nur noch Erinnerung oder Folgewirkung bei anderen gibt. Für die Betroffenen aber ist der Sand im Glase abgelaufen;

der rollende Stein ist zur Ruhelage gekommen. Angesichts solchen Todes erscheint uns das Leben stets wie ein Ablauf, wie der Gang einer aufgezogenen Uhr, deren endlicher Stillstand selbstverständlich ist. Nie sogar sind wir mehr vom »Ablauf« des Lebens überzeugt, als wenn ein Menschenleben vor unseren Augen zu Ende kommt, und nie erhebt sich dringender und peinlicher die Frage nach Sinn und Wert des Lebens, als wenn wir sehen, wie der letzte Hauch einen eben noch lebendigen Körper verläßt.

Wie anders erscheint uns der Sinn des Lebens, wenn wir den jugendlichen Menschen sich um ferne Ziele bemühen und Zukunft schaffen sehen, als wenn ein unheilbar Kranker oder ein Greis widerwillig und kraftlos ins Grab sinkt! Die Jugend – will es uns scheinen – hat Ziel, Zukunft, Sinn und Wert. Das Zuendegehen aber ist ein bloß sinnloses Aufhören. Hat ein Junger Angst vor Welt, Leben und Zukunft, so findet es jedermann bedauerlich, unvernünftig, neurotisch; man hält ihn für einen feigen Drückeberger. Wenn aber der alternde Mensch ein geheimes Grauen, ja sogar Todesangst empfindet bei dem Gedanken, daß seine vernünftige Lebenserwartung jetzt nur noch soundso viele Jahre beträgt, dann ist man peinlich an gewisse Gefühle im eigenen Busen erinnert; man schaut womöglich weg und lenkt das Gespräch auf ein anderes Thema.

Der Optimismus, mit dem man den Jungen beurteilt, versagt hier. Man hat zwar für alle Fälle ein paar passende Lebensweisheiten zur Hand, welche man bei Gelegenheit dem anderen gegenüber zum besten gibt, zum Beispiel »Jeder muß einmal sterben«, »Man lebt nicht ewig«, usw. Aber wenn man allein ist, und es ist Nacht und so dunkel und still, daß man nichts hört und nichts sieht als die Gedanken, welche

Lebensjahre addieren und subtrahieren, als die lange Reihe jener unangenehmen Tatsachen, welche erbarmungslos beweisen, wie weit der Zeiger der Uhr vorgerückt ist, als das langsame und unaufhaltsame Näherkommen jener schwarzen Wand, welche alles, was ich liebe, wünsche, besitze und hoffe und erstrebe, endgültig verschlingen wird, dann verkriechen sich alle Lebensweisheiten in ein unauffindbares Versteck, und Angst fällt auf den Schlaflosen wie eine erstickende Decke.

Wie es eine große Zahl junger Menschen gibt, die im Grunde genommen eine panische Angst haben vor dem Leben, das sie doch so sehr ersehnen, so gibt es eine vielleicht noch größere Zahl alternder Menschen, welche die gleiche Furcht vor dem Tode haben. Ja, ich habe die Erfahrung gemacht, daß gerade jene jungen Leute, welche das Leben fürchten, später ebensosehr an Todesangst leiden. Sind sie jung, so sagt man, sie hätten infantile Widerstände gegen die normalen Forderungen des Lebens; sind sie alt, so müßte man eigentlich dasselbe sagen, nämlich daß sie ebenfalls Angst vor einer normalen Forderung des Lebens haben. Aber man ist dermaßen davon überzeugt, daß der Tod einfach das Ende eines Ablaufes ist, daß es einem in der Regel gar nicht beikommt, den Tod ähnlich als ein Ziel und eine Erfüllung aufzufassen, wie man es bei den Zwecken und Absichten des aufsteigenden jugendlichen Lebens ohne weiteres tut.

Das Leben ist ein energetischer Ablauf wie irgendeiner. Aber jeder energetische Vorgang ist im Prinzip irreversibel und darum eindeutig auf ein Ziel gerichtet, und das Ziel ist die Ruhelage. Jeder Vorgang ist schließlich nichts anders als eine anfängliche Störung einer sozusagen ewigen Ruhelage, die sich immer wieder herzustellen sucht. Das Leben ist sogar das Teleologische par excellence, es ist Zielstrebigkeit selber, und der lebende Körper ist ein System von Zweckmäßigkeiten, welche sich zu erfüllen trachten. Das Ende jeglichen Ablaufes ist sein Ziel. Jeder Ablauf ist wie ein Läufer, der mit größter Anstrengung und stärkstem Kraftaufwand danach strebt, sein Ziel zu erreichen. Jugendliche Sehnsucht nach Welt und Leben, nach Erreichung hochgespannter Hoffnungen und ferner Ziele ist die offenkundige Zielstrebigkeit des Lebens, welche sich sofort in Lebensangst, neurotische Widerstände, Depressionen und Phobien verwandelt, wenn sie irgendwo an der Vergangenheit hängenbleibt oder vor Wagnissen zurückschreckt, ohne welche die gesteckten Ziele nicht erreicht werden können.

Mit der Erlangung der Reife und des Höhepunktes des biologischen Lebens, welcher ungefähr mit der Lebensmitte zusammenfällt, hört aber die Zielstrebigkeit des Lebens keineswegs auf. Mit derselben Intensität und Unaufhaltsamkeit, mit der es vor der Lebensmitte bergauf ging, geht es jetzt bergab, denn das Ziel liegt nicht auf dem Gipfel, sondern im Tale, wo der Aufstieg begann. Die Kurve des Lebens ist wie eine Geschoßparabel. In seiner anfänglichen Ruhelage gestört, steigt das Geschoß auf und kehrt wieder zur Ruhelage zurück.

Die psychologische Lebenskurve allerdings will mit dieser Naturgesetzmäßigkeit nicht stimmen. Die Unstimmigkeit fängt gelegentlich schon früh im Aufstieg an. Das Geschoß steigt zwar biologisch, aber psychologisch zögert es. Man bleibt hinter seinen Jahren zurück, man bewahrt seine Kindheit, wie wenn man sich vom Boden nicht trennen könnte.

Man hält den Zeiger an und bildet sich ein, die Zeit stehe dann still. Ist man mit einiger Verspätung schließlich doch auf einen Gipfel gelangt, so setzt man sich psychologisch auch dort wieder zur Ruhe, und, obschon man merken könnte, wie man auf der anderen Seite wieder herunterrutscht, so klammert man sich doch wenigstens mit anhaltenden Rückblicken an die einstmals erreichte Höhe. Wie früher die Furcht als Hemmnis vor dem Leben stand, so steht sie jetzt vor dem Tode.

Es wird zwar zugegeben, daß man aus Furcht vor dem Leben sich beim Aufstieg verspätet hat, erhebt aber jetzt gerade wegen der Verspätung einen um so größeren Anspruch auf das Festhalten der erreichten Höhe. Es ist zwar offenkundig geworden, daß das Leben sich trotz allen Widerständen (die jetzt – ach so sehr – bereut werden) durchgesetzt hat, aber ungeachtet dieser Erkenntnis wird jetzt doch wieder versucht, das Leben stillzustellen. Damit verliert die Psychologie eines solchen Menschen ihren natürlichen Boden. Sein Bewußtsein steht in der Luft, während unter ihm die Parabel mit vermehrter Geschwindigkeit absinkt.

Der Nährboden der Seele ist das natürliche Leben. Wer dieses nicht begleitet, bleibt in der Luft hängen und erstarrt. Darum verholzen so viele Menschen im reifen Alter, sie schauen zurück und klammern sich an die Vergangenheit mit geheimer Todesfurcht im Herzen. Sie entziehen sich dem Lebensprozeß wenigstens psychologisch und bleiben darum als Erinnerungssalzsäulen stehen, die sich zwar noch lebhaft an ihre Jugendzeit zurückerinnern, aber kein lebendiges Verhältnis zur Gegenwart finden können. Von der Lebensmitte an bleibt nur der lebendig, der mit dem Leben sterben will. Denn das, was in der geheimen Stunde des

Lebensmittags geschieht, ist die Umkehr der Parabel, *die Geburt des Todes*. Das Leben der zweiten Lebenshälfte heißt nicht Aufstieg, Entfaltung, Vermehrung, Lebensüberschwang, sondern Tod, denn sein Ziel ist das Ende. Seine Lebenshöhe-nicht-Wollen ist dasselbe wie Sein-Ende-nicht-Wollen. Beides ist: Nicht-leben-Wollen. Nicht-leben-Wollen ist gleichbedeutend mit Nicht-sterben-Wollen. Werden und Vergehen ist dieselbe Kurve.

Diese ganz unzweifelhafte Wahrheit macht das Bewußtsein, wenn irgend möglich, nicht mit. Man ist in der Regel an seine Vergangenheit verhaftet und bleibt in der Illusion der Jugendlichkeit stecken. Altsein ist äußerst unpopulär. Man scheint nicht zu berücksichtigen, daß Nicht-altern-Können genauso blödsinnig ist wie den Kinderschuhen Nicht-entwachsen-Können. Ein Mann von dreißig, der noch infantil ist, ist wohl bedauernswert, aber ein jugendlicher Siebzigjähriger, ist das nicht entzückend? Und doch sind beide pervers, stillos, psychologische Naturwidrigkeiten. Ein Junge, der nicht kämpft und siegt, hat das Beste seiner Jugend verpaßt, und ein Alter, welcher auf das Geheimnis der Bäche, die von Gipfeln in Täler rauschen, nicht zu lauschen versteht, ist sinnlos, eine geistige Mumie, welche nichts ist als erstarrte Vergangenheit. Er steht abseits von seinem Leben, maschinengleich sich wiederholend bis zur äußersten Abgedroschenheit. Was für eine Kultur, die solcher Schattengestalten bedarf!

Unsere statistisch vorhandene relative Langlebigkeit ist eine Kulturerrungenschaft. Primitive Menschen erreichen nur ausnahmsweise ein hohes Alter. So sah ich nur ganz wenige Männer mit weißen Haaren und schätzungsweise älter als sechzig bei den von mir besuchten primitiven Stämmen in

Ostafrika. Aber die waren wirklich alt, und zwar so, wie wenn sie immer alt gewesen wären, so völlig hatten sie sich in ihr Alter eingelebt. Sie waren eben das, was sie waren, in jeglicher Beziehung. Wir sind immer nur mehr oder weniger, als wir eigentlich sind. Es ist, wie wenn unser Bewußtsein von seiner natürlichen Grundlage etwas abgerutscht wäre und sich mit der natürlichen Zeit nicht mehr ganz auskennte. Es scheint, als ob wir an einer Hybris des Bewußtseins litten, die uns vorspiegelt, die Lebenszeit sei eine bloße Illusion, die man nach Belieben ändern könne. (Man fragt sich, woher das Bewußtsein seine Fähigkeit, naturwidrig sein zu können, eigentlich bezieht und was solche Eigenmächtigkeit wohl bedeutet.)

Wie die Flugbahn des Geschosses im Ziel, so endet das Leben im Tod, der mithin das Ziel des ganzen Lebens ist. Selbst dessen Aufstieg und sein Höhepunkt sind nur Stufen und Mittel zum Zwecke, das Ziel, nämlich den Tod, zu erreichen.

Diese paradoxe Formel ist nichts als der logische Schluß aus der Tatsache der Zielstrebigkeit und Zweckbestimmtheit des Lebens. Ich glaube nicht, daß ich mich damit einer syllogistischen Spielerei schuldig mache. Dem Aufstieg des Lebens billigen wir Ziel und Sinn zu, warum nicht dem Abstieg? Die Geburt des Menschen ist bedeutungsschwanger, warum nicht der Tod? ...

Ich habe in meiner ziemlich langen psychologischen Erfahrung eine Reihe von Beobachtungen bei Personen gemacht, deren unbewußte Seelentätigkeit ich bis in die unmittelbare Nähe des Todes verfolgen konnte. In der Regel wurde das nahende Ende mit jenen Symbolen angezeigt, mit welchen auch im normalen Leben psychologische Zustandsveränderungen angedeutet werden, nämlich Wiedergeburtssymbole wie Ortsveränderungen, Reisen und dergleichen. Die Hinweise auf den nahenden Tod habe ich mehrfach in Traumreihen bis über ein Jahr zurückverfolgen können, auch in Fällen, wo die äußere Situation keine solche Gedanken aufkommen ließ. Das Sterben setzte also ein, lange bevor der wirkliche Tod eintrat. Übrigens zeigt sich dies auch öfters in einer eigentümlichen Charakterveränderung, die dem Tod längere Zeit vorausgehen kann. Im ganzen war ich erstaunt, zu sehen, wie wenig Aufhebens die unbewußte Seele vom Tod macht. Demnach müßte der Tod etwas verhältnismäßig Belangloses sein, oder unsere Seele kümmert sich nicht darum, was dem Individuum zufälligerweise zustößt. Um so mehr aber scheint sich das Unbewußte dafür zu interessieren, *wie* man stirbt, nämlich, ob die Einstellung des Bewußtseins zum Sterben paßt oder nicht …

Das Wesen der Psyche reicht wohl in Dunkelheiten weit jenseits unserer Verstandeskategorien. Die Seele enthält so viele Rätsel wie die Welt mit ihren galaktischen Systemen, vor deren erhabenem Anblick nur ein phantasieloser Geist sein Ungenügen sich nicht zugestehen kann. Bei dieser äußersten Unsicherheit menschlicher Auffassung ist aufklärerisches Getue nicht nur lächerlich, sondern auch betrüblich geistlos. Sollte also jemand aus dem Bedürfnis seines innersten Gemütes oder aus Übereinstimmung mit uralten Weisheitslehren der Menschheit oder aus der psychologischen Tatsache des Vorkommens »telepathischer« Wahrnehmungen den Schluß ziehen, daß die Psyche zutiefst einer raumzeitlosen Seinsform teilhaftig sei und so mithin dem angehöre, was unzulänglich und symbolisch als »Ewigkeit« bezeichnet wird, so vermöchte ihm der kritische Verstand kein anderes Argument entgegenzusetzen als das wissenschaftliche »non liquet«. Er hätte überdies den nicht zu unterschätzenden Vorteil, mit einem seit unvordenklichen Zeiten bestehenden und universal verbreiteten »penchant« der menschlichen Seele übereinzustimmen.

Wer diesen Schluß nicht zieht, aus Skepsis oder aus Rebellion gegen die Tradition oder aus Mangel an Mut oder aus Oberflächlichkeit psychologischer Erfahrung oder aus gedankenloser Ignoranz, hat die statistisch sehr geringe Wahrscheinlichkeit, ein Pionier des Geistes zu werden, daneben aber die unzweifelhafte Sicherheit, in Widerspruch mit den Wahrheiten seines Blutes zu geraten. Ob diese in letzter Linie nun absolute Wahrheiten sind oder nicht, werden wir nie beweisen können. Es genügt, daß sie als »penchant« vorhanden sind, und wir wissen zur Genüge, was es bedeutet, mit diesen »Wahrheiten« in einen leichtfertigen Konflikt zu geraten: es bedeutet dasselbe wie die bewußte Hinwegsetzung über die Instinkte, nämlich Entwurzelung, Desorientierung, Sinnlosigkeit und wie alle diese Minderwertigkeitssymptome sonst noch heißen. Es ist einer der verhängnisvollsten soziologischen und psychologischen Irrtümer, an denen unsere Zeit so reich ist, daß man so häufig meint, von irgendeinem gegebenen Augenblick an könne etwas ganz anders werden, zum Beispiel könne sich der Mensch von Grund auf verändern, oder es könnte eine Formel oder Wahrheit gefunden werden, die einen ganz neuen Anfang darstelle usw. Es ist noch immer ein Wunder gewesen, wenn überhaupt etwas wesentlich anders oder sogar besser geworden ist. Das Abgleiten von den Wahrheiten des Blutes erzeugt neurotische *Rastlosigkeit,* etwas, von dem man heutzutage nachgerade genug haben könnte. Rastlosigkeit erzeugt Sinnlosigkeit, und Sinnlosigkeit des Lebens ist ein seelisches Leiden, das unsere Zeit noch nicht in seinem ganzen Umfang und in seiner ganzen Tragweite erfaßt hat.

*　*　*

Der amerikanische Neurologe OLIVER SACKS *berichtet in einer seiner einfühlsamen Krankengeschichten vom Sterben einer Tumorpatientin. Ihren letzten Wegabschnitt in dieser Welt nennt er die* Reise nach Indien.

Reise nach Indien

Bhagawhandi P., ein neunzehnjähriges indisches Mädchen mit einem bösartigen Gehirntumor, wurde 1978 in unsere Klinik eingeliefert. Der Tumor – ein Astrozytom – war zum erstenmal entdeckt worden, als sie sieben gewesen war. Damals aber war er nur von geringer Malignität und scharf umrissen gewesen, so daß man ihn vollständig hatte entfernen können. Die Hirnfunktion war ganz wiederhergestellt worden, und Bhagawhandi hatte ins normale Leben zurückkehren können.

Dieser Aufschub hatte zehn Jahre gedauert. Bewußt und dankbar hatte sie in dieser Zeit ihr Leben genossen, denn da sie ein intelligentes Mädchen war, wußte sie, daß in ihrem Kopf eine »Zeitbombe« tickte.

In ihrem achtzehnten Lebensjahr kam es zu einem Rezidiv, und diesmal war der Tumor weit aggressiver und bösartiger als zuvor. Außerdem ließ er sich nicht mehr durch eine Operation entfernen. Eine Druckentlastung wurde vorgenommen, um seine Ausbreitung zu ermöglichen – und in diesem Zustand, mit linksseitigen Schwäche- und Taubheitsgefühlen, gelegentlichen Anfällen und anderen Beschwerden, wurde Bhagawhandi bei uns eingeliefert.

Zunächst war sie recht fröhlich und schien ihr Schicksal zu akzeptieren. Sie suchte immer noch Kontakt zu anderen Menschen, war aktiv und entschlossen, so lange wie möglich neue Erfahrungen zu machen und das Leben zu genießen. Als der Tumor sich ihrem Schläfenlappen näherte und die Dekompressionsöffnung sich vorzuwölben begann (wir gaben ihr Steroide, um die Gefahr eines Hirnödems zu verringern), wurden die Anfälle häufiger – und merkwürdiger. Ursprünglich hatte sie *Grand-mal*-Anfälle gehabt, und diese traten auch jetzt noch gelegentlich auf. Ihre neuen Anfälle waren jedoch ganz anderer Natur: Sie verlor nicht das Bewußtsein, sondern war sichtlich »verträumt«; es hatte den Anschein (und dies wurde durch eine EEG-Untersuchung bestätigt), daß sie jetzt häufig Schläfenlappen-Anfälle hatte, die, wie Hughlings Jackson festgestellt hat, oft durch »Verträumtheit« und unwillkürliche Erinnerungen gekennzeichnet sind.

Bald nahm diese vage Verträumtheit einen enger umrissenen, konkreteren und visionäreren Charakter an. Bhagawhandi hatte jetzt Visionen von Indien – sie sah Landschaften, Dörfer, Häuser und Gärten –, die sie sofort als Orte erkannte, wo sie als Kind gewesen war und die ihr viel bedeutet hatten.

»Belasten diese Visionen Sie?« fragten wir sie. »Wir könnten Ihnen andere Medikamente geben.«

»Nein«, antwortete sie friedlich lächelnd, »ich mag diese Träume – sie führen mich in meine Heimat zurück.«

Manchmal sah sie Menschen, gewöhnlich Familienmitglieder oder Nachbarn aus ihrem Heimatdorf; manchmal hörte sie Gespräche oder Lieder, oder sie sah Tänze; mal war sie in einer Kirche, mal auf einem Friedhof; meistens aber sah sie die Ebenen, die Äcker und Reisfelder in der Umgebung ihres Dorfes und die niedrigen, sanften Hügel, die sich bis zum Horizont erstreckten.

Handelte es sich tatsächlich um Schläfenlappen-Anfälle? Mittlerweile waren wir uns nicht mehr so sicher. Den Untersuchungen Jacksons und Penfields zufolge haben die Visionen bei diesen Anfällen einen recht eng umrissenen Inhalt: Es geht dabei um eine bestimmte Szene oder eine bestimmte Musik, die sich ständig und unverändert wiederholt und durch die Reizung eines ganz bestimmten Punktes auf der Hirnrinde ausgelöst wird. Bhagawhandis Träume dagegen liefen nicht nach einem so festgelegten Muster ab, sondern führten ihr ständig wechselnde Panoramen und ineinander übergehende Landschaften vor. Lag vielleicht eine medikamentöse Intoxikation vor? Waren diese Halluzinationen vielleicht eine Folge der hohen Steroid-Dosen, die sie jetzt erhielt? Das war nicht auszuschließen, aber wir konnten diese Dosen nicht reduzieren, denn dann wäre sie in ein Koma gefallen und innerhalb weniger Tage gestorben. Außerdem ist eine sogenannte »Steroid-Psychose« gekennzeichnet durch Erregung und Verwirrtheit, während Bhagawhandi immer friedlich, ruhig und bei klarem Verstand war. Handelte es sich bei diesen Visionen vielleicht um Phantasien oder Träume im Freudschen Sinne oder um jene Art von Traum-Verrücktheit (Oneirophrenie), die manchmal im Verlauf einer Schizophrenie auftritt? Auch diese Frage konnten wir nicht mit Gewißheit beantworten, denn wenn hier auch eine Art von Phantasmagorie vorlag, so bestanden die Halluzinationen doch offenbar ausschließlich aus Erinnerungen. Sie traten parallel zum normalen Bewußtsein auf (Hughlings Jackson sprach, wie bereits an anderer Stelle erwähnt, von einer »Verdoppelung des Bewußtseins«), und sie schienen nicht »übersetzt« oder von leidenschaftlichen Trieben erfüllt zu sein. Eher erschienen sie wie gewisse Gemälde oder Tondichtungen – es waren manchmal heitere, manchmal traurige Erinnerungen und Rückblicke, Ausflüge in eine glückliche Kindheit.

Diese Träume, diese Visionen wurden mit jedem Tag, mit jeder Woche, häufiger und intensiver. Sie traten jetzt nicht mehr gelegentlich auf, sondern dauerten fast den ganzen Tag. Bhagawhandi machte ein verzücktes Gesicht, als sei sie in Trance. Manchmal waren ihre Augen geschlossen, dann wieder waren sie, ohne daß sie etwas wahrnahm, geöffnet, aber immer lag ein leichtes, geheimnisvolles Lächeln auf Bhagawhandis Gesicht. Wenn man sich ihr näherte oder wenn die Schwestern sie etwas fragten, antwortete sie sofort klar und höflich, aber selbst diejenigen, die nicht an übersinnliche Phänomene glaubten, hatten das Gefühl, daß sie bereits in einer anderen Welt sei und man sie nicht stören sollte. Auch mir ging es nicht anders, und ich zögerte, obwohl ich neugierig war, sie direkt darauf anzusprechen. Nur einmal fragte ich sie: »Bhagawhandi, was geht in Ihnen vor?«

»Ich sterbe«, antwortete sie. »Ich gehe nach Hause. Ich kehre dorthin zurück, wo ich hergekommen bin – das ist meine Heimkehr.«

Eine weitere Woche verging. Bhagawhandi reagierte jetzt nicht mehr auf äußere Reize, sondern schien völlig in einer eigenen Welt zu leben, und obwohl ihre Augen geschlossen waren, lag auf ihrem Gesicht noch immer jenes leichte, glückliche Lächeln. »Sie kehrt heim«, sagten die Schwestern. »Bald wird sie angekommen sein.« Drei Tage später starb sie. Vielleicht sollte man besser sagen: Sie hatte das Ziel ihrer Reise nach Indien erreicht.

**

HERMANN HESSE läßt am Beispiel eines sehr bewußten Selbstmords das gewaltige Drama des Todes, soweit das literarisch überhaupt möglich ist, vor unserem inneren Auge entstehen:

Er löschte das Licht und ging aus dem Zimmer. Vor dem Hause troff Regen still und kühl, nirgends Licht, nirgends ein Mensch, nirgends ein Laut, nur der Regen. Er wandte das Gesicht nach oben und ließ sich den Regen über Stirn und Wangen laufen. Kein Himmel zu finden. Wie dunkel es war! Gern, gern hätte er einen Stern gesehen.
Ruhig ging er durch die Straßen, vom Regen durchweicht. Kein Mensch, kein Hund begegnete ihm, die Welt war ausgestorben. Am Seeufer ging er von Boot zu Boot, sie waren alle hoch ans Land gezogen und stramm mit Ketten befestigt. Erst ganz in der Vorstadt außen fand er eins, das locker am Strick hing und sich lösen ließ. Das machte er los und hängte die Ruder ein. Schnell war das Ufer vergangen, es floß ins Grau hinweg wie nie gewesen, nur Grau und Schwarz und Regen war noch auf der Welt, grauer See, nasser See, grauer See, nasser Himmel, alles ohne Ende.
Draußen, weit im See, zog er die Ruder ein. Es war nun

soweit, und er war zufrieden. Früher hatte er, in den Augenblicken, wo Sterben ihm unvermeidlich schien, doch immer
gern noch ein wenig gezögert, die Sache auf morgen verschoben, es erst noch einmal mit dem Weiterleben probiert.
Davon war nichts mehr da. Sein kleines Boot, das war es,
das war sein kleines, umgrenztes, künstlich versichertes Leben – rundum aber das weite Grau, das war die Welt, das
war All und Gott, dahinein sich fallen zu lassen war nicht
schwer, das war leicht, das war froh.

Er setzte sich auf den Rand des Bootes nach außen, die Füße
hingen ins Wasser. Er neigte sich langsam vor, neigte sich
vor, bis hinter ihm das Boot elastisch entglitt. Er war im All.
In die kleine Zahl von Augenblicken, welche er von da an
noch erlebte, war viel mehr Erlebnis gedrängt als in die vierzig Jahre, die er zuvor bis zu diesem Ziel unterwegs gewesen
war.

Es begann damit: Im Moment, wo er fiel, wo er einen Blitz
lang zwischen Bootsrand und Wasser schwebte, stellte sich
ihm dar, daß er einen Selbstmord begehe, eine Kinderei,
etwas zwar nicht Schlimmes, aber Komisches und ziemlich
Törichtes. Das Pathos des Sterbenwollens und das Pathos
des Sterbens selbst fiel in sich zusammen, es war nichts damit. Sein Sterben war nicht mehr notwendig, jetzt nicht
mehr. Es war erwünscht, es war schön und willkommen,
aber notwendig war es nicht mehr. Seit dem Moment, seit
dem aufblitzenden Sekundenteil, wo er sich mit ganzem
Wollen, mit ganzem Verzicht auf jedes Wollen, mit ganzer
Hingabe hatte vom Bootsrand fallen lassen, in den Schoß
der Mutter, in den Armen Gottes – seit diesem Augenblick
hatte das Sterben keine Bedeutung mehr. Es war ja alles so
einfach, es war ja alles so wunderbar leicht, es gab ja keine

Abgründe, keine Schwierigkeiten mehr. Die ganze Kunst war: sich fallen lassen! Das leuchtete als Ergebnis seines Lebens hell durch sein ganzes Wesen: sich fallen lassen! Hatte man das einmal getan, hatte man einmal sich dahingegeben, sich anheimgestellt, sich ergeben, hatte man einmal auf alle Stützen und jeden festen Boden unter sich verzichtet, hörte man ganz und gar nur noch auf den Führer im eigenen Herzen, dann war alles gewonnen, dann war alles gut, keine Angst mehr, keine Gefahr mehr.

Dies war erreicht, dies Große, einzige: er hatte sich fallen lassen! Daß er sich ins Wasser und in den Tod fallen ließ, wäre nicht notwendig gewesen, ebensogut hätte er sich ins Leben fallen lassen können. Aber daran lag nicht viel, wichtig war dies nicht. Er würde leben, er würde wieder kommen. Dann aber würde er keinen Selbstmord mehr brauchen und keinen von all diesen seltsamen Umwegen, keine von all diesen mühsamen und schmerzlichen Torheiten mehr, denn er würde die Angst überwunden haben.

Wunderbarer Gedanke: ein Leben ohne Angst! Die Angst überwinden, das war die Seligkeit, das war die Erlösung. Wie hatte er sein Leben lang Angst gelitten, und nun, wo der Tod ihn schon am Halse würgte, fühlte er nichts mehr davon, keine Angst, kein Grauen, nur Lächeln, nur Erlösung, nur Einverstandensein. Er wußte nun plötzlich, was Angst ist, und daß sie nur von dem überwunden werden kann, der sie erkannt hat. Man hatte vor tausend Dingen Angst, vor Schmerzen, vor Richtern, vor dem eigenen Herzen, man hatte Angst vor dem Alleinsein, vor der Kälte, vor dem Wahnsinn, vor dem Tode – namentlich vor ihm, vor dem Tode. Aber all das waren nur Masken und Verkleidungen. In Wirklichkeit gab es nur eines, vor dem man Angst hatte:

das Sichfallenlassen, den Schritt in das Ungewisse hinaus, den kleinen Schritt hinweg über all die Versicherungen, die es gab. Und wer sich einmal, ein einziges Mal hingegeben hatte, wer einmal das große Vertrauen geübt und sich dem Schicksal anvertraut hatte, der war befreit. Er gehorchte nicht mehr den Erdgesetzen, er war in den Weltraum gefallen und schwang im Reigen der Gestirne mit. So war das. Es war so einfach, jedes Kind konnte das verstehen, konnte das wissen.

Er dachte dies nicht, wie man Gedanken denkt, er lebte, fühlte, tastete, roch und schmeckte es. Er schmeckte, roch, sah und verstand, was Leben war. Er sah die Erschaffung der Welt, er sah den Untergang der Welt, beide wie zwei Heerzüge beständig gegeneinander in Bewegung, nie vollendet, ewig unterwegs. Die Welt wurde immerfort geboren, sie starb immerfort. Jedes Leben war ein Atemzug, von Gott ausgestoßen. Jedes Sterben war ein Atemzug, von Gott eingesogen. Wer gelernt hatte, nicht zu widerstreben, sich fallen zu lassen, der starb leicht, der wurde leicht geboren. Wer widerstrebte, der litt Angst, der starb schwer, der wurde ungern geboren.

Im grauen Regendunkel über dem Nachtsee sah der Untersinkende das Spiel der Welt gespielt und dargestellt: Sonnen und Sterne rollten herauf, rollten hinab, Chöre von Menschen und Tieren, Geistern und Engeln standen gegeneinander, sangen, schwiegen, schrien, Züge von Wesen zogen gegeneinander, jedes sich selbst mißkennend, sich selbst hassend, und sich in jedem andern Wesen hassend und verfolgend. Ihrer aller Sehnsucht war nach Tod, war nach Ruhe, ihr Ziel war Gott, war die Wiederkehr zu Gott und das Bleiben in Gott. Dies Ziel schuf Angst, denn es war ein Irrtum. Es gab kein Bleiben in Gott! Es gab keine Ruhe! Es gab nur das ewige, ewige, herrliche, heilige Ausgeatmetwerden und Eingeatmetwerden, Gestaltung und Auflösung, Geburt und Tod, Auszug und Wiederkehr, ohne Pause, ohne Ende. Und darum gab es nur Eine Kunst, nur Eine Lehre, nur Ein Geheimnis: sich fallen lassen, sich nicht gegen Gottes Willen sträuben, sich an nichts klammern, nicht an Gut und Böse. Dann war man erlöst, dann war man frei von Leid, frei von Angst, nur dann.

Sein Leben lag vor ihm wie ein Land mit Wäldern, Talschaften und Dörfern, das man vom Kamm eines hohen Gebirges übersieht. Alles war gut gewesen, einfach und gut gewesen, und alles war durch seine Angst, durch sein Sträuben zu Qual und Verwicklung, zu schauerlichen Knäueln und Krämpfen von Jammer und Elend geworden! Es gab keine Frau, ohne die man nicht leben konnte – und es gab auch keine Frau, mit der man nicht hätte leben können. Es gab kein Ding in der Welt, das nicht ebenso schön, ebenso begehrenswert, ebenso beglückend war wie sein Gegenteil! Es war selig zu leben, es war selig zu sterben, sobald man allein im Weltraum hing. Ruhe von außen gab es nicht, keine Ruhe im Friedhof, keine Ruhe in Gott, kein Zauber unterbrach je die ewige Kette der Geburten, die unendliche Reihe der Atemzüge Gottes. Aber es gab eine andere Ruhe, im eigenen Innern zu finden. Sie hieß: Laß dich fallen! Wehre dich nicht! Stirb gern! Lebe gern!

Alle Gestalten seines Lebens waren bei ihm, alle Gesichter seiner Liebe, alle Wechsel seines Leidens. Seine Frau war rein und ohne Schuld wie er selbst, Teresina lächelte kindlich her. Der Mörder Wagner, dessen Schatten so breit über Kleins Leben gefallen war, lächelte ihm ernst ins Gesicht, und sein

Lächeln erzählte, daß auch Wagners Tat ein Weg zur Erlösung gewesen war, auch sie ein Atemzug, auch sie ein Symbol, und daß auch Mord und Blut und Scheußlichkeit nicht Dinge sind, welche wahrhaftig existieren, sondern nur Wertungen unsrer eigenen, selbstquälerischen Seele. Mit dem Morde Wagners hatte er, Klein, Jahre seines Lebens hingebracht, in Verwerfen und Billigen, Verurteilen und Bewundern, Verabscheuen und Nachahmen hatte er sich aus diesem Morde unendliche Ketten von Qualen, von Ängsten, von Elend geschaffen. Er hatte hundertmal voll Angst seinem eigenen Tode beigewohnt, er hatte sich auf dem Schafott sterben sehen, er hatte den Schnitt des Rasiermessers durch seinen Hals gefühlt und die Kugel in seiner Schläfe – und nun, da er den gefürchteten Tod wirklich starb, war es so leicht, war es so einfach, war es Freude und Triumph! Nichts in der Welt war zu fürchten, nichts war schrecklich – nur im Wahn machten wir uns all diese Furcht, all dies Leid, nur in unsrer eignen, geängsteten Seele entstand Gut und Böse, Wert und Unwert, Begehren und Furcht.

Die Gestalt Wagners versank weit in der Ferne. Er war nicht Wagner, nicht mehr, es gab keinen Wagner, das alles war Täuschung gewesen. Nun, mochte Wagner sterben! Er, Klein, würde leben.

Wasser floß ihm in den Mund, und er trank. Von allen Seiten, durch alle Sinne floß Wasser herein, alles löste sich auf. Er wurde angesogen, er wurde eingeatmet. Neben ihm, an ihn gedrängt, so eng beisammen wie die Tropfen im Wasser, schwammen andere Menschen, schwamm Teresina, schwamm der alte Sänger, schwamm seine einstige Frau, sein Vater, seine Mutter und Schwester, und tausend, tausend, tausend andere Menschen, und auch Bilder und Häuser, Tizians Venus und das Münster von Straßburg, alles schwamm, eng aneinander, in einem ungeheuren Strom dahin, von Notwendigkeit getrieben, rasch und rascher, rasend – und diesem ungeheuern, rasenden Riesenstrom der Gestaltungen kam ein anderer Strom entgegen, ungeheuer, rasend, ein Strom von Gesichtern, Beinen, Bäuchen, von Tieren, Blumen, Gedanken, Morden, Selbstmorden, geschriebenen Büchern, geweinten Tränen, dicht, dicht, voll, voll, Kinderaugen und schwarze Locken und Fischköpfe, ein Weib mit langem, starrem Messer im blutigen Bauch, ein junger Mensch, ihm selbst ähnlich, das Gesicht voll heiliger Leidenschaft, das war er selbst, zwanzigjährig, jener verschollene Klein von damals! Wie gut, daß auch diese Erkenntnis nun zu ihm kam: daß es keine Zeit gab! Das einzige, was zwischen Alter und Jugend, zwischen Babylon und Berlin, zwischen Gut und Böse, Geben und Nehmen stand, das einzige, was die Welt mit Unterschieden, Wertungen, Leid, Streit, Krieg erfüllte, war der Menschengeist, der junge ungestüme und grausame Menschengeist im Zustand der tobenden Jugend, noch fern vom Wissen, noch weit von Gott. Er erfand Gegensätze, er erfand Namen. Dinge nannte er schön, Dinge häßlich, diese gut, diese schlecht. Ein Stück Leben wurde Liebe genannt, ein andres Mord. So war dieser Geist, jung, töricht, komisch. Eine seiner Erfindungen war die Zeit. Eine feine Erfindung, ein raffiniertes Instrument, sich noch inniger zu quälen und die Welt vielfach und schwierig zu machen! Von allem, was der Mensch begehrte, war er immer nur durch Zeit getrennt, nur durch diese Zeit, diese tolle Erfindung! Sie war eine der Stützen, eine der Krücken, die man vor allem fahren lassen mußte, wenn man frei werden wollte.

Weit quoll der Weltstrom der Gestaltungen, der von Gott eingesogene, und der andere, ihm entgegen, der ausgeatmete. Klein sah Wesen, die sich dem Strom widersetzten, die sich unter furchtbaren Krämpfen aufbäumten und sich grauenhafte Qualen schufen: Helden, Verbrecher, Wahnsinnige, Denker, Liebende, Religiöse. Andre sah er, gleich ihm selbst, rasch und leicht in inniger Wollust der Hingabe, des Einverstandenseins dahingetrieben, Selige wie er. Aus dem Gesang der Seligen und aus dem endlosen Qualschrei der Unseligen baute sich über den beiden Weltströmen eine durchsichtige Kugel oder Kuppel aus Tönen, ein Dom von Musik, in dessen Mitte saß Gott, saß ein heller, vor Helle unsichtbarer Glanzstern, ein Inbegriff von Licht, umbraust von der Musik der Weltchöre, in ewiger Brandung.

Helden und Denker traten aus dem Weltstrom, Propheten, Verkünder. »Siehe, das ist Gott der Herr, und sein Weg führt zum Frieden«, rief einer, und viele folgten ihm. Ein andrer verkündete, daß Gottes Bahn zum Kampf und Kriege führe. Einer nannte ihn Licht, einer nannte ihn Nacht, einer Vater, einer Mutter. Einer pries ihn als Ruhe, einer als Bewegung, als Feuer, als Kühle, als Richter, als Tröster, als Schöpfer, als Vernichter, als Verzeiher, als Rächer. Gott selbst nannte sich nicht. Er wollte genannt, er wollte geliebt, er wollte gepriesen, verflucht, gehaßt, angebetet sein, denn die Musik der Weltchöre war sein Gotteshaus und war sein Leben – aber es galt ihm gleich, mit welchen Namen man ihn pries, ob man ihn liebte oder haßte, ob man bei ihm Ruhe und Schlaf, oder Tanz und Raserei suchte. Jeder konnte suchen. Jeder konnte finden.

Jetzt vernahm Klein seine eigene Stimme. Er sang. Mit einer neuen, gewaltigen, hellen, hallenden Stimme sang er laut, sang er laut und hallend Gottes Lob, Gottes Preis. Er sang im rasenden Dahinschwimmen, inmitten der Millionen Geschöpfe, ein Prophet und Verkünder. Laut schallte sein Lied, hoch stieg das Gewölbe der Töne auf, strahlend saß Gott im Innern. Ungeheuer brausten die Ströme hin.

Ein von weit her angereister Anhänger sah bestürzt, daß der Rabbi in einem äußerst kargen Zimmer, ausgestattet nur mit einem Bett, einem Tisch und einem Stuhl, lebte.

»Rabbi, wo ist denn Ihre Einrichtung?« fragte der besorgte Gast.

»Wo ist denn die Ihre?« entgegnete der fromme Mann.

»Meine? Aber ich bin doch nur auf Besuch hier, ich bin auf der Durchreise«, erwiderte der Besucher.

»Genau wie ich«, sagte der Rabbi.

Das Innere Kind

> Es hat keinen Sinn, Kinder zu erziehen –
> sie machen einem doch alles nach.

Die Wiederentdeckung des Inneren Kindes mag wie eine Modeerscheinung der jüngsten Zeit wirken. Doch von jeher haben Menschen Sehnsucht nach ihrer verlorenen Kindheit gehabt. In ungezählten Geschichten vom Schlaraffenland trauern sie etwa dem verlorenen Paradies im Mutterleib nach. Die besondere Aktualität dieses Themas dürfte damit zu tun haben, daß in unseren modernen Industriegesellschaften immer weniger Platz ist für Kindlichkeit. Es sind eben Industrie-, das heißt Fleiß- und keine Poesiegesellschaften. Ein weiterer Grund ist wohl, daß viele Menschen die Kindheit heute gar nicht mehr hinter sich bringen und nicht selten in ihrem Kindsein steckenbleiben. Was uns als Psychotherapeuten auf Schritt und Tritt auffiel, wurde beim Schreiben von *Lebenskrisen als Entwicklungschancen* noch deutlicher: Unsere Gesellschaft lebt die Kindlichkeit vor allem auf deren Schattenseite. Wir essen zunehmend Kinderessen in der Kinderzimmeratmosphäre von Schnellfutterrestaurants, die dem Wort Restaurant, bei dem es um Ruhe und Restauration – Wiederherstellung – der Kräfte geht, hohnsprechen. Wir lassen uns in unserem Mehrheitsmedium Fernsehen vorzugsweise Kinderprogramme bieten, die oft erst weit nach Mitternacht enden. Abgesehen von all den Ballspielen für große Buben und Mädels und den Spielshows, sind es vor allem Actionfilme, die jedem wirklich Erwachsenen gegen den Strich gehen müßten. Lediglich kindische Gemüter können sich so weit von der Realität lösen, weil des magischen Denkens noch mächtig, daß sie diese unrealistischen Schlägereien ertragen, wo doch eigentlich *jedes Kind* wissen müßte, daß nach jedem Faustschlag ins Gesicht der Film für Wochen unterbrochen werden müßte, weil der eine Kontrahent zum Hand- und sein Gegenspieler zum Kieferchirurgen müßte.

Am schrecklichsten wird uns die unerlöste Kindheit bewußt, wenn wir bei einem der jeweils gerade tobenden Kriege in die Gesichter der Soldaten auf beiden Seiten der Front schauen. Wir sehen hüben wie drüben Bubengesichter, denen man die Anstrengung anmerkt, mit der sie krampfhaft versuchen, so etwas wie Männlichkeit darzustellen. Anders ist es wohl nicht zu erklären, wenn Soldaten zehn Frauen hintereinander vergewaltigen. Ein erwachsener Mann wird auch nicht eine Frau vergewaltigen – warum sollte er? Aber er wird wahrscheinlich auch nicht *Soldat spielen,* es sei denn in einer Partisanenarmee zur Verteidigung seiner akut bedrohten Familie und Heimat. Das mag der Grund sein, warum solche Armeen auch praktisch unschlagbar sind für die sogenannten regulären Heere der Kindersoldaten. Unter diesem Aspekt wird schnell deutlich, wie alle Militärs auf geradezu kindliche Weise Männlichkeit imitieren mit ihren taillierten Uniformen, den künstlich aufgepolsterten Schultern und ihrem geradezu zwanghaften *Haltung annehmen.* Wer innere Haltung hat, braucht das nicht dauernd in so auffälliger Weise nach außen hin zu demonstrieren, und er braucht es auch nicht zu üben, denn innere Haltung zeigt sich spontan und jederzeit ohne Training.

In einer Zeit ausgeprägter kriegerisch-brutaler Bubenstreiche ist echte Kindlichkeit ein kostbares Gut und ausgesprochene Mangelware. So ist es nicht verwunderlich, daß sich immer mehr Menschen auf die Suche nach ihrem Inneren Kind machen. ANTOINE DE SAINT-EXUPÉRY hat mit seinem *Kleinen Prinzen* der erlösten Kindheit ein unsterbliches Denkmal gesetzt. Das folgende kurze Zitat daraus mag das belegen:

Den nächsten Planeten bewohnte ein Säufer. Dieser Besuch war sehr kurz, aber er tauchte den kleinen Prinzen in eine tiefe Schwermut.

»Was machst du da?« fragte er den Säufer, den er stumm vor einer Reihe leerer und einer Reihe voller Flaschen sitzend antraf.

»Ich trinke«, antwortete der Säufer mit düsterer Miene.

»Warum trinkst du?« fragte ihn der kleine Prinz.

»Um zu vergessen«, antwortete der Säufer.

»Um was zu vergessen?« erkundigte sich der kleine Prinz, der ihn schon bedauerte.

»Um zu vergessen, daß ich mich schäme«, gestand der Säufer und senkte den Kopf.

»Weshalb schämst du dich?« fragte der kleine Prinz, der den Wunsch hatte, ihm zu helfen.

»Weil ich saufe!« endete der Säufer und verschloß sich endgültig in sein Schweigen.

Und der kleine Prinz verschwand bestürzt.

Die großen Leute sind entschieden sehr, sehr wunderlich, sagte er zu sich auf seiner Reise.

Bei aller Verehrung für Saint-Exupérys wundervolle Schilderung der Kindlichkeit enthüllt sie – wohl unbeabsichtigt – auch ein weitverbreitetes Problem. Der Kleine Prinz bleibt nämlich genau das, was Marie-Louise von Franz einen *Ewigen Jüngling* nennt. Lieber läßt er sich von der Schlange in die Ferse stechen, als sich auf das Leben einzulassen. Hierin gleicht er wohl seinem geistigen Vater Saint-Exupéry, der im Zweiten Weltkrieg von einem Aufklärungsflug nicht zurückkehrte und so auf mysteriöse Weise aus dem Leben verschwand. Die Reihe der Ewigen Jünglinge ist lang; zu ihr gehören Kultfiguren wie James Dean, aber auch Finch Hatton aus *Jenseits von Afrika*. Wir finden dieses Muster unter Autorennfahrern ebenso wie bei ganz gewöhnlichen Draufgängern, die eben lieber *draufgehen,* als sich auf das Leben und kontinuierliche Arbeit oder eine ernstgemeinte Beziehung einzulassen. Auch einige ewige Mädchen, allen voran Marilyn Monroe, wären zu erwähnen. Das Phänomen ist so verbreitet und in seiner Problematik so wenig durchschaut, daß MARIE-LOUISE VON FRANZ' Arbeit über den *Ewigen Jüngling* zu einem wichtigen Buch für unsere heutige Gesellschaft wird, die um ihre ewig jungen Lebensverweigerer noch Legenden spinnt:

Der *puer aeternus*

Im allgemeinen verbleibt ein solcher Mann, der sich mit dem Archetypus des *puer aeternus* identifiziert, zu lange in der Adoleszentenpsychologie, das heißt, alle Charakterzüge, die für einen Jugendlichen von siebzehn, achtzehn Jahren normal sind, werden ins spätere Leben übernommen, und dies ist zumeist mit einer zu großen Abhängigkeit von der Mutter gepaart. Die beiden typischen Störungen des Mannes, der einen ausgeprägten Mutterkomplex hat, sind nach Jung Homosexualität und Don-Juanismus. Im letzteren Fall wird in jeder Frau das Bild der Mutter gesucht – das Bild der vollkommenen, fehlerlosen Frau, die dem Mann alles gibt. Er sucht nach einer Göttin, und jedesmal muß er in der Beziehung zu einer Frau entdecken, daß sie nur ein gewöhnliches menschliches Wesen ist. Nach dem ersten sexuellen Kontakt mit ihr verschwindet die ganze Faszination, und er wendet sich enttäuscht ab, um sein Idealbild auf eine andere Frau zu projizieren. Er sehnt sich nach der mütterlichen Frau, die ihn in ihre Arme schließt und alle seine Bedürfnisse befriedigt. Das Ganze ist oft von romantischem jünglingshaften Verhalten begleitet.

Ein solcher Mann hat im allgemeinen große Schwierigkeiten, sich an die Gesellschaft anzupassen. Manchmal tritt eine Art asozialer Individualismus auf: weil er sich für etwas Besonderes hält, glaubt er, sich nicht anpassen zu müssen, denn das wäre von einem verborgenen Genie zuviel verlangt! Die damit verbundene Arroganz beruht auf falschen Überlegenheitsgefühlen und zugleich auf einem Minderwertigkeitskomplex. Solche Menschen haben meist auch große Mühe, den richtigen Beruf zu finden, denn was sich ihnen auch anbietet, es ist nie ganz das richtige, nie genau das, was sie sich vorstellen. Immer ist ein Haar in der Suppe. Auch die Frau ist nie ganz die richtige – eine nette Freundin, aber … Immer gibt es ein Aber, das vor der Heirat oder einer sonstigen Verpflichtung steht.

Das alles führt zu einer Form von Neurose, die als »provisorisches Leben« beschrieben worden ist (H. Baynes). Es handelt sich um die merkwürdige Einstellung bzw. Phantasie, daß irgendwann in der Zukunft das wirklich Richtige kommt, zum Beispiel die richtige Frau oder die Erfüllung dessen, was man wirklich will. Diese Haltung bedeutet eine konstante innere Weigerung, sich dem Augenblick hinzugeben. Oft wird sie in größerem oder kleinerem Maße von einem Heilands- oder Messiaskomplex begleitet, der um den geheimen Gedanken kreist, eines Tages die Welt retten zu können oder in Philosophie, Religion, Politik, Kunst oder anderem das letzte Wort zu sagen. Das kann bis zum pathologischen Größenwahn gehen. Eine Spur davon ist in dem Gedanken zu finden, daß »seine Zeit noch nicht gekommen ist«.

Am meisten fürchtet sich ein solcher Mann davor, an etwas gebunden zu sein. Er hat schreckliche Angst davor, festgenagelt zu werden, vollständig in Raum und Zeit einzutreten und das menschliche Wesen zu sein, das er ist. Immer ist die Angst da, in einer Situation gefangen zu sein, aus der es kein Entfliehen geben könnte. Deshalb ist jede momentane Situation die Hölle. Symbolisch drückt sich diese Ungebundenheit und Realitätsferne des *puer aeternus* im häufigen Fasziniertsein von gefährlichen Sportarten wie Fliegen und Bergsteigen aus: so hoch wie möglich möchte er kommen, also weg von der Mutter, von der Erde und vom gewöhnlichen Leben. Wenn dieser Komplex sehr ausgeprägt ist, sterben diese jungen Männer häufig bei Flugzeugabstürzen oder Bergunfällen. Es handelt sich um eine nach außen verlegte spirituelle Sehnsucht, die sich in dieser Form zeigt. Eine dramatische Darstellung dessen, was Fliegen für den *puer* tatsächlich bedeutet, findet sich in einem Gedicht von John Magee, der übrigens, bald nachdem er dieses Gedicht geschrieben hatte, starb – bei einem Flugzeugunglück.

Höhenflug

Den zähen Fesseln der Erde
bin ich entronnen,
die Himmel hab' ich durchtanzt
auf silbernen lachenden Schwingen,
zur Sonne bin ich gestiegen
im fröhlichen Taumel lichter Wolken –
hundert Dinge hab' ich getan,
die keiner wagt zu träumen:
mich geschaukelt, gewirbelt, gedreht
in sonnenheller Stille hoch oben.
So schwebend hab' ich gejagt
den lärmenden Wind
und gestürzt mein gierig Gefährt
durch endlos luftige Räume.
Hoch, hoch im weiten, rasend brennenden Blau,
wo Lerche nicht noch Adler flog,
hab' ich die Höhe leicht bezwungen.
Und während ich, mit still erhobenem Geist,
das nie betretene Heiligtum des Alls
durchmaß – da streckt' ich aus die Hand,
das Antlitz Gottes zu berühren.

JOHN MAGEE

Die sogenannten *pueri* mögen keine Sportarten, die Geduld und langes Training erfordern, denn der *puer aeternus* im negativen Sinn des Wortes ist von Natur aus sehr ungeduldig. Ich kannte einen jungen Bergsteiger, der ein klassisches Beispiel des *puer aeternus* war; er trug derart ungern einen Rucksack, daß er sich lieber abhärtete, um in Schnee oder

Regen draußen schlafen zu können. Dafür entwickelte er eine bestimmte Art von Yoga-Atmung, und so überlebte er, nur in einen seidenen Mantel gewickelt, selbst Frostnächte in einem Schneeloch. Damit er keinerlei Gewicht schleppen mußte, trainierte er sich dahin, praktisch ohne Essen loszugehen. Jahrelang durchstreifte er alle Gebirge in Europa und anderen Kontinenten ohne Ausrüstung. In gewisser Hinsicht führte er ein heroisches Leben, um nicht in einer Hütte übernachten oder einen Rucksack tragen zu müssen. Symbolisch drückt sich darin das Ziel dieses jungen Mannes aus, dem wirklichen Leben nicht zu begegnen und von keinerlei Gewicht belastet zu sein. Das ist eine absolute Weigerung, für irgend etwas Verantwortung zu übernehmen oder die Schwere einer bestimmten Situation zu tragen.

Die positive Eigenschaft solcher jungen Männer ist eine Art von Spiritualität, die durch ihren relativ engen Kontakt zum kollektiven Unbewußten bedingt ist. Sie besitzen den Charme der Jugend und die anregenden Eigenschaften eines Glases Champagner. *Pueri aeterni* sind meistens sehr angenehme Gesprächspartner, weil sie die Zuhörer durch interessante Themen und Spritzigkeit beleben. Sie stellen unkonventionelle, tiefe Fragen und steuern direkt auf die Wahrheit zu, immer auf der Suche nach echter Religiosität, was sonst eigentlich für die späte Teenagerphase typisch ist. Beim *puer aeternus* erstrecken sich diese Eigenschaften jedoch bis in die Lebensmitte hinein, manchmal auch darüber hinaus ...

In seinem Werk *Symbole der Wandlung* spricht Jung von der Arbeit als dem Heilmittel, zögert aber dann und fragt sich: »Ist es wirklich so einfach? Ist das das einzige Heilmittel? Kann man das sagen?« Und doch ist »Arbeit« das eine unangenehme Wort, das kein *puer aeternus* gern hört, und

Jung kam zu dem Schluß, daß Arbeit die richtige Antwort ist. Auch meiner Erfahrung nach kann sich ein Mann aus dieser kindlichen Neurose durch Arbeit herausziehen. Wir dürfen dieses Problem jedoch nicht mißverstehen, denn der *puer aeternus kann* arbeiten, wenn er fasziniert und voller Enthusiasmus ist. Dann ist er imstande, vierundzwanzig Stunden hintereinander oder noch länger zu arbeiten, bis er zusammenbricht. Was er aber nicht kann, ist, sich an einem öden, regnerischen Morgen zu einer langweiligen Arbeit aufraffen. Damit wird der *puer aeternus* meistens nicht fertig und gebraucht jede Art von Entschuldigung, um sich zu drücken …

… Sogar kreative Arbeit bringt ein gewisses Maß an langweiliger Wiederholung mit sich, und gerade diesem Punkt will der *puer aeternus* entfliehen. Er kommt dann zu dem Schluß, daß dies doch wieder »nichts für ihn ist«. In solchen Momenten zeigen oft die Träume, wie man durch das Hindernis hindurchstoßen kann, und dann ist die Schlacht gewonnen.

In einem Brief sagt Jung über den *puer aeternus:* »Ich halte den *Puer-aeternus*-Standpunkt für ein unvermeidliches Übel. Identität mit dem *puer* bedeutet eine psychologische Puerilität, welche nichts Besseres kann als sich überwachsen. Sie führt regelmäßig in äußere Schicksalsschläge hinein, die die Notwendigkeit einer anderen Einstellung dartun. Mit Vernunft läßt sich aber nichts ausrichten, denn der *puer aeternus* hat es immer mit dem Schicksal zu tun.«

* * *

213

Wenn sie sich nicht rechtzeitig aus dem Leben davonsteh-
len, holt der Schatten die Ewigen Jünglinge in einer äußerst
banalen Form ein. Je älter sie werden, desto deutlicher wird
ihr Mangel an Individualität, den sie nur noch schwer mit
aufgesetzter Originalität überspielen können. MARIE-LOUISE
VON FRANZ:

Gewöhnlich ist er ein falscher Individualist und paßt sich
der Allgemeinheit nicht genügend an. Die meisten *pueri*
drücken sich zum Beispiel vor dem Militärdienst, weil sie
kein Schaf sein wollen. In solchen Fällen ist es manchmal
gut, ein Schaf zu sein und sich der Kollektivität anzupassen.
Aber in Saint-Exupérys Fall erstreckt sich die Kollektivität
bis zu dem Stern, wo eigentlich keine Schafe sein sollten.
Das ist ein tragischer Mechanismus: Wenn man in seiner
Weigerung, sich der Allgemeinheit anzupassen, zu extrem
ist, wird man quasi von hinten und von innen in die Kollektivität gezwungen. Geben Sie vor, individueller zu sein, als
Sie sind, und drücken Sie sich vor der Anpassung, weil Sie
meinen, Sie seien etwas Besonderes – mit all der neurotischen Eitelkeit, jemand Besonderer zu sein und von allen
mißverstanden zu werden, wo Sie doch so eine empfindsame Seele haben –, wenn Sie also diese falschen Ansprüche
haben und sich deswegen der Menschheit nicht anpassen,
dann sind Sie genau die Person, die in Wirklichkeit in keiner
Weise individuell ist.
Ich habe schon erwähnt, daß die Leute, wenn ich über den
puer aeternus spreche, immer die gleiche Reaktion zeigen:
Sie kennen alle viele solcher Männer und haben sogleich
eine ganze Reihe von Beispielen vor Augen, woraus ersicht-
lich wird, daß der *puer aeternus* keineswegs originell ist. In

Wirklichkeit ist er ein sehr kollektiver Typus, der des *puer aeternus,* und sonst nichts. Und je mehr er die Rolle des Prinzen spielt, im Glauben, etwas Besonderes zu sein, um so mehr ist er tatsächlich ein ganz gewöhnlicher Neurotiker – ein Typus, den man klinisch beschreiben kann und dessen Persönlichkeit sich mit klinischen Begriffen fast vollständig erfassen läßt. Gerade weil der *puer* diese falschen Ansprüche kultiviert, wird er von innen her verallgemeinert – mit dem Ergebnis, daß keine seiner Reaktionen wirklich persönlich oder besonders ist. Er wird quasi ein Archetypus, und wenn man das wird, ist man überhaupt nicht originell, überhaupt nicht man selbst und darum auch nicht speziell. Aus diesem Grund können Sie manchmal, wenn Sie einem *puer aeternus* gegenüberstehen, zu ihm sagen: »Sind nicht dies und das Ihre Anschauungen? Haben Sie nicht an diesem und jenem Punkt Probleme? Und betrifft das nicht die Mädchen? Machen Sie mit Mädchen nicht die und die Erfahrungen?«

Und dann erwidert er: »Tatsächlich! Woher wissen Sie das? Wie können Sie mich so gut kennen?«

Wenn Sie mit einem Archetyp identisch sind, kann ich alle Ihre Reaktionen beschreiben, weil ein Archetyp eine bestimmte Ansammlung von Reaktionen ist. Man kann teilweise vorhersagen, wie der *puer aeternus* aussehen und sich fühlen wird. Er ist schlicht der Archetyp des ewigen Jünglingsgottes, und deshalb trägt er alle Züge dieses Gottes: er hat eine nostalgische Todessehnsucht; er hält sich für etwas Besonderes; er ist der eine Empfindsame unter all den anderen stumpfen Schafen. Er wird Probleme mit einem aggressiven, zerstörerischen Schatten haben, den er nicht leben will, sondern projiziert, usw. Daran ist ganz und gar nichts

Spezielles. Je stärker die Identifikation mit dem Jünglings-gott ist, desto weniger individuell ist der Betreffende, ob-wohl er sich so speziell vorkommt.

***

Einen Ausweg aus dem Dilemma liefert Richard Bach durch den Schnabel der Möwe Jonathan, die, anders als der Kleine Prinz, die Kurve an der Abzweigung ins Erwachsenenreich bekommt und nicht auf der Ebene, wenn auch noch so at-traktiver Kindlichkeit hängenbleibt. Für sich selbst be-schreibt Richard Bach, der in vieler Hinsicht das Zeug zum Ewigen Jüngling hatte, die entscheidende Situation in sei-nem autobiographischen Roman Brücke über die Zeit. *Ge-rade als er sich mal wieder auf den Schwingen seines gelieb-ten Sportflugzeugs davonmachen wollte, erlebt er im Traum seinen Absturz. Wie seine Möwe hat er aber einen guten Schutzengel zur Seite, entkommt knapp dem drohenden Schicksal und läßt sich statt dessen auf das richtige Leben mit einer richtigen Frau namens Leslie ein.*

Der ehrwürdige Erzbischof machte der kleinen
Maria ein verlockendes Angebot:
»Wenn du mir sagst, wo Gott ist,
bekommst du einen Apfel.«
»Lieber Herr Erzbischof, ich gebe Ihnen zwei,
wenn Sie mir sagen, wo er nicht ist.«

Esoterische Medizin

Das, welches Unten ist, ist gleich demjenigen, welches Oben Ist: Und dasjenige, welches Oben ist, ist gleich demjenigen, welches Unten ist, um zu vollbringen die Wunderwerke eines einzigen Dinges.

HERMES TRISMEGISTOS
Tabula smaragdina

Niemals werde ich das erschütternde Erlebnis vergessen, als ich sah, wie ein großes, krebsartiges Gewächs an der Hand eines Arbeiters vor meinen Augen bis auf eine kleine Narbe zusammenschrumpfte; verstehen kann ich es nicht, aber ich kann nicht bezweifeln, was ich mit meinen eigenen Augen gesehen habe.

ALEXIS CARREL
(Nobelpreisträger für Medizin 1912)

Die neuere Geschichte der Medizin ist eine Geschichte der Verachtung der eigenen Vergangenheit bei fast unbegrenztem Optimismus hinsichtlich gegenwärtiger und erst recht zukünftiger Möglichkeiten. Die Arroganz gegenüber dem Tradierten und die Überbewertung der aktuellen Möglichkeiten erfährt erst in jüngster Zeit eine Gegenbewegung. Je mehr die Medizin (sich) leistet, desto kritischer wird sie betrachtet. Die Zukunft der Macher-Medizin erscheint trotz verblüffender Aussichten nicht rosig, ob man an zur späteren Wiederverwendung eingefrorene Embryos denkt, an Reagenzglas-Befruchtungen, die vielfältigen Möglichkeiten der Gentechnik oder auch das Einfrieren von Leichen zur späteren Wiederverwendung. Auf den ersten Blick beeindruckende Errungenschaften der modernen hochtechnisierten Medizin zeigen auf den zweiten häßliche Schattenseiten. Alle Versuche, das Schicksal auszutricksen, sind letztlich – wenn man kaum noch damit rechnet – zum Scheitern verurteilt. Es ist der Medizin zweifellos gelungen, die durchschnittliche Lebenserwartung drastisch zu erhöhen, aber die Menschen erwarten nun auch wirklich mehr vom Leben und werden diesbezüglich enttäuscht. Bei genauer Betrachtung ist die gestiegene Lebenserwartung jedoch vor allem Alters- und Todeserwartung. Fast alle hierzulande wollen uralt werden – aber kaum jemand will alt sein. Die Gesellschaft weiß nicht wohin mit den Alten, und die Alten wissen oft nicht wohin mit sich. Leben verlängern heißt die Zeit des Alters verlängern. Wenn letzteres aber zugleich abgewertet wird, ist ersteres von fraglichem Wert.

Die Medizin will unser Leben immer sicherer machen, zugleich wird aber der Zugang zum Leben riskanter. Der Prozentsatz der sogenannten Risikogeburten steigt rapide. Nach Auffassung der esoterischen Philosophie ist im Anfang bereits alles enthalten. Der eigentliche Anfang aber liegt noch davor, in der Empfängnis, bei deren Verhütung wir enorme Fortschritte gemacht haben. Ist doch einmal eine Seele durch das enggeknüpfte Verhütungsnetz geschlüpft, muß sie drei Monate lang mit der Vertreibung aus dem eben erst angenommenen Körpers rechnen. Bevor sie endgültig akzeptiert wird, kann sie noch weitere zwei Monate mit Hilfe der Amniocentese überprüft werden. Das *Jüngste Gericht* findet schon in den ersten Monaten statt, und hier wird im Zweifelsfall durchaus gegen die Angeklagten entschieden. Solcherart schaffen wir eine Lebensgrundlage von Verunsicherung und Bedrohung und ein Feld, in dem das Leben nicht von Urvertrauen geprägt ist. Was einerseits so praktisch und bequem erscheint, enthüllt andererseits düstere Schattenseiten.

Unter dem Eindruck solcher Aspekte einer bedingungslos fortschrittsgläubigen Medizin gewinnt die alte Heilkunst wieder Beachtung. Sie wußte noch, daß der Arzt lediglich pflegt, die Natur aber heilt. So war sie demütiger und bemühte sich um Einklang mit Mutter Natur. Da sie weit weniger konnte, lagen ihr große Eingriffe fern, sie arbeitete mangels Alternative mit einfachen Maßnahmen, die modernen Ärzten kaum mehr als ein Lächeln abnötigen: Diät und Hygiene, Rituale und das gesprochene Wort. Gerade diese sind es, die heute eine eindrucksvolle Renaissance erleben. Neue Diäten schießen wie Pilze aus dem Boden, Fasten wird wieder aktuell, gesunde Ernährung findet immer mehr Anhänger; bewußtes Leben wird in zahllosen Meditationszirkeln geübt und bis an die Schwelle der Medizin getragen; Symbole und Rituale tauchen überall aus der Versenkung auf; und das Wort steht im Mittelpunkt einer ausufernden Psychotherapieszene.

Die neue Medizin ist weniger offensiv und dafür subtiler, sanfter und natürlicher. Die Entwicklung geht vom Machen zum Geschehenlassen, vom Eingreifen zum Anregen, vom Agieren zum Regenerieren – mit einem Wort: vom männlichen zum weiblichen Pol. Rhythmus und Schwingung sind neue und zugleich uralte Zauberworte dieser einfühlsameren, tendenziell weiblicheren Medizin. Immer mehr Patienten kehren den Macher-Ärzten den Rücken und bevorzugen Therapeuten, die auch zuhören können, die noch hinhorchen und sogar den inneren Gesetzen gehorchen. Oft sind das keine Ärzte, was zunehmend Unruhe in der Ärzteschaft auslöst. Betrachtet man das Spektrum der jetzt in den Vordergrund drängenden alternativen medizinischen Ansätze, fällt auf, wie sehr sie vom weiblichen Pol geprägt sind, sich von den Phänomenen lösen, auf subtile Weise die Oberfläche transzendieren und auf tiefere Ebenen zielen. Beim Fasten etwa zieht sich der äußere Therapeut am besten bescheiden zurück und überläßt alles Wesentliche dem *Inneren Arzt*. Verfahren wie die Akupunktur lenken die Energie um bzw. in richtige Bahnen, homöopathische Mittel, korrekt angewandt, geben dem Organismus fehlende Informationen, bei Hochpotenzen sogar fast ohne materielle Vermittlung. Diese spielt bei radionischen Behandlungen schon gar keine Rolle mehr. Hier werden nur noch bestimmte fehlende und damit heilende Frequenzen über beliebige Entfernungen gesendet. Psychotherapien arbeiten schon immer auf immaterieller Ebene und letztlich über Schwingungen und Felder. Im Idealfall stellen sie Entwicklungsräume zur Verfügung. Jeder Mensch hat Erfahrung hinsichtlich des falschen Worts an der falschen Stelle, wie auch des richtigen an der richtigen. Ganz deutlich beeinflussen Worte den Körper in seiner Physiologie und Biochemie. Inzwischen ist sogar belegbar, daß Beten im Krankheitsfall meßbar hilft, selbst wenn man diejenigen, die für einen beten, nicht kennt. Entsprechend diesem Tatbestand ist es dann nicht mehr so verwunderlich, daß Schwingungen von Farben, Kristallen und Amuletten wirken, wie die Medizin archaischer Kulturen immer wußte und wie es von immer mehr Menschen auch bei uns wieder akzeptiert und empfunden wird. Mit den Methoden der bioelektronischen Funktionsdiagnostik, mit Elektroakupunktur, Kirlianfotografie oder Pulsdiagnostik lassen sich die Wirkungen solcher Mittel heute überprüfen.

Hinzu kommt der Einfluß der modernen Physik, die nachdrücklich belegt, daß letztlich alles Schwingung ist, da alles aus Atomen besteht und diese im wesentlichen aus leerem, schwingendem Raum. Die Physik ist es auch, die inzwischen die Kausalität als – wenn auch plausiblen – Denkfehler durchschaut und damit der Schulmedizin ihre auf dem Kausalitätsprinzip beruhende theoretische Basis entzieht. Damit rückt sie jene Synchronizität, die C. G. Jung annahm und die das Denken der esoterischen Traditionen und vieler Religionen prägt, in den Mittelpunkt des Interesses.

Gleichzeitig gewinnen Wunderheilungen, die es ja seit Menschengedenken immer gab, neue und erstaunliche Anerkennung. Geistheilungen werden populär, immer mehr Menschen entdecken ihre eigenen Heilkräfte, und die alte biblische Tradition des Handauflegens wird wieder modern und als Reiki engagiert vermarktet. Die Medizin leistet diesem Trend in mancher Hinsicht unbeabsichtigt Vorschub, wenn sie etwa öffentlich zugibt, daß zunehmend mehr (inzwischen geht man von über 60 Prozent aus) Patienten unter »psychosomatischen« Symptomen leiden. Selbst mein in *Krankheit als Sprache der Seele* dargestelltes Verständnis einer Esoterischen Medizin, die davon ausgeht, daß jedes körperliche Symptom eine seelische Entsprechung hat, so wie jede Form einen Inhalt, findet inzwischen Beachtung und immer häufiger auch Anerkennung von Schulmedizinern. Wenn schließlich der Vorsitzende der englischen niedergelassenen Ärzte davon ausgeht, daß »mindestens 90 Prozent« der in der normalen Praxis verschriebenen Medikamente als Placebos, das heißt unabhängig von ihren pharmakologischen Inhaltsstoffen, wirken, ist einerseits die Verunsicherung groß (immerhin haben fast alle diese Medikamente unerwünschte und zum Teil gefährliche Nebenwirkungen). Andererseits befinden wir uns mit dieser Aussage bereits mitten in einem magischen Weltbild. Denn wenn es nicht die Chemie ist, die wirkt – was ist es dann? Auf der einen Seite dürfte es die auch von der Schulmedizin längst entdeckte »Droge Arzt« sein, das Heilungsfeld also, das der Arzt bewußt oder unbewußt aufbaut. Darüber hinaus ist es wohl vor allem das Vertrauen der Patienten, ihr Glaube an die Heilung, der offensichtlich recht häufig Berge versetzt. Unter entsprechendem Blickwinkel erscheint jeder moderne Arzt als Medizinmann, der sich – zumeist unbewußt – mit heilsamen Symbolen und heilkräftigen Feldern umgibt. Statt Kristallen, Federn oder Wurzelgestalten legt er sein Stethoskop auf ganz bestimmte wichtige Körperstellen. Statt der inneren lauscht er der Stimme des physischen Herzens und auf die Geräusche des Darmes. Und auch er ist beruhigt, wenn er aus den Tiefen des Körpers Antwort in seinem Sinne erhält. Solche Prüfung auf Herz und Nieren erscheint vielen Patienten auch heute noch recht okkult, vor allem wenn sie sich riesigen Geräten anvertrauen müssen, deren Innenleben weder sie selbst noch (oft) die Ärzte ganz durchschauen. Auch die Dimension jenseits des allgemeinen Verständnisses verbindet die neuen mit den alten Schamanen. Ihre Worte klingen oft ähnlich geheimnisvoll, die Kleidung ist auffällig und von besonderer Symbolkraft. In Weiß, die Farbe der Ganzheit, gehüllt, wie sie auch der Papst und viele Gurus bevorzugen, können die modernen Medizinmänner, die ihre Sprache gern und absichtlich mit lateinischen

Brocken verfremden, durchaus mit ihren altehrwürdigen Vorläufern mithalten. Zum Abschluß des normalen Praxisrituals zaubert der *Halbgott in Weiß* in beeindruckender Geschwindigkeit – wegen seiner Wichtigkeit leidet er ständig unter Zeitmangel – einige unlesbare Zeichen auf ein kleines Papier. Dieses tragt der Heilung Suchende zu jenem anderen Weißkittel, der allein berechtigt ist, die Zeichen in das eine heilende Mittel zu übersetzen. Unter 100 000 verschiedenen Möglichkeiten findet dieser andere Magier genau die richtige, und der Patient wird – jedenfalls häufig – im Rahmen dieses Rituals sein jeweiliges Symptom aufgeben.

Dieses Wunder voller Symbolik und Magie ist heute schon etwas weniger okkult. Der englische Biologe Rupert Sheldrake hat mit seiner Theorie der morphogenetischen, das heißt formgebenden Felder zumindest eine Verständnisgrundlage für solche Phänomene geschaffen. In der Praxis eines guten Arztes herrscht ein Feld, das Gesundwerden ermöglicht. Therapeuten und Heiler schaffen bewußt oder unbewußt solche Schwingungen um sich. Durch die Wartezeit baut sich bei den Patienten Erwartungsspannung auf; die Hierarchie – griechisch für die Herrschaft des Heiligen – fokussiert alles Interesse auf den Arzt; all seine fast ausnahmslos weiblichen Helfer stricken an diesem Muster mit. Ist der Patient schließlich bis ins Allerheiligste vorgedrungen, findet er nur wenig von der kostbaren Zeit für sich reserviert. In diese wenigen Minuten drängt sich nun aber desto mehr Bedeutung. Der Therapeut nimmt die Hand des Patienten (zum Pulsfühlen und Vertraueneinflößen), mißt schnell den (Blut-)Druck, unter dem der Patient steht, verliert einige wenige bedeutungsschwangere Worte, die über das weitere Leben des Patienten entscheiden können, oder fährt mit magischen Strichen über jene Hautstelle, in die er eine heilende Spritze setzt. Solches geschieht interessanterweise nach wie vor, obwohl längst bewiesen ist, daß das bißchen Alkohol am Tupfer hygienisch nichts bringt.

Eher noch eindrucksvoller sind die unbewußten Rituale in einer modernen Klinik, die denen in einem alten Heilungstempel nur an Bewußtheit nachstehen. Was heute nebenbei und unbewußt geschieht, war früher volle Absicht und Mittelpunkt des Ganzen. Wenn die Heilung Suchenden – damals wie heute – die Pforte passieren, legen sie (früher bewußt) ihr Schicksal in die Hände des Tempel-Gottes. Heute ist die Pforte nicht mehr so eng, aber die, die sie durchschreiten, legen noch immer ihr Selbstbestimmungsrecht weitgehend ab bzw. in die Hände der weißen Halbgötter. Vieles war und ist geheimnisvoll. Noch immer liegen die Heilsuchenden den Heilern zu Füßen. Selbst wenn gesundheitliche Gründe sie gar nicht hindern würden, angezogen neben dem Bett zu sitzen, sorgen hilfreiche Geister dafür, daß die Patienten bei der Visite im Bett liegen und die ärztliche Botschaft von oben herab empfangen. Mit einigem Abstand betrachtet, handelt es sich um ein großangelegtes Regressionsritual. Der wesentliche Unterschied für die Heiler besteht darin, daß man früher die Heilung in Gottes Hand legte, während die Ärzte heute vorgeben, das Ganze selbst in die Hand zu nehmen. Tatsächlich grenzen ihre Leistungen vielfach ans Wunderbare, und nicht selten werden sie zu Herren über Leben und Tod. Damals wie heute geben sich die Patienten in die Hände *Berufener* und ergeben sich mehr oder weniger in ihr Schicksal. Äußerlich wird das deutlich an ihrem Rückzug in die Horizontale; sie legen sich und ihre *Haupt*sache, den Kopf, nieder, lassen sich helfen und im

Bett überallhin fahren wie Kinder, die noch nicht laufen können. Sie haben die Hoffnung aufgegeben, sich selbst helfen zu können, und vertrauen auf höhere Instanzen. »Dein Wille geschehe!« ist wie eh und je die Zauberformel, die von jeher größte Heilwirkung hat.

*Gott*vertrauen, der Glaube an die höhere Macht, kann nachweislich Wunder wirken. An verschiedenen Orten der Kraft, wie etwa im französischen Lourdes, wird das bis heute deutlich und ist im übrigen auch wissenschaftlichen Ansprüchen genügend dokumentiert. Solche Wunder berühren uns, wenn wir sie in ihrer ganzen Tragweite an uns heranlassen. Und das gilt durchaus auch für die von der modernen Medizin ermöglichten. Noch heute ist das Ritual wichtig, brauchen die Patienten einen verläßlichen Rahmen, um das Heilungswunder einordnen zu können. Verpflanzungen von Organen etwa und insbesondere von Herzen bleiben für die meisten Empfänger Wunder, und es ist heute gar nicht so leicht, sich auf der physischen Ebene ein Herz schenken zu lassen, zumal die moderne Medizin kein Ritual mehr kennt für den Dank. Wenn ein solcher Patient nach technisch gut gelungener Operation seelisch erkrankt oder sich gar umbringt, fühlen sich die Ärzte um den Erfolg ihrer Arbeit gebracht und halten den Patienten für undankbar. Wo aber soll er hin mit seinem Dank, wenn er an die Wunder der Wissenschaft glaubt und dieser Glauben sogar belohnt wird?

Es gibt zwar noch unbewußte Reste, die Vollständigkeit der Rituale ist jedoch verloren. Menschen aber, die sich und ihre Erfahrungen nicht ein*ordnen* können, fallen aus der Ordnung und werden krank. Zur Gesundung müßten sie bewußt zurückkehren können in ein verläßliches Muster, das sie aufnimmt, in dem sie sich geborgen fühlen. Solche Muster aber beruhen auf Schwingungen, auf Feldern, die wir nicht sehen und noch nicht messen können, auf die es aber inzwischen genug Hinweise gibt. Aus der Geborgenheit in solchen Feldern erwächst uns die innere Kraft, das Wunder des Lebens anzunehmen und sogar Wunder, bei denen moderne Medizinmänner die Hände im Spiel hatten. Selbst bei höchsten menschlichen Leistungen muß ganz offenbar noch eine höhere Ebene dazukommen, wie ein makabrer Chirurgenspruch verdeutlicht: »Operation gelungen – Patient tot.« Auch die wunderbarsten Eingriffe müssen von den Betroffenen in das innere Energie- und das ganze Lebensmuster integriert werden. Der natürliche Weg dazu sind Rituale. Ohne sie sind wirkliche Heilungen und echte Reifungsschritte kaum möglich. Von daher unterscheidet die uralte Edelsteintherapie sich wenig von moderner Chirurgie und allen übrigen therapeutischen Ansätzen.

In der antiken Heilkultur ging man entweder wissend oder zumindest intuitiv mit diesen Dingen um. Die Heilung Suchenden begaben sich ins Theater, wo eine große Menschenmenge mit dem einen Ziel der Heilsuche versammelt war. Die Tragödie des Lebens wurde vor ihnen ausgebreitet und bewegte sie im Innersten. Auch Komödien gehörten zu diesem großen Ritual und lösten heilsames und befreiendes Lachen aus. Solcherart angerührt und geöffnet, nahmen die Suchenden an geführten Reisen in ihre Innenwelt teil, erlebten lebendigen Mythos innen und außen. Die Abbilder des großen Musters im Innern nachzuvollziehen hatte nicht nur früher heilsame Wirkungen. In der Antike kamen zu diesen Erfahrungen die umfassenden Hinweise der Diätetik und Hygiene hinzu, die deutlich weiter gefaßt waren als in der modernen Schulmedizin. Alles gipfelte schließlich in der einen zentralen Erfahrung zu besonderer Zeit an besonderem Ort im Tempel. An Leib und Seele vorbereitet, begaben sich die Heilsuchenden in die Inkubation, den Tempelschlaf, wo ihnen im Traum die Lösung ihres Problems erschien. Entweder teilte der Gott Asklepios selbst sie ihnen mit, oder sie sahen sie in symbolischer oder konkreter Form.

Diese alte Medizin hatte ihre Erfolge und befriedigte die Menschen jener Zeit eher mehr, als es heute der Schulmedizin gelingt. Wir, die wir, Inhalt und Qualität übersehend, fast nur nach Form und Quantität schielen, können uns das kaum noch vorstellen. Erst in Extremsituationen macht es uns gerade die moderne Medizin wieder deutlich: Ist ein Jahr quälender Lebensverlängerung wirklich besser als ein halbes Jahr Leben in Würde? Wie wichtig die Qualität des Lebensgefühls ist und wie zentral der Inhalt, die seelische Dimension hinter den Krankheitsbildern, wird uns heute durch die Einseitigkeit moderner Apparatemedizin bewußter denn je.

Disziplinen wie die Psychoneuroimmunologie schlagen Brücken zwischen der alten und der modernen Medizin, wenn sie belegen, wie entscheidend seelisches Feld und Umfeld für Abwehrkraft und Genesung sind. So viele Eingriffsmöglichkeiten wir heute kennen, so wenig wissen wir immer noch über die körpereigenen Heilungskräfte, auf die letztlich alles ankommt. Hier wird wohl der nächste große Schritt in der Medizin erfolgen, wenn sich Immunologie und Psychotherapie einander noch mehr annähern und die subtilen Schwingungsfelder entdecken, die das Leben ermöglichen. Wir gehen mit ihnen gar nicht oder noch sehr plump um, weil wir entweder nichts von ihnen wissen bzw. nichts davon halten oder weil wir lediglich an sie glauben, aber nicht so recht wissen, wie sie tatsächlich wirken. Was Schamanen und Heiler schon immer spürten und moderne Forscher gerade entdecken, worauf einzelne Schamanen im Arztkittel schon vorgegriffen haben, die Entdeckung und der Umgang mit Schwingungen und feinstofflichen Energien könnte der Medizin eine verbindliche Struktur geben und die heute weit auseinanderhängenden Einzeldisziplinen in eine ganzheitliche und umfassende Ordnung integrieren. Denn was wir eigentlich bräuchten, ist ja nicht eine Alternativ-Medizin, sondern im Gegenteil eine Synthese aller Medizinrichtungen.

* * *

Auch wenn ihm das kaum jemand zutrauen mag, weil er die bürgerliche Gesellschaft mit seinen radikalen Thesen zur Sexualität so nachhaltig verprellte, hat Bhagwan, der sich gegen Ende seines Lebens Osho nannte, die Medizin in ihrer ganzen Bandbreite und mit all ihren Möglichkeiten durchschaut. Wie kaum ein Arzt konnte er die verschiedenen Ansätze entsprechend ihrem Stellenwert einordnen. Er hat sie immer wieder kritisiert, sie aber gerade auch dadurch in ihrer Legitimität bestätigt. Wenn jede medizinische Richtung der Ebene, für die sie geeignet ist, treu bliebe und darauf verzichtete, sich in jene Bereiche einzumischen, für die sie gar nicht geschaffen ist, kämen wir der so notwendigen Synthese, dem Zusammenspiel der Möglichkeiten, ein entscheidendes Stück näher.
Selbst schwer krank, war Bhagwan-Osho *auch in dieser Hinsicht Spezialist.*

Weit über körperliche Krankheitsbilder hinausgehend, wies er in seinen messerscharfen Analysen auch auf das ursprünglich gemeinsame Ziel von Medizin und Meditation hin und lenkte so den Blick auf eine Medizin, die die Mitte meint und der Zukunft mit ihren enormen Herausforderungen gerecht wird:

Die Wissenschaft vom Menschen existiert noch nicht. Der Yoga Patanjalis ist diesem Ziel bisher am nächsten gekommen. Er teilt den Körper in fünf Ebenen oder fünf Körper ein. Ihr habt nicht einen Körper, ihr habt fünf Körper, und hinter diesen fünf Körpern liegt euer Sein. Aber in der Psychologie ist genau das gleiche passiert wie in der Medizin. Die Schulmedizin glaubt nur an den physischen Körper, den grobstofflichen Körper. Es ist eine Parallele zum Behaviorismus. Die Schulmedizin ist die grobstofflichste Medizin. Darum ist sie so wissenschaftlich geworden, denn wissenschaftliche Instrumente lassen sich nur auf sehr grobstoffliche Dinge anwenden. Man muß aber tiefer gehen.

Die Akupunktur, die chinesische Medizin, geht eine Ebene tiefer. Sie arbeitet mit dem Vitalkörper, *pranamayakos*. Wenn etwas im physischen Körper falsch läuft, so befaßt sich die Akupunktur überhaupt nicht mit dem physischen Körper, sondern versucht, mit dem Vitalkörper zu arbeiten. Sie versucht, mit der Bioenergie, dem Bioplasma zu arbeiten. Bringt sie dort etwas in Ordnung, dann beginnt sogleich der grobstoffliche Körper wieder gut zu funktionieren. Wenn etwas mit dem Vitalkörper nicht stimmt, wird die Schulmedizin am physischen Körper, am grobstofflichen Körper ansetzen. Natürlich ist das für die Schulmedizin wie ein Schwimmen gegen den Strom. Für die Akupunktur ist es ein Schwimmen mit dem Strom; es ist leichter, denn der Vitalkörper ist etwas höher als der physische Körper. Wenn der Vitalkörper in Ordnung gebracht wird, folgt der physische Körper ganz von selbst nach, weil die Blaupause im Vitalkörper existiert. Der physische Körper ist nur eine Implementierung des Vitalkörpers.

Die Akupunktur gewinnt heute allmählich mehr und mehr an Ansehen, seit die Kirlian-Fotografie, ein hochempfindliches fotografisches Verfahren aus der Sowjetunion, auf die siebenhundert Vitalpunkte im menschlichen Körper gestoßen ist, deren Existenz die Akupunkteure schon immer, und zwar seit mindestens fünftausend Jahren, behauptet haben. Sie hatten keinerlei Instrumente, die ihnen zeigten, wo sich die Vitalpunkte im Körper befinden, haben aber nach und nach im Laufe der Jahrhunderte einfach durch Herumexperimentieren siebenhundert Punkte entdeckt. Nun hat Kirlian dieselben siebenhundert Punkte mit Hilfe wissenschaftlicher Instrumente nachgewiesen.

Die Kirlian-Fotografie hat eines gezeigt: Der Versuch, den Vitalkörper durch den physischen Körper zu beeinflussen, ist absurd. Es ist so, als wollte man den Herrn verändern, indem man den Diener ändert. Das ist nahezu unmöglich, denn der Herr hört nicht auf den Diener. Wenn du den Diener verändern willst, ändere den Herrn, dann wird der Diener sogleich nachfolgen. Statt jeden einzelnen Soldaten zu ändern, ist es besser, den General zu ändern. Und der Körper hat Millionen von Soldaten – Zellen, die nach einem bestimmten System und nach einem bestimmten Kommando arbeiten. Verändere den Kommandeur, und die ganze Körperstruktur wird sich verändern.

Die Homöopathie geht noch ein wenig tiefer. Sie arbeitet

mit dem Mentalkörper, *manomayakos*. Hahnemann, der Begründer der Homöopathie, machte eine der bisher größten Entdeckungen überhaupt: Je geringer die Menge der Heilsubstanz, desto tiefer die Wirkung. Er nannte die Methode der Herstellung von homöopathischen Mitteln »Potenzierung«. Die Menge des Wirkstoffes wird immer weiter reduziert. Er arbeitete zum Beispiel so: Er nahm eine bestimmte Menge eines Heilmittels und mischte sie mit einer vielfachen Menge Milchzucker oder mit Wasser. Ein Teil des Arzneimittels zu neun Teilen Wasser, und das mischte er zusammen. Dann nahm er wieder einen Teil dieser neuen Lösung und mischte ihn wieder mit neun Teilen Wasser oder Milchzucker. Und so fuhr er fort, nahm wiederum von der neuen Lösung einen Teil und mischte ihn mit neun Teilen Wasser, und indem er so weitermachte, nahm die Potenz zu.

So erreicht das Heilmittel allmählich die atomare Ebene. Es wird so feinstofflich, daß man gar nicht glauben kann, daß es wirkt; es ist fast nichts oder gar nichts mehr davon vorhanden. Auf den homöopathischen Mitteln steht die Verdünnung als Potenz angegeben. Je höher die Potenz, desto geringer die Menge. Bei den höheren Potenzen ist nur noch ein Millionstel der ursprünglichen Wirkstoffsubstanz übriggeblieben, also beinahe nichts mehr. Sie ist nahezu verschwunden, aber dadurch kann sie in den tiefsten Kern des *manomayakos* eindringen; sie geht in den Mentalkörper ein. Die Homöopathie geht tiefer als die Akupunktur. Es ist beinahe so, als ob die atomare oder gar subatomare Ebene erreicht würde. Der physische Körper wird überhaupt nicht mehr berührt, und auch der Vitalkörper wird nicht berührt. Das Mittel ist so feinstofflich, daß es auf keine Hindernisse stößt. So kann es ganz leicht in den *manomayakos,* in den Mentalkörper eindringen und beginnt von dort aus zu wirken. Damit ist eine noch höhere Instanz ins Spiel gekommen als der *pranamayakos.*

Die ayurvedische Medizin der Inder ist eine Synthese von all diesen dreien. Sie stellt unter den medizinischen Richtungen eine der größten Synthesen dar.

Noch tiefer geht die Hypnotherapie. Sie berührt den *vigyanmayakos,* den vierten Körper, den Bewußtseinskörper. Sie benutzt überhaupt keine Heilmittel. Sie braucht überhaupt keine Mittel. Sie arbeitet ausschließlich mit Suggestionen. Sie gibt dem Verstand einfach nur eine Suggestion – man kann es auch animalischen Magnetismus, Mesmerismus, Hypnose oder wie auch immer nennen –, aber sie wirkt durch die Macht der Gedanken und nicht durch die Macht der Materie. Die Hypnotherapie läßt die Materie völlig hinter sich, sie spricht einfach die Gedankenenergie an – *vigyanmayakos,* den Bewußtseinskörper. Wenn dein Bewußtsein einen bestimmten Gedanken akzeptiert, beginnt dieser zu wirken.

Die Hypnotherapie hat eine große Zukunft. Sie wird die Medizin der Zukunft sein, denn wenn es möglich ist, den Verstand zu verändern, einfach indem man die Gedankenmuster verändert, und wenn man durch den Verstand den Vitalkörper, und durch den Vitalkörper den grobstofflichen Körper ändern kann, warum sollte man sich dann mit Giften abgeben, warum sollte man sich mit grobstofflichen Arzneien abgeben? Warum nicht gleich mit der Gedankenkraft arbeiten?

Habt ihr schon einmal einem Hypnotiseur bei seiner Arbeit mit einem Medium zugeschaut? Falls ihr es noch nie gesehen habt, lohnt es sich, zuzuschauen. Es wird euch einige Einsichten vermitteln.

Ihr habt bestimmt schon von den Feuerläufern gehört, oder vielleicht habt ihr sie selbst gesehen; in Indien kann man es sehen … Es ist nichts anderes als Hypnotherapie. Der Gedanke, daß sie von einem bestimmten Gott oder einer Göttin besessen sind und ihnen das Feuer deshalb nichts anhaben kann – dieser Gedanke allein genügt. Dieser Gedanke kontrolliert und verändert die normale Funktionsweise ihres Körpers. Sie bereiten sich vor, indem sie vierundzwanzig Stunden lang fasten. Wenn du fastest und dein ganzer Körper gereinigt und frei von Exkrementen ist, fällt die Brücke zwischen dir und dem Grobstofflichen weg. Vierundzwanzig Stunden verbringen sie in einem Tempel oder einer Moschee, sie singen und tanzen und stimmen sich auf Gott ein. Und dann kommt der Augenblick, wo sie über das Feuer laufen. Sie kommen tanzend, besessen. Sie kommen in dem vollen Vertrauen, daß das Feuer sie nicht verbrennen wird; das ist das ganze Geheimnis. Die Frage ist, wie man dieses Vertrauen herstellen kann. Sie tanzen auf dem Feuer, und das Feuer verbrennt sie nicht.

Es ist schon öfter vorgekommen, daß jemand unter den Zuschauern ebenfalls besessen wurde. Weil zwanzig Leute über das Feuer gingen und nicht verbrannt wurden, faßte plötzlich jemand ein solches Vertrauen – »Wenn diese Leute über das Feuer gehen, warum sollte ich es nicht können?« –, daß er auch hineinsprang, und das Feuer verbrannte ihn nicht. In einem Augenblick entstand plötzlich dieses Vertrauen. Gelegentlich kommt es auch vor, daß Leute, die vorbereitet sind, sich verbrennen, und manchmal geht ein völlig unvorbereiteter Zuschauer über das Feuer und verbrennt sich nicht. Wie ist das möglich? – Die Leute, die sich vorbereitet hatten, müssen noch Zweifel gehabt haben, sie müssen Gedanken darüber gehabt haben, ob es möglich ist oder nicht. Ein subtiler Zweifel muß noch in ihrem *vigyanmayakos,* in ihrem Bewußtsein, bestanden haben. Ihr Vertrauen war nicht absolut. Sie kamen mit einem Zweifel, und wegen des Zweifels konnte der Körper die Botschaft der höheren Seele nicht empfangen. Der Zweifel trat dazwischen, und der Körper funktionierte weiter wie gewohnt: Sie bekamen Brandwunden. Dies ist auch der Grund, warum alle Religionen so sehr auf dem Vertrauen bestehen.

Vertrauen ist Hypnotherapie. Ohne Vertrauen kannst du nicht in die feinstofflichen Bereiche deines Seins eindringen, denn schon ein kleiner Zweifel wirft dich auf das Grobstoffliche zurück. Die Wissenschaft arbeitet mit dem Zweifel. Der Zweifel ist eine Methode der Wissenschaft, denn die Wissenschaft arbeitet mit dem Grobstofflichen. Den Schulmediziner kümmert es nicht, ob du Zweifel hast oder nicht. Er verlangt nicht von dir, daß du seinen Heilmethoden vertraust; er gibt dir einfach das Medikament. Aber ein Homöopath wird dich fragen, ob du daran glaubst, denn ohne deinen Glauben wird es für den Homöopathen schwieriger sein, mit dir zu arbeiten. Und ein Hypnotherapeut wird deine völlige Hingabe verlangen; sonst kann er nichts machen. Religion ist Hingabe, Religion ist Hypnotherapie.

Aber es gibt noch einen Körper, den *anandmayakos,* den Körper der Seligkeit. Die Hypnotherapie geht bis zum vierten, Meditation bis zum fünften.

Meditation – das Wort selbst ist schön, denn es hat dieselbe Wurzel wie »Medizin«. Beide stammen aus derselben Wurzel. Medizin und Meditation sind Abkömmlinge desselben Wortes.

Medizin ist das, was heilt, was dich heil und ganz macht – und auf der tiefsten Ebene ist das Meditation.

Meditation gibt dir nicht einmal Suggestionen, denn Suggestionen müssen von außen gegeben werden. Jemand anderer muß dir die Suggestionen geben. Mit Suggestionen bist du von jemand abhängig. Sie können dich nicht vollkommen bewußt machen, weil ein anderer benötigt wird, und ein Schatten fällt auf dein Sein.

Meditation macht dich vollkommen bewußt, ohne jeden Schatten – absolutes Licht ohne Dunkelheit. Hier wird sogar die Suggestion zu etwas Grobem. Jemand suggeriert dir etwas – das bedeutet, etwas kommt von außen, und letzten Endes ist alles, was von außen kommt, materiell. Nicht nur die Materie – alles, was von außen kommt, ist materiell. Sogar ein Gedanke ist eine subtile Form von Materie. Selbst die Hypnotherapie ist noch materialistisch.

Die Meditation läßt alle Stützen und alle Hilfen hinter sich. Darum ist es die schwierigste Sache von der Welt, Meditation zu verstehen, weil nichts übrigbleibt – nur ein reines Verstehen, ein Zeuge sein.

* * *

Ein Arzt mit sensibler Beobachtungsgabe, der weit in die Tiefen der menschlichen Seele hineinspürt, ist der amerikanische Neurologe OLIVER SACKS. *Er schreibt Krankengeschichten, die modernen Ärzten die Schamesröte ins Gesicht treiben müßten, so tiefgründig sind sie, und immer spürt der Leser in ihnen die Zuneigung, die Sacks für seine Patienten empfindet. Da er die Leidenden in ihrer Einzigartigkeit und mit jeder noch so skurrilen Eigenart annimmt und sich mit Diagnosen und dem zumeist daraus folgenden Schubladendenken zurückhält, stößt er mit wundervoller Leichtigkeit bis in spirituelle Bereiche des Krankseins vor. In diesem Geiste behandelt er hier die Krankengeschichte der heiligen Hildegard von Bingen:*

Die Visionen der heiligen Hildegard

Die religiöse Literatur aller Jahrhunderte ist voller Beschreibungen von »Visionen«, bei denen erhabene und unaussprechliche Gefühle mit der Wahrnehmung leuchtender Erscheinungen einhergehen (William James spricht in diesem Zusammenhang von »Photismus«). In der überwältigenden Mehrheit der Fälle läßt sich nicht sagen, ob das Erlebnis durch eine hysterische oder psychotische Ekstase, durch berauschende Mittel oder durch einen Anfall von Epilepsie oder Migräne zustande gekommen ist. Eine einzigartige Ausnahme bildet die Geschichte der Hildegard von Bingen (1098–1179), einer Nonne und Mystikerin, die über außergewöhnliche geistige und literarische Fähigkeiten verfügte. Von ihrer frühesten Kindheit an bis zum Ende ihres Lebens hatte sie zahllose »Visionen«. Diese Erlebnisse hat sie in schriftlicher und bildlicher Form ausgezeichnet dargestellt, und zwar in den beiden Werken *Scivias* (»Wisse die Wege«) und *Liber divinorum operum* (»Die Gotteswerke«).

Ein sorgfältiges Studium dieser Schilderungen und Bilder läßt keinen Zweifel an ihrem Ursprung: Sie waren eindeutig durch Migräne hervorgerufen, und sie beschreiben viele der bereits zuvor erwähnten Varianten visueller Auren. Singer (1958) greift in einem ausführlichen Essay über Hildegards Visionen die folgenden Phänomene als besonders charakteristisch heraus: »Bei ihnen allen ist ein hervorstechendes Merkmal ein Lichtpunkt oder mehrere Lichtpunkte, die schimmern und sich gewöhnlich wellenförmig bewegen. Diese Punkte werden meist als Sterne oder flammende Augen gedeutet. In vielen Fällen ist ein Licht, das größer als die anderen leuchtenden Punkte ist, von einer Reihe tanzender konzentrischer Kreise umgeben. Häufig werden eindeutig Befestigungsanlagen dargestellt, die sich in einigen Fällen deutlich von einem farbigen Hintergrund abheben. Oft machten die Lichter den Eindruck, als *arbeiteten,* kochten oder fermentierten sie. Diese Erscheinung wird auch von zahlreichen anderen Visionären beschrieben ...«

Hildegard selbst schreibt: »Die Gesichte, die ich schaue, empfange ich nicht in traumhaften Zuständen, nicht im Schlafe oder in Geistesgestörtheit, nicht mit den Augen des Körpers oder den Ohren des äußeren Menschen und nicht an abgelegenen Orten, sondern wachend, besonnen und mit klarem Geiste, mit den Augen und Ohren des inneren Menschen, an allgemein zugänglichen Orten, so wie Gott es will.«

Eine dieser Visionen – fallende Sterne, die im Meer erlöschen – deutet sie als Fall der Engel: »Doch plötzlich geht ... aus dem Geheimnis des auf dem Throne Sitzenden ein großer Stern in lichtem Glanze und strahlender Schönheit hervor. Ihm folgten zahlreiche sprühende Funken ... Mit all seinen Trabanten zieht der Stern zum Süden hin ... Sofort erloschen sie und wurden schwarz wie Kohle ... Sie stürzten in den Abgrund, und keinen von ihnen sahst du wieder.«

Soweit Hildegards allegorische Interpretation. Unsere prosaische Interpretation würde lauten, daß Phosphene, gefolgt von einem negativen Skotom, ihr Gesichtsfeld durchzogen. Visionen mit Befestigungsanlagen sind in ihrem *Zelus Dei* und *Sedens Lucidus* abgebildet. Die Fortifikationsfiguren strahlen von einem helleuchtenden und (im Original) schimmernden farbigen Punkt aus. Diese beiden Visionen sind in einer zusammengesetzten Vision miteinander kombiniert, wobei sie die Befestigungsanlagen als *Aedifidium* der Stadt Gottes deutet.

Eine tiefe Verzückung begleitete die Wahrnehmung dieser Auren, vor allem wenn, was selten vorkam, auf das ursprüngliche Funkeln und Leuchten ein zweites Skotom folgte: »Das Licht, das ich sehe, steht nicht an einem festen Ort und ist doch heller als die Sonne. Auch kann ich seine Höhe, Länge und Breite nicht bestimmen, und ich nenne es ›die Wolke des lebendigen Lichts‹. Und wie Sonne, Mond und Sterne sich im Wasser spiegeln, so leuchten in ihm die Schriften und Worte, die Tugenden und Werke der Menschen vor mir auf ... Zuweilen sehe ich in diesem Lichte ein anderes Licht, das ich ›das lebendige Licht selbst‹ nenne ... Und wenn ich es betrachte, dann verschwindet alle Trauer, aller Schmerz aus meinem Gedächtnis, so daß ich nicht eine alte Frau, sondern gleich einem jungen Mädchen bin.«

Weil diese Visionen von Ekstase von einer tiefempfundenen göttlichen und geistigen Bedeutung erfüllt waren, trugen sie entscheidend dazu bei, daß Hildegard ihr Leben dem Gottesdienst und der Mystik widmete. Sie stellen ein einzigartiges Beispiel dafür dar, wie ein physiologischer Vorgang, der für die allermeisten anderen Menschen banal, unangenehm oder bedeutungslos wäre, bei einem Menschen, dessen Bewußtsein ihn von der breiten Masse abhebt, zur Grundlage höchst ekstatischer Inspirationen werden kann.

Erst bei Dostojewski stößt man auf eine adäquate historische Parallele. Auch er sah bisweilen ekstatische epileptische Auren, denen er eine große Bedeutung beimaß: »Es gibt Augenblicke, und sie dauern nur fünf oder sechs Sekunden, in denen man die Existenz einer göttlichen Harmonie erfährt ... Die schreckliche Klarheit, mit der sie sich offenbart, und die Verzückung, mit der sie einen erfüllt, ist furchtbar. Wenn dieser Zustand länger als fünf Sekunden dauern würde, könnte die Seele ihn nicht ertragen und müßte entfliehen. In diesen fünf Sekunden durchlebe ich ein ganzes Menschenleben, und ich würde alles dafür hingeben, ohne daß ich glauben würde, zuviel dafür bezahlt zu haben ...«

Mulla Nasrudin streut sorgfältig Erbsen um sein ganzes Anwesen. Ein Freund fragt ihn:
»Was soll denn das, Mulla?«
»Ich schrecke die wilden Bestien ab!«
»Aber Mulla, es gibt doch in unserer Gegend gar keine wilden Bestien.«
»Woran du sehen kannst, wie sicher mein Mittel wirkt.«

Spirituelle Psychologie

Wer also die menschliche Seele kennenlernen will, dem wäre zu raten, der Studierstube Valet zu sagen und mit menschlichem Herzen durch die Welt zu wandern, durch die Schrecken der Gefängnisse, Irrenhäuser und Spitäler, durch trübe Vorstadtkneipen, Bordelle und Spielhöllen, durch die Salons der eleganten Gesellschaft, die Börsen, die sozialistischen Meetings, die Kirchen, die Revivals und Ekstasen der Sekten zu gehen, Liebe und Haß, Leidenschaft in jeder Form am eigenen Leibe zu erleben, und er käme zurück mit reicherem Wissen beladen, als ihm fußdicke Lehrbücher je gegeben hätten, und er wird seinen Kranken ein Arzt sein können, ein wirklicher Kenner der menschlichen Seele ... Das Hauptinteresse meiner Arbeit liegt nicht in der Behandlung von Neurosen, sondern in der Annäherung an das Numinose. Es ist jedoch so, daß der Zugang zum Numinosen die eigentliche Therapie ist, und insoweit man zu den numinosen Erfahrungen gelangt, wird man vom Fluch der Krankheit erlöst. Die Krankheit selbst nimmt numinosen Charakter an ... Unter allen meinen Patienten jenseits der Lebensmitte ist nicht ein einziger, dessen endgültiges Problem nicht das der religiösen Einstellung wäre, und keiner ist wirklich geheilt, der seine religiöse Einstellung nicht wieder erreicht, was mit Konfession oder Zugehörigkeit zu einer Kirche natürlich nichts zu tun hat.

C. G. Jung

Nicht nur als Motto, sondern auch als Einführung sei mit diesen Sätzen auf das gesamte Werk C. G. JUNGS verwiesen, des eigentlichen Vaters der Spirituellen Psychologie, wie auch folgender Text eindrücklich zeigt:

Über die Archetypen
des kollektiven Unbewußten

Der Archetypus stellt wesentlich einen unbewußten Inhalt dar, welcher durch seine Bewußtwerdung und das Wahrgenommensein verändert wird, und zwar im Sinne des jeweiligen individuellen Bewußtseins, in welchem er auftaucht. Was mit »Archetypus« gemeint ist, ist durch dessen eben dargelegte Beziehung zu Mythus, Geheimlehre und Märchen wohl deutlich gesagt. Versuchen wir dagegen, *psychologisch* zu ergründen, was ein Archetypus ist, so wird die Sache komplizierter. Man hat sich in der Mythenforschung bisher immer mit solaren, lunaren, meteorologischen, Vegetations- und anderen Hilfsvorstellungen begnügt. Daß die Mythen aber in erster Linie psychische Manifestationen sind, welche das Wesen der Seele darstellen, darauf hat man sich bisher so gut wie gar nicht eingelassen. An einer objektiven Erklärung der offenkundigen Dinge liegt dem Primitiven zunächst wenig, dagegen hat er ein unabweisbares Bedürfnis oder, besser gesagt, hat seine unbewußte Seele einen unüberwindlichen Drang, alle äußere Sinneserfahrung an seelisches Geschehen zu assimilieren. Es genügt dem Primitiven nicht, die Sonne auf- und untergehen zu sehen, sondern diese äußere Beobachtung muß *zugleich auch ein seelisches Geschehen* sein, das heißt, die Sonne muß in ihrer Wandlung das Schicksal eines Gottes oder Helden darstellen, der, im Grunde genommen, nirgends anders wohnt als in der Seele des Menschen. Alle mythisierten Naturvorgänge wie Sommer und Winter, Mondwechsel, Regenzeiten usw. sind nichts weniger als Allegorien ebendieser objektiven Erfahrungen, als vielmehr symbolische Ausdrücke für das innere und unbewußte Drama der Seele, welches auf dem Wege der Projektion, das heißt gespiegelt in den Naturereignissen, dem menschlichen Bewußtsein faßbar wird. Die Projektion ist dermaßen gründlich, daß es einiger Jahrtausende Kultur bedurfte, um sie auch nur einigermaßen vom äußeren Objekt abzutrennen. Im Falle der Astrologie zum Beispiel kam es sogar zu einer absoluten Verketzerung dieser uralten *scientia intuitiva,* weil man es nicht fertigbrachte, die psychologische Charakterologie von den Sternen abzutrennen. Und wer heute noch oder wieder an Astrologie glaubt, der verfällt fast in der Regel wiederum der alten superstitiösen Annahme von Gestirneinflüssen, trotzdem jeder, der ein Horoskop berechnen kann, es wissen sollte, daß seit den Tagen des Hipparchos von Alexandrien der Frühlingspunkt auf 0° Aries festgesetzt ist, daß also mithin jedes Horoskop auf einem arbiträren Tierkreis beruht, weil eben seit Hipparchos infolge der Präzession der Tagundnachtgleichen der Frühlingspunkt allmählich in die Anfangsgrade der Pisces vorgerückt ist.

Der primitive Mensch ist von so eindrucksvoller Subjektivität, daß es eigentlich die allererste Vermutung hätte sein sollen, die Mythen auf Seelisches zu beziehen. Seine Naturerkenntnis ist wesentlich Sprache und äußere Bekleidung des unbewußten Seelenvorganges. Darin, daß letzterer unbewußt ist, liegt der Grund, warum man zur Erklärung des Mythus an alles andere eher als an die Seele gedacht hat.

Man hat ganz einfach nicht gewußt, daß die Seele alle jene Bilder enthält, aus denen Mythen je entstanden sind, und daß unser Unbewußtes ein handelndes und erleidendes Subjekt ist, dessen Drama der primitive Mensch in allen großen und kleinen Naturvorgängen analogisch wiederfindet.

»In deiner Brust sind deines Schicksals Sterne«, sagt Seni zu Wallenstein, womit aller Astrologie Genüge getan wäre, wenn man nur einiges um dieses Geheimnis des Herzens wüßte. Dafür aber hatte man bisher geringes Verständnis. Daß es heutzutage damit prinzipiell besser stehe, wage ich nicht zu behaupten.

Die Stammeslehre ist *heilig-gefährlich*. Alle Geheimlehren suchen das unsichtbare Geschehen der Seele zu erfassen, und alle beanspruchen für sich höchste Autorität. Was für diese primitiven Lehren wahr ist, das gilt in noch höherem Maße von den herrschenden Weltreligionen. Sie enthalten ursprünglich geheimes Offenbarungswissen und haben die Geheimnisse der Seele in herrlichen Bildern ausgedrückt. Ihre Tempel und ihre heiligen Schriften verkünden in Bild und Wort die altgeheiligte Lehre, jedem gläubigen Gemüte, jeder empfindsamen Anschauung und jeder denkerischen Ausschöpfung zugänglich. Ja, man muß sogar sagen, daß, je schöner, je großartiger, je umfassender das gewordene und übermittelte Bild ist, desto weiter ist es der individuellen Erfahrung entrückt. Wir können es nur noch einfühlen und anempfinden, aber die Urerfahrung ist verloren. Warum ist Psychologie wohl die allerjüngste der Erfahrungswissenschaften? Warum hat man das Unbewußte nicht schon längst entdeckt und seinen Schatz an ewigen Bildern gehoben? Ganz einfach darum nicht, weil wir eine religiöse Formel für alle Dinge der Seele hatten, die weit schöner und umfassender ist als unmittelbare Erfahrung. Wenn für viele die christliche Anschauungswelt verblaßt ist, so sind dafür die symbolischen Schatzkammern des Ostens noch voll von Wundern, welche die Lust am Schauen und an neuen Kleidern auf lange Zeit hinaus nähren können. Und überdies sind diese Bilder – seien sie nun christlich oder buddhistisch oder irgend etwas anderes – schön, geheimnisvoll und ahnungsreich. Allerdings, je gewohnter sie uns sind, desto mehr hat der häufige Gebrauch sie abgeschliffen, so daß nur ihre banale Äußerlichkeit in ihrer fast sinnlosen Paradoxie übriggeblieben ist. Das Geheimnis der jungfräulichen Geburt oder die Homoousie des Sohnes mit dem Vater, oder die Trinität, die keine Triade ist, beflügeln keine philosophische Phantasie mehr. Sie sind bloße Glaubensobjekte geworden. Es ist daher nicht erstaunlich, wenn das religiöse Bedürfnis, der gläubige Sinn und die philosophische Spekulation des gebildeten Europäers sich von den Symbolen des Ostens, den grandiosen Auffassungen der Gottheit in Indien und den Abgründen taoistischer Philosophie in China angezogen fühlen, wie einstmals das Gemüt und der Geist des antiken Menschen von den christlichen Ideen erfaßt wurden. Es gibt viele, die sich zuerst der Einwirkung des christlichen Symbols hingaben, bis sie sich in die Kierkegaardsche Neurose verwickelten, oder bis ihr Verhältnis zu Gott, infolge zunehmender Verarmung an Symbolik, zu einer unerträglich zugespitzten Ich-Du-Beziehung sich entwickelte, um dann dem Zauber der frischen Fremdartigkeit östlicher Symbole zu erliegen. Dieses Erliegen ist nicht notwendigerweise stets eine Niederlage, sondern es kann die Aufgeschlossenheit und die Lebendigkeit des religiösen Empfindens beweisen. Wir beobachten etwas Ähnliches beim östlichen Gebildeten, der sich nicht allzu selten vom christlichen Symbol oder von der dem östlichen Geiste so inadäquaten Wissenschaft angezogen fühlt und sogar ein beneidenswertes Verständnis dafür entwickelt. Daß man diesen ewigen Bildern erliegt, ist eine an sich normale Sache. Dafür sind diese Bilder ja vorhanden. Sie sollen anziehen, überzeugen, faszinieren und überwältigen. Sie sind ja aus dem Urstoff der Offenbarung geschaffen und bilden die jeweils erstmalige Erfahrung der Gottheit ab. Darum erschließen sie dem Menschen auch immer die Ahnung des Göttlichen und sichern ihn zugleich vor der unmittelbaren Erfahrung desselben. Diese Bilder sind, dank einem oft jahrhundertelangen Bemühen des menschlichen Geistes, in ein umfassendes System weltordnender Gedanken eingebettet und zugleich durch eine mächtige, ausgebreitete, altehrwürdige Institution, genannt Kirche, dargestellt ...

Das Unbewußte nun gilt gemeiniglich als eine Art von abgekapselter persönlicher Intimität, was die Bibel etwa als »Herz« bezeichnet und unter anderem als den Ursprungsort aller bösen Gedanken auffaßt. In den Kammern des Herzens wohnen die schlimmen Blutgeister, rascher Zorn und sinnliche Schwäche. So sieht das Unbewußte aus, wenn vom Bewußtsein betrachtet. Das Bewußtsein scheint aber wesentlich eine Angelegenheit des Großhirns zu sein, das alles zertrennt und in Vereinzelung sieht, also auch das Unbewußte, welches durchaus als *mein* Unbewußtes betrachtet wird. Man meint daher allgemein, daß, wer ins Unbewußte hinuntersteige, in die drangvolle Enge egozentrischer Subjektivität gerate und in dieser Sackgasse dem Angriff aller bösen Tiere, welche die Höhle der seelischen Unterwelt beherbergen soll, ausgeliefert sei.

Wer in den *Spiegel* des Wassers blickt, sieht allerdings zunächst sein eigenes Bild. Wer zu sich selber geht, riskiert die Begegnung mit sich selbst. Der Spiegel schmeichelt nicht, er zeigt getreu, was in ihn hineinschaut, nämlich jenes Gesicht, das wir der Welt nie zeigen, weil wir es durch die Persona, die Maske des Schauspielers, verhüllen. Der Spiegel aber liegt hinter der Maske und zeigt das wahre Gesicht. Dies ist die erste Mutprobe auf dem inneren Wege, eine Probe, die genügt, um die meisten abzuschrecken, denn die Begegnung mit sich selber gehört zu den unangenehmeren Dingen, denen man entgeht, solange man alles Negative auf die Umgebung projizieren kann. Ist man imstande, den eigenen *Schatten* zu sehen und das Wissen um ihn zu ertragen, ist erst ein kleiner Teil der Aufgabe gelöst: man hat wenigstens das *persönliche Unbewußte* aufgehoben. Der Schatten aber ist ein lebendiger Teil der Persönlichkeit und will darum in irgendeiner Form mitleben. Man kann ihn nicht wegbeweisen oder in Harmlosigkeit umvernünfteln … Die Begegnung mit sich selber bedeutet zunächst die Begegnung mit dem eigenen Schatten. Der Schatten ist allerdings ein Engpaß, ein schmales Tor, dessen peinliche Enge keinem, der in den tiefen Brunnen hinuntersteigt, erspart bleibt. *Man muß aber sich selber kennenlernen, damit man weiß, wer man ist,* denn das, was nach dem Tore kommt, ist unerwarteterweise eine grenzenlose Weite voll unerhörter Unbestimmtheit, anscheinend kein Innen und kein Außen, kein Oben und kein Unten, kein Hier oder Dort, kein Mein und kein Dein, kein Gutes und kein Böses. Es ist die Welt des Wassers, in der alles Lebendige suspendiert schwebt, wo das Reich des »Sympathicus«, der Seele alles Lebendigen, beginnt, wo ich untrennbar dieses und jenes bin, wo ich den anderen in mir erlebe und der andere als Ich mich erlebt. Das kollektive Unbewußte ist alles weniger als ein abgekapseltes, persönliches System, es ist weltweite und weltoffene Objektivität. Ich bin das Objekt aller Subjekte in völligster Umkehrung meines gewöhnlichen Bewußtseins, wo ich stets Subjekt bin, welches Objekte *hat*. Dort bin ich in der unmittelbarsten Weltverbundenheit dermaßen angeschlossen, daß ich nur allzu leicht vergesse, wer ich in Wirklichkeit bin. »In sich selbst verloren« ist ein gutes Wort, um diesen Zustand zu kennzeichnen. Dieses Selbst aber ist die Welt, oder eine Welt, wenn ein Bewußtsein es sehen könnte. Darum muß man wissen, *wer* man ist. Kaum berührt uns nämlich das Unbewußte, so ist man es schon, indem man seiner selber unbewußt wird. Das ist die Urgefahr, die dem primitiven Menschen, der ja selber noch so nahe diesem Pleroma steht, instinktmäßig bekannt und ein Gegenstand des Schreckens ist. Seine Bewußtheit ist nämlich noch unsicher und steht auf schwankenden Füßen. Sie ist noch kindlich, eben aufgetaucht aus den Urwassern. Leicht kann eine Woge des Unbewußten über sie hinwegschlagen, und er vergißt, wer er war, und tut Dinge, in denen er sich selbst nicht mehr kennt. Deshalb scheuen Primitive unbeherrschte Affekte, weil in solchen allzu leicht das Bewußtsein untergeht und der *Besessenheit* Raum gibt. Alles Trachten der Menschheit ging daher nach *Befestigung des Bewußtseins*. Diesem Zwecke dienten die Riten, die *»représentations collectives«*, die Dogmata; sie waren Dämme und Mauern, errichtet gegen die Gefahren des Unbewußten, die *»perils of the soul«*. Der primitive Ritus besteht darum in Geisterbannung, Enthexung, Abwendung des bösen Omens, Propitiierung, Purifikation und analogischer, das heißt magischer Herstellung des hilfreichen Geschehens.

Ob primitiv oder nicht, die Menschheit steht immer an den Grenzen jener Dinge, die sie selber tut und doch nicht beherrscht. Alle Welt will den Frieden und alle Welt rüstet zum Kriege nach dem Axiom: si vis pacem, para bellum, um nur *ein* Beispiel zu nennen. Die Menschheit vermag nichts gegen die Menschheit, und Götter, wie nur je, weisen ihr die Schicksalswege. Wir nennen die Götter heute »Faktoren«, was von *facere* = machen kommt. Die Macher stehen hinter den Kulissen des Welttheaters. Es ist im großen wie im kleinen. Im Bewußtsein sind wir unsere eigenen Herren; wir sind anscheinend die »Faktoren« selber. Schreiten wir aber durch das Tor des Schattens, so werden wir mit Schrecken inne, daß wir Objekte von Faktoren sind. Solches zu wissen ist entschieden unangenehm; denn nichts enttäuscht mehr als die Entdeckung unserer Unzulänglichkeit. Es gibt sogar Anlaß zu primitiver Panik, denn die ängstlich geglaubte und gehütete Suprematie des Bewußtseins, die in der Tat ein Geheimnis menschlichen Erfolges ist, wird gefährlich in Frage gestellt. Da aber Unwissenheit keine Sicherheit verbürgt, sondern im Gegenteil die Unsicherheit noch vermehrt, so ist es wohl besser, trotz aller Scheu um unsere Bedrohtheit zu wissen. Richtige Fragestellung bedeutet schon die halbe Lösung eines Problems. Auf alle Fälle wissen wir dann, daß die größte Gefahr, die uns bedroht, aus der Unabsehbarkeit der psychischen Reaktion stammt. Einsichtige haben deshalb schon seit geraumer Zeit verstanden, daß äußere historische Bedingungen irgendwelcher Art nur die Anlässe zu den wirklichen daseinsbedrohenden Gefahren bilden, nämlich zu politisch-sozialen Wahnbildungen, die nicht kausal als notwendige Folgen äußerer Bedingungen, sondern als Entscheidungen des Unbewußten aufzufassen sind.

Diese Problematik ist neu, denn alle Zeiten vor uns glaubten noch an Götter in irgendeiner Form. Es bedurfte schon einer beispiellosen Verarmung an Symbolik, um die Götter als psychische Faktoren, nämlich als Archetypen des Unbewußten wieder zu entdecken. Diese Entdeckung ist wohl vorderhand noch unglaubwürdig. Zur Überzeugung bedarf es jener Erfahrung, die im Traume des Theologen skizziert ist, nur dann wird die Selbsttätigkeit des Geistes über den Wassern erfahren. Seitdem die Sterne vom Himmel gefallen und unsere höchsten Symbole verblaßt sind, herrscht geheimes Leben im Unbewußten. Deshalb haben wir heutzutage eine Psychologie, und deshalb reden wir vom Unbewußten. All dies wäre und ist auch in der Tat ganz überflüssig in einer Zeit und in einer Kulturform, welche Symbole hat. Denn diese sind Geist von oben, und dann ist auch der Geist oben. Darum wäre es für solche Menschen ein törichtes und sinnloses Unterfangen, ein Unbewußtes erleben oder erforschen zu wollen, das nichts enthält als das stille, ungestörte Walten der Natur. Unser Unbewußtes aber birgt belebtes Wasser, das heißt naturhaft gewordenen Geist, um dessentwillen es aufgestört ist. Der Himmel ist uns physikalischer Weltraum geworden und das göttliche Empyreum eine schöne Erinnerung, wie es einstmals war. Unser »Herz aber glüht«, und geheime Unruhe benagt die Wurzeln unseres Seins.

* * *

Ähnlich wie wir im Institut Dethlefsen Anfang der achtziger Jahre begonnen hatten, körperliche Krankheitsbilder auf ihre seelischen Inhalte zu untersuchen (das Buch Krankheit als Weg *dokumentiert diese Entwicklung) und jedes Symptom auf seine Bedeutung hin zu hinterfragen, ist der amerikanische Psychiater* EDWARD PODVOLL *in das Niemandsland hinter den Geisteskrankheiten vorgestoßen. In seinem eindrucksvollen Buch* Verlockung des Wahnsinns *läßt er uns an Sinn und Bedeutung dieser großen Nachtmahrfahrten des Lebens teilhaben:*

Bilder des Wahnsinns

1. Percevals Mut

Ich leihe den Stummen meine Sprache ... und fordere Sie auf, sich an die Stelle der Menschen zu versetzen, deren Leiden ich schildere. Erst dann mögen Sie Überlegungen darüber anstellen, wie sie zu behandeln sind Fühlen Sie mit ihnen. Verteidigen Sie sie. Seien Sie ihr Freund – greifen Sie sie nicht an. JOHN THOMAS PERCEVAL

Ketzerei

Er wanderte im Regen am nebelverhangenen Strand von Port Glasgow entlang. Er wußte, daß er bekehrt worden war. Er hatte bekommen, was er sich gewünscht hatte. Doch niemals hätte er gedacht, daß er es so deutlich spüren würde. Er hatte empfunden, wie ganz oben vom Scheitel her ein »Geist« oder ein »Strom« durch seinen Körper hinabrann, ihn durchdrang und mit einem unbeschreiblichen

Wohlgefühl erfüllte. Es war der »süßeste, mildeste und wohltuendste Frieden«, den er jemals erlebt hatte.

Wie hatte er nur daran zweifeln können, daß ihm dieses Geschenk zuteil werden würde? Doch er hatte gezweifelt – und dann auch wieder nicht.

In qualvoller Unentschlossenheit war er vorwärts und rückwärts gegangen. Aber er wollte, daß es geschah. Er war in diese nordschottische Küstenstadt im trüben September gekommen, um die außergewöhnlichen übersinnlichen Ereignisse zu erkunden, für die dieser Ort weithin bekannt geworden war. Für die Kirche war es ein Skandal, sie bezeichnete es als die »Ketzerei von Row«. In Port Glasgow, genau der Fähranlegestelle in Row gegenüber, sprach eine kleine Gemeinschaft erweckter Christen »in Zungen«. Perceval hatte die Universität Oxford verlassen und drei Monate gebraucht, bis er hier eintraf. Und sobald er zu diesen Menschen gelangt war und ihre begeisternde Gegenwart erlebte, verlangte er auch selbst nach diesem göttlichen Geschenk des Heiligen Geistes, das die anderen offenbar erhalten hatten. Aber als es zu ihm kam, überflutete es ihn in großen, brausenden Wogen, untergrub die Gesundheit seiner Nerven, verwirrte seinen Verstand, und in den vierzig Jahren, die noch folgten, hatte er mit der Krankheit seines Geistes zu kämpfen.

John Thomas Perceval (1803–1876) war ein junger Adliger des viktorianischen England. Obwohl Sohn eines populären englischen Premierministers, wurde er gegen seinen Willen im Alter von 29 Jahren in eine »Irrenanstalt« eingeliefert. Im ersten Jahr seines Aufenthalts dort genas er weitgehend von seiner Psychose, wurde aber erst zwei Jahre später entlassen. Von da an widmete er sein Leben der Verkündigung der durch harte Erfahrungen erkämpften Wahrheit: daß Heilung einer Psychose möglich ist und wie sie möglich ist. Diese Gewißheit schenkte ihm die Kraft, die Mechanismen des Wahnsinns zu durchschauen und den Code zu knacken, der ihn an seine Psychose fesselte.

Das Interesse am psychotischen Menschen, ja die Faszination durch ihn ist unausrottbar. Seit Urzeiten haben Kranke und Ärzte den Ursprung der Psychose und ihre rätselhaften Eigenschaften diskutiert und beschrieben. Die Spekulationen von Philosophen, Psychologen, Wissenschaftlern und Heiligen jeder Couleur darüber nehmen kein Ende. Doch ebenso zeitlos ist die Undurchdringlichkeit dieses Phänomens. Immer wieder sind auch Hinweise und Vermutungen aufgetaucht, daß in der Kenntnis der Psychose der Schlüssel zu den elementarsten und mächtigsten Energien der menschlichen Seele liegen könnte. Aber die Psychose ist und bleibt ein dunkles, düster lockendes Gebiet der Seele. Fällt jedoch einmal ein Lichtstrahl in dieses Dunkel, so treten mit einem Schlag ganz andere Konturen der Seelenlandschaft hervor.

Die äußere Geschichte der Psychose Percevals scheint uns sehr vertraut zu sein und wirkt überraschend modern. Er war ein Student, der sich zunehmend auf seine innere Entwicklung konzentrierte. Innere Erlebnisse sollten seinem sonst recht öden, beschränkten Dasein Inhalt und Bedeutsamkeit geben. Er begeisterte sich für eine religiöse Gruppe, die sich mit »Transzendenz« und Erleuchtungserfahrungen beschäftigte, und schloß sich ihr an. Nach kurzer Zeit wurde er geradezu begierig nach spiritueller Erfahrung. Unaufhörlich versuchte er, die Zustände einer Bewußtseinsveränderung, die er durch verschiedene Methoden zur Beeinflussung des Bewußtseins hervorgerufen hatte, noch zu intensivieren. Schließlich geriet er in einen Zustand, in dem er zwischen den Extremen eines ekstatischen Lebens im »Himmel« und einer Reise durch die Schrecken der »Hölle« hin und her pendelte.

Er wurde nun von seiner Familie in eine Heilanstalt eingewiesen und fast drei Jahre lang auf Grund richterlichen Beschlusses in zwei renommierten Kliniken behandelt. Für einige Monate verschlechterte sich sein Zustand zunächst. Abwechselnd unterwarf er sich bedingungslos seinen Halluzinationen, die ihm Befehle erteilten, oder lehnte sich heftig dagegen auf. Im letzten Jahr des Krankenhausaufenthalts aber war es sein einziger Gedanke, entlassen zu werden. Er wehrte sich mit Händen und Füßen gegen jeden Versuch, ihn zu behandeln. Schließlich erreichte er »gegen ärztlichen Rat« die Entlassung, aber nur dadurch, daß er allen mit seiner Behandlung betrauten Personen androhte, sie wegen Nachlässigkeit und Amtsmißbrauchs zu belangen.

Ähnliches findet sich in zahllosen Krankengeschichten junger Menschen, die den Verstand verloren haben. So wird die Geschichte der psychischen Erkrankung John Percevals zum Bild für den Wahnsinn überhaupt.

Aber die innere Geschichte John Percevals unterscheidet sich von der der meisten anderen. Aus eigener Kraft bahnte er sich unter vielen Gefahren seinen Weg zur Heilung, und da er fest entschlossen war, diesen Weg auch beweiskräftig zu dokumentieren, führte er Tagebuch darüber. Er veröffentlichte es gegen den erbitterten Widerstand seiner Familie und der Ärzteschaft. Nach 150 Jahren wurden Percevals Aufzeichnungen durch Gregory Bateson der Vergessenheit entrissen, und sie wirken heute noch ebenso frisch und brandaktuell wie zur Zeit ihrer Abfassung.

In den Tagen Percevals hielt man Psychosen für unheilbar. Möglich erschien höchstens eine geringfügige Besserung. Auf jeden Fall war der Psychotiker für die Menschheit verloren. Aber Perceval hegte die unbezwingliche Hoffnung, daß diese destruktiven Vorstellungen vom Wesen der Psychose durch ein wirkliches, in die Tiefe gehendes Verständnis des psychotischen Bewußtseins widerlegt werden könnten. Nimmt man jedoch seine Erfahrungen ernst, so gerät man an den Rand der Ketzerei. Denn unweigerlich wird man dann in Dinge hineingezogen, die er die »magische« und »wunderbare« Dimension der Psychose nannte.

Nicht alle Forscher nähern sich dem Phänomen Psychose mit derart bohrender Intensität. Viele Experten auf dem Gebiet der Therapie schwer psychisch Gestörter haben gar kein Interesse daran, sich mit den überaus starken, hellen und sogar überwältigenden Momenten im psychotischen Bewußtsein auseinanderzusetzen. Ihrer Meinung nach gibt es vom Psychotiker nichts zu lernen, nichts von der dauernden Verführung, der er ausgesetzt ist, nichts von den subtilen Vorgängen bei der Entstehung von Wahnvorstellungen, selbst wenn diese, wie es tatsächlich oft der Fall ist, Hinweise darauf geben, wie man die Leiden des Psychotikers mildern könnte ...

Ausbruch

John Perceval verlebte seine Jugend unter Aristokraten und inmitten selbstverständlichen Reichtums. Wie er berichtet, »wuchs ich in einer Zeit des Friedens und des Überflusses auf, erlernte kultivierte Umgangsformen und alle Erfordernisse der Etikette, gewöhnte mich an maßvolle Lebensführung und Selbstbeherrschung und schenkte der Religion meines Landes die gebührende Beachtung, ja zollte ihr

Hochachtung und Respekt«. Bis zu seiner Erkrankung führte er das konventionelle Leben eines Gentleman der Oberklasse. Doch erfüllte ihn allmählich tiefes, immer wachsendes Unbehagen.

Ausgebildet in Harrow und von Privatlehrern, war er ein geachtetes Mitglied des Landadels und lebte so anständig und ehrenhaft wie nur je ein Zeitgenosse, der felsenfest davon überzeugt war, ein geborener Führer und Wohltäter Englands zu sein. Keinen Augenblick verließ ihn der glühende, typisch englische Glaube an die Ideale Gerechtigkeit, Freiheit und Fairneß, insbesondere nicht der legendäre englische Respekt vor den Rechten des Individuums. In diesem allen sah Perceval die große und hohe Mission des britischen Reiches. Und diesen Überzeugungen huldigte er in seiner Jugend, während seiner Psychose und nach seiner Heilung, ja er blieb ihnen bis zum Tode treu. In gewissem Sinn war er einer der typischsten Engländer seiner Zeit.

Er sah gut aus und besaß wie sein Vater, Spencer Perceval, Premierminister Georgs III., große, traurige, braune Augen. Als er neun Jahre alt war, starb sein Vater, und seine Mutter mußte sich nun allein um ihn, seine fünf Brüder und sechs Schwestern kümmern. John war stark, von athletischer Figur. Von Kindheit an war er daran gewöhnt, mehrere Stunden am Tag hart zu trainieren. Nichts liebte er mehr als, wie er sich ausdrückte, »Selbstdisziplin«. Er verfügte über einen scharfen Intellekt, konnte zum Beispiel fließend Griechisch und Lateinisch lesen und schreiben. Doch entschloß er sich, die Schulbank zugunsten einer weniger gelehrten Karriere zu verlassen. Von Natur aus zog ihn das Militär an, und durch Familienbeziehungen erhielt er im Alter von achtzehn einen Posten in der Kavallerie. Später bekleidete er den

Rang eines Kapitäns bei den First Foot Guards. Der Übergang zum Militär fiel ihm nicht schwer: »Ich war in sorgloser Atmosphäre, aber zu moralisch skrupulösem Betragen erzogen worden. Jetzt trat ich in die Schule der weltgewandten, geschmeidigen Aristokraten ein.« Dieser Ausdruck *»moralisch skrupulös«* zieht sich durch sein ganzes Leben, als wäre es die eigentliche Signatur seines Charakters.

Es gab nämlich ein Problem: Perceval war streng gegen sich und andere. Das war seine Vorstellung von moralischer Integrität. Gleichzeitig machte er sich Gedanken über seine tatsächliche Charakterstärke und hegte Zweifel, ob sein Mut standhalten würde, wenn seine Kompanie einmal in den Kampf ziehen mußte. Er war bekannt für sein »ernstes Schweigen, wenn meine Kameraden leichtsinnig die Grenzen des Schicklichen überschritten und über die Religion spotteten oder das sittliche Empfinden beleidigten. Fest widerstand ich auch allen Versuchen, mich durch Spott zu Unbeherrschtheiten zu verleiten.« Seine strenge Sittenreinheit führte zu einer Art Verkrampfung. Gewiß wirkte er humorlos auf seine Umgebung. Am Lagerfeuer beim Biwakieren muß er recht prüde und überheblich dreingeschaut haben, geschwellt von seiner eigenen Tugendhaftigkeit. Aber in Wirklichkeit quälte ihn diese Strenge, mit der er gegen sich selbst verfuhr.

In meinem Inneren focht ich schwere Seelenkämpfe aus. Die Wahrheit der christlichen Religion war mir fraglich geworden. Dazu kamen Gewissensbisse wegen meiner Unfähigkeit, nach den Normen und inneren Maßstäben zu leben, wie sie von Jesus und seinen Aposteln gelehrt worden waren, aber auch Erstaunen darüber, in welchen

Sumpf der Leichtlebigkeit und des Widerspruchs zur Tradition die mich umgebende Gesellschaft geraten war.

Eine heftige Gegenreaktion im eigenen Wesen kündigte sich an. Der Drang, zu einer sinnvolleren Existenz zu kommen, erreichte allmählich seinen Höhepunkt, und irgendwann mußte ein Eklat erfolgen wie bei einem zu hart dressierten Pferd, das eines Tages ausbricht und wild umhertollt.

So kam es zur *spirituellen Krise*. Perceval verspürte den Impuls, ein rechtschaffenes, kultiviertes und mitfühlendes Leben zu führen. Zur gleichen Zeit aber wurde er von Ekel vor seinem eigenen Egoismus und der Ichbezogenheit der ihn umgebenden Menschen erfaßt. Diese in ihm aufkeimende Gegenreaktion nährte die Tendenz zu Entsagung und Askese, und er zog die Schraube der Selbstzucht noch stärker an. All seine früheren Anstrengungen sah er jetzt in einem neuen Licht. Sie hatten ja doch nur dem konventionellen Streben nach Macht, Genuß und Reichtum gegolten.

Er betete um Führung. Er studierte die Bibel, vor allem die Propheten. In seiner schwierigen Lage fühlte er sich zunehmend zu Menschen hingezogen, die ähnliche Kämpfe durchlitten hatten und zu besseren Menschen geworden waren: die Wüstenväter und die Scharen von »Gottesstreitern«, die mit dem Einsatz von Leib und Leben nach Lösungen der Daseinsprobleme gerungen hatten. Er begann zu fasten. Dann fügte er »seinen Maßnahmen die Übung hinzu, wach zu bleiben und zu beten«. Wie er von König David gelesen hatte, blieb er oft die Nacht durch wach und betete. Und dann tauchten Visionen auf, »wobei ich bald entdeckte, daß es Bilder von Ereignissen waren, die sich kurz darauf auch wirklich begaben«.

Mehr und mehr besuchte er jetzt Gottesdienste, manchmal auch arme Familien, und leistete Sterbehilfe. Er nahm an Gesprächen in kleinem Kreis über die Lehren eines »erweckten« Christentums teil (wie es schon sein Vater getan hatte) und interessierte sich vor allem für die Aussagen über »direkte Kontakte« mit dem Christus im Innern des Menschen. In seinem geistigen Fieberzustand ergriffen religiöse Dogmen obsessiv von ihm Besitz. Alles, was er las und in seiner Umgebung sah, bewies ihm, daß die Welt hoffnungslos im Strudel des moralischen Niedergangs versank. Insgeheim war er von der kurz bevorstehenden »Vernichtung der Welt« überzeugt. Das wiederum führte zu Anfällen von Depression. Allmählich aber reifte ein fester Entschluß in ihm. Nach neun Jahren beim Militär trat Perceval von seinem Posten zurück und begab sich ins Magdalen College nach Oxford, um dort Theologie zu studieren.

Bekehrung: Ruhe

Er genoß zunächst sein Glück, die richtige Entscheidung getroffen zu haben, und nahm jede Gelegenheit wahr, den Erweckungspredigern der »neuen Lehre« zuzuhören, die regelmäßig durch Oxford kamen. Ungeheuer erregten ihn ihre Worte, daß es möglich sein sollte, die »unmittelbare Gegenwart« des Heiligen Geistes zu erfahren:

Ich fühlte mich wie neu geboren und spürte die Kraft in mir, alle Konventionen, die mich in meinem bisherigen Leben so gequält hatten, zu überwinden. Ich bildete mir ein, die Früchte eines neuen Lebens, die Beweise für die Gaben des Heiligen Geistes, bestünden darin, absolut vorurteilslos zu handeln – und zu sprechen –, in allem überaus gewissenhaft zu sein und reine Gedanken zu haben. Zum ersten Mal stimmte mein Denken mit meinen Taten überein.

Wenn man weiß, welche tragischen Jahre Perceval noch bevorstanden, kann man nicht umhin, als sich mit ihm – wie er es damals tat – über diese wunderbare und so lang ersehnte Wandlung in der Ödnis seiner Seele zu freuen. Man kann es ein »Bekehrungserlebnis« nennen. Als William James die allgemeinen Merkmale solcher Bekehrungserlebnisse untersuchte, stellte er fest, daß sie alle in Situationen starker Spannung, sei es im äußeren, sei es im inneren Leben, auftraten. Und immer erfolgte dann eine Art psychischer Implosion, durch die ein ausgedehntes, »bisher unter der Schwelle des Bewußtseins liegendes Feld« seelischer Tatsachen freigelegt wurde.

Perceval sprach von Erfahrungen, die »das Herz in Erstaunen versetzen«. Heutzutage bezeichnet man derartige Erlebnisse gelegentlich als »Transformationserfahrungen« oder »Transformationen des Bewußtseins«. Es sind Erfahrungen, die auch in der Psychose auftreten können und für die Betreffenden von höchster Bedeutung sind. Es sind die sich aus der psychotischen Erfahrung herauskristallisierenden Schätze, Edelsteine in dem Trümmerfeld, das die Psychose zu hinterlassen pflegt.

Die transformative Erfahrung

Allem Anschein nach ist das Spektrum der vielen tausend möglichen sogenannten »transformativen« Erfahrungen unübersehbar, ja unendlich groß. Auch die Wirkungen, die sie auf das Leben eines Menschen ausüben können, sind sehr unterschiedlich. Sie reichen von Empfindungen, die dem Kitsch nahestehen, bis zum Wunderbaren. Aber drei Gruppen von ihnen lassen sich unterscheiden: gewöhnliche transformative Erfahrungen, Bekehrungserfahrungen und psychotische Transformationen. John Perceval erlebte alle drei Typen, und zwar in höchst gedrängter Form. Manchmal waren es gewöhnliche »transformative« Erfahrungen: ein plötzliches Wachwerden für die spirituelle Dimension, seine geistige Berufung, für die Welt des Mysteriums, für das Erscheinen himmlischer Mächte auf Erden. In noch viel größere Tiefe aber scheinen seine »Bekehrungserlebnisse« hinabzureichen. Bei ihnen hatte er die Empfindung, »zu einem neuen Leben erwacht zu sein«, zu einem neuen Wesen mit vollkommeneren Eigenschaften, »begabt mit einer neuen Natur«, erfüllt vom »Leben des Geistes«. Ab und zu gingen diese Erfahrungen auch Hand in Hand mit ekstatischen physischen und psychischen Zuständen. Perceval begriff diese Erfahrungen auf ähnliche Art, wie Sören Kierkegaard sie erlebt und beschrieben hat:

… so geht ja eine Veränderung mit ihm vor, wie vom Nichtsein zum Sein. Dieser Übergang aber vom Nichtsein zum Sein, das ist ja der der Geburt … Wir wollen diesen Übergang die *Wiedergeburt* nennen, durch die er zum zweiten Mal auf die Welt kommt, genauso wie durch die Geburt, ein einzelner Mensch, der noch nichts von der Welt weiß, in die er hineingeboren wird, ob sie bewohnt ist, ob es andere Menschen in ihr gibt.

Viele Religionen und spirituelle Traditionen kennen die Wollust, die mit Erfahrungen spiritueller Transformation verbunden sein kann und die Menschen veranlaßt, sie immer wieder erleben zu wollen. Viele Traditionen warnen daher auch vor einem sogenannten spirituellen Materialismus. In der Vajrayana-Tradition des tibetischen Buddhismus – in Tibet saugen die Kinder derartige Geschichten und Lehren schon mit der Muttermilch ein – werden die gewöhnlichen transformativen Erfahrungen und die Bekehrungserlebnisse nur als »flüchtige Ereignisse« gewertet, die leicht mißzuverstehen – und zu mißbrauchen sind. Der tibetische Ausdruck dafür ist *nyam,* was »vorübergehende Erfahrung« bedeutet. Man weiß dort sehr genau, daß diese Erfahrungen bei intensiver Meditation auftauchen können, und teilt sie in verschiedene Kategorien ein. Die Hauptsache dabei ist aber: Sie sollten auf keinen Fall als Beweis für besondere persönliche Leistungen, insbesondere nicht für einen spirituellen Fortschritt des Meditierenden aufgefaßt werden. Der leiseste Versuch, durch Nachgiebigkeit gegen sich selbst oder Forcieren derartige Erfahrungen hervorzurufen, führt zu einer Verwilderung der Seele und zum Abirren vom richtigen Weg. Solche »vorübergehenden Erfahrungen« können immer wieder auftreten. Es ist nicht so, daß man sie nur einmal erlebt und dann hinter sich hat.

Von der »psychotischen transformativen Erfahrung«, die den Menschen in die Psychose treibt, heißt es, sie trete auf, wenn ein direkter Kontakt mit außerhalb der Kontrolle des Menschen stehenden »Mächten« stattfinde – guten oder bösen. Seit Urzeiten sind solche Mächte von Schamanen und geistigen Lehrern beschrieben und als gefährlich für die geistige Gesundheit des Menschen beurteilt worden. Auch unter den Heilern der amerikanischen Natives erzählt man sich Geschichten von begabten Heilern, die dem Umgang mit solchen Mächten zum Opfer fielen. Der Grund dafür ist, daß der Betreffende in derartigen Erfahrungen auch die *eigene* Macht spürt. Und wer von uns besitzt schon das Rüstzeug und die Selbstbeherrschung, um mit dieser Macht umgehen zu können?

… Es gibt einen genetischen Zyklus jeder Psychose, und fast alle Merkmale dieses Zyklus werden von Menschen erlebt, die geisteskrank werden. Es sind Erfahrungen, die wie die Glieder einer Kette ineinandergreifen und am Ende zum Anfang zurückkehren. Der gesamte Zyklus läßt sich als Gang durch sechs voneinander zu unterscheidende Bewußtseinszustände charakterisieren, deren jeder durch eine vorherrschende Emotion und eine typisch gefärbte Weltsicht gekennzeichnet ist. Jeder von ihnen hat seine besondere Art der Wahrnehmung der Welt, seine eigenen Bedürfnisse, Logik, Assoziationen, Symbole, Bilder und Körperempfindungen. In diesem Sinne sind es nicht so sehr Bewußtseinszustände als Seinsbereiche, »Reiche« der Wirklichkeit. Die Existenz dieser Reiche ist aber keineswegs nur auf Psychosen beschränkt. In jedem gewöhnlichen Leben bilden sie Durchgangsstationen, in denen der Mensch kürzere oder längere Zeit verweilt. Bei bestimmten, hochgradig neurotischen Menschen zum Beispiel läßt sich das eine oder andere dieser »Reiche« in intensivierter Form deutlich beobachten. Doch bei einer voll entwickelten Psychose sind die Erfahrungen dieser Reiche aufs äußerste gesteigert und ineinander verwoben, so daß sie in ihrer Gesamtheit das qualvolle Erlebnis der Geisteskrankheit hervorrufen.

Die Antriebsenergie, die den Übergang vom einen, allmählich eskalierenden »Reich« zum nächstfolgenden ermöglicht, ist die Hoffnung, irgendwo zu spiritueller Erfüllung zu gelangen. Hoffnung in diesem Sinne bezieht sich auf einen eigentümlichen psychischen und geistigen Materialismus. Bei Perceval begann es mit dem Reich der *Sehnsucht*. Er stand unter größtem Druck, sich von dem Widerwillen und Ekel, den er vor sich selbst und seiner Umwelt empfand, zu befreien. Daraus entstanden das Motiv und die Sehnsucht, ein besserer oder »höherer«, geistigerer Mensch zu werden. Daß diese Möglichkeit überhaupt bestand, wurde ihm bewußt, als er sein erstes Bekehrungserlebnis mit der damit verbundenen inneren Ruhe und dem tiefen Frieden hatte. Alles in seinem Leben schien zu diesem Zeitpunkt auf diesen Weg zum Glück hinzuweisen.

Als die Empfindungen intensiver wurden – oder der Zweifel sie ihm wieder raubte –, wollte er unbedingt mehr von ihnen haben und betrat nun das *Reich der Gier*. Diese Erfahrung besteht darin, daß man immer mehr von irgend etwas haben will, jedoch niemals volle Befriedigung finden kann. Man ist vielleicht einmal von einer spirituellen Gnade berührt worden, und der Hunger nach einer Wiederholung wächst nun ins Ungemessene. Jedesmal, wenn Perceval den geistigen Frieden erlangt hatte, nach dem er sich so sehnte, hatte sich dieser Friede als Illusion erwiesen, oder er konnte doch nichts damit anfangen, oder die Erfahrung wendete sich plötzlich gegen ihn. Er empfand den quälendsten Mangel: Stolz auf das, was er erreicht hatte, erlangte er doch niemals die volle Befriedigung. Und nach jedem Zweifel, ob er tatsächlich eine geistige Realität erfahren habe, pochte er um so selbstbewußter auf diese Realität. Es war die Zeit, wo ihn verführerische Stimmen zu einer Art geistiger Gefräßigkeit aufreizten und ihm das Lied unerwiderter Liebe zum Geist ins Ohr sangen.

Nun strengte er sich aufs äußerste an weiterzukommen. Alle Warnungen schlug er in den Wind, jeden Zweifel schob er blindlings zur Seite oder unterdrückte ihn. Immer gewaltsamer zwang er sich dazu, das schon eroberte Terrain zu sichern und den heiligen Mächten noch mehr, ja die endgültige Gnade abzutrotzen. Dies ist das Reich des unwiderstehlichen *Drangs*, einer fast animalischen Getriebenheit weiterzugehen, Macht auszuüben. Es nimmt die Form eines geistigen »*auf Biegen oder Brechen*« an. In diesem Reich kann der Mensch durchaus auch träumen, ja geistig verwirrt sein und sich wie betäubt fühlen – immer aber drängt es in ihm weiter, egal, was daraus entstehen mag.

Im nächsten Schritt brach Perceval in das ihm scheinbar verheißene Land des Geistes ein. Für kurze Momente, in denen er sich »in himmlische Gefilde erhoben« fühlte, glaubte er im psychotischen Wahn, die Zinnen des Erreichens greifbar nahe zu sehen. In diesem Reich der *Götter* hatte er die Empfindung, die Ewigkeit zu erfahren und jenseits von Geburt und Tod zu stehen. Er erlebte eine Trennung von Bewußtsein und Körper. Der Zweifel hatte sich fast vollständig verflüchtigt, doch wenn das klare Denken einmal im Bewußtsein aufblitzte, sah Perceval, was er das Reich der reinen Vorstellungen oder den göttlichen Geist nannte. Dieses Erlebnis führte zu einer Art Benommenheit, in der er ganz unterging, wie gebannt von den herrlichen Bildern des Geistes. Doch zeitweise flimmerten sie auch wie eine Fata Morgana, und es keimte die Furcht in ihm auf, daß er alles wieder verlieren könnte. Diese Furcht lieferte gewaltige Energien. Wenn sich ihm seine Wahnbilder entzogen, blickte er, neidisch auf sich selbst, auf die einmal erklommenen Höhen geistigen Segens zurück. Er wußte in diesen Augenblicken, damit war es vorläufig vorbei. Und so empfand er einen noch stärkeren Antrieb, die geistigen Mächte gewaltsam zur Herausgabe spiritueller Güter zu zwingen. Mit Anfällen des Zweifels wurde er jetzt leicht fertig, das waren nur Einflüsse der Dämonen. Die Stimmen erteilten weiterhin widersprüchliche Befehle. Einstimmigkeit unter ihnen herrschte jedoch darin, daß sie unbedingte geistige Unterwerfung von ihm forderten. Er befand sich nun im Reich der *Paranoia,* wo er sich »gegen Angriffe von allen Seiten« behaupten mußte. Es war ihm klar, daß nur der Einsatz noch größerer Energie und wirkungsvollere, schnellere Reaktionen ihn vor der Welt der Nachtmahre, die da auf ihn eindrang, retten konnten.

Beim Eintritt in das Reich der *Hölle* schließlich wurde er von der vollen, wütenden Wucht seiner Projektionen getroffen. Er wußte nicht mehr, ob seine Taten Taten des Todes oder Taten des Lebens waren. Die Gedanken rasten und zuckten unaufhörlich zwischen tod- und lebenbringenden Impulsen hin und her. Er war ohnmächtig den Empfindungen des Hasses ausgeliefert, haßte selbst und wurde gehaßt, und während er gegen diese Projektionen anzukämpfen versuchte, wandte er sich schließlich gegen sein eigenes Inneres. Die Stimmen befahlen ihm, sich selbst zu zerstören. Als sich der von ihm beschriebene »Knacks« ereignete, befand er sich am Tiefpunkt der Entwicklung und schien endgültig erledigt zu sein. Manchmal brannte er in siedender Hitze, manchmal zitterte er vor Eiseskälte in einer Welt des Schreckens.

Zu Beginn seiner Erkrankung durchlief Perceval diesen ganzen Zyklus, den er später noch viele Male erleben sollte. In den letzten Phasen seiner Krankheit war es nur eine Sache von Minuten, daß er alle sechs Reiche nacheinander mit höchster

Intensität durcheilte. Offenbar wurde diese Höllenfahrt immer leichter, wenn sie sich einmal ereignet hatte. Es kam aber vor, daß er für kurze Augenblicke doch in Ruhe gelassen wurde und sogar Momente geistiger Klarheit hatte, besonders in den verzweifeltsten Situationen im »Höllenreich« – aber immer begann der Schrecken von neuem. Anscheinend bilden sich im Höllenreich spontan charakteristische »Lücken« oder Pausen, in denen der Mensch wieder fähig ist, zu lernen und die Dinge in einem neuen Licht zu sehen, in denen er auch – und das ist besonders wichtig – für die Aufnahme positiver zwischenmenschlicher Beziehungen offen ist. Aber natürlich gab es bei dem furchtbaren Leben, das Perceval in der Irrenanstalt führte, dafür keine Gelegenheit.

In seiner Einsamkeit mußte er oftmals an die biblischen Propheten und viele Mystiker und Heilige denken. Sie hatten sicher Verständnis für seine Leiden, hatten sie doch ähnliche Erfahrungen durchlitten. Auch sie waren herumkommandiert, von der höchsten Seligkeit des Himmels in den tiefsten Abgrund der »dunklen Nacht der Seele« hinabgeschleudert worden. Wie viele Psychotiker stand auch Perceval vor der ewigen Frage, worin der feine Unterschied zwischen einer stürmisch verlaufenden spirituellen Reise und wirklicher Geisteskrankheit bestehen mochte. Aber er war sich sicher, daß dieselbe *Macht* auf ihn einwirkte, die auch die Propheten und Apostel geführt hatte.

Stufen der Genesung

Stillschweigendes Einverständnis besteht in unserer modernen Gesellschaft darüber, daß Psychosen unheilbar sind. Nur gelegentlich wird diese resignierte Einstellung öffentlich artikuliert. Aber auch im privaten Kreis kennt die übergroße

Mehrheit der Psychiater und Psychologen keine Heilung der Psychose. Zu häufig haben sie mit ansehen müssen, wie Patienten »rückfällig« wurden: Sie gliedern sich zeitweilig wieder ins Leben ein, sind dann aber seinen Anforderungen nicht gewachsen und fallen in ihre psychotische Welt zurück. Die Ärzte sind so oft Zeuge dieser Vorgänge geworden, daß sie schließlich zu der Überzeugung gelangt sind, der Rückfall sei schon vorprogrammiert und könne mit Sicherheit, als Fortsetzung der Krankengeschichte, erwartet werden. Diese Überzeugung der Fachleute ist weit verbreitet und zu einer Selbstverständlichkeit geworden. Die meisten Menschen haben sich an den Gedanken der Unheilbarkeit von Psychosen gewöhnt und machen sich in ihrer Abgestumpftheit gar nicht mehr bewußt, daß sie vielleicht vorschnell resigniert haben.

Als Perceval erklärte, er sei geheilt, erntete er nur Hohn und Spott. Viele Monate war er jetzt schon im Irrenhaus, und alle Welt glaubte, er sei immer noch gefährlich für sich und andere. Die elende Behandlung, die er erfuhr, wollte kein Ende nehmen. In der Zeit, in der er seine Heilung proklamierte, schrieb er über hundert Briefe (einige wurden vom Krankenhaus gar nicht abgeschickt) und bat seine Mutter, Brüder, Schwestern, Freunde, Anwälte und die Gerichte, man möge ihn aus der strengen Zwangsunterbringung entlassen und ihm das Maß von Freiheit gewähren, das seiner wiedergewonnenen Gesundheit entspreche. Zuerst wandte er sich an seine Mutter. Sie besaß als sein juristischer Vormund den Schlüssel, der das Gefängnis öffnete oder schloß. Er versuchte, ihr zu erklären, daß es ihm jetzt bessergehe und warum er frei sein wolle: »Als ich von meinem schrecklichen Traum genas ... begriff ich, daß die Dinge und Menschen wirklich so sind, wie sie sind – ich begriff es zwar nicht immer oder auch nur für einen längeren Zeitraum ... obwohl ich mich noch im Traumzustand befand, war jetzt mein Verhalten gemäßigter.« Doch all seine Bitten wurden ihm abgeschlagen. Einmal machte er einen Ausbruchsversuch, wurde aber wieder eingefangen und eingesperrt. Verschiedene renommierte Psychiater der damaligen Zeit besuchten ihn – verordneten aber die Fortsetzung des Aufenthalts in der Anstalt. Einer von ihnen lehnte Percevals Gesuch ab mit der Feststellung, er habe lange, lockige Haare (was Perceval als »natürlich und männlich« ansah) und stelle sich damit in bewußten Gegensatz zur Hausordnung, auch weigere er sich, ein guter Patient zu sein und sich so zu betragen, daß er bald entlassen werden könne (er müsse freundlicher gegen seine Familie sein und sich weniger über die Ärzte beschweren). Aus alldem gehe hervor, daß sein Urteilsvermögen noch geschwächt und eine weitere Behandlung unumgänglich sei.

Wie sehr sehnte er sich danach, endlich dem aufregenden und aufreizenden Anstaltsleben zu entrinnen und in einer ruhigen Umgebung an der Stabilisierung seines Innenlebens zu arbeiten! Obwohl er tatsächlich noch weitere zwei Jahre in der geschlossenen Anstalt verbleiben mußte, hielt er seine Sehnsucht nach Freiheit aufrecht.

Es ist kaum zu glauben: Während dieser schrecklichen Zeit und in der äußersten Isolation fand Perceval einen Weg, der zur Heilung seiner Psychose führte ...

Der entscheidende Augenblick auf Percevals Weg zur Gesundung war der Moment, wo Mitgefühl für seine Leidensgefährten in ihm erwachte. Dieses Mitgefühl verlieh ihm Stärke. Es gab ihm Entschlußkraft und Mut, seine Gesundheit endgültig wiederzugewinnen, und am Ende dieses Prozesses weihte er sein Leben einer vom Mitgefühl bestimmten Tätigkeit. Ein jüngerer Freund fragte Perceval einmal, warum er, dessen geistiger Horizont doch so viel weiter als der seiner Landsleute reiche und der sich so gründlich mit dem Establishment überworfen habe, nicht in die liberalen amerikanischen Kolonien ausgewandert sei, wie es viele Männer mit ähnlichem Naturell getan hätten. Perceval hielt das für »ein ironisches Kompliment, doch ich wußte, es war berechtigt«. Indessen war es doch auch eine Fehleinschätzung seines Charakters. Er war gewiß nicht der Typus des Kolonisten. Niemals hätte er es über sich gebracht, England und den Engländern den Rücken zu kehren – dem widersprachen Familienerbe und -ehre zutiefst. Fast ebensosehr, wie er daran glaubte, daß ein Geisteskranker gesund werden könne, glaubte er auch daran, daß die Gesundheit seines Landes wiederhergestellt werden könne. Bei all seiner Arbeit zum Schutz der Patienten versuchte er alles zu mobilisieren, was ihm das »gesunde Volksempfinden«, das »Gewissen der Nation« zu sein schien. Perceval war, wie viele Männer seiner Familie und seines Standes vor ihm, davon überzeugt, daß sich im englischen Ideal der *Gerechtigkeit* mit seiner ausdrücklichen Respektierung der Freiheit des Individuums ein allen Menschen angeborenes Mitgefühl ausdrückte, und das auf eine Weise, die auf der Welt ihresgleichen suchte. Für Perceval war das Gerechtigkeitsgefühl Mitte und Herz des echten England. Er glaubte daran, daß man sich nie vergeblich darauf berufen würde und daß es in Zeiten nationalen Wahnsinns immer aufs neue erweckt werden könnte.

***

Eine der wichtigsten psychotherapeutischen Institutionen ist bis heute immer noch die Ehe. Der Jungianer ADOLF GUGGENBÜHL-CRAIG beschreibt sie als gleichsam spirituellen Weg der Selbstverwirklichung. Die Ehe ist tot – lang lebe die Ehe *heißt sein kühnes, wundervolles Buch über den Weg zu zweit und das Ende der bürgerlichen Ehe, die er unter Entwicklungsgesichtspunkten um so eindrucksvoller wiedererstehen läßt. Statt Dualseelenkitsch, wie er sich manchmal im entwicklungsfeindlichen Teil der spirituellen Szene breitmacht, wird hier Arbeit im Rahmen der Polarität empfohlen. Nicht umsonst gibt es im Katholizismus sowohl ein Sakrament für die Priesterschaft als auch eines für die Ehe. Der Osten sagt unumwunden, daß beide Wege gangbar und schwer sind. Wo der Priester oder die Nonne sich gleich auf Gott und damit die Einheit einschwören und alle Probleme mit sich und in sich abmachen müssen, kann der »Hausvater« auf dem Weg der Partnerschaft seine Probleme im Gegenüber wie in einem Spiegel erkennen und lernen, all seine Projektionen zurückzunehmen. Geschieht dies nicht, verkommt die Partnerschaft zu einer Fluchtinstanz so wie manchmal auch das Kloster.*

Die Ehe – ein Heilsweg

Heil und Wohl müssen zum Verständnis der menschlichen Psychologie begrifflich unterschieden werden. Die Individuation, wie sie C. G. Jung beschreibt, ist derjenige Teil des menschlichen Antriebes, der dem Heil zustrebt.

Die Individuation, der Prozeß und das nie zu erreichende Ziel des Heils können aber letztlich immer nur durch Symbole erlebt und dargestellt werden. Wobei allerdings beizufügen ist, daß die Menschen seit jeher die Erkenntnisse der Psychologie meistens durch Bilder oder Mythen auszudrücken versuchten, denn auch das Handeln der Menschen wird durch Bilder bestimmt, die sie augenblicklich beherrschen. Wir handeln nicht aufgrund scharfer intellektueller Erkenntnis und genauer Überlegungen, sondern aufgrund uns vorschwebender Bilder. Sich bewußt werden heißt die Bilder, die uns leiten, deutlicher sehen. Es ist unser Bestreben, immer wieder über die Bilder, die uns beherrschen, nachzudenken und zu phantasieren.

Auch das Wohl wird in verschiedenen Bildern dargestellt. Das Land der Phäaken, wie es von den Griechen beschrieben wurde, ist ein Bild des Wohles. Es geht dort friedlich zu, und alle Menschen sind scheinbar glücklich. Es fehlt aber die Spannung, die Erregung und das Ringen. Odysseus hielt es im Lande der Phäaken nicht lange aus!

In den Geschichten von Seefahrern stößt man oft auf Beschreibungen solcher »Schlaraffenländer«. Oft wird dargestellt, wie ein Seefahrer irgendwo auf einer Insel landet, wo es genügend zu essen gibt, ihm Frauen zur Verfügung stehen und er den ganzen Tag in der Hängematte liegen kann. Solche »Wohlfahrtsinseln« wurden oft in die Südsee projiziert. Die Geschichten dieser Seefahrer sind eher Darstellungen innerer Bilder als präzise Beschreibungen äußerer Erlebnisse.

Das Charakteristische all dieser Geschichten über glückliche Südseeinseln und andere Schlaraffenländer ist, daß der Erzähler früher oder später das Land verlassen muß, ja verlassen will. Ganz selten kann er sich in diesen »Wohlfahrtsorten« wirklich finden und zu seiner eigenen Seele kommen.

Mit dem Wohle verbunden ist das Bild des sogenannten Natürlichen. Man glaubt, es gebe eine Möglichkeit des natürlichen Verhaltens, es gebe Menschen, die ganz natürlich seien. Der Mensch ist an sich *unnatürlich,* das heißt, nichts geschieht ihm einfach, er muß immer phantasieren, überlegen, reflektieren, sich mit seinem Inneren auseinandersetzen und Fragen zum Sein stellen. Nur der Mensch vor dem Sündenfall war »natürlich«. Das Paradies, wie wir es uns vorstellen, bevor Adam und Eva in den Apfel bissen, ist ein Ort des »natürlichen Wohles«.

Die Bilder zum Beispiel, die hinter dem modernen Massentourismus stehen, sind eng verbunden mit dem Wohl und der sogenannten Natürlichkeit. Die touristische Reklame versucht, uns vorzugaukeln, daß uns die Reiseorganisation an einen Ort hinführen könne, wo wir alle Spannungen, alles Suchen und Ringen loswerden könnten. Die Reiseorganisation übernimmt alle Unannehmlichkeiten. Für gutes Essen und Getränke ist gesorgt. Sonne, Wärme und prächtiger Strand am Meer werden uns versprochen. In den Reklamen für solche Kollektivreisen wird meistens auch angedeutet, daß der Reisende sexuell auf seine Rechnung kommen wird und also auch hierbei keine Frustrationen ertragen muß.

Heil und Wohl sind allerdings nie völlig getrennt. Es ist möglich, daß die Menschen, die sich von den großen Reiseorganisationen solche Wohlfahrts-Paradiese vorgaukeln lassen, vielleicht doch nicht nur das Phäaken- oder Schlaraffenland suchen, sondern ein Land, wo sie ihre Seele finden – das Land der Griechen mit der Seele suchend. Die Beimischung des Heils beim modernen Tourismus ist aber sehr klein; dies ist vielleicht der Grund, weshalb moderner Tourismus für die Bevölkerung der Gegenden, die Touristen anziehen, oft zu einer kulturellen Katastrophe wird. Die eingeborene Bevölkerung von großen Touristenorten scheint ihre Seele zu verlieren; alle kulturellen, religiösen und politischen Bemühungen und Idealismen erlahmen. Denn die Kultur dient nur dazu, mehr Touristen anzuziehen. Es ist nicht der Kontakt mit einer wesensfremden Bevölkerung, welche die Bewohner von großen Fremdenkurorten korrumpiert; es ist der Kontakt mit großen Massen von Menschen, die im Moment vor allem das Wohl und nicht das Heil suchen, welcher die eingeborene Bevölkerung verunsichert und entwürdigt.

Für uns stellt sich nun die Frage: Hat die Ehe mit dem Wohl oder mit dem Heil zu tun? Ist es eine Heils-Anstalt oder eine Wohlfahrts-Anstalt? Ist die Ehe, dieses »opus contra naturam«, ein Weg der Individuation oder ein Weg zum Wohlbefinden?

Folgendes kann uns einen Hinweis geben: Alle Heiratszeremonien enthalten gewisse religiöse Beiklänge oder Untertöne. Eine sozusagen rein »zivile« Hochzeit gibt es praktisch nie und nirgends. Die »heidnischen« Bewohner von Tahiti und den Fidschiinseln, die für ihre sogenannte Natürlichkeit bekannt sind, lassen bei der Eheschließung durch eine Art Priester Gebete an die Götter senden. Bei den Jakuten und Kalmücken muß der Schamane bei der Heirat dabeisein. Bei den alten Ägyptern wird die Eheschließung von bestimmten religiösen Zeremonien begleitet. Aischylos sagt in der Orestie: In der Ehe werden Mann und Weib durch die Götter verbunden. Plato nimmt an, daß eine religiöse Zeremonie für die Heirat notwendig sei. Bei den Hindus spielen Gebet und Anrufungen der Götter bei der Eheschließung eine sehr große Rolle. Auch die kommunistischen Länder versuchen durch pseudoreligiöse Zeremonien der Hochzeit einen gewissen Glanz und Feierlichkeit zu verleihen. Die dortigen Standesämter vermeiden es, daß aus der Eheschließung ein nüchterner Abschluß eines Kontraktes wird.

Man kann einwenden, daß in den meisten Kulturen sehr viele menschliche Tätigkeiten von irgendeiner Art religiöser Zeremonie begleitet werden: sei es nun das Essen, Jagen, Mit-dem-Schiff-Ausfahren und so weiter. Immerhin ist auffällig, daß nicht vieles im Laufe des Lebens so sehr von religiösen Zeremonien umrankt ist wie die Heirat; nur der Tod und die Geburt werden religiös-zeremoniell gleich wichtig genommen. Allerdings wurde immer wieder gegen die religiöse Note der Eheschließung opponiert. Da jeder auf seine Fasson selig werden soll, muß die zwanghafte Verbindung von irdischer Handlung und bestimmter Heilszeremonie auf Ablehnung stoßen.

Gewisse Buddhisten verstehen die religiösen Zeremonien bei der Eheschließung nur als Konzession gegenüber der menschlichen Schwäche. Eigentlich, so glauben sie, sei die Ehe lediglich ein ziviler Vertrag. Im späten Römischen Reich wird die Ehe immer mehr jeglicher religiöser Bedeutung entkleidet und zu einem reinen Vertragsverhältnis. Die religiösen Zeremonien werden als Heimatschutzgebräuche angesehen. Im Talmud finden sich Stellen, die betonen, daß die Ehe kein religiöser Vertrag sei. Luther erklärt, die Ehe sei eine Angelegenheit der Juristen, nicht der Kirche.

Dem steht aber entgegen, daß bei den Buddhisten die Ehe von vielen religiösen Zeremonien begleitet wird, auch die Juden haben während ihrer langen Geschichte die Eheschließung stets mit religiösen Feiern verbunden, und Luther sagte: »Gott hat ein Kreuz über die Ehe gemacht.« Auch die Reformation Zwinglis in Zürich versuchte die Eheschließung möglichst zivil zu gestalten. Der Druck der Bevölkerung erreichte jedoch, daß die Heirat wieder eine religiöse Zeremonie wurde.

Ganz extrem wurde der zivile Charakter der Ehe im puritanischen Schottland betont. Bis 1856 war dort für eine Heirat allein die Willenserklärung der beiden Partner notwendig; von jeglicher Zeremonie wurde abgesehen.

Die katholische Kirche formulierte erst am Konzil von Trient (1563) ausdrücklich die Sakramentalität der Ehe. Sie ist ein Symbol für die innige Verbindung Christi mit der Kirche. Die Ehe kann deshalb im Normalfall nur unter Assistenz eines Priesters gültig geschlossen werden.

Im Jahr 1791 führte Frankreich die rein zivile Ehe ein. »*La loi considère le mariage comme contract civil*«, hieß es. Indessen wird, wie seinerzeit in der DDR, die Zivilheirat außerordentlich feierlich gestaltet. Der Zivilstandesbeamte hat eine seidene Schärpe um den Bauch und imitiert in seinen Bewegungen den Pfarrer. Eine Zivilheirat in Frankreich ist oft feierlicher als eine kirchliche in Zürich. Ist vielleicht die Anwesenheit von Transzendentalem in den meisten Ehezeremonien – und dies trotz großen Widerstandes – ein Hinweis darauf, daß die Ehe viel mehr mit dem Heil als mit dem Wohl zu tun hat? Ist die Ehe deshalb eine derart schwierige »unnatürliche Institution«?

Die lebenslange Auseinandersetzung zweier Partner, die Verbindung von Mann und Frau bis zum Tod, kann als ein spezieller Weg, seine Seele zu finden, verstanden werden, als eine spezielle Form der Individuation. Einer der wesentlichen Züge dieses Heilsweges ist das Nichtausweichenkönnen. So wie der Wüstenheilige nicht vor sich selbst ausweichen kann, können die Eheleute ihrem Partner nicht ausweichen. In diesem zum Teil erhebenden und zum Teil quälenden Nichtausweichenkönnen liegt das Spezifische dieses Weges.

In der christlichen Vorstellung des Heils spielt die Liebe eine wichtige Rolle. So mag es vielleicht verwundern, daß ich bis jetzt im Zusammenhang mit der Ehe die Liebe nur am Rande erwähnt habe. Das Wort Liebe umfaßt sehr verschiedene Phänomene, die vielleicht alle denselben Ursprung haben, aber doch unterschieden werden müssen. Die Ehe ist einer der Heilswege der Liebe; einer Liebe allerdings, die nicht unbedingt identisch ist mit dem, was der lose Knabe Cupido anstellt. Dieser ist unberechenbar, launisch, ungebunden. Das ganz Besondere an der Liebe, die den Heilsweg der Ehe kennzeichnet, ist die »widernatürliche« Dauerhaftigkeit. *»For better or worse, for richer or poorer, in sickness and in health, until death do us part.«* – (»Zum Guten und zum Schlechten, in Armut und Reichtum, in Krankheit und Gesundheit, bis der Tod uns trennt.«) – Immer wieder sieht man bejahrte Ehepaare, bei denen der eine Partner geistig und körperlich rüstig ist, der andere körperlich krank und geistig reduziert. Und doch lieben sich beide, nicht aus Mitleid oder Schutzbedürfnis. In solchen Fällen zeigt sich die ganze Widernatürlichkeit und Größe dieser Art von Liebe, die der Heilsweg der Ehe verlangt. Die Liebe, auf der die Ehe beruht, transzendiert die »persönliche Beziehung«, ist mehr als nur Beziehung.

Jeder muß seinen eigenen Heilsweg suchen. Ein Maler findet ihn im Malen, ein Mönch im Kloster, ein Ingenieur im Kraftwerkbau usw. Oft beschreiten Menschen einen Heilsweg, der sich nicht als der ihrige erweist. Schon mancher glaubte ein Künstler zu sein und fand dann heraus, daß seine Berufung anderswo liegt.

Ist denn die Ehe aber der Heilsweg aller? Gibt es nicht Leute, deren seelische Entwicklung durch die Ehe nicht gefördert wird? Wir verlangen nicht von jedem, daß er sein Heil, sagen wir, in der Musik findet. Ist es in diesem Sinne nicht auch fraglich, daß mancher meint, er müsse sein Heil in der Ehe finden? Niemandem fällt es ein zu verlangen, daß die Mehrheit der Menschen Künstler werden sollen. Aber es wird erwartet, daß ein normaler Mensch ab einem bestimmten Alter heiratet. Nicht heiraten, so wird von vielen angenommen, ist anormal. Ältere ledige Menschen werden als infantile Kümmerentwicklungen bezeichnet; ältere Junggesellen werden der Homosexualität verdächtigt, und bei Frauen vermutet man mangelnde Anziehungskraft. »Das arme Ding konnte halt keinen Mann finden.« Es herrscht ein eigentümlicher Terror im Sinne von: Alle müssen heiraten. Hier liegt vielleicht eines der ganz großen Probleme der modernen Ehe.

Der Heilscharakter der Ehe wird heute immer wichtiger; immer mehr wird die Ehe zu einem Heilsweg und immer weniger zu einer Wohlfahrtsanstalt – immer mehr zu einer Berufung. Es glauben nicht alle, sie müßten ihr Heil im Geigenspielen finden. Weshalb glauben aber so viele, sie seien zur Ehe berufen? Ein solches Dominieren eines Heilsweges ist für viele verderblich. Heute sind unzählige Menschen verheiratet, welche in der Ehe nichts zu suchen haben.

Trotz gewisser gegenteiliger moderner Bewegungen wird die Ehe rein sozial höher geschätzt als der Stand der Ledigen. Dies war nicht zu allen Zeiten so. Im Mittelalter wurde die Ehelosigkeit hochgeschätzt. Die Berufung zur Nonne oder zum Mönch wurde als eine von vielen Heilsmöglichkeiten hochgeachtet. Namentlich für die Frauen war aber leider die Ehelosigkeit mit Asexualität verknüpft. Gegenüber Männern war die Gesellschaft meistens toleranter; sexuelles Ausleben wurde ledigen Männern selten übelgenommen.

Es ist heute an der Zeit, die Möglichkeiten des ehelosen Standes, die Möglichkeiten für Leute, die ihr Heil nicht in der Ehe, sondern anderswo suchen, zu fördern – dies würde auch die Ehe wieder wertvoller machen. Die soziale Stellung und die materielle Sicherung der Ehelosen muß verbessert werden; es sollte möglich werden, Kinder außerhalb der Ehe zu haben. Das Ziel wäre, daß nur noch diejenigen Leute heiraten, die speziell begabt sind, ihr Heil in der intensiven *dauernden* Beziehung und Auseinandersetzung von Mann und Frau zu finden. Es gibt sehr viele Frauen, die im Grunde genommen nur Kinder, aber keinen Mann wollen. Für solche ist es eine Tragödie, wenn sie sich ein Leben lang mit einem Mann herumschlagen müssen, der sie nicht im geringsten interessiert.

Die moderne Ehe ist nur möglich, wenn dieser spezielle Heilsweg vermocht und gewünscht wird. Das Kollektive drängt aber noch immer viele Leute dazu, aus Gründen des Wohls zu heiraten. Viele junge Mädchen heiraten, um dem Druck des Berufslebens auszuweichen; Männer, weil sie jemanden suchen, der sie umsorgt. Nur ganz wenige Ehen können aber »bis zum Tod« dauern, wenn sie als Wohlfahrtsinstitut verstanden werden.

Wie ich bereits erwähnte, sind heute gewisse Gegenbewegungen am Werk; Women's Lib zum Beispiel möchte die

Frau vom Terror befreien, heiraten zu »wollen« oder zu müssen. »Frauen brauchen Männer nicht« ist eine ihrer Parolen. Leider aber ist – oder war – Women's Lib oft männerfeindlich.

Laut den neueren Statistiken wird heute in vielen westlichen Ländern etwas weniger und auch später geheiratet. Vielleicht bahnt sich hier eine neue Entwicklung an: Ehe wird zur Berufung für einige und nicht zur Pflicht aller. Viele junge Leute leben zusammen, ohne zu heiraten; auch darin könnte eine Anerkennung des Gedankens liegen, daß Ehe nicht für alle der Heilsweg ist. Ob all dies aber wirklich ein neues Erfassen der Ehe bedeutet, ist nicht mit Sicherheit zu sagen. Es könnte auch der Ausdruck eines kollektiven Pessimismus sein, eines Verlustes an Glauben an irgendeinen Heilsweg.

Und hier müssen wir auf weitere Schwierigkeiten der modernen Ehe eingehen. Wie ich betont habe, ist die moderne Ehe vor allem eine Heils- und nicht eine Wohlfahrtsanstalt. Es wird den Leuten aber von Psychologen, Eheberatern, Psychiatern usw. immer wieder dargelegt: Nur glückliche Ehen sind gute Ehen, oder: Ehen *sollten* glücklich sein. In Wahrheit ist es so, daß jeder Heilsweg auch durch die Hölle führt. Glück in dem Sinne, wie es den heutigen Eheleuten eingeredet wird, gehört zum Wohl, nicht zum Heil. Die Ehe ist vor allem eine Heilsinstitution, deshalb ist sie so voller Höhen und Tiefen; sie besteht aus Opfern, Freuden *und* Leiden. Zum Beispiel stößt jeder Ehepartner nach einiger Zeit auf die psychopathische Seite seines Partners, nämlich auf denjenigen Teil seines Charakters, der nicht veränderbar ist, der jedoch für beide qualvolle Folgen hat. Damit die Ehe nicht zerbricht, muß dann der eine nachgeben, meistens gerade derjenige, der in dieser Beziehung weniger psychopathisch ist. Ist der eine Partner gefühlskalt, so bleibt dem anderen nichts anderes übrig, als immer wieder liebend Gefühle zu zeigen, auch wenn der andere nur schwach und oft inadäquat darauf reagiert. All die gutgemeinten Ratschläge an Frauen und Männer im Sinne von »Das geht einfach nicht, das müssen Sie sich nicht bieten lassen, das darf sich eine Frau/ein Mann nicht gefallen lassen« sind deshalb falsch und schädlich.

Eine Ehe funktioniert nur, wenn man sich gerade das, was man sich sonst nicht bieten lassen würde, bieten läßt. Durch das Sichaufreiben und Sichverlieren lernt man sich selber, Gott und die Welt kennen. Wie jeder Heilsweg ist auch derjenige der Ehe hart und beschwerlich. Ein Schriftsteller, der bedeutende Werke schafft, will nicht glücklich werden, er will schöpferisch sein. In dem Sinne können Eheleute selten eine glückliche, harmonische Ehe führen, wie es ihnen Psychologen aufdrängen oder vorgaukeln. Der Terror des Bildes der »glücklichen Ehe« richtet großen Schaden an.

Für denjenigen, der für den Heilsweg der Ehe begabt ist, bietet natürlich die Ehe, wie jeder Heilsweg, nicht nur Mühe, Arbeit und Leiden, sondern tiefste Befriedigung existentieller Art. Dante kam nicht in den Himmel, ohne die Hölle zu durchqueren. Und so gibt es auch kaum vor allem glückliche Ehen.

**

ABRAHAM MASLOW *ist nicht nur der geistige Vater der Humanistischen Psychologie, sondern – unseres Wissens – auch der erste westliche Seelenforscher, der sich gesunder, ja Selbstverwirklichung suchender Menschen angenommen hat. Sein in dem Buch* Psychologie des Seins *dargestelltes Ergebnis fällt denn auch ganz anders aus als die auf dem Boden von Neurosestudien entwickelten Systeme der Psychoanalytiker. Maslow entdeckt für den Westen, was der Osten längst Satori, Samadhi, Erleuchtungs- oder Befreiungserlebnis nennt und was religiöse Suchende des Westens schon immer als Gotteserfahrung kannten. Maslow spricht in diesem Zusammenhang von Gipfelerlebnissen* (peak experiences). *Über seine persönlichen Erfahrungen mit verwirklichten Menschen und die Rückwirkungen auf sein Weltbild sagt er:*

Selbstverwirklichende Menschen, Menschen also, die einen hohen Grad der Reife, Gesundheit und Selbsterfüllung erreicht haben, können uns so viel lehren, daß sie manchmal fast wie eine andere Rasse menschlicher Wesen erscheinen. Doch weil sie so neu ist, ist die Erforschung der höchsten Bereiche der menschlichen Natur und ihrer äußersten Möglichkeiten und Hoffnungen eine schwierige und gewundene Aufgabe. Sie hat für mich eine ständige Zerstörung liebgewordener Axiome mit sich gebracht, die unentwegte Auseinandersetzung mit scheinbaren Paradoxa, Widersprüchen und Zweideutigkeiten, manchmal auch den Zusammenbruch lang etablierter, fest geglaubter und scheinbar unangreifbarer Gesetze der Psychologie. Oft stellte sich heraus, daß es keine Gesetze waren, sondern nur Regeln für das Leben in einem Zustand milder und chronischer Psychopathologie und Ängstlichkeit, im Zustand der Behinderung und Verkrüppelung und Unreife, den wir nicht bemerken, weil die meisten anderen dieselbe Krankheit haben wie wir.

* * *

Die Kriterien für Gipfelerlebnisse gibt MASLOW *quasi wissenschaftlich folgendermaßen an:*

Grenzerfahrungen als klare Identitätserfahrungen

Wenn wir nach Definitionen der Identität suchen, müssen wir uns erinnern, daß solche Definitionen und Begriffe nicht schon an irgendeinem versteckten Platz vorhanden sind und geduldig darauf warten, daß wir sie finden. Wir entdecken sie nur *teilweise;* zum Teil erschaffen wir sie auch selbst. Zum Teil ist Identität alles, was wir behaupten, daß sie ist. Vorher allerdings sollte selbstverständlich unsere Sensibilität und Bereitwilligkeit für die verschiedenen Bedeutungen kommen, die das Wort bereits hat. Sofort entdecken wir, daß verschiedene Autoren das Wort für verschiedene Ergebnisse und Verfahren benützen. Und dann müssen wir natürlich etwas über diese Verfahren herausfinden, um zu verstehen, was der Autor meint, wenn *er* das Wort verwendet. Es bedeutet etwas Verschiedenes für verschiedene Therapeuten, Soziologen, Selbst-Psychologen, Kinderpsychologen usw., auch wenn sich bei all diesen Menschen die Bedeutungen ähneln oder überschneiden. (Vielleicht ist diese Ähnlichkeit das, was Identität gegenwärtig »bedeutet«.)
Ich kann über ein anderes Verfahren berichten, über Grenz-

erfahrungen, in denen »Identität« verschiedene reale, sensible und nützliche Bedeutungen hat. Doch es wird nicht der Anspruch erhoben, daß es sich um *die* wahren Bedeutungen der Identität handelt; nur daß sie hier unter einem anderen Gesichtspunkt betrachtet wird. Da ich das Gefühl habe, daß Menschen in Grenzerfahrungen ihrer Identität und ihrem wahren Selbst am nächsten kommen und höchst idiosynkratisch sind, mag es erscheinen, als sei dies eine besonders wichtige Quelle reiner und unkontaminierter Werte; das heißt, die Erfindung wird auf ein Minimum reduziert, die Entdeckung wächst auf ein Maximum an.

Dem Leser wird es klar sein, daß alle vier folgenden »getrennten« Eigenschaften nicht wirklich getrennt sind, sondern aneinander in verschiedener Weise teilhaben, das heißt, einander überschneiden, dasselbe verschieden aussagen, das gleiche in einem metaphorischen Sinn bedeuten usw. Ich werde in einer holistischen Weise vorgehen, nicht indem ich die Identität in getrennte Komponenten aufspalte, die einander ausschließen, sondern indem ich den Begriff in meinen Händen immer wieder wende und seine verschiedenen Facetten betrachte, so wie ein Kenner ein gutes Gemälde betrachtet, um es einmal in dieser, einmal in jener Organisation (als Ganzes) zu sehen. Jeder diskutierte »Aspekt« kann als Teilerklärung jedes anderen »Aspekts« betrachtet werden.

1. In Grenzerfahrungen fühlt sich der Mensch integrierter (geeint, ganz, aus einem Stück) als zu anderen Zeiten. Er erscheint auch (für den Beobachter) in verschiedener Weise integrierter, weniger gespalten oder dissoziiert, weniger gegen sich selbst kämpfend, mehr im Frieden mit sich selbst, weniger zwischen einem erlebenden Selbst und ei-

nem beobachtenden Selbst gespalten, harmonischer, leistungsfähiger organisiert, in allen Teilen gut funktionierend und im Einklang mit sich selbst, mehr synergisch, mit weniger innerer Spannung behaftet etc.

2. Wenn er selbst reiner und einzigartiger wird, ist er auch besser imstande, mit der Welt zu verschmelzen, mit dem, was vorher nicht er selbst war. Liebende kommen einer Einheit näher als zwei einander nicht liebende Menschen, der Ich-Du-Monismus wird möglicher, der Schöpfer wird mit seinem Werk im Schaffen mehr eins, die Mutter fühlt sich eins mit ihrem Kind, der Hörer *wird* zur Musik (oder sie wird der Hörer), ähnlich verhält es sich bei einem Gemälde oder beim Tanz, der Astronom ist »dort draußen« mit den Sternen mehr als etwas Getrenntes, das über einen Abgrund hinweg auf etwas anderes Separates durch ein teleskopisches Schlüsselloch blickt. Das heißt, die größte Errungenschaft der Identität – Autonomie oder Selbstheit – ist in sich gleichzeitig eine Transzendenz seiner selbst, ein Hinausgehen über und jenseits der Selbstheit. Der Mensch kann dann relativ ichlos werden.

3. In Grenzerfahrungen fühlt der Mensch sich gewöhnlich auf dem Gipfel seiner Kräfte, er glaubt alle seine Möglichkeiten voll auszuschöpfen. Entsprechend der gelungenen Formulierung von Rogers fühlt er sich »voll funktionierend« (»*fully-functioning*«). Er fühlt sich intelligenter, wahrnehmungsfähiger, witziger, stärker oder anmutiger als zu anderen Zeiten. Er befindet sich in Spitzenform. Das wird nicht nur subjektiv empfunden, sondern kann auch von einem Beobachter gesehen werden. Er verschwendet keine Kräfte mehr, indem er sich selbst bekämpft und zurückhält; die Muskeln sind nicht mehr

kämpfende Muskeln. In der normalen Situation wird ein Teil daran verschwendet, ebendiese Möglichkeiten zurückzuhalten. Jetzt gibt es keine Verschwendung mehr; die Totalität der Fähigkeiten kann zum Handeln eingesetzt werden. Man wird wie ein Fluß ohne Dämme.

4. Ein leicht differenzierter Aspekt des vollen Funktionierens ist die Mühelosigkeit und Leichtigkeit des Funktionierens, wenn man in Bestform ist. Was zu anderen Zeiten Anstrengung und Kampf erfordert, wird nun ohne irgendein Gefühl von Streben, Arbeiten oder Mühen geleistet, »kommt von selbst«. Verbunden ist damit oft das Gefühl der Anmut und das anmutige Aussehen, das mit dem glatten, mühelosen, leichten Vollfunktionieren kommt, wenn alles »rennt«, »von selber läuft« usw. Man beobachtet dann kühle Sicherheit und Richtigkeit, als wüßte man genau, was man tut, und würde es aus ganzem Herzen, ohne Zweifel, ohne Ausflüchte, Zögern und teilweises Zurückziehen tun. Es gibt dann keine abprallenden oder weichen Treffer, sondern nur Volltreffer. Die großen Sportler, Künstler, Schöpfer, Führer und Manager demonstrieren diese Verhaltensqualität, wenn sie am besten funktionieren. (Das ist für das Konzept der Identität weniger deutlich relevant als das, was zuvor gesagt wurde, ich meine aber, es sollte als eine epiphänomenale Eigenschaft des »Wirklich-man-selbst-Seins« erwähnt werden, weil es extern und offenkundig genug ist, um für die Forschung zugänglich zu sein. Auch braucht man es, glaube ich, um jene Art gottähnlicher Heiterkeit (Humor, Spaß, Albernheit, Torheit, Spiel, Lachen) ganz zu verstehen, die – wie ich glaube – einer der höchsten S-Werte der Identität ist.)

5. In der Grenzerfahrung fühlt sich der Mensch mehr denn je als verantwortlicher, aktiver, schöpferischer Mittelpunkt seiner Aktivitäten und Wahrnehmungen. Er fühlt sich mehr als Initiator, mehr durch sich selbst bestimmt (nicht verursacht, vorbestimmt, hilflos, abhängig, passiv, schwach, herumkommandiert). Er fühlt sich als sein eigner Herr, voll verantwortlich, mit mehr »freiem Willen« als zu anderen Zeiten. Er ist Herr seines Schicksals. Er sieht auch für den Beobachter so aus; er wird zum Beispiel entscheidungsfähiger, erscheint stärker, konzentrierter; er ist fähiger, Opposition zu verachten oder zu überwinden; seiner selbst sicherer, ist er imstande, den Eindruck zu vermitteln, daß es zwecklos wäre, ihn aufhalten zu wollen. Es ist, als hätte er nun keine Zweifel mehr über seinen eigenen Wert oder über die eigene Fähigkeit, das zu tun, wozu er sich entschlossen hat. Für den Beobachter sieht er zuverlässiger, vertrauenswürdiger, verläßlicher aus. Oft ist es möglich, diesen großen Augenblick des Verantwortlichwerdens in der Therapie, im Wachsen, in der Erziehung, in der Ehe usw. zu bemerken.

6. Er ist jetzt frei von Sperren, Hemmungen, Vorsicht, Furcht, Zweifel, Kontrollen, Vorbehalten, Selbstkritik, Bremsen. Sie mögen negative Aspekte des Gefühls der Bedeutung, der Selbstakzeptierung, der Selbstliebe-Achtung sein. Das ist sowohl ein subjektives als auch ein objektives Phänomen und könnte noch weiter in beiden Richtungen beschrieben werden. Natürlich ist das einfach ein anderer »Aspekt« von bereits aufgezählten Eigenschaften und von solchen Eigenschaften, die weiter unten behandelt werden. Wahrscheinlich sind diese Ereignisse im Prinzip überprüfbar, denn objektiv handelt es sich um

Muskeln im Kampf mit Muskeln und nicht um Muskeln, die synergisch Muskeln helfen.

7. Er ist deshalb spontaner, expressiver, verhält sich unschuldiger (arglos, naiv, ehrlich, aufrichtig, treuherzig, kindlich, kunstlos, schutzlos), natürlicher (einfach, entspannt, nicht schwankend, gewöhnlich, herzlich, unaffektiert, primitiv in einem besonderen Sinne, unmittelbar), unkontrollierter und frei nach außen hin entfaltet (automatisch, impulsiv, wie ein Reflex, »instinktiv«, nicht zurückhaltend, unbefangen, gedankenlos, ahnungslos).

8. Er ist deshalb in einem besonderen Sinne »kreativer«. Sein Erkennen und Verhalten kann sich aus größerem Selbstvertrauen heraus und in Abwesenheit von Zweifeln in einer nichtinterferierenden, taoistischen Weise oder in der flexiblen Art, die von den Gestaltpsychologen beschrieben wurde, an die problematische oder unproblematische Situation in *ihren* wirklichen »Dort-draußen«-Bedingungen oder -Forderungen anpassen unter Bedingungen, die von der Per-se-Natur der Aufgabe oder der Pflicht (Frankl) oder des Spiels gestellt werden. Es ist daher improvisierter, extemporierter, impromptu, mehr aus dem Nichts heraus erschaffen, unerwartet, neu, frisch, nicht abgestanden, nicht scheinheilig, unangeleitet, ungewohnt. Es ist auch weniger vorbereitet, geplant, vorgezeichnet, überlegt, geprobt, vorbedacht, und zwar in dem Ausmaß, in dem diese Worte vorher Planung jeder Art implizieren. Es ist deshalb relativ ungesucht, ungewünscht, zwecklos, »unmotiviert« oder ungetrieben, da es gerade auftaucht, neu geschaffen wird und nicht aus der vorhergehenden Zeit kommt.

9. Alles das kann in noch einer anderen Weise formuliert werden, als der Gipfel der Einzigartigkeit, Individualität oder Idiosynkrasie. Wenn alle Menschen sich im Prinzip voneinander unterscheiden, sind sie in den Grenzerfahrungen noch *mehr* unterschieden. Wenn in vieler Hinsicht die Menschen (in ihren Rollen) wechselseitig austauschbar sind, dann fallen in den Grenzerfahrungen die Rollen weg, und die Menschen werden am wenigsten austauschbar. Was immer sie im Grunde sind, was immer das Wort »einzigartiges Selbst« bedeutet, sie sind es in ihren Grenzerfahrungen mehr.

10. In Grenzerfahrungen ist der einzelne am meisten jetzt und hier, am freiesten von der Vergangenheit und von der Zukunft in ihren verschiedenen Bedeutungen, am meisten »ganz da« in der Erfahrung. Er kann zum Beispiel jetzt besser als sonst zuhören. Da er am wenigsten von der Gewohnheit abhängig und erwartungsvoll ist, kann er voll zuhören, ohne von belastenden Erwartungen angesteckt zu werden, die auf vergangenen Situationen aufbauen (und nicht die gleichen sein können wie die gegenwärtige), oder von Hoffnung oder Erwartungen, die auf Zukunftsplänen beruhen (was bedeutet, daß man die Gegenwart nur als Mittel für die Zukunft nimmt, nicht als Ziel an sich). Da er auch jenseits der Begierde ist, braucht er nicht in den Begriffen von Furcht, Haß oder Verlangen rubrizieren. Er muß auch nicht das, was hier ist, mit dem vergleichen, was nicht hier ist, um es auszuwerten.

11. Der Mensch wird jetzt mehr zu einer reinen Psyche und weniger zu einem Ding dieser Welt, das nach den Gesetzen der Welt lebt. Das heißt, er wird mehr von den in-

trapsychischen Gesetzen determiniert als von den Gesetzen der nichtpsychischen Wirklichkeit, insofern beide verschieden sind. Das klingt wie ein Widerspruch oder ein Paradox, ist es aber nicht, und selbst wenn es das wäre, müßte er es akzeptieren, da es eine gewisse Art von Bedeutung hat. S-Erkennen des anderen ist am besten möglich, wenn es zugleich ein Sein-Lassen des Selbst *und* des anderen gibt; sich selbst respektieren-lieben *und* den anderen respektieren-lieben bedeutet, daß man sich gegenseitig gelten läßt, unterstützt und bestärkt. Ich kann das Nicht-Selbst am besten ergreifen, indem ich es nicht ergreife, das heißt, indem ich es sein lasse, wie es ist, indem ich es gehen lasse und ihm erlaube, nach den eigenen Gesetzen zu leben und nicht nach meinen, genauso wie ich am reinsten ich selbst werde, wenn ich mich selbst vom Nicht-Ich emanzipiere, wenn ich es ablehne, mich von ihm beherrschen zu lassen, nach *seinen* Regeln zu leben, und darauf bestehe, nur nach den Gesetzen und Regeln zu leben, die die meinen sind. Wenn das geschehen ist, stellt sich heraus, daß das Intrapsychische (ich) und das Extrapsychische (das andere) nicht so schrecklich verschieden und *sicher* nicht *wirklich* antagonistisch sind. Es stellt sich heraus, daß beide Arten von Gesetzen sehr interessant und erfreulich sind und sogar integriert sowie miteinander verschmolzen werden können.

Das leichteste Paradigma, das dem Leser dieses Labyrinth von Wörtern verständlich machen hilft, ist die Beziehung der S-Liebe zwischen zwei Menschen, aber es kann auch jede andere Grenzerfahrung herangezogen werden. Offensichtlich nehmen auf dieser Ebene des idealen Gesprächs (was ich den S-Bereich nenne) die Worte Freiheit, Unabhängigkeit, Begreifen, Sein-Lassen, Vertrauen, Wille, Abhängigkeit, Wirklichkeit, der andere Mensch, Getrenntheit usw. sehr komplexe und reichhaltige Bedeutungen an, die sie im D-Bereich des täglichen Lebens, im Bereich der Mängel, Bedürfnisse, Nöte, der Selbsterhaltung, Dichotomien, Polaritäten und Spaltungen nicht haben.

12. Es bestehen gewisse theoretische Vorteile darin, einmal den Aspekt des Nicht-Strebens oder Nicht-Bedürftigseins zu unterstreichen und ihn als Mittelpunkt (oder Organisationsschwerpunkt) dessen zu benützen, was wir untersuchen. In verschiedenen oben beschriebenen Weisen und mit gewissen begrenzten Bedeutungen wird der Mensch in den Grenzerfahrungen unmotiviert (oder ungetrieben), besonders vom Standpunkt der Defizit-Bedürfnisse aus. In demselben Gesprächsbereich ergibt es einen ähnlichen Sinn, die höchste, authentische Identität als nicht strebend, nicht bedürftig, nicht verlangend zu beschreiben, das heißt, als die gewöhnlichen Bedürfnisse und Triebe transzendierend. Er ist eben. Er hat Freude erreicht, und das bedeutet ein vorläufiges Ende für das *Streben* nach Freude.

Etwas Derartiges ist bereits hinsichtlich des selbstverwirklichenden Menschen beschrieben worden. Alles entsteht dann aus sich selbst, ergibt sich ohne Willensanstrengung, mühelos, ohne Absicht. Er handelt jetzt total und ohne Mangel, nicht homöostatisch oder bedürfnisreduzierend, nicht um Schmerz oder Unlust oder den Tod zu vermeiden, nicht um eines Zukunftzieles, eines anderen Zweckes als des Selbstzweckes willen.

290

Verhalten und Erfahrung werden *per se* Selbst-Bestätigung *(self-validating)*, Zweckverhalten *(end-behavior)* und Zweck-Erfahrung *(end-experience)*, nicht so sehr Mittel-Verhalten *(means-behavior)* und Mittel-Erfahrung *(means-experience)*.

Auf dieser Ebene habe ich den Menschen gottähnlich genannt, weil die meisten Götter angeblich keine Bedürfnisse, Entbehrungen oder Nöte gekannt, keine Mängel gelitten haben, in allen Dingen befriedigt waren. Die Eigenschaften und insbesondere die Handlungen der »höchsten«, »besten« Götter wurden aus der Nicht-Entbehrung abgeleitet. Ich habe diese Ableitungen sehr anregend gefunden, als ich versuchte, die Handlungen menschlicher Wesen zu verstehen, sobald *sie* aus dem Nicht-Entbehren handeln. Es ist zum Beispiel für mich eine sehr erhellende Grundlage für die Theorie des gottähnlichen Humors und der gottähnlichen Unterhaltung, für die Theorie der Langeweile, der Kreativität usw. Die Tatsache, daß der menschliche Embryo ebenfalls keine Bedürfnisse hat, ist eine reiche Quelle der Verwirrung zwischen dem hohen und dem niedrigen Nirwana.

13. Ausdruck und Mitteilung in den Grenzerfahrungen neigen dazu, poetisch, mythisch und rhapsodisch zu werden, als wäre dies die natürlichste Sprache, um solche Seinszustände auszudrücken. Ich bin erst unlängst bei meinen Versuchspersonen und bei mir selbst darauf aufmerksam geworden, so daß ich nicht viel darüber sagen möchte. Für die Identitätstheorie ergibt sich daraus, daß die authentischeren Menschen gerade dadurch wie Dichter, Künstler, Musiker, Propheten usw. werden. (»Poesie ist die Aufzeichnung der besten und glücklich-

sten Augenblicke der glücklichsten und besten Geister.«
[P. B. Shelley])

14. Alle Grenzerfahrungen können fruchtbar als Vollendung der Handlung im Sinne David M. Levys verstanden werden, als Abschluß der Gestaltpsychologie, als Beispiel des Reichschen Typus des kompletten Orgasmus, als totale Entladung oder Beendigung. Im Gegensatz dazu stehen die Ausdauer unbeendeter Probleme, die nur teilweise geleerte Brust oder Prostatadrüse, die unvollständige Stuhlentleerung, die Unfähigkeit, Kummer zu vermeiden, die teilweise Sättigung bei der Diätkur, eine Küche, die nie ganz sauber wird, der *coitus reservatus,* der Ärger, der nicht zum Ausdruck kommen kann, der Athlet, der nicht trainiert hat, die Unmöglichkeit, ein schief hängendes Bild gerade zu hängen, die Notwendigkeit, Dummheit, Unfähigkeit oder Ungerechtigkeit herunterzuschlucken usw. Aus diesen Beispielen sollte jeder Leser phänomenologisch verstehen, wie wichtig Vollzug ist und warum dieser Standpunkt so hilfreich ist, um das Verständnis des Nicht-Strebens, der Integration, der Entspannung und von allem vorher Behandelten zu fördern. Vollendung draußen in der Welt bedeutet eher Vollkommenheit, Gerechtigkeit, Schönheit und Zweck als Mittel usw. Da die äußere und die innere Welt in einem gewissen Ausmaß isomorph und dialektisch aufeinander bezogen sind (einander »verursachen«), kommen wir zum Kern des Problems, wie der gute Mensch und die gute Welt einander formen.

Was für Konsequenzen hat das für die Identität? Wahrscheinlich ist der authentische Mensch in sich selbst vollendet oder in einem gewissen Sinne final; sicherlich erlebt er manchmal subjektive Finalität, Vollendung oder Perfektion; und er nimmt sie sicherlich in der Welt wahr. Es *kann* sich herausstellen, daß *nur* Menschen mit Grenzerfahrung *(peakers)* volle Identität erreichen können; daß Menschen ohne diese Erfahrung *(non-peakers)* immer unvollständig, unzureichend, strebend bleiben müssen; es fehlt ihnen etwas, und sie leben eher unter Mitteln als unter Zwecken; auch wenn die Korrelation sich als nicht vollständig erweist, bin ich sicher, daß sie zwischen Authentizität und Grenzerfahrung zumindest positiv ist.

Wenn wir die physischen und psychologischen Spannungen und die Dauer der Unvollständigkeit betrachten, erscheint es plausibel, daß sie nicht nur mit Gelassenheit, Friedlichkeit und psychologischem Wohlbefinden unvereinbar sind, sondern auch mit dem physischen Wohlbefinden. Möglicherweise gibt es hier einen Fingerzeig auf die rätselhafte Entdeckung, daß viele Menschen von ihren Grenzerfahrungen berichten, als wären sie irgendwie dem (schönen) Tod verwandt, als hätte das intensivste Leben etwas Paradoxes an sich, die Sehnsucht oder die Bereitschaft, darin zu sterben. Es mag sein, daß jede perfekte Vollendung, jedes Ende metaphorisch, mythologisch oder archaisch einen Tod bedeutet, wie Rank impliziert.

15. Ich bin fest davon überzeugt, daß eine bestimmte Art der Verspieltheit einer der S-Werte ist. Einige Gründe für diese Annahme habe ich bereits gestreift. Einer der wichtigsten ist die Tatsache, daß sie ziemlich oft in Berichten über die Grenzerfahrungen auftaucht (sowohl innerhalb der Person als auch in der Welt wahrgenommen) und

auch vom Forscher außerhalb der berichtenden Person wahrgenommen werden kann.

Es ist sehr schwer, diese S-Verspieltheit *(B-playfulness)* zu beschreiben, da die englische Sprache dafür nicht ausreicht (wie sie *im allgemeinen* für die Beschreibung der »höheren« subjektiven Erfahrungen ungeeignet ist). Die S-Verspieltheit hat eine kosmische oder gottähnliche, gutgelaunte Qualität und transzendiert sicherlich Feindseligkeit jeder Art. Man könnte sie genausogut glückliche Freude oder fröhliche Überschwenglichkeit oder Entzücken nennen. Sie ist überschäumend wie Reichtum oder Überfluß (nicht D-motiviert). Sie ist existentiell in dem Sinne, daß sie eine Unterhaltung oder Freude sowohl an der Kleinheit (Schwäche) als auch an der Größe (Kraft) des menschlichen Wesens ist und die Polarität von Dominanz und Subordinanz transzendiert. Sie enthält eine gewisse Qualität des Triumphs, manchmal vielleicht auch der Erleichterung. Sie ist gleichzeitig reif und kindlich.

Sie ist schließlich utopisch, eupsychisch, transzendierend in jenem Sinne, den Marcuse und Brown beschrieben haben. Man könnte sie auch nietzscheanisch nennen.

Als ein Teil ihrer Definition enthält sie Leichtigkeit, Mühelosigkeit, Anmut, Glück, Befreiung von Hemmungen, Einschränkungen und Zweifel, Unterhaltung mit (nicht über) S-Erkenntnis, Transzendenz der Ich-Bezogenheit *(ego-centering)* und Mittel-Bezogenheit *(means-centering)*, Transzendenz von Zeit und Raum, von Geschichte und Lokalismus.

Und schließlich ist S-Verspieltheit selbst ein integrierender Faktor, wie Schönheit, Liebe oder kreativer Intellekt. Und zwar insofern, als sie Dichotomien auflöst und eine Lösung für die menschliche Situation, sie lehrt uns, daß eine Möglichkeit, Probleme zu lösen, darin besteht, sich über sie zu freuen. Sie ermöglicht es uns, gleichzeitig im D-Bereich und im S-Bereich zu leben, gleichzeitig Don Quichotte und Sancho Pansa zu sein, wie es Cervantes war.

16. Während und nach den Grenzerfahrungen fühlt sich der Mensch charakteristischerweise glücklich, begnadet. Eine keineswegs ungewöhnliche Reaktion ist: »Ich verdiene das gar nicht.« Grenzerfahrungen werden nicht geplant oder absichtlich herbeigeführt; sie geschehen. Man wird »von der Freude überrascht«. Die Reaktionen der Überraschung, der Verblüffung, des süßen »Schocks des Wiedererkennens« sind sehr häufig.

Eine allgemeine Folge ist das Gefühl der Dankbarkeit, bei religiösen Menschen ihrem Gott gegenüber, bei anderen gegenüber dem Schicksal, der Natur, den Menschen, der Vergangenheit, den Eltern, der Welt, allem und jedem, was geholfen hat, dieses Wunder zu ermöglichen. Das kann in Anbetung, Danksagung, Verehrung, Lobgesang, Opfer und andere Reaktionen übergehen, die sich leicht in einen religiösen Rahmen einfügen lassen. Natürlich muß jede Psychologie der Religion, entweder der übernatürlichen oder der natürlichen, diesen Geschehnissen Rechnung tragen; das gleiche gilt für jede naturalistische Theorie über den Ursprung der Religion. Oft führt dieses Gefühl der Dankbarkeit zu einer allumfassenden Liebe für alles und jedes, zu einer Wahrnehmung der Welt als schön und gut, manchmal auch zu einem Impuls, etwas Gutes für die Welt zu tun, zu einer Bereitwilligkeit des Zurückzahlens, oft sogar zu einem Gefühl der Verpflichtung.

Schließlich ist es ziemlich wahrscheinlich, daß hier eine Verbindung zu den beschriebenen Tatsachen der Bescheidenheit und des Stolzes beim selbstverwirklichenden, authentischen Menschen besteht. Der glückliche Mensch kann kaum volle Verantwortlichkeit für sein Glück beanspruchen, genausowenig wie der ergriffene oder der dankbare Mensch. Er muß sich die Frage stellen: »Verdiene ich das?« Solche Menschen lösen die Dichotomie zwischen Stolz und Bescheidenheit auf, indem sie beide zu einer einzigen, komplexen, übergeordneten Einheit verschmelzen, das heißt, indem sie (in einem gewissen Sinne) stolz und (in einem anderen Sinne) auch bescheiden sind. Stolz (mit Bescheidenheit gefärbt) ist keine Hybris oder Paranoia. Bescheidenheit (mit Stolz gefärbt) ist nicht Masochismus. Nur indem man sie dichotomisiert, werden sie pathologisch. S-Dankbarkeit *(B-gratitude)* befähigt uns, in einer Haut den Helden und den demütigen Diener unterzubringen.

***

Maslow forschte bei jenen Menschen, die schon öfter solche Gipfelerfahrungen gemacht haben, weiter und kommt zu dem Ergebnis, daß je häufiger solche Erlebnisse in der Vergangenheit waren, desto größer die Wahrscheinlichkeit für zukünftige ist. Je näher man dem Ziel kommt, desto deutlicher werden seine Vorboten. Weiter findet Maslow, daß solche Menschen weniger unter Gewohnheiten und Zwängen leiden, daß sie kreativer im Umgang mit sich und anderen sind und (trotz oder gerade wegen ihrer seelischen »Erfolge«) demütiger und zufriedener leben.

Bei seiner Bilanz kann man sich des Eindrucks nicht erwehren, er habe auf seelischer Ebene sozusagen – das Rad für den Westen neu entdeckt, so ähnlich sind die Beschreibungen aus allen Zeiten und Kulturen über verwirklichte Menschen. Als ein Beispiel sei hier die Beschreibung der Entwicklungsstufen erwähnt, die Carlos Castañeda von seinem indianischen Lehrer erhält: Die Mehrheit der Menschen sei wie das Wild ganz in ihren Instinkten beziehungsweise Programmen gefangen. Eine kleine Gruppe von Menschen habe sich auf ihrem Entwicklungsweg auf Jägerniveau emporgearbeitet. Die Jäger seien sich ihrer eigenen und der Programmierungen der anderen schon so bewußt, daß sie ihrerseits dem Wild auflauern könnten. Die höchste Entwicklungsstufe aber habe der Krieger erreicht, der so stolz ist, daß er sich vor niemandem beugt, aber auch so demütig, daß er niemandem erlaubt, sich vor ihm zu beugen.

* * *

Der Psychotherapeut STANLEY SIEGEL *bringt in seiner unkonventionellen und über weite Strecken genialen Arbeit gänzlich unbeeinflußt von Lehrmeinungen und Diagnosesystemen einfach seinen gesunden Menschenverstand und vor allem sein menschliches Gefühl für die Situation und die an ihr beteiligten Menschen zum Tragen. Diesen im Grunde einfachen Ansatz dehnt er auf praktisch jedes Problem aus und kommt in seinem Buch mit dem programmatischen Titel* Der Patient, der seinen Therapeuten heilte *zu verblüffen-*

den und zugleich genialen Lösungen für schwerste Proble-
me. Sein Grundgedanke ist dem von Krankheit als Sprache
der Seele *sehr ähnlich. Ausgehend von der Erkenntnis, daß*
das Problem des Patienten nicht nur das Problem darstellt,
sondern immer auch schon die Lösung des Problems bein-
haltet, verhilft er seinen Patienten zu oft völlig unerwarteten
Lösungen, die durch ihre Einfachheit bestechen. (Dieser
Ansatz ist mir auch deshalb so nahe, weil ich ebenfalls zehn
Jahre nach Krankheit als Weg *mit einigem Erfolg davon*
ausgehen konnte, daß es gerade die im Krankheitsbild ge-
bundene Energie ist, die die Kraft zur Lösung des Problems
enthält. Gelingt es, diese Energie zu mobilisieren und auf
einer anderen, aber prinzipiell entsprechenden Ebene in eine
Lösung fließen zu lassen, ist selbst in schwierigsten Situatio-
nen noch Heilung möglich.)

Die Frau, die verrückt spielte

Buffalo, New York, Winter 1986
Myrna Novik wurde mir als eine übergewichtige, ziemlich
verrückte 34jährige Dame beschrieben, die mehr als die
Hälfte ihres Lebens in therapeutischer Behandlung gewesen
war. Auf einer Tagung in ihrer Heimatstadt Buffalo, wo ich
einen Monat lang in einem kirchlichen Beratungszentrum
Vorträge hielt und Beratungen durchführte, sagte mir ein
Teilnehmer, auch er Psychologe: »Sie ist die ›Dienstälteste‹
hier. Sie ist schon länger hier als alle unsere Mitarbeiter. Sie
kommt und geht – und bleibt.«
Ich fragte nach ihrer Lebensgeschichte und erfuhr eine endlose Aneinanderreihung trostloser Fakten. Tochter eines

Mannes, der selbst einen Großteil seines Lebens in psychiatrischen Anstalten verbracht hatte und zur Zeit wieder in einer untergebracht war, war Myrna, als sie gerade in die Pubertät kam, zuerst von einem Onkel und dann im Alter von 15 Jahren von einem Fremden vergewaltigt worden.

Aus der zweiten Vergewaltigung stammte ihr erstes Kind. Es war mongoloid. Ärzte und Behörden ordneten die Unterbringung des Kindes in einem Heim an, aber Myrna sagte nein. Auch als man weiter darauf bestand, weigerte sie sich erfolgreich. In den folgenden Jahren hatte sie dreimal geheiratet, die letzten beiden Männer von anderer Rassenzugehörigkeit als sie. Ihr dritter Mann, mit dem sie lebte, als ich sie kennenlernte, war arbeitslos und hatte eine kleine monatliche Erwerbsunfähigkeitsrente. In ihren drei Kindern kreiste das Blut dreier verschiedener Rassen. Der Gewalttäter, der ihr erstes Kind gezeugt hatte, war Afrikaner.

Die Psychologen im Zentrum betrachteten Myrna als »unheilbar liederlich«, teils weil sie von Anfang an darauf bestanden hatte, ihr behindertes Kind bei sich zu behalten, teils wegen ihrer offensichtlich unbeherrschbaren Neigung zum Ladendiebstahl. Wahrscheinlich aber auch, weil sie zweimal ungeschriebene Tabus in bezug auf Rassenmischung verletzt hatte.

Ihre Ladendiebstähle waren der am häufigsten angeführte Grund. Sie war immer wieder erwischt worden und hatte sich einmal eine Verurteilung zu ein paar Wochenenden im Stadtgefängnis eingehandelt. Die Therapeuten klagten Jahr um Jahr. Sie konnten ihr einfach nicht beibringen, daß sie, wenn sie sich weiter ihrem Klauzwang überließ und riskierte, eingesperrt zu werden, im Grunde doch nur erreichte, daß sie ihre Kinder allein ließ. »Sie verleugnet praktisch ihre Verantwortung als Mutter«, sagten sie. »Verantwortungslos und verrückt« waren die Etiketten, die man ihr umhängte.

Zufällig konnte ich Myrna beobachten, noch bevor wir formell miteinander bekannt gemacht wurden. Ein anderer Mitarbeiter erklärte ihr taktvoll, ich würde in beratender Funktion zu ihrer Therapie hinzugezogen werden. Ich war sehr von Myrnas Äußerem überrascht, vor allem von ihrem leidenden Gesichtsausdruck. So halb und halb hatte ich ein leichtfertiges, frivoles Geschöpf erwartet, behängt mit falschem Schmuck, geschminkt und aufgedonnert, vielleicht auch eine vernachlässigte Schlampe.

Myrnas Gesicht aber war von langem, glattem, braunem Haar umrahmt, nicht ungepflegt, aber auch nicht betont zurechtgemacht. Sie trug eine blaue Polyesterbluse, die ein Stück über die Hüfte und die schwarzen Hosen hinabhing, außerdem schwarze Leinenturnschuhe zum Hineinschlüpfen: bequem, funktional, billig und unaufdringlich, eben praktisch. Sie hatte Übergewicht, doch konnte man ihrem Gesicht ansehen, daß sie einmal ein schönes Kind und sogar eine schöne junge Frau gewesen sein mußte. Ihre Gesichtsmuskeln schienen straff und angespannt, wie von einer Kraft nach unten gezogen, die stärker war als bei anderen Menschen. Ich beobachtete sie durch das Einwegfenster, wie sie da in ihrem Stuhl mit Metallehne saß und mit übergeschlagenen Beinen, die Hände im Schoß, auf mich wartete.

Ich studierte ihr Gesicht.

Myrna hielt ihren Kopf schräg nach rechts geneigt, wie ein schwer angeschlagener Boxer. Ihr häufiges Stirnrunzeln korrespondierte mit dem traurigen Zug auf ihren Wangen und dem düsteren Schwung ihrer Augenbrauen. Sie bot einen Anblick der tiefsten Depression und schien unsägliche

Lasten tragen zu müssen. Sie sah keineswegs verrückt und verantwortungslos aus, sondern nur müde, erschöpft und kurz davor, endgültig aufzugeben.

Ich stellte mich vor und sagte, ich hätte schon viel von ihr gehört. Sie schnaubte verächtlich, wie wenn sie sagen wollte, »wahrscheinlich nur Schlechtes«. Die Reaktion war die einer Schülerin, die zum fünfzehnten Mal vor den Direktor zitiert wird, nur diesmal vor einen neuen. Als ich sagte, ich hätte schon viel von ihr gehört, »wußte« Myrna schon, daß alle Chancen gegen sie standen. Ich spürte sofort, daß ich einen Fehler gemacht hatte.

Daher nahm ich Zuflucht zu einem Überraschungseffekt. Statt Fragen zu stellen, begann ich ihr zu erzählen, was ich über sie wußte. Daß sie drei Kinder hatte, eines davon behindert, daß sie sich um ihren Mann und ihre kranke Mutter kümmerte, daß sie sich ihrer Mutter schon als Teenager angenommen hatte. Ich sagte ihr, ich wüßte, daß sie von ihren Ex-Ehemännern keinen Unterhalt für die Kinder bezog und auf Sozialhilfe und ihren gesunden Menschenverstand angewiesen sei, um alle, für die sie sich verantwortlich fühlte, mit Kleidung, Nahrung und einigermaßen guter Pflege zu versehen.

Sie nickte langsam zu meinen Worten. Schließlich sagte ich: »Ich begreife nicht, wie Sie das alles schaffen. Das ist doch eine Unmenge Arbeit und Verantwortung.«

Ein beobachtender Therapeut äußerte später, ich hätte Myrnas Selbstbild umgestülpt, indem ich die über sie erhaltenen Informationen geschickt manipulierte. Gut, vielleicht habe ich ihr Selbstbild umgestülpt, aber nicht mit irgendeiner cleveren, manipulativen Taktik. Meine Bewunderung und Sympathie waren echt.

»Es ist wirklich hart«, gab sie zur Antwort, durch das uner-
wartete Verständnis, das sie bei mir fand, lebhafter geworden. »Das Leben ist wirklich hart. Ich glaube, ich war ... ich
war nicht darauf vorbereitet. Ich war nicht darauf vorbereitet, wie hart es ist.«

Ich erfuhr später, daß die erfahrenen Beobachter im Vor-
zimmer jetzt sowohl über diese Aussage als auch den resi-
gnierten Ton, mit dem sie sie vorbrachte, überrascht waren.
Es war, als ob sie zum ersten Mal sahen, wie müde sie war.
Als sie sagte, das Leben sei hart, schloß sie die Augen mit
einem Ausdruck der Überforderung und des Schmerzes.

»Es macht mich ganz wahnsinnig«, sagte sie. »Denn jetzt
erst komme ich drauf, daß ich alles ganz anders hätte anstellen sollen. Doch wenn ich daran denke, was ich jetzt noch
tun könnte, läuft es mir kalt über den Rücken.« Sie rang
verzweifelt die Hände. »Also bin ich schon zufrieden, mich
wenigstens in meiner Wohnung aufhalten zu können. Was
anderes gibt es für mich nicht.« Sie machte eine Bewegung
mit den Händen, als ob sie all dieses »andere« wegwischen
wollte.

Damals rauchte ich noch und griff nach einer Zigarette.
»Vielleicht denken Sie an die falschen Dinge«, sagte ich.
»Das klingt ganz so, als wollten Sie noch härter kämpfen
und noch mehr Verantwortung auf sich nehmen.«

Ich dachte an den Ausdruck »verantwortungslos und verrückt«, das Etikett, das man ihr umgehängt hatte. Sie kam
mir im Gegenteil höchst verantwortungsbewußt vor, praktisch von Kindheit an. Niemals hatte sie Zeit gehabt, zu tun,
was sie wollte, oder auszuruhen oder auch einmal ein bißchen verrückt zu spielen.

»Wie wäre es denn, wenn Sie einmal verrückt spielten?«

fragte ich sie. »Ich habe den Eindruck, das würde Ihnen großen Spaß machen.«

Traurig, mit dem Blick nach rechts ausweichend, sagte sie: »Stimmt.«

Ihre Traurigkeit zeigte mir, daß ich auf dem richtigen Weg war. Sie hatte nicht nur das Bedürfnis danach, einmal verrückt zu spielen. Sie wußte auch, daß sie es hatte. Jeder andere Patient hätte über diese Unterstellung gelacht und gedacht, es handle sich um einen Scherz des Therapeuten. Aber für Myrna war der große Spaß kein Scherz. Es war der »unerfüllbare Traum« für sie. Sie sagte: »Meine Schwester, die unter mir wohnt, und viele andere Leute meinen, es gäbe einen leichten Ausweg. Aber es ist ein feiger Ausweg, und das hält mich vielleicht ab, ihn zu wählen. Es ist der Ausweg meines *Vaters*.«

Ich staunte über die Einsicht, die in dieser Feststellung lag. Ihr Vater war in einer Anstalt. Wer würde schon darauf kommen, daß eine Anstalt ein Ausweg ist? Zweifellos nur jemand, dem die Pflichten, die der Eingewiesene hinterläßt, aufgebürdet werden.

»Wie machte er das?« fragte ich. »Was war seine Masche?«

»Er war ein religiöser Fanatiker«, antwortete sie. »Für ihn war Religion das Mittel, mit seinen Schuldgefühlen fertig zu werden, die er von Kindheit an hatte. Sie prägte sein ganzes Leben.«

»Lag die Verantwortung für alles bei Ihrer Mutter?«

»Ja. Also ... sie trug mehr Verantwortung als mein Vater. Aber nicht so viel, wie ich es gern gehabt hätte.«

»Aber Sie waren ihr ähnlicher als Ihrem Vater? Sie standen ihr näher?« Ich wollte die Einsicht in ihr provozieren, daß sie den »verrückten« Spuren ihres Vaters folgte.

303

»Ja, ich stand ihr näher, weil sie häufiger zu Hause war. Er mußte in die Klinik und häufig dort bleiben. Aber *wenn* er zu Hause war, arbeitete er.«

Ich ging auf die periodischen Anstaltsaufenthalte ihres Vaters ein und fragte: »Sie meinen, man gewährte ihm Urlaub?«

»Er nahm sich selbst Urlaub. Das ist einmal sicher!« sagte sie.

»Das klingt so, als ob er ein kluger Mann wäre«, sagte ich. Ich hatte soeben meinen Plan entworfen, wie ich vorgehen und was ich ihr vorschlagen wollte.

»Also, wann haben Sie zum letzten Mal Urlaub gemacht?« fragte ich. »Wann war das letzte Mal, daß Sie ganz ausgespannt haben?«

»Ich glaube, ich spanne aus, wenn ich stehle«, antwortete sie, legte den Kopf schräg nach links und schaute mich schüchtern wie ein Kind an. »Man hat Ihnen von meinen Diebstählen erzählt?« fragte sie mit gespitzten Lippen wie Shirley Temple.

»Ja.«

»Na ja«, sagte sie und fiel wieder in ihre Traurigkeit zurück. »Das ... für mich ist das ein Anreiz. Dabei fühle ich mich wohl, da habe ich das Gefühl, das tue ich für mich selbst, aber ... ich glaube, ich muß lernen, auf eine andere Art zu tun, was ich für mich tue. Es darf nicht damit enden, daß ich mich noch schlechter fühle als vorher und so.«

Sie schaute mich beifallheischend an. Die letzten Worte waren ihr nicht von Herzen gekommen. Sie klangen wie eine Feststellung, nur für den Therapeuten bestimmt. Sie wußte einiges über Therapeuten.

»Sind Sie gut darin? Im Stehlen?«

»Echt gut!« sagte sie kurz auflachend. »Zu gut!«

»Erzählen Sie mir, wie Sie es machen. Vielleicht kann ich etwas von Ihnen lernen.«

»Sicher. Ich möchte … Ich habe eine Schwester, die mir beibringen will, den Spieß umzudrehen und Geld damit zu verdienen. Sie meint, ich soll den Geschäften sagen, wie sie sich besser schützen können. Das klingt gar nicht so schlecht. Es klingt wie etwas, was eines Tages Wirklichkeit werden könnte. Doch ich habe es nie versucht.«

»Aber Expertin sind Sie.«

»Ich bin keine Expertin, obgleich eine der besten. Ich bin *keine* Expertin und bin ja auch erwischt worden, oft.«

»Waren Sie im Gefängnis? Oder haben Sie es geschafft, darum herumzukommen?«

»Einmal mußte ich einen Monat lang die Wochenenden im Knast absitzen. Das war das einzige Mal, daß ich saß, außer bei der Untersuchungshaft, bevor es zur Gerichtsverhandlung kam.«

»Na ja, das ist auch eine Art, Urlaub zu machen, oder? Auf der anderen Seite sind Sie ein extrem verantwortungsbewußter Mensch. Wie ist es denn jemandem, der derart verantwortungsbewußt ist und sich so um Kinder, Mutter und Mann kümmert, überhaupt möglich, einmal auszuspannen, ohne jemanden zu finden, der einem dabei hilft?«

Ich entschuldigte mich und sagte, ich müsse mit meinen Kollegen sprechen. Bei ihnen im Zimmer, erklärte ich ihnen, sie mache den genau entgegengesetzten Eindruck auf mich, verglichen mit allem, was ich über sie gehört hätte. Ich ließ außerdem durchblicken, ich hätte eine andere Meinung über Myrnas Weigerung, ihr mongoloides Baby in ein Heim stecken zu lassen. Die Ansicht der Kollegen war ja, die Unterbringung in einem Heim hätte von größerem Verantwortungsbewußtsein gezeugt.

»Gerade aufgrund ihres Gesichtsausdrucks und der Arbeit, die für sie damit verbunden ist, glaube ich, Myrna hätte das Weggeben des Babys als ein Sich-Drücken vor der Verantwortung aufgefaßt. Wie konnten wir bloß auf die Idee kommen, diese Frau sei verantwortungsscheu?«

»Und was ist mit den Ladendiebstählen?« fragte ein Beobachter. »Ich meine, sie stiehlt doch nicht einfach aufs Geratewohl, sondern mit einer Liste.«

»Mit was für einer Liste?«

»Sie geht zum Stehlen mit einer Liste der Sachen, die sie stehlen will. Sie läßt nicht einfach hier ein Kettchen und dort eine Golduhr mitgehen. Sie verliert nicht für einen Augenblick oder zehn Minuten die Herrschaft über sich. Sondern sie geht hinein und stiehlt ganz spezielle Sachen, im Auftrag bestimmter Leute.«

»Und dann gibt sie die Sachen diesen Leuten?« fragte ich.

»Noch schlimmer. Sie wird dafür bezahlt.«

»Und was macht sie mit dem Geld?«

»Was hat es zu bedeuten, was sie mit dem Geld macht?«

»Wissen Sie, was sie damit macht?«

»Na ja, sie bringt es nicht in Las Vegas durch, wenn Sie darauf hinauswollen.«

»Tut mir leid. Ich will auf gar nichts hinaus. Ich habe nur das Gefühl, daß ihre Art, zu stehlen, irgendwie mit ihrem Verantwortungsbewußtsein zusammenhängt.«

»Stehlen aus Verantwortungsbewußtsein?«

»So wie Sie es beschreiben«, sagte ich, »betreibt sie es als Geschäft. Wie viel oder wie wenig Verantwortungsbewußtsein hatte Dickens' ›Fagin‹? Seine Jungen schwärmten tagtäglich als kleine Taschendiebe aus. Das war ihre Beschäftigung, und sie gingen ihr in einer Gesellschaft nach, in der sie keinen anderen Beruf fanden. Sie probten ihr Vorgehen, übten gestellte Szenen. Dafür bekamen sie zu essen und ein Dach über dem Kopf und blieben am Leben. Solange mir niemand das Gegenteil beweist, habe ich den Verdacht, mit ihren Exkursionen beschafft sich Myrna zusätzliche Mittel, um die Kosten für den Unterhalt ihrer Mutter und Familie zu bestreiten. Das ist ein ganz schönes Verantwortungsbewußtsein, scheint mir. Es ist riskant, sicher, weil es gegen das Gesetz ist. Sie riskiert das Gefängnis. Aber wir hier können eine Menge daraus lernen. Myrna ist keine klassische Kleptomanin, sie tut es offensichtlich nicht aus einem Impuls heraus, sondern zielstrebig. Sie braucht wirklich nicht noch mehr Verantwortungsbewußtsein. Wenn sie etwas braucht, so ist es eine Verschnaufpause. Vielleicht ist das alles. Vielleicht braucht sie nur einen einzigen Tag Ferien. Zeit, in der sie nicht für all diese Menschen Verantwortung trägt. Insofern waren die Wochenenden im Gefängnis der einzige Urlaub, den sie je hatte.«

Ich ging zu ihr ins Zimmer zurück.

»Malen Sie sich einmal aus«, sagte ich, »was Sie täten, wenn Sie heute mit mir zusammen verrückt spielen könnten. Was würden Sie tun, wenn wir jetzt Urlaub machten, ganz unbeschwert?«

»Reden«, sagte sie ruhig. »Vielleicht irgendwo hingehen. Sightseeing in der Stadt oder so was Ähnliches, irgendwas Spannendes. Und weiterreden. Ich glaube, das wäre ein Weg, um –«

»Das ist echtes Pflichtbewußtsein! Wollen Sie mir vielleicht Buffalo zeigen?«

307

Sie dachte zwei Sekunden nach und kam anscheinend zu dem Schluß, daß Sightseeing in Buffalo doch nicht das Verrückteste war, was sie sich vorstellen konnte. Sie mußte etwas wirklich Ausgefallenes finden. »Es würde wahrscheinlich so enden, wie es immer endet«, sagte sie mit Worten wie aus einer anderen Zeit. Um klarzumachen, was sie meinte, fügte sie hinzu, und zwar ziemlich ernst: »Ich würde wahrscheinlich ... es würde in einem sexuellen Abenteuer enden.«

Natürlich, dachte ich. Immer pflichtbewußt. Die perfekte Hosteß. Wer absolut verrückt spielen und total unverantwortlich handeln will, wer sich vollständig gehenlassen und das Ausgefallenste tun möchte, der muß einem Mann Buffalo zeigen und dann mit ihm ins Bett gehen.

Ich entschuldigte mich wieder.

»Ich weiß nicht, ob Sie es bemerkt haben«, sagte ich zu den Beobachtern. »Aber vor kurzem gab mir Myrna in unserer Sitzung das Stichwort, nach dem ich gesucht hatte, um in diesem Fall intervenieren zu können. Ich wollte sie dazu bringen, sich selbst anders zu sehen, ihr Leben anders zu sehen und infolgedessen es vielleicht auch anders zu leben. Sie erzählte es mir selbst, fast als hätte sie es schon längst gewußt. Und ich glaube, im tiefsten wußte sie es schon längst und brauchte nur jemanden, der ihr Mut machte. Das begegnet mir häufig. Der Patient weiß besser als jeder andere, was ihm guttut, und sucht nur jemanden, der ihm dazu Mut macht. Und das werde ich demnächst tun. Ich werde Myrna einen Auftrag geben, und wenn ich es tue, möchte ich, daß diejenigen von Ihnen, die noch nicht erraten haben, worin mein Plan besteht, darüber nachdenken, wieviel Respekt und Achtung vor ihr dahinterstecken. Denn Respekt und Achtung sind die wesentlichen Voraussetzungen all unserer Arbeit.«

Ich kehrte zu Myrna ins Gesprächszimmer zurück.

»Es ist selten«, sagte ich, »daß ich jemand so Pflichtbewußten wie Sie treffe, jemanden, der so hart arbeitet, die Dinge in Ordnung zu halten. Wenn Sie weiterhin stehlen, obwohl Sie darin schon Expertin sind –«

»Keine Expertin«, unterbrach sie bescheiden.

»Nun also, gut im Stehlen, eine Könnerin. Aber jetzt, wo Sie es erwähnt haben, werden Sie niemals mehr eine Expertin werden. Man wird Sie erwischen, wenn Ihr unbewußter Wunsch nur der ist, daß Sie einmal ausspannen können. Wenn Sie einen unbewußten Wunsch in dieser Hinsicht haben, und ich bin mir dessen sicher ...«

»Urlaub zu machen?« erriet sie richtig.

»... Urlaub zu machen«, nickte ich, »dann wird man Sie unbedingt erwischen und Sie zwingen, Urlaub zu machen. Also glaube ich, müssen Sie lernen, wie man sich richtig ausspannt. Und ich denke, es gibt auf der Welt nur einen Lehrer für Sie ...«

Ich machte eine Pause.

»... und das ist Ihr Vater«, fuhr ich fort. »Er scheint mir ein Meister in dieser Kunst zu sein.«

Myrna schloß die Augen. Ihre Mundwinkel hoben sich langsam und formten ein mattes, entspanntes Lächeln, wie wenn sie nicht nur meiner Meinung wäre, sondern echt erleichtert und erfreut über diesen Vorschlag.

»Daher ist mein Rat: Besuchen Sie Ihren Vater und bitten ihn, Ihnen beizubringen, wie man sich entspannt. ›Papa, du hast etwas, was ich mir niemals gegönnt habe und was ich

309

vielleicht auch nicht richtig an dir geschätzt habe. Du hast ein großes Talent, Ferien zu machen. Du hast die Fähigkeit, dich zu entspannen, dich freizumachen!‹«

»Das hat er«, sagte sie.

»›Und ich möchte, daß du mir das auch beibringst‹«, fuhr ich fort und schwieg wieder.

Ihre Augen wurden feucht. Ich dachte, sie war wahrscheinlich bewegt allein schon durch die Vorstellung einer momentanen Erleichterung – Erleichterung von der Last des Alltags, der Last, die sie vielleicht in ihrer Vaterbeziehung trug, der Last, daß die Mitarbeiter der Klinik ihr dauernd eingeredet hatten, sie sei verantwortungslos, während sie insgeheim wußte, das Gegenteil sei wahr. Ich wartete einen Augenblick.

»So, Myrna, kann ich Ihnen vertrauen, daß Sie ihn besuchen und sich von ihm belehren lassen und die Lehren so anwenden, daß Sie sich ein wenig entlasten können? Können Sie das?«

»Ja«, sagte sie. »Das kann ich.«

»Ich glaube, Ihr Vater wird sich sehr geehrt fühlen.«

»Weil ich ihn frage? Wahrscheinlich.«

»Und Sie werden sich weniger schuldig fühlen, weil Sie immer so oppositionell zu ihm waren, so rebellisch.«

Sie nickte, unfähig zu sprechen.

Später diskutierte ich den Fall Myrna Novik in einem Seminar. Meine Erkenntnis, daß ihrem Verhalten hohes Verantwortungsbewußtsein zugrunde lag – während sie sich jahrelang Verantwortungslosigkeit vorwerfen lassen mußte –, und meine Achtung vor ihr hatten sicher die Vorurteile der Beobachter schwer erschüttert. Aber einige würden zweifellos weiter an ihren früheren Begriffen festhalten (verantwortungsbewußter Ladendiebstahl, was denn noch!). Ich kann nicht sagen, daß das neue Programm sie vollständig überzeugt hätte, aber sie würden sich sicher für einige Zeit auf einen anderen Sender einstellen. Und mochten sie mich auch wegen meines Vorgehens als neuen Konkurrenten fürchten, so waren sie jetzt doch wenigstens neugierig geworden. Manche schienen durch das, was erreicht worden war, und vor allem, weil sie daran beteiligt gewesen waren, innerlich bewegt.

Myrna war, ähnlich wie ihr Vater, immer als Versagerin qualifiziert worden. Sie qualifizierte sich jetzt schon selbst als Versagerin und ihre Familie als Versagerfamilie. In unserer Begegnung wurde ihr eine neue Perspektive eröffnet – die Perspektive auf eine Frau, die Pflichten übernahm und sie auch erfüllte. Darüber hinaus lehnte Myrna ihren Vater wegen seines »Versagens« ab. Doch die Intervention versetzte auch ihn in den Status des Erfolgreichen, des Entspannungsexperten, der mit seiner sogenannten Pflichtvergessenheit eine Pflicht gegen sich selbst erfüllte, sogar bis zu dem Grad, daß er sich einsperren ließ, wenn er spürte, er sei dem Leben nicht gewachsen. In gewissem Sinne hatte er die bessere Entspannungsmethode gefunden, denn er bestimmte seine Aufenthalte in der Anstalt selbst. Sie hingegen riskierte nur erzwungene, vielleicht unzeitige Ruhepausen. Jedenfalls hatte meine Intervention den Sinn gehabt, Myrnas Meinung von sich selbst zu ändern, und sie änderte auch ihre Meinung von ihrem Vater. In meiner Bilanz war das unbedingt ein Plus. Einer der beobachtenden Therapeuten dachte laut nach, was als nächstes passieren würde. Die Antwort konnte sich jeder selbst geben, doch ich entwarf folgendes Bild: Wenn Myrna, wie von mir vorgeschrieben, ihren Vater besuchte, bestand die Chance, daß sie mit ihm ins reine kam. Erstens würde sie ihm Achtung entgegenbringen, dadurch die Vergangenheit ändern und eine neue Grundlage für die Zukunft legen. Und dann?

Vielleicht zeigte er ihr eine Alternative zu der Möglichkeit, sich einsperren zu lassen. Er konnte ihr die besten Ratschläge erteilen. Vielleicht fühlte er sich jetzt auch frei, ihr seine Hilfe anzubieten. Das alles wußte ich nicht. Ich wußte nur, daß sie ihre bisherigen Ansichten über Bord geworfen hatte und sich selbst und ihn in einem neuen Licht sah. Das bescherte ihr neue Optionen und neue Hoffnung.

Nachschrift

Überraschungseffekte unterbrechen den gewohnten Gedankenablauf. Der Mensch gerät ins Staunen und aus dem Gleichgewicht. Das sind die seltenen Momente, in denen man neue Gedanken ins Spiel bringen kann. Als Therapeut setze ich den Überraschungseffekt als Technik ein, als Mittel, alte Denkmuster zu erschüttern und Aufmerksamkeit für neue Ideen zu schaffen. Im Fall Myrna Novik aber wandte ich diese Technik nicht nur beim Patienten an, sondern bei einer ganzen Gruppe, die mich beobachtete und felsenfest von der Richtigkeit ihrer Diagnose überzeugt war: »hoffnungslos«.

Wie es der Zufall wollte, hatten wohlmeinende Traditionswächter Myrna Novik dermaßen fundamental mißverstanden, daß das gesamte Klinikpersonal Zeuge einer völligen Umkehrung der Therapie wurde – und das in einer einzigen Sitzung voller Überraschungen.

Sogar die skeptischsten Beobachter unterhielten sich am Abend über den Fall und mußten sich eingestehen, sie hätten für ihren alten Standpunkt – ihr ewiges »verrückt« und »pflichtvergessene Patientin« und »Myrna, die Ladendiebin« – eine neue Sichtweise eingetauscht.

Als Therapeut erlebte ich die nicht hoch genug einzuschätzende Befriedigung, einem Menschen in schwersten Nöten, aber mit einem guten Kern, unversehens eine neue Perspektive vermittelt und neue Hoffnung eingeflößt zu haben. Als Akteur auf der therapeutischen Bühne genoß ich die aufregende Erfahrung, einem sehr heterogenen Publikum in der einen oder anderen Weise gefallen zu haben. Als Repräsentant einer im Gegensatz zur Tradition stehenden Richtung konnte ich ein paar Proselyten machen. Als Lehrer hatte ich den Beteiligten eine Sicht auf das menschliche Verhalten gezeigt, die der Konvention zuwiderlief, und zugleich auf die Möglichkeit hingewiesen, daß das Problem eines Patienten im Grunde kein Problem, sondern die Lösung eines Problems ist.

***

Ein Vater vermachte seinen drei Söhnen seine 17 Kamele und verfügte, daß der Älteste die Hälfte, der Mittlere ein Drittel und der Jüngste ein Neuntel der Herde erhalten sollte.

Als ein Sufi seines Weges geritten kam, fand er die Söhne ratlos und deprimiert. Hilfsbereit stieg er vom Kamel, stellte es zu den anderen und begann, sie aufzuteilen: der Älteste bekam die Hälfte (9), der Mittlere ein Drittel (6), der Jüngste sein Neuntel (2).

Dann stieg er auf sein Kamel, das als einziges übriggeblieben war, und ritt davon.

Polarität und Schatten

Ich habe gut und böse gekannt,
Sünde und Tugend, Recht und Unrecht,
ich habe gerichtet und bin gerichtet worden;
ich bin durch Geburt und Tod gegangen,
Freude und Leid, Himmel und Hölle;
und am Ende erkannte ich,
daß ich in allem bin
und alles in mir ist.

HAZRAT INAYAT KHAN

Dieses Thema ist eines der wichtigsten auf dem Weg. Ohne Verständnis der Polarität gibt es kaum ein Entkommen aus der Opferrolle. Hinter dem Verzweifeln an der Welt steckt meistens Unverständnis hinsichtlich der Polarität. Die weite Verbreitung dieses Problems bei uns geht darauf zurück, daß sich das Christentum schon recht bald nach seinen Anfängen diesbezüglich in Mißverständnisse verstrickte. Indem man Gott zum *lieben Gott* machte, mußte ihm, dem Lieben, das Böse in Form des Teufels gegenübergestellt werden. Was zur Folge hat, daß schon jeder Erstkläßler seinen Religionslehrer vor unlösbare Probleme stellen kann. Denn wenn Gott der alleinige Schöpfer ist – wo kommt dann der Teufel her? Ein hilfloser Religionslehrer behauptete mutig, Gott habe den Teufel zwar geschaffen, aber nicht gewußt, was aus ihm wird. Womit wir keinen allwissenden Gott mehr hätten. Das Problem ist für Theologen nicht lösbar, woran auch alle gelehrte Haarspalterei wenig ändert. Der heute in den Schulen verbreitete christliche Gottesbegriff ist ein halbierter und damit für nachdenkliche Menschen unbefriedigend. Weit schlimmer an der Herabstufung Gottes zum »lieben Gott« jedoch ist, daß er damit aus der Einheit in die Polarität gezerrt wird und eben mit dem Teufel als seinem Gegenspieler auf eine Stufe gerät. Daran ändert auch die Tatsache nichts, daß die Christen eigentlich eine Beförderung Gottes zu einem ausschließlich lieben Wesen im Sinn hatten.

Das ganze Dilemma ist allerdings kein Problem der Bibel, sondern ihrer Auslegung. In der Heiligen Schrift haben wir noch den allumfassenden Gott, der nicht nur Moses vertritt, sondern auch das Herz seines Gegenspielers, des Pharaos, verhärtet, so daß dieser den Israeliten den Auszug aus Ägypten verwehrt. Hier ist Gott noch der große Regisseur, der er in allen wirklichen Kulturen ist und der selbstverständlich das Gute und das Böse verantwortet. Einmal wäre es in der christlichen Geschichte beinahe wieder zu einem Verständnis der Polarität gekommen, als nämlich die Templer Baphomet, eine Teufelsgestalt, in die Trinität aufnahmen. Aber lieber ließen die Amtschristen die Templer ausrotten, als sich dem Problem der Polarität zu stellen. Und es ist in der Tat das schwierigste Problem auf dem Weg.

Wenn wir uns ihm nicht stellen, werden wir letztlich an der Welt und ihrem Sinn zweifeln, wenn nicht gar verzweifeln. Wie sollten wir verstehen, daß immer wieder die Besten, die sich etwa für die Idee des Friedens eingesetzt haben, ausgerechnet durch brutale Gewalt umkommen. Denken wir nur an Mahatma Gandhi, an Martin Luther King, Anwar el Sadat oder auch John Lennon. Auf der anderen Seite haben Männer wie Hitler so manches Attentat ohne Kratzer überstanden. Wer sich im Geiste des einen Pols weit vorwagt, sollte den anderen Pol nie vergessen, denn sonst verschafft er sich aus dem Hinterhalt seinen Teil an Anerkennung.

Alle Religionen kennen dieses Problem, wenn sich auch die aus dem Judentum hervorgegangenen mit der Umsetzung dieses Wissens besonders schwertun. Im Hinduismus gibt es genau wie im Christentum die Trinität, nur ist sie hier vollständig. Neben dem Schöpfergott Brahma gibt es Vishnu, den Erhalter, und Shiva, den Zerstörer. Über neunzig von hundert Tempeln sind Shiva und seiner weiblichen Entsprechung, Kali, geweiht, einige Vishnu und kaum einer Brahma. Bei uns sind dagegen alle Gotteshäuser dem Schöpfer geweiht und gar keines seinem Gegenspieler. Dieser muß sich alle Beachtung über den Umweg des Schattens besorgen und tut dies nach Kräften. Und das ist kein Problem der Bibel, sondern ihrer Ignorierung, denn im Neuen Testament spricht Christus nach dem letzten Abendmahl den Teufel deutlich als Herrn dieser Welt an, während er betont, daß sein eigenes Reich nicht von dieser Welt sei.

Die Angst vor dem Gegenpol reicht weit im Christentum, das – ob wir ihm anhängen oder nicht – zweifellos jahrhundertelang unsere Kultur geprägt hat und noch immer diese Gesellschaft bestimmt. Bis heute wird so der weibliche Pol diskriminiert und dem männlichen als böse gegenübergestellt. Zur Not wird sogar die Heilige Schrift gefälscht, um nur ja in der Einseitigkeit verharren zu können. Christus werden katholischerseits einfach die Geschwister gestrichen, damit Maria auch weiterhin ohne Unterleib denkbar bleibt. Maria Magdalena, laut Bibel eindeutig eine Hure, wird einer theologischen Reinigung unterzogen. Noch heute geht die Macht des Katholizismus so weit, daß ein Hollywoodfilm, der an dieses Tabu rührt, praktisch aus den Kinos verbannt wird, wie der an sich harmlose Film von Scorsese über »Die Versuchung Jesu« durch Maria Magdalena. So hat das Amtschristentum kein oder nur ein unterleibsamputiertes Frauenbild, was sich zum Ende des Jahrtausends bitter rächen könnte. Die evangelische Kirche, die überhaupt keine weibliche Gottheit kennt, verabschiedet sich gerade still und heimlich aus der gesellschaftlichen Relevanz, und die katholische bekommt doch erhebliche Probleme, denn es sind ja überwiegend Frauen, die ihr die Treue gehalten haben und nun allmählich aufzuwachen scheinen. Nichts geht ohne Gegenpol. Die Menschheit wäre längst ausgestorben, würde die Biologie sich ähnlich einseitig entwickeln wie christliche Theologie. Solche *däm*lichen Erkenntnisse könnten allmählich auch unseren Amtskirchen zu *herr*lichen Einsichten verhelfen und sie das Ruder vielleicht noch herumreißen lassen. Denn die Frage ist ja, was uns bliebe, wenn wir auch noch die Reste an christlicher Kultur verlören. Besser wohl eine einseitige als gar keine Kultur! Daß wir heute bereits Kunstgeschichte zur *Kultur* erklären, zeigt, wie weit es diesbezüglich schon gekommen ist. Auch wenn sie es nicht zu erkennen vermag, ist die exoterische Kirche auf den esoterischen Gegenpol angewiesen. Erst zusammen ergibt sich eine Einheit. Das war von Anfang an so und wurde bereits von Christus vorhergesehen und betont. Nach Auffassung der esoterischen Philosophie *liegt im Anfang alles,* und so kann uns bereits das Neue Testament den Konflikt, der in der Polarität liegt, aufzeigen. Christus baut seine äußere Kirche auf jenen Felsen Petrus, von dem er weiß, daß er ihn in wesentlichen Belangen von allen Jüngern am wenigsten versteht. Petrus ist der einzige, der entgegen seiner ausdrücklichen Anweisung im Garten

Gethsemane zur Waffe greift und einen Römer verstümmelt. Die anderen konnten Christus wenigstens in diesem Punkt folgen. Petrus ist es auch, der Christus in der ersten Nacht nach der Kreuzigung aus Angst und um seines eigenen Vorteils willen gleich dreimal hintereinander verleugnet. Und Christus weiß dies im voraus und baut trotzdem auf diesen äußerlich starken, aber im Geiste schwachen Petrus seine Kirche. Allerdings stellt er sich auch vor Johannes, seinen Lieblingsjünger, als Petrus diesem am Zeug flicken will. Johannes, der für den esoterischen Pol des Christentums steht, vertraut er seine Mutter und damit die Sorge um den weiblichen Pol an. Wir müßten nur die Bibel lesen, um zu verstehen, was bis heute in der Kirche geschieht und vor allem unterbleibt. Beide Pole sind offenbar notwendig, der äußere und der innere, der männliche und der weibliche, aber auch der lichte und der dunkle.

***

Nirgendwo kommt dieses Aufeinanderangewiesensein deutlicher und schöner zum Ausdruck als in KHALIL GIBRANS *Geschichte von Satan und dem Priester:*

Satan

Die Menschen betrachteten Vater Samaan als ihren Führer in geistigen und theologischen Fragen. Er war eine Autorität über läßliche und schwere Sünden und sehr bewandert in den Geheimnissen der Hölle, des Paradieses und des Fegefeuers.

Vater Samaans Sendung im Nordlibanon ließ ihn von einem Ort zum anderen wandern; er predigte und heilte die Menschen von der geistigen Krankheit der Sünde und errettete sie aus den schrecklichen Fallen des Teufels. Die Fellachen verehrten und achteten diesen Gottesmann und waren stets bemüht, seinen Rat oder seine Gebete mit Gold und Silber zu bezahlen. Bei jeder Ernte gaben sie ihm die besten Früchte ihrer Felder.

An einem Herbstabend, als Vater Samaan auf dem Weg zu einem einsamen Dorf Hügel und Täler durchwanderte, hörte er einen schmerzerfüllten Schrei aus einem Graben bei der Straße. Als er stehenblieb und in Richtung der Stimme blickte, gewahrte er einen unbekleideten Mann, der am Boden lag. Das Blut floß in Strömen aus den tiefen Wunden an seinem Kopf und seiner Brust. Sein Stöhnen um Hilfe war mitleiderregend: »Rettet mich, helft mir. Erbarmt Euch meiner, ich sterbe.« Vater Samaan sah bestürzt auf den gequälten Mann und sagte zu sich selber: »Der Mann muß ein Dieb sein. Er hat wahrscheinlich versucht, Wanderer auszurauben, und es ist ihm mißlungen. Ich fürchte, wenn er stirbt, werde ich noch angeklagt, ihn umgebracht zu haben.«

Nach diesen Überlegungen wandte er sich, um seinen Weg fortzusetzen. Aber der Sterbende hielt ihn zurück: »Verlaßt mich nicht! Ich sterbe.« Daraufhin überdachte der Vater die Lage noch einmal, und sein Gesicht wurde blaß, als ihm bewußt wurde, daß er Hilfe verweigerte. Seine Lippen bebten, als er zu sich selbst sagte: »Er muß einer von den Narren sein, die durch die Wildnis wandern. Der Anblick seiner Wunden läßt mein Herz erzittern. Was soll ich tun? Ein Heilkundiger der Seele kann wohl keine Wunden des Fleisches heilen?« Vater Samaan tat einige Schritte, als der

Halbtote eine schmerzerfüllte Klage ausstieß, die einen Stein erweicht hätte: »Kommt, kommt näher zu mir! Denn wir waren lange Zeit Freunde ... Ihr seid Vater Samaan, der gute Hirte, und ich bin weder ein Dieb noch ein Narr. Kommt näher und laßt mich nicht an diesem verlassenen Ort sterben. Kommt, und ich will Euch erzählen, wer ich bin.«

Vater Samaan näherte sich dem Mann, kniete nieder und sah ihn aufmerksam an; aber er erblickte ein fremdes Gesicht mit widersprüchlichen Zügen. Er sah Intelligenz und Schlauheit, Häßlichkeit und Schönheit, Bosheit und Milde. Er erhob sich, trat einen Schritt zurück und rief aus: »Wer bist du?«

Mit vergehender Stimme antwortete der Sterbende: »Fürchtet mich nicht, Vater, denn wir waren lange gute Freunde. Helft mir aufzustehen und bringt mich zum nahen Bach und reinigt meine Wunden mit eurem Leinen.« Aber der Vater fragte weiter: »Sagt mir, wer Ihr seid, denn ich kenne Euch nicht, noch kann ich mich entsinnen, Euch je gesehen zu haben.«

Der Mann antwortete mit gequälter Stimme: »Ihr wißt, wer ich bin. Ihr habt mich Tausende Male gesehen, und jeden Tag sprecht Ihr von mir. Ich bin Euch näher als Euer eigenes Leben.«

Der Vater erwiderte: »Ihr seid voll Lüge und Betrug. Ein Sterbender sollte die Wahrheit sagen ... Niemals in meinem Leben habe ich Euer von Bosheit erfülltes Gesicht gesehen. Sagt mir, wer Ihr seid, oder ich werde zusehen, wie Ihr umkommt, ertränkt in Eurem eigenen, entfliehenden Leben.«

Da bewegte sich der Verwundete langsam, sah in die Augen des Gottesmannes, und auf seinen Lippen lag ein geheimnis-

volles Lächeln. Mit ruhiger, tiefer, sanfter Stimme sagte er:
»Ich bin Satan!«

Als er das furchtbare Wort vernahm, stieß Vater Samaan
einen schrecklichen Schrei aus, der in den Weiten des Tales
widerhallte. Dann starrte er den anderen an und bemerkte,
daß der Körper des Sterbenden mit seinen grotesken Verren-
kungen dem Abbild Satans auf einem der religiösen Bilder
der Dorfkirche sehr ähnlich war. Er erzitterte und rief aus:
»Gott hat mir dein höllisches Bild gezeigt und zu Recht bewirkt, daß ich dich hasse. Sei für immer verflucht! Der Hirte
muß das kranke Lamm schlachten, auf daß es die anderen
nicht anstecke!«

Der Teufel antwortete: »Sei nicht so eilig, Vater, und verlier
nicht kostbare Zeit mit leerem Gerede. Komm schnell und
schließ meine Wunden, bevor das Leben aus meinem Körper entwichen ist.«

Der Gottesmann antwortete: »Die Hände, die Gott täglich
ein Opfer darbringen, sollen nicht einen Leib berühren, der
der Ausfluß der Hölle ist. Du mußt sterben, verflucht von
allen Zungen durch die Jahrhunderte. Fluchen sollen dir die
Menschen, denn du bist der Feind der Menschheit, und es
ist dein erklärtes Ziel, alle Tugend zu zerstören.«

Der Teufel wand sich vor Qual, stützte sich auf einen Ellbo-
gen und erwiderte: »Du weißt nicht, was du sagst, noch
begreifst du das Verbrechen, das du auf dich nimmst. Sei auf
der Hut; schenk mir deine Aufmerksamkeit, denn ich will
dir meine Geschichte erzählen. Ich wanderte heute allein in
diesem abgeschiedenen Tal. Als ich an diese Stelle kam, stieg
eine Gruppe Engel herab, um mich anzugreifen, und verletz-
te mich schwer. Wenn nicht der eine dabeigewesen wäre,
der mit dem Flammenschwert mit den zwei scharfen Enden,

ich hätte sie in die Flucht geschlagen, aber ich hatte keine Macht gegen dieses Schwert.« Der Teufel hielt einen Augenblick in seiner Erzählung inne und preßte seine zitternde Hand auf eine Wunde an seiner Seite. Dann fuhr er fort: »Der bewaffnete Engel – ich glaube, es war Michael – war ein erfahrener Gladiator. Hätte ich mich nicht auf den freundlichen Boden geworfen und vorgegeben, erschlagen zu sein, er hätte mich bis zum grausamen Tod zerrissen.«

Mit triumphierender Stimme, die Augen dem Himmel zugewandt, betete der Vater: »Gesegnet sei der Name Michaels, der die Menschheit von diesem bösen Feind befreit hat.«

Aber der Teufel protestierte: »Mein Menschenhaß ist nicht größer als deine eigene Geringschätzung. Du lobst Michael, der nie kam, um dich zu retten. Du verfluchst mich in der Stunde meiner Niederlage, obwohl ich immer die Quelle deiner Ruhe und deines Glückes war. Du verweigerst mir deinen Segen und deine Freundlichkeit, dennoch lebst und gedeihst du im Schatten meiner Existenz. Meine Existenz liefert dir sowohl Rechtfertigung als auch Waffen für deinen Lebensweg, und meinen Namen verwendest du als Begründung für deine Taten. Hat nicht meine Vergangenheit bewirkt, daß du mich jetzt und in Zukunft brauchst? Hast du dein Ziel erreicht im Ansammeln des gewünschten Reichtums? Hast du es am Ende unmöglich gefunden, noch mehr Gold und Silber von deinen Anhängern zu erhalten, indem du mein Reich als Drohung verwendest?

Hast du noch nicht begriffen, daß du verhungern müßtest, wenn ich tot wäre? Was würdest du morgen tun, wenn du mich heute sterben läßt? Welcher Berufung würdest du folgen, wenn mein Name verschwunden wäre? Jahrzehntelang bist du durch diese Dörfer gewandert und hast die Menschen davor gewarnt, in meine Hände zu fallen. Sie haben deinen Rat gekauft mit ihren armen Denaren und den Früchten ihres Landes. Was sollten sie morgen bei dir erstehen, wenn sie begreifen, daß ihr böser Feind nicht mehr existiert? Dein Beruf ginge mit mir dahin, wenn die Menschen vor Sünde gesichert wären. Als Priester begreifst du nicht, daß nur die Existenz Satans seine Feindin, die Kirche, erschaffen hat? Dieser alte Konflikt ist die geheime Hand, die Gold und Silber aus den Taschen der Gläubigen zieht und es für immer im Beutel der Prediger und Missionare verschwinden läßt. Wie kannst du zulassen, daß ich hier sterbe, wenn du weißt, daß du damit deinen Ruf, deine Kirche und deinen Lebensunterhalt verlierst?«

Der Teufel verstummte für einen Augenblick, seine Unterwürfigkeit verwandelte sich in Zuversicht, und er fuhr fort: »Vater, du bist stolz, aber unwissend. Ich will dir die Geschichte des Glaubens enthüllen, in der du die Wahrheit finden sollst, die unser beider Wesen zusammenfügt und meine Existenz mit deiner verbindet.

In der ersten Stunde, am Beginn der Zeiten, stand der Mensch vor dem Angesicht der Sonne, streckte ihr seine Arme entgegen und rief zum erstenmal: Hinter dem Himmel ist ein großer, liebender, gütiger Gott. Dann wandte der Mensch dem großen Lichtkreis seinen Rücken, erblickte seinen Schatten auf der Erde und rief aus: In den Tiefen der Erde ist ein dunkler Teufel, der das Böse liebt.

Daraufhin ging der Mensch zu seiner Höhle und flüsterte vor sich hin: Ich stehe zwischen zwei unwiderstehlichen Kräften. Bei einer muß ich Zuflucht nehmen, gegen die andere muß ich kämpfen. Die Zeiten gingen dahin, der

Mensch lebte zwischen den beiden Mächten, die eine segnete er, denn sie erhöhte ihn, die andere verfluchte er, denn sie verursachte ihm Furcht. Niemals aber begriff er den Sinn von Fluch und Segen. Er stand zwischen beiden wie ein Baum zwischen dem Sommer, in dem er grünt, und dem Winter, in dem er friert.

Als der Mensch die Zivilisation heraufdämmern sah, begann er, nach seinem menschlichen Verstand Familien zu gründen. Darauf folgte die Sippe, in der man die Arbeit nach Fähigkeit und Talent aufteilte. Der eine Stamm bepflanzte das Land, der andere baute Wohnstätten, der dritte fertigte Gewänder oder ging auf die Jagd. Dann erschien die Kunst des Wahrsagens auf der Erde, und das war der erste Beruf des Menschen, der jeder wirklichen Notwendigkeit entbehrt.«

Der Teufel hielt einen Augenblick inne in seiner Rede. Dann lachte er, und seine Heiterkeit ließ das leere Tal erbeben. Aber sein Lachen brachte ihm seine Wunden in Erinnerung, und er legte seine Hand auf seine Seite und litt an seinen Schmerzen. Er stützte sich auf und fuhr fort: »Die Gabe der Weissagung erschien auf der Erde und trieb seltsame Blüten. Im ersten Stamm gab es einen Mann, den sie La Wiss nannten. Der Ursprung des Namens ist mir unbekannt. Er war ein intelligentes Geschöpf, aber äußerst faul, und Arbeit wie Ackerbau oder Häuser bauen oder Vieh hüten oder jede andere Tätigkeit, die mit körperlicher Arbeit oder Anstrengung zu tun hatte, war ihm zuwider. Weil man aber zu dieser Zeit Essen nur durch harte Arbeit bekommen konnte, mußte La Wiss viele Nächte mit leerem Magen schlafen.

An einem Sommerabend, als die Mitglieder des Stammes bei der Hütte ihres Ältesten versammelt waren, das Ergebnis des vergangenen Tages besprachen und die Nacht herannahte, sprang plötzlich einer von ihnen auf, zeigte auf den Mond und rief aus: ›Seht den Gott der Nacht! Sein Angesicht ist dunkel, seine Schönheit verschwunden. Er hat sich in einen schwarzen Stein verwandelt, der an der Himmelskuppel hängt!‹ Die Menge starrte den Mond an, stumm vor Ehrfurcht. Die Menschen wurden vor Furcht geschüttelt, als ob die Krallen der Finsternis nach ihren Herzen gegriffen hätten: Sie sahen, wie der Gott der Nacht sich langsam in einen dunklen Ball verwandelte, das helle Angesicht der Erde sich veränderte, und wie Hügel und Täler vor ihren Augen hinter einem schwarzen Schleier verschwanden.

In diesem Augenblick trat La Wiss hervor – er hatte schon eine Mondfinsternis gesehen und wußte, welch einfache Begründung es dafür gab – aber er war fest entschlossen, seine Chance zu nützen. Er stand in der Mitte der Schar, hob seine Hände zum Himmel und sprach mit lauter Stimme: ›Kniet nieder und betet, denn der böse Gott der Finsternis liegt im Kampf mit dem hellen Gott der Nacht. Wenn der böse Gott die Oberhand gewinnt, werden wir alle umkommen, aber wenn der Gott der Nacht gewinnt, werden wir am Leben bleiben. Betet mit Inbrunst … bedeckt eure Gesichter mit Erde … schließt eure Augen und erhebt eure Gesichter nicht zum Himmel, denn wer Zeuge des Kampfes der Götter ist, wird Augenlicht und Verstand verlieren; Blindheit und Wahnsinn werden ihn begleiten ein Leben lang. Neigt eure Köpfe tief zur Erde, und mit eurem ganzen Herzen unterstützt den Gott der Nacht gegen seinen Feind, der auch der unsere ist!‹

La Wiss fuhr fort, auf diese Art zu sprechen, und gebrauchte viele geheimnisvolle Worte, die er selbst erfunden und die

die anderen niemals gehört hatten. Nach diesem ausgeklügelten Betrug – der Mond war wieder herrlich anzusehen wie zuvor – erhob er seine Stimme noch lauter und sagte in eindrucksvollem Ton: ›Erhebt euch und blickt auf den Gott der Nacht, der über seinen bösen Feind triumphiert hat. Nun setzt er seinen Gang am Sternenhimmel fort. Seid euch bewußt, daß ihr ihm durch euer Gebet geholfen habt, den Teufel der Finsternis zu überwinden. Darum scheint er heller als je zuvor.‹

Die Menge erhob sich und starrte den Mond an, der in großer Helligkeit erstrahlte. Ihre Angst verwandelte sich in Ruhe, und ihre Verwirrung wurde zur Freude. Sie begannen zu tanzen und zu singen, sie schlugen mit Stäben auf Metall und erfüllten das ganze Tal mit ihrem Gesang und Geschrei. In dieser Nacht rief der Stammesälteste La Wiss zu sich und sagte zu ihm: ›Du hast etwas getan, das kein Mensch vor dir getan hat. Du hast gezeigt, daß du um verborgene Geheimnisse weißt, die keiner von uns versteht. Im Einverständnis mit dem Willen meiner Leute sollst du nach mir der Ranghöchste im Stamm sein. Ich bin der Stärkste, du bist weise und gelehrt. Du bist der Mittler zwischen unseren Leuten und den Göttern, du sollst uns ihr Begehren und ihr Verhalten deuten, und du wirst uns lehren, was wir tun müssen, um den Segen und die Liebe der Götter zu bewahren!‹

La Wiss versicherte ihm in seiner durchtriebenen Art: ›Alles, was der Gott der Menschen mir in meinen überirdischen Träumen enthüllt, werde ich euch übermitteln im Zustand des Wachens, und ihr könnt versichert sein, daß ich als Mittler zwischen Gott und euch wirken werde.‹

Der Älteste war es zufrieden, gab La Wiss zwei Pferde, sieben Kälber, siebzig Schafe und siebzig junge Lämmer und sprach zu ihm: ›Die Männer des Stammes sollen für dich ein starkes Haus bauen, und von jeder Ernte werden sie dir einen Teil der Feldfrüchte abtreten, auf daß du als ehrenwerter und geachteter Meister leben kannst.‹

La Wiss erhob sich, um sich zu entfernen, aber der Älteste hielt ihn zurück und sagte: ›Wer und was ist der eine, den du Gott der Menschen nennst? Wer ist dieser verwegene Gott, der mit dem glorreichen Gott der Nacht ringt? Wir haben nie über ihn nachgedacht!‹

La Wiss strich sich über die Stirne und antwortete ihm: ›Mein verehrter Meister: in alten Zeiten, vor der Erschaffung des Menschen, lebten alle Götter friedlich zusammen in einer Welt hinter der Weite der Sterne. Der Gott der Götter war ihr Vater, er wußte, was sie nicht wußten, und tat, was sie nicht vermochten. Und er behielt die göttlichen Geheimnisse, die über allen ewigen Gesetzen waren, für sich. In der siebenten Epoche des zwölften Zeitalters erhob sich der Geist Bahtaars, der den großen Gott haßte, gegen seinen Vater, und er sagte: Warum behältst du Macht und Autorität über alle Wesen für dich und verbirgst vor uns die Geheimnisse und Gesetze des Universums? Sind wir nicht deine Kinder, die an dich glauben und mit dir Verstehen und ewiges Sein teilen?

Der Gott der Götter entbrannte in Wut und sagte: Ich werde die oberste Gewalt, die höchste Machtbefugnis und die wesentlichen Geheimnisse für mich behalten, denn ich bin der Anfang und das Ende!

Darauf erwiderte Bahtaar: Wenn du nicht Macht und Stärke mit mir teilst, werden ich und meine Kinder und Kindeskinder in Rebellion gegen dich aufstehen! In diesem Augenblick erhob sich der Gott der Götter auf seinem Thron im hohen Himmel, er zog das Schwert, griff nach der Sonne als Schild, und mit einer Stimme, die die Ewigkeit erschütterte, rief er aus: Steige hinab, du elender Rebell, in die traurige Unterwelt, wo Dunkelheit und Elend herrschen. Das soll dein Exil sein, bis die Sonne zu Asche wird und die Sterne sich in kleinen Teilchen versprühen. In dieser Stunde sank Bahtaar von der oberen Welt in die untere, wo die bösen Geister hausen. Daraufhin schwor er beim Geheimnis des Lebens, daß er seinen Vater und seine Brüder bekämpfen und jede Seele, die sie liebte, in eine Falle locken wolle!‹

Als der Älteste das hörte, umdüsterte sich seine Stirn, und sein Gesicht wurde blaß. Er meinte vorsichtig: ›Dann ist Bahtaar der Name des bösen Gottes?‹

La Wiss gab zur Antwort: ›Sein Name war Bahtaar, als er noch der oberen Welt angehörte, aber als er die untere Welt betrat, nahm er der Reihe nach folgende Namen an: Baalzabul, Satanail, Balial, Zamiel, Ahriman, Mara, Abdon, Teufel und schließlich Satan, welcher der berühmteste Name von allen ist.‹

Der Älteste wiederholte das Wort ›Satan‹ mehrere Male mit bebender Stimme, die klang wie das Rascheln trockener Blätter, durch die der Wind fährt. Dann sagte er: ›Warum haßt Satan Menschen und Götter gleichermaßen?‹

La Wiss antwortete eilfertig: ›Er haßt die Menschen, denn sie sind Nachkommen der Brüder und Schwestern Satans.‹

Da rief der Älteste aus: ›Dann ist Satan ein direkter Verwandter der Menschen!‹

Mit einer Stimme, in der Verwirrung und Ärger sich mengten, gab La Wiss zurück: ›Ja, Meister, aber er ist ihr großer Feind, der ihre Tage mit Elend erfüllt und ihre Nächte mit schrecklichen Träumen. Er ist die Macht, die den Sturm zu ihren Hütten lenkt, Trockenheit auf ihre Felder bringt und Krankheit über sie und ihre Tiere. Er ist ein böser und zugleich mächtiger Gott. Er ist gemein, er freut sich, wenn wir Kummer haben, und trauert, wenn wir glücklich sind. Wir müssen ihn unter Zuhilfenahme meines Wissens genau beobachten, um seiner Bosheit zu entkommen. Wir müssen sein Wesen studieren, damit wir nicht seinen mit Fallen versehenen Weg gehen.‹

Der Älteste lehnte seinen Kopf an seinen dicken Stab und sagte flüsternd: ›Ich habe jetzt das Geheimnis der seltsamen Macht begriffen, die den Sturm auf unsere Häuser lenkt und Pest und Krankheit über uns und unsere Herden bringt. Meine Leute sollen alles erfahren, was ich jetzt weiß. La Wiss sei gesegnet, geehrt und verherrlicht dafür, daß er ihnen das Geheimnis ihres mächtigen Feindes enthüllt hat und sie von der Straße des Bösen wegführt.‹

La Wiss verließ den Stammesältesten und zog sich in seine Höhle zurück, glücklich über seinen Erfindungsreichtum und trunken vom Wein seines Vergnügens und seiner Phantasie. In dieser Nacht schliefen der Älteste und sein ganzer Stamm, mit Ausnahme von La Wiss, zum ersten Mal einen Schlaf, der erfüllt war von schrecklichen Geistern, angsterregenden Gespenstern und unruhigen Träumen.«

Der Teufel hielt einen Augenblick inne, und Vater Samaan sah ihn verwirrt an. Auf Vater Samaans Lippen erschien das krankhafte Lächeln des Todes. Dann fuhr der Teufel fort: »So kam die Gabe der Weissagung auf die Erde, und meine Existenz war der Grund für ihr Erscheinen. La Wiss war der erste, der meine Grausamkeit zu seiner Berufung machte. Nach dem Tode von La Wiss wurde dieser Beruf von seinen

Kindern weitergegeben und hörte nicht auf zu gedeihen, bis er ein ordentlicher und göttlicher Beruf war, der von jenen ergriffen wurde, deren Geist reich an Wissen ist, deren Seelen vornehm und deren Herzen rein sind und deren Phantasie keine Grenzen kennt.

In Babylon verneigten sich die Menschen siebenmal in Verehrung vor einem Priester, der mich mit seinen Gesängen bekämpfte. In Ninive betrachteten sie einen Mann, der behauptete, mein Geheimnis zu kennen, als goldene Brücke zwischen Gott und den Menschen. In Tibet nannten sie jemanden, der mit mir stritt, Sohn der Sonne und des Mondes. In Byblos, Ephesos und Antiochia brachten sie die Leben ihrer Kinder meinen Widersachern zum Opfer. In Jerusalem und Rom legten sie ihr Leben in die Hände derer, die behaupteten, mich zu hassen, und sie bekämpfen mich mit allen Mitteln.

In jeder Stadt unter der Sonne war mein Name der Mittelpunkt jedes Kreises, der sich mit Religion, Kunst oder Philosophie befaßte. Wäre ich nicht gewesen, es wären weder Tempel erbaut noch Türme und Paläste errichtet worden. Ich stehe hinter dem Mut, der die Menschen zu Entscheidungen treibt. Ich bin Satan auf ewig. Ich bin Satan, den die Menschen bekämpfen, um selbst am Leben zu bleiben. Falls sie aufhören sollten, gegen mich zu streiten, wird Trägheit ihren Geist und ihre Seele ersticken, wie es die grausigen Strafen ihrer gewaltigen Mythen bestimmen.

Ich bin der wütende und stumme Sturm, der Geist und Seele der Menschen beunruhigt. Aus Angst vor mir suchen sie eigene Orte des Gebetes auf, um mich zu verdammen, oder Orte des Lasters, um mich durch ihre Unterwerfung zu beglücken. Der Mönch, der in der Stille der Nacht betet, um mich von seinem Bett fernzuhalten, gleicht der Dirne, die mich in ihre Kammer einlädt. Ich bin Satan auf immer und ewig.

Ich bin der Erbauer von Klöstern und Konventen auf den Grundmauern der Angst. Ich errichte Schnapsbuden und Freudenhäuser auf den Grundmauern der Lust und Selbstgefälligkeit. Wenn ich aufhöre zu existieren, werden Angst und Freude in der Welt abgeschafft sein, und durch ihr Verschwinden werden Wünsche und Hoffnungen aufhören, des Menschen Herz zu bedrängen. Das Leben wird leer und kalt sein, wie eine Harfe mit gerissenen Saiten. Ich bin Satan auf ewig.

Ich bin das Urbild von Falschheit, Verleumdung, Verrat, Betrug und Spott. Aber wenn diese Elemente aus der Welt geschafft würden, würde sich die menschliche Gesellschaft in ein leeres Feld verwandeln, auf dem nichts gedeiht außer den Dornen der Tugend. Ich bin Satan auf ewig.

Ich bin Vater und Mutter der Sünde, aber wenn die Sünde verschwindet, würden auch die Streiter wider die Sünde verschwinden, zusammen mit ihren Familien und Gemeinschaften.

Ich bin das Kernstück von allem Bösen. Willst du wirklich, daß das menschliche Leben zusammen mit meinen Herzschlägen zum Stillstand kommt? Bist du bereit, das Ergebnis hinzunehmen, wenn du die Ursache zerstört hast? Ich bin die Ursache! Wirst du zulassen, daß ich in dieser verlassenen Wildnis verende? Willst du wirklich das Band durchtrennen, das uns zusammenhält? Antworte mir, Gottesmann!«

Der Teufel streckte seine Arme aus, beugte seinen Kopf nach vorne und atmete schwer. Sein Gesicht wurde grau, und er ähnelte den ägyptischen Statuen, die, von den Zeiten verwüstet, an den Ufern des Nils liegen. Dann heftete er seine glitzernden Augen auf Vater Samaans Gesicht und sagte mit vergehender Stimme: »Ich bin schwach und müde. Es war falsch, meine vergehenden Kräfte dafür zu verwenden, dir Dinge zu sagen, die du ohnehin schon wußtest. Du kannst jetzt tun, wie es dir beliebt. Du kannst mich nach Hause tragen und meine Wunden behandeln oder mich hier dem sicheren Tod überlassen.«

Vater Samaan zitterte und rieb unruhig seine Hände, und mit entschuldigender Stimme sagte er: »Ich weiß jetzt, was ich vor einer Stunde noch nicht wußte. Ich weiß, daß dein Vorhandensein in dieser Welt die Versuchung hervorbringt, und Versuchung ist ein Maß, mit dem Gott den Wert der menschlichen Seele mißt. Sie ist eine Waage, die Gott gebraucht, um die Seelen zu wägen. Ich bin sicher, daß mit deinem Tod auch die Versuchung stirbt, und damit würde der Tod die beste Kraft zerstören, die die Menschen emporhebt und wachsam erhält.

Du mußt leben, denn wenn du stirbst und die Menschen erfahren davon, wird ihre Angst vor der Hölle verschwinden, sie würden aufhören, Gott anzubeten, denn es gäbe keine Sünden mehr. Du mußt leben, denn dein Leben bedeutet die Errettung der Menschheit von Laster und Sünde.

Und was mich anlangt, so will ich meinen Haß für dich auf dem Altare meiner Liebe zu den Menschen zum Opfer bringen.«

Der Teufel stieß ein Lachen aus, das die Erde erschütterte, und sagte: »Was für ein kluger Mensch bist du doch, Vater. Welch hervorragendes Wissen besitzt du auf dem Gebiet der Theologie! Kraft deines Wissens hast du einen Grund für meine Existenz gefunden, den ich nie begriffen habe, und jetzt verstehen wir, daß wir einander brauchen.

Komm näher zu mir, mein Bruder. Die Dunkelheit senkt

sich auf die Ebene, die Hälfte meines Blutes ist in den Sand dieses Tales geflossen, und nichts ist von mir geblieben als die Reste eines zerstörten Körpers, den der Tod bald in Besitz nehmen wird, es sei denn, du leistest schnelle Hilfe.« Vater Samaan rollte die Ärmel seines Gewandes hoch, hob den Teufel auf seinen Rücken und machte sich auf den Weg in Richtung seines Heimes.

Inmitten dieser Täler, erfüllt von Stille und geschmückt im Schleier der Dunkelheit, wanderte Vater Samaan seinem Dorfe entgegen, den Rücken gebeugt unter seiner schweren Last. Sein schwarzes Gewand und sein langer Bart waren blutbespritzt, Blut rann an ihm hinunter, aber er ging weiter, während sich seine Lippen in inbrünstigem Gebet bewegten, um das Leben des sterbenden Satans zu retten.

***

In seinem befreienden Buch Der goldene Schatten *zeigt uns* WILLIAM A. MILLER *die Chancen, die in einer bewußten Erlösung unserer dunklen Seiten liegen. Auf dem Weg zur Vollkommenheit wird alles zum Thema und muß alles integriert werden – was das Märchen schon viel länger weiß als die Psychotherapie:*

Gold im Schmutz

Vor langer Zeit verirrte sich ein Mann mitten im Wald in einem Schneesturm. Glücklicherweise fand er ein großes Schloß, das sehr einladend aussah, aber anscheinend verlassen war. Dort konnte er sich aufwärmen und frisch einkleiden, essen und trinken und schließlich bequem schlafen. Als er am nächsten Morgen das Schloß verließ, pflückte er noch einen Rosenblütenzweig, um ihn seiner schönen Tochter zu Hause mitzubringen. Plötzlich hörte er ein entsetzliches Geräusch und sah ein Biest auf sich zukommen, das so schrecklich war, daß er sich zu Tode fürchtete.

Das Monster war zornig, daß der Mann seine Gastfreundschaft durch den Diebstahl der Rose mißbraucht hatte, und verdammte ihn zum Tode. Als der Mann jedoch erklärte, warum er den Rosenzweig abgebrochen hatte – weil er nämlich seiner Tochter versprochen hätte, ihr bei seiner Rückkehr eine Rose mitzubringen –, wollte das Biest ihn unter der Bedingung freilassen, daß er seine Tochter schicken sollte, um an seiner Stelle zu sterben. Natürlich hatte der Mann nicht die Absicht, eine seiner Töchter dem Monster zu opfern, aber er wollte seine Familie noch einmal sehen und dann zu dem Schloß zurückkehren, um zu sterben. Zu Hause angekommen, erzählte er die Geschichte seiner Familie. Tausendschönchen – so war der Name der Tochter, für die er die Rosen genommen hatte – erklärte, daß sie sich selbst dem Zorn des Biestes ausliefern wollte, um ihren Vater auszulösen. Sie hörte nicht auf die Argumente ihrer Familie und überredete ihren Vater, sie zu dem Schloß des Monsters zu bringen. Als sie dort ankam, erzitterte sie jedoch bei dessen widerlichem Anblick. »Bist du aus freien Stücken gekommen?« fragte das Biest. Tausendschönchen sagte ihm, daß es so sei, und damit war das Monster zufrieden. Es behandelte Tausendschönchen sehr gut, und so fing sie an zu glauben, daß sie nichts zu befürchten hätte. Im Laufe der Zeit entwickelte das Biest eine Zuneigung zu Tausendschönchen und fragte sie, ob sie seine Frau werden wollte. Als sie ablehnte, wurde das Monster sehr traurig. Es bestand auf seinem Antrag, sie aber blieb bei ihrer Ablehnung. Eines Tages bat Tausendschönchen um die Erlaubnis, ihre Familie zu besuchen, denn sie vermißte sie sehr. Das Biest stimmte zu, forderte aber von ihr, daß sie zurückkehren sollte, sonst würde es vor lauter Kummer sterben.

Zu Hause genoß Tausendschönchen die Zeit mit ihrem Vater. Ihre bösen Schwestern aber verleiteten sie dazu, länger zu bleiben, als sie vereinbart hatte. Eines Nachts sah sie das Biest in einem Traum halbtot im Schloßgarten liegen. Sie kehrte sofort zurück und fand es bewußtlos vor, genau wie in ihrem Traum. Sie vergaß ihre Angst völlig und brachte das Monster ins Leben zurück. Als es ihr von seinem großen Kummer und drohenden Tod erzählte, sagte Tausendschönchen zu ihm: »Nein, du sollst nicht sterben. Lebe und sei mein Ehemann, denn ich kann nicht ohne dich leben. Ich gebe dir meine Hand und schwöre, daß ich nur dein sein werde.«

Auf einmal glänzte das Schloß von wunderbaren Lichtern, und das Biest verschwand. Statt dessen stand dort ein schöner Prinz, der Tausendschönchen sagte, daß sie ihn von dem schlimmen Zauber befreit hätte, den eine böse Fee über ihn geworfen hatte. Er wäre in der Gestalt des Biests gefangen gewesen, bis ein schönes Mädchen in eine Heirat mit ihm einwilligen würde.

Dieses klassische Märchen, *Die Schöne und das Biest,* ist eine exzellente Illustration für die Beobachtung, daß die Dinge nicht immer das sind, was sie zu sein scheinen. Wir alle wissen das, neigen aber dazu, es zu vergessen – insbesondere, wenn es um den Schatten geht. »Was schlecht ist, unerwünscht oder böse«, sagen wir, »ist nun einmal schlecht, unerwünscht oder böse, und dabei bleibt's!« Aber daran, daß es »nicht so bleiben muß«, erinnern uns Mythologie und Märchen auf sehr umfassende Art und Weise.

Mythologie und Märchen bilden die Sphäre der Phantasie, aber wegen ihrer Zeitlosigkeit und Universalität bergen sie viele Symbole für die wirkliche Welt in sich. In Mythen und Märchen werden unbelebte Dinge oft lebendig, stumme Tiere führen plötzlich logische Gespräche untereinander und mit Menschen, Elemente wie Luft, Feuer und Wasser verhalten sich auf einmal völlig konträr zu ihrer Natur, Dummheit wird zu Weisheit, und wilde Tiere oder Monster sind in Wirklichkeit Prinzen und Prinzessinnen. Oft ist das, was böse zu sein scheint, nur das Gute in Verkleidung.

Das Verwandlungsthema kommt häufig vor. Es folgt dem allgemeinen Muster, daß eine Person (männlich oder weiblich) ein höchst abscheuliches Wesen (Bestie, Monster oder widerliche Kreatur) trifft, häufig fernab des normalen Pfades, nicht selten in der Tiefe des Waldes. Nach einer faszinierenden Reihe von Abenteuern zeigt diese Person wirkliche Sorge, Akzeptanz und Liebe für das ansonsten ungeliebte Wesen. Daraufhin transformiert es sich in ein sehr liebenswertes Wesen – in einen schönen Prinzen oder in eine schöne Prinzessin. Der Prinz oder die Prinzessin wurden von einer bösen Weisheit in diese häßliche Gestalt verwandelt, und nur die wahre Akzeptanz und die Liebe eines menschlichen Wesens konnten den bösen Zauber brechen und die Person in ihren normalen Zustand zurückversetzen ...

In *Die Schöne und das Biest* gibt es eine sehr eindeutige Botschaft, eine eindeutige Aussage. Das Biest ist überhaupt nicht das, was zu sein scheint, sondern etwas ganz anderes, nämlich ein Prinz. Nur die Bereitschaft von Tausendschönchen, das Abschreckende des Biests zu überwinden und es so zu akzeptieren, wie es ist, kann es befreien und in das gutaussehende und lebende menschliche Wesen verwandeln, das es in Wirklichkeit ist. Nachdem Tausendschönchen etwas akzeptiert hat, das eigentlich nicht akzeptabel ist, entdeckt sie darin etwas höchst Wünschenswertes.

Die koreanische Erzählung ist auf bestimmte Weise komplex und möglicherweise profunder. Anscheinend gibt es hier zweimal Dinge, die nicht das sind, was sie zu sein scheinen: Nim San ist völlig zerstört, als er erfährt, daß er durch einen Tiger betrogen wird, der sich als schöne und freundliche Frau ausgibt. Für einen Moment hat er möglicherweise eine heftige Abneigung und starkes Mißtrauen empfunden und sich dazu bewogen gefühlt, seine Liebe abzuleugnen und die Frau für immer in ihre Tiergestalt zu verdammen. Trotzdem entscheidet er sich, dies nicht zu tun, sondern sie so zu akzeptieren, wie sie ist, und sie trotz ihres Betrugs zu lieben. Genauso wie in der Geschichte *Die Schöne und das Biest* zerbricht Nim Sans liebende Akzeptanz die Macht des bösen Fluchs und befreit den Tiger – die Frau –, so daß sie das schöne und freundliche Wesen werden kann, das sie in Wirklichkeit auch ist. Wie Tausendschönchen entdeckte Nim San in seiner Akzeptanz des zunächst Inakzeptablen etwas höchst Wünschenswertes.

Ein positives Potential in bösen Gegensätzen

Diese Menschen versprechen, daß es tatsächlich möglich ist, Gold sogar im Schmutz des Schattens zu entdecken. Aber wir müssen uns erst einmal auf die Reise machen in dieses dunkle und ahnungsschwangere Gebiet. Sogar mit einer starken inneren Motivation und dem klaren Wissen über den wirklich großen Nutzen dieser Reise fällt es uns nicht leicht, den Pfad in die Tiefe unseres Seins zu betreten. Wir wissen nicht, welchen möglichen Schrecken wir in unserem dunklen Selbst begegnen werden. Wenn wir bei unserer Ansicht bleiben, daß das menschliche Wesen ein Geschöpf ist, das sowohl zu sehr Bösem als auch zu sehr Gutem fähig ist, können wir die Möglichkeit einer solchen Erfahrung nicht vermeiden.

Eine gute Nachricht aber ist, daß die Reise nach innen ein gewisses Paradox enthält, das eine große Ermutigung sein kann. Das Zitat aus Hiltons *Scale of Perfection* hat das deutlich ausgedrückt. Jesus sagte das einmal auf seine besondere Weise: »Wahrlich, ich sage euch, wenn das Weizenkorn nicht in die Erde fällt und stirbt, so bleibt es allein; wenn es aber erstirbt, so bringt es viel Frucht. Wer sein Leben liebhat, der wird es verlieren; und wer sein Leben auf dieser Welt haßt, der wird es erhalten zum ewigen« (Joh. 12,24–25).

Und so ist es auch mit dieser Reise. Wir müssen dem Schlechtesten in uns begegnen, damit wir die Möglichkeit für ein erfülltes und tieferes Leben und eine größere Erfüllung unseres Selbst entdecken können. Wenn wir uns weiterhin nur mit der schönen Seite unseres Selbst (Persona) identifizieren, wird das Leben immer künstlicher, langweiliger und unkreativer werden. Und nicht nur das: Wir gefährden unter Umständen sogar unsere Sicherheit, wenn wir uns unsere Schattenseiten nicht bewußtmachen. Obwohl diese Reise nach innen Angst hervorrufen kann, ist sie doch auch spannend. Nur durch sie können wir uns dem nähern, was in unserem Potential liegt.

Es ist völlig klar, warum die Begegnung mit dem Schatten in den meisten von uns Furcht erzeugt. Schließlich stehen wir dem Gegenteil unserer bewußten Persona gegenüber –

dieser Maske, die so penibel wie möglich angefertigt wurde, um uns so akzeptabel wie möglich zur Schau zu stellen. Die »B-Seite« ist nichts anderes als all das, was von unserem familiären und gesellschaftlichen Umfeld abgelehnt wurde; alles, was wir nicht sein wollen; alles, was wir über uns selbst nicht wissen wollen; das Potential, wie Hilton uns erinnert, das uns »von der Ehrbarkeit des Menschen in das Abbild eines Tieres« hinabstürzen kann.

Wenn wir erkennen, daß wir in diesem Prozeß auch völlig verzweifeln können, wird uns eine Person interessieren, die diese Reise zu begleiten vermag. Je mehr wir uns selbst betrogen haben und meinen, daß wir nur das sind, was der äußere Anschein zeigt, desto härter wird die Entdeckung unserer dunklen Gegenseite sein, und desto emotionaler und spirituell zerstörender kann das Bild des dunklen Bruders, der dunklen Schwester auf uns wirken, das allmählich sichtbar wird. Wir brauchen einen Begleiter, der unsere Hand nimmt und mit uns geht, der uns unterstützt, mit uns betet und uns hilft, das größere Bild zu sehen, wenn wir anfangen sollten, uns in unseren Entdeckungen zu verstricken.

Die Reise nach innen geht langsam vorwärts, voller Mitgefühl, Stück für Stück, Enthüllungen für Enthüllungen. Wir entdecken eine neue Dimension unseres Schattens, und wir kämpfen damit, bis wir sie schließlich besitzen und sagen: »Ja, das ist ein Teil von mir.« Bereits nach der ersten Entdeckung haben wir ein gutes Stück in Richtung Ganzheit zurückgelegt. Wir haben in unsere bewußten Wahrnehmungen eine bisher versteckte Dimension zurückgebracht. Jetzt können wir wenigstens etwas damit anfangen, mit dem bisher Unbewußten konnten wir überhaupt nichts anfangen. Solange wir es ablehnten, hatte dieses unbewußte Element

Kontrolle über uns. Wir waren ohnmächtig, mit ihm umzugehen, bis wir es uns bewußtmachten. Sobald wir über die erste Begegnung mit einem negativen Schattenzug hinausgelangen und ihn wirklich als einen Teil von uns akzeptieren, wird er weniger furchterregend. Wir erkennen seine Bedeutung, wir verachten ihn nicht. Vielleicht sind wir nicht stolz auf diesen Zug an uns, aber wir erkennen ihn an und behalten ihn in unserem Bewußtsein, so daß wir mit ihm umgehen können.

Wir können aber die ganze Enthüllung niemals auf einmal verkraften. Sie wäre überwältigend, und wir würden hoffnungslos zerstört. Manche Menschen verkünden voller Ignoranz, daß sie absolut ehrlich mit sich sein wollen und sich selbst innen und außen komplett kennenlernen und nichts dabei zurückhalten wollen. Das ist nichts weiter als eine Einladung zum Wahnsinn. Wir sollten nicht eine einzige Minute lang die Macht des Schattens unterschätzen oder die möglichen Irrwege auf unserer Entdeckungsreise herunterspielen.

***

Ein mächtiger Samurai beschloß, seine spirituelle Bildung zu vertiefen. So machte er sich auf, einen berühmten buddhistischen Mönch zu suchen, der als Einsiedler hoch in den Bergen lebte.

Als er ihn gefunden hatte, forderte er: »Lehre mich, was Himmel und Hölle sind!«

Der alte Mönch sah langsam zu dem Samurai auf, der über ihm stand, und musterte ihn von Kopf bis Fuß. »Dich lehren?« kicherte er. »Du mußt sehr dumm sein, wenn du denkst, ich könnte einen wie dich etwas lehren. Schau dich an, du bist unrasiert, du stinkst, und dein Schwert ist wahrscheinlich verrostet.«

Der Samurai geriet in Wut. Sein Gesicht wurde rot vor Zorn, als er sein Schwert zog, um dem lächerlichen Mönch, der da vor ihm saß, den Kopf abzuschlagen.

»Das«, sagte der Mönch ruhig, »ist die Hölle.«

Der Samurai ließ sein Schwert fallen. Erst überkam ihn Reue, dann tiefe Zuneigung zu dem alten Mann. Daß dieser Mönch sein Leben riskiert hatte, um einen völlig Fremden etwas zu lehren, erfüllte sein Herz mit Liebe und Mitgefühl. Tränen stiegen in seine Augen.

»Und das«, sagte der Mönch, »ist der Himmel.«

Sinne und Sinnlichkeit

Sieh die Welt in einem Körnchen Sand,
und einen Himmel in der wilden Blume.
Greif das Unendliche mit deiner Hand
und fühle Ewigkeit in einer Stunde.

WILLIAM BLAKE

»Ob durch radikale Aufgabe der Sinnesfreuden ein anderes Bewußtsein zu erlangen ist?« fragte der eifrige Schüler den Meister.
»Sicherlich«, erwiderte dieser, »meiner Erfahrung nach zumeist das Bewußtsein eines Fanatikers.«

Der Begriff »Sinnlichkeit« hat im Laufe der Zeiten eine deutliche Abwertung und Bedeutungseinschränkung erfahren. Auf dem spirituellen Weg hat er nach solcher Bedeutungsverarmung kaum noch etwas zu suchen, könnte man meinen. Die Entwicklung von Begriffen kann uns einiges über die Menschen verraten, die sich ihrer bedienen. Die Eskimos haben Dutzende von Worten für Schnee und seine verschiedenen Ausprägungen, weil Schnee enorm wichtig für sie ist. Auch wir haben immerhin noch einige Begriffe in diesem Zusammenhang – vom Pulverschnee über den Pappschnee bis zum Frühjahrsfirn. Für die Liebe dagegen haben wir nur noch ein Wort, was vermuten läßt, daß sie uns nicht mehr so wichtig ist. Die Griechen hatten wenigstens noch drei Begriffe: Eros für die erotische Liebe, Philia für die freundschaftliche und Agape für die göttliche Liebe. Wir werfen all diese Formen der Liebe in einen Begriffstopf und verraten damit unser Unverständnis. Offensichtlich spüren wir die Unterschiede aber noch, wenn wir sie auch nicht mehr benennen. Die Liebe unter uns Menschen begrenzen wir etwa streng nach dem Motto: Wenn du mich liebst und ich dich, dann mußt du gefälligst aufhören, andere zu lieben. Andererseits haben wir nichts dagegen, wenn Christus neben uns auch noch unseren Nachbarn liebt. Unserem Partner würden wir das dagegen schon kaum noch verzeihen, während wir es Christus geradezu hoch anrechnen.

Worte und ihr Gebrauch enthüllen mehr, als uns manchmal lieb ist. Um die Achtung vor den Sinnen kann es jedenfalls nicht besonders gut stehen, wenn die Sinnlichkeit so wenig geschätzt wird. Nicht nur hat die sinnliche Liebe etwas Anrüchiges bekommen, auch die Sinne und der entsprechende Genuß, den sie uns vermitteln, wurden gleich mit abgewertet. Tatsächlich haben die Sinne in der modernen Welt nicht viel zu lachen. Die Augen werden in modernen Großstädten, in denen immer mehr Menschen leben, ständig auf abscheuliche Weise beleidigt. In einer Welt der rechten Winkel werden sie allmählich vom organisch geschwungenen Linienspiel der freien Natur entwöhnt. Schon Rudolf Steiner hat auf die daraus entstehenden Probleme hingewiesen, und Konrad Lorenz sprach von der Schuhschachtelwelt des modernen Menschen und sah erhebliche geistig-seelische Schwierigkeiten auf uns zukommen.

Ihren Geruchssinn betäuben viele Menschen in dieser Situation, um nicht am Gestank ihrer Welt zugrunde zu gehen. Viele riechen nicht einmal mehr an den Nahrungsmitteln. So macht es auch nichts, wenn diese – von frischen Lebensmitteln sowieso schon weit entfernt – nicht mehr duften, sondern stinken und deshalb mit künstlichen Aromastoffen traktiert werden. Das Millionenheer der Raucher verzichtet suchtbedingt auf fast alle Geruchs- und Geschmackswahrnehmungen und teert sich die entsprechenden Wahrnehmungsorgane tagtäglich zu.

Der Gehörsinn wird in den Städten permanent derart überfordert, daß die Jüngeren ihre Musik schon an die Schmerzgrenze bringen müssen, um überhaupt noch etwas dabei zu empfinden. In einer normalen Großstadt ist die durchschnittliche Lärmbelästigung höher, als sie selbst nach Ansicht der Schulmedizin sein dürfte. Die Schäden bei kleinen Kindern, die in den ländlichen Gebieten dem ohrenbetäubenden Krach tieffliegender Düsenjäger ausgesetzt werden, sind ebenso lange bekannt, wie sie von Ignoranten in Politik und Militär heruntergespielt werden. Lärm ist ein Dauerphänomen, nur gewöhnt sich unser Organismus nicht wirklich daran. Beim Großstadtmenschen hat es allerdings diesen Anschein, denn er stumpft in seinen Reaktionen auf Töne immer mehr ab.

Selbst mit dem Tastsinn geht es stetig bergab. Menschen der nördlichen Breiten neigten schon immer dazu, sich weniger zu berühren als ihre südlicheren Nachbarn, und diese Tendenz verstärkt sich noch weiter. Bald werden wir alle verkabelt und vernetzt sein, und es wird gar keine Notwendigkeit mehr bestehen, einander physisch zu begegnen, geschweige denn einander körperlich zu berühren. Hin und wieder werden wir vielleicht in entsprechende Cyberspace-Anzüge schlüpfen und dann gigantische Berührungen simulieren. Andere Menschen werden dafür zunehmend überflüssig.

Die Vereinzelung des Menschen macht direkte Sinneswahrnehmung im zwischenmenschlichen Bereich überflüssig, Optik und Gehör werden auf die zweidimensionale Bildschirmebene mit den dazugehörenden akustischen Signalen reduziert. Was wir aber nicht mehr gebrauchen, bildet sich im Körper zurück, wie jeder nach einem Beinbruch erleben kann. Holt man nach Wochen das Bein aus dem Gips, ist nur noch die halbe Muskelmasse da. *Schönheit liegt im Auge des Betrachters,* heißt es. Wenn sie aber dort nicht mehr angeregt wird, geht sie im Auge verloren, und damit wird die Welt entzaubert und häßlicher.

Wir berühren uns kaum noch, sehen uns immer weniger und können uns schon zunehmend nicht mehr riechen. Dafür setzen wir uns ständig einem Höllenlärm aus, der den Verdacht aufkommen läßt, daß wir die Hölle, seit wir nicht mehr an sie glauben, hier auf Erden inszenieren wollen. All das führt einerseits zu deprimierender Abstumpfung, andererseits zu einer solchen Überreizung, daß uns natürliche Sinnesreize schon kaum mehr berühren. Das Ergebnis ist auf der einen Seite eine Verarmung der Wahrnehmung, auf der anderen eine beispiellose Eskalation der (Unterhaltungs-) Reize, die ihrerseits schon wieder krank machen.

Wo wir aber nicht mehr *wahr*nehmen können, entgeht uns Wahrheit. Auf dem spirituellen Weg ist die Wahrnehmung der Schöpfung von zentraler Bedeutung, und damit werden die Sinne wichtig. Wo sich westliche Esoterik oftmals im bloßen Studium der Schriften erschöpft, sollte zumindest der Verdacht wach werden. Schamanen fast aller Traditionen betonen ausdrücklich die Wichtigkeit der äußeren und inneren Wahrnehmung und der entsprechenden Sinne. Carlos Castañeda, der wohl berühmteste Schamanenschüler, muß lange bei seinen Lehrern Don Juan und Don Genaro in die Lehre gehen und erst wieder lernen wahrzunehmen, was um ihn und vor allem in ihm vor sich geht. Viele spirituelle Traditionen basieren auf Wahrnehmungsschulung.

In der auch im Westen verbreiteten Tradition der Kontemplation wird das schon im Wort deutlich. Kon-Templation bedeutet »die Tempel zusammenbringen«. Wie schon erwähnt, war es in der Antike Aufgabe der Auguren, einen Abschnitt des Himmels, den man *templum* nannte, zu beobachten und aus den Ergebnissen auf das entsprechende Geschehen auf Erden zu schließen. Sie brachten sozusagen den oberen und den unteren Tempel zusammen. Mit Hilfe dieser »Zusammentempelung« (lat. *con* – zusammen) konnte man Himmel und Erde in Beziehung bringen und so den Willen der Götter auf die Erde übertragen. Auch die christliche Kontemplation erhebt den Anspruch, in Irdischem Göttliches zu entdecken.

***

Bruder David Steindl-Rast *lehrt uns in seinem wundervollen Buch* Die Achtsamkeit des Herzens *erste Schritte eines kontemplativen Lebens:*

Mit dem Herzen horchen

Das Schlüsselwort für meinen Zugang zum geistlichen Leben heißt HORCHEN. Damit ist eine besondere Art des Horchens gemeint, ein Hinhorchen des Herzens. So zu horchen ist das Rückgrat der mönchischen Tradition, in der ich stehe.

Das allererste Wort der Regel des heiligen Benedikt lautet:

»Horch!« – »*Ausculta!*« –, und aus dieser ersten Geste des Horchens aus ganzem Herzen erwächst die gesamte Disziplin der Benediktiner, wie eine Sonnenblume aus ihrem Samen wächst. Die Spiritualität der Benediktiner geht ihrerseits auf die umfassendere und ältere Disziplin der Bibel zurück.

Aber hier ist der Begriff des Horchens von grundlegender Bedeutung. Aus biblischer Sicht kommen alle Dinge durch Gottes schöpferisches Wort in die Welt; die gesamte Geschichte ist ein Dialog mit Gott, der zum Herzen der Menschen spricht. Die Bibel verkündet mit großer Klarheit, daß Gott eins ist und transzendent. Bewundernswert ist die Einsicht des religiösen Geistes, der in der biblischen Literatur seinen Ausdruck gefunden hat, daß Gott zu uns *spricht*. Der transzendente Gott spricht in Natur und Geschichte. Das menschliche Herz ist dazu aufgerufen, zu horchen und zu antworten.

Horchen und Antworten – das ist die Form, welche die Bibel unserem grundlegenden religiösen Streben als menschliche Wesen vorzeichnet: dem Streben nach einem erfüllten Leben, nach Glück, dem Streben nach Sinn. Unser Glücklichsein gründet sich nicht auf Glücksgefühle, sondern auf inneren Frieden, den Frieden des Herzens. Selbst inmitten einer sogenannten Pechsträhne, inmitten von Leid und Schmerz können wir unseren inneren Frieden finden, wenn wir aus all dem Sinn heraushören. Die biblische Überlieferung zeigt uns den Weg, indem sie verkündet, daß Gott selbst in der schlimmsten Notlage und *durch sie* zu uns spricht. Indem ich mich der Botschaft des Augenblicks ganz öffne, kann ich zur Quelle der Sinnhaftigkeit vorstoßen und den Sinn des Lebens erkennen.

So zu horchen heißt mit dem Herzen horchen, mit dem ganzen Wesen. Herz bedeutet das Zentrum unseres Wesens, in dem wir wahrhaftig *eins* sind. Eins mit uns selbst, nicht aufgespalten in Verstand, Wille, Gefühle, Körper und Geist, eins mit allen anderen Geschöpfen. Denn das Herz ist der Bereich, in dem wir nicht nur mit unserem innersten Selbst in Berührung sind, sondern gleichzeitig mit dem ganzen Dasein innigst vereint sind.

Hier sind wir auch vereint mit Gott, der Quelle des Lebens, welche im Herzen entspringt. Um mit dem Herzen zu horchen, müssen wir immer wieder zu unserem Herzen zurückkehren, indem wir uns die Dinge zu *Herzen nehmen*. Wenn wir mit dem Herzen horchen, werden wir Sinn finden, denn so wie das Auge Licht wahrnimmt und das Ohr Geräusche, ist das Herz das Organ für Sinn.

Die Disziplin des täglichen Horchens und Antwortens auf den Sinn wird *Gehorsam* genannt. Dieser Begriff von Gehorsam ist viel umfassender als die beschränkte Vorstellung von Gehorsam als Tun-was-einem-gesagt-wird. Gehorsam, im umfassendsten Sinn, heißt sein Herz auf den einfachen Ruf einstimmen, der in der Vielfalt und Vielschichtigkeit einer gegebenen Situation enthalten ist. Die einzige Alternative dazu ist *Absurdität*. *Ab-surdus* bedeutet wörtlich »absolut taub«. Wenn ich eine Situation absurd nenne, gebe ich zu, daß ich taub für ihren Sinn bin. Ich gestehe indirekt ein, daß ich ob-audiens werden muß – aufmerksam horchend, gehorsam. Ich muß mein Ohr, mich selbst, so völlig dem Wort, das mich erreicht, hingeben, daß es mir zum Auftrag wird. Vom Wort gesandt, werde ich meiner Sendung gehorchen, und so, durch liebevolles und wahrhaftiges Handeln, nicht durch eine Analyse der Wahrheit, fange ich an zu verstehen.

Was aus alldem für mein Handeln folgt, liegt auf der Hand. Um so wichtiger ist es, im Auge zu behalten, daß es uns hier nicht vornehmlich um ethische, sondern um religiöse Erwägungen geht, nicht um Zweckbestimmung – selbst dann nicht, wenn es sich um die edelsten Zwecke handelt –, sondern um jene religiöse Dimension, aus der jeder Zweck seinen Sinn ableiten muß.

Die Bibel nennt das Horchen und Antworten des Gehorsams »vom Wort Gottes leben«, und das bedeutet viel mehr, als nur Gottes Willen tun. Es bedeutet, sich vom Wort Gottes zu nähren wie von Speise und Trank – vom Wort Gottes in jedem Menschen, jedem Ding, jedem Ereignis, dem wir begegnen.

Das ist eine tägliche Aufgabe, ein Training, welches uns von Augenblick zu Augenblick herausfordert: Ich esse eine Mandarine, und schon beim Abschälen spricht der leichte Widerstand der Schale zu mir, wenn ich wach genug zum Horchen bin. Ihre Beschaffenheit, ihr Duft sprechen eine unübersetzbare Sprache, die ich erlernen muß. Jenseits des Bewußtseins, daß jede kleine Spalte ihre eigene, besondere Süße hat (auf der Seite, die von der Sonne beschienen wurde, sind sie am süßesten), liegt das Bewußtsein, daß all dies reines Geschenk ist. Oder könnte man eine solche Nahrung jemals verdienen?

Ich halte die Hand eines Freundes in der meinen, und diese Geste wird zu einem Wort, dessen Bedeutung weit über Worte hinausgeht. Es stellt Ansprüche an mich. Es beinhaltet ein Versprechen. Es fordert Treue und Opferbereitschaft. Vor allem aber ist diese bedeutungsvolle Gebärde Feier von Freundschaft, die keiner Rechtfertigung durch einen praktischen Zweck bedarf. Sie ist so überflüssig wie ein Sonett oder ein Streichquartett, so *überflüssig* wie all die wirklich wichtigen Dinge im Leben. Sie ist ein *überfließendes* Wort Gottes, von dem ich Leben trinke.

Aber auch ein Unglück, das mich trifft, ist Wort Gottes. Ein junger Mann, der für mich arbeitet und mir so lieb und teuer ist wie mein eigener Bruder, hat einen Unfall, bei dem Glassplitter in seine Augen dringen. Im Krankenhaus liegt er mit verbundenen Augen. Was sagt Gott dadurch? Zusammen tasten wir uns vor, kämpfen, lauschen, bemühen uns zu hören. Ist auch dies ein lebenspendendes Wort? Wenn wir in einer gegebenen Situation keinen Sinn mehr sehen können, haben wir den entscheidenden Punkt erreicht. Jetzt wird unser gläubiges Vertrauen gefordert.

Einsicht kommt, wenn wir es ernst nehmen, daß uns jeder Augenblick vor eine gegebene Wirklichkeit stellt. Ist sie aber gegeben, so ist sie auch Gabe. Als Gabe aber verlangt sie Dankbarkeit. Echte Dankbarkeit schaut jedoch nicht vornehmlich auf das Geschenk, um es gebührend zu würdigen, sondern sie schaut auf den Geber und bringt Vertrauen zum Ausdruck. Beherztes Vertrauen auf den Geber aller Gaben ist Glaube. Danken zu lernen, selbst wenn uns die Güte des Gebers nicht offenbar ist, heißt den Weg zum Herzensfrieden finden. Denn nicht Glücklichsein macht uns dankbar, sondern Dankbarsein macht uns glücklich.

Übung im Horchen mit dem Herzen lehrt uns in einem lebenslangen Prozeß, unterschiedslos nach *jedem* Wort zu leben, das aus dem Munde Gottes kommt. Wir lernen es, indem wir in *allen* Dingen unsere Dankbarkeit bezeugen. Die klösterliche Umgebung soll genau dies erleichtern. Die Methode ist *Losgelöstheit*.

Wenn wir nicht unterscheiden zwischen dem, was wir wollen, und dem, was wir wirklich brauchen, so verlieren wir unser Ziel aus den Augen. Dann werden unsere Bedürfnisse (viele von ihnen nur eingebildet) immer mehr, und unsere Dankbarkeit schwindet, damit aber auch unsere wahre Freude. Mönchisches Training kehrt diesen Prozeß um. Der Mönch strebt danach, immer weniger zu wollen und so immer dankbarer zu werden für das, was er hat.

Losgelöstheit macht uns bedürfnisloser. Je weniger wir haben, um so leichter ist es, das, was wir haben, zu würdigen. Stille schafft eine Atmosphäre, die Losgelöstheit begünstigt. Wie der Lärm das Leben außerhalb des Klosters durchdringt, so ist das Leben des Mönches von Stille durchdrungen. Stille schafft Raum um Dinge, Menschen und Ereignisse ... Stille hebt ihre Einzigartigkeit hervor und erlaubt uns, sie eins nach dem andern dankbar zu betrachten. Unsere Übung, dafür Zeit zu finden, ist das Geheimnis der Muße. Muße ist Ausdruck von Losgelöstheit im Hinblick auf die Zeit. Die Muße der Mönche ist ja nicht das Privileg derer, die es sich leisten können, sich Zeit zu nehmen, sondern die Tugend derer, die allem, was sie tun, so viel Zeit widmen, wie ihm gebührt. Für den Mönch drückt sich das Hinhorchen, das die Grundlage dieses Trainings bildet, darin aus, daß er sein Leben mit dem kosmischen Rhythmus der Jahres- und Tageszeiten in Einklang bringt; mit der »Zeit, die nicht unsere Zeit ist«, wie T. S. Eliot es ausdrückt. In meinem eigenen Leben verlangt der Gehorsam oft Dienste außerhalb des klösterlichen Rhythmus. Dann kommt es ganz besonders darauf an, die lautlose Glocke der »Zeit, die nicht unsere Zeit ist«, zu hören, wo immer es auch sei, und zu tun, was es zu tun gibt, wenn es dafür Zeit ist – »jetzt und in der Stunde unseres Todes«, sagt T. S. Eliot, denn der Augenblick, in dem wir wirklich hinhorchen, ist »Augenblick in und außer der Zeit«.

Eine Methode, mit deren Hilfe man Augenblick für Augenblick in dieses Mysterium eindringen kann, ist die Disziplin des Jesus-Gebetes, Training im Herzens-Gebet, wie es auch heißt. Diese besteht im wesentlichen in der mantrischen Wiederholung des Namens Jesu im Rhythmus des eigenen Atems und Herzschlags. Wenn ich den Namen Jesu in einem gegebenen Augenblick vor mich hin spreche, so mache ich diesen Augenblick transparent für das Jetzt, das nicht vorübergeht. Was die Bibel »vom Worte Gottes leben« nennt, ist zusammengefaßt im Namen Jesu, in dem ich als Christ das fleischgewordene Wort anbete. Wenn ich jedem Ding und jedem Menschen, den ich treffe, diesen Namen gebe, wenn ich ihn mir in jeder Lage vergegenwärtige, dann erinnere ich mich daran, daß all dies nur Erscheinungsformen der unerschöpflichen Fülle des einen ewigen Wortes Gottes, des *Logos,* sind. Ich erinnere mein Herz daran, hinzuhorchen, hellhörig zu werden. Dieses Bild könnte irreführen, als ob zwischen Gott, der spricht, und dem gehorsamen Herzen eine dualistische Spaltung bestehe. Die dualistische Spaltung, auf die wir hier stoßen, ist aber im Geheimnis der Dreieinigkeit aufgehoben, im Vollsinn dieses Wortes. Im Lichte dieses Mysteriums verstehe ich mich zugleich als Wort aus dem Herzen des Schöpfers und als vom Schöpfer im Herzen angesprochen. Aber die Verbundenheit geht noch tiefer. Um das an mich gerichtete Wort, das Wort, das ich zugleich bin, zu verstehen, muß ich die Sprache des Einen, der mich anspricht und ausspricht, sprechen. Wenn ich Gott überhaupt verstehen kann, so ist dies nur möglich, weil Gott mir am Geist des göttlichen Selbstverständnisses Anteil schenkt. Das Hinhorchen und Antworten, das unser geistliches Leben ausmacht, ist also keine dualistische Angelegenheit, sondern vielmehr Feier dreieiniger Verbundenheit: das Wort, das aus der Stille entspringt, führt im Verstehen heim in die Stille. Mein Herz, wie ein Gefäß, das im Meer versinkt, ist voll von Gottes Leben und zugleich völlig darin eingetaucht. All das ist reines Geschenk. Meine Antwort ist Dankbarkeit.

**

Über Sinn und Sinnlichkeit aus christlicher Sicht sagt uns Bruder DAVID STEINDL-RAST:

Durch die Sinne Sinn finden

Sinnlichkeit ist leider nicht gut angeschrieben bei manchen, die sich dabei noch besonders christlich vorkommen. Jesus Christus würde sich allerdings nicht recht wohl fühlen mit einer so verstandenen Christlichkeit. Er selbst war so sinnenfreudig, daß seine Gegner ihn einen »Fresser und Weinsäufer« nannten (Mt. 2,19). Die so urteilen, kamen sich schon damals besonders religiös vor in ihrer Eingeengtheit. Seine Freunde aber erlebten in der Begegnung mit ihm ganz sinnfällig die befreiende Weite von Gottes Gegenwart. Im Leuchten seiner Augen sahen sie Gottes Herrlichkeit. Im Klang seiner Stimme wurde Gottes Wort für sie laut. Wenn er sie anrührte, dann wurde der Gottesbegriff handgreifliche Wirklichkeit. Und von da ist es nur ein kleiner Schritt zur Erkenntnis, daß alles, was unsere Sinne wahrnehmen, Gottesoffenbarung sein will. Das hat unser hellhöriges Herz ja schon immer geahnt.

Die Sinnlichkeit christlicher Gottesbegegnung ist untrennbar verbunden mit der Frohbotschaft:

> Das da von Anfang war,
> das wir gehört haben,
> das wir gesehen haben mit unseren Augen,
> das wir beschaut haben
> und unsere Hände betastet haben,
> vom Wort des Lebens ...
> das verkünden wir euch ...
> auf daß eure Freude völlig sei.
>
> (Joh. 1,1f.)

Auf Freude zielt diese Botschaft ab. Aber nur, wenn wir christliche Sinnlichkeit wiederfinden, wird sich uns auch christliche Lebensfreude wieder erschließen. Nur dann können wir die Frohbotschaft wirklich verstehen.

Gesunder Menschenverstand sagt uns ja schon, daß nichts in unserem Verstand zu finden sei, was nicht zuerst durch die Sinne Eingang fand. Alle unsere Begriffe sind im Be-greifen verwurzelt. Wer sich an diesen Wurzeln nicht die Hände beschmutzen will, dessen säuberliche Begrifflichkeit wird bald entwurzelt vertrocknen. Von Übersinnlichkeit ist nur ein kleiner Schritt zu Widersinnlichkeit. Das Unsinnliche wird allzu leicht zum Unsinn. Einem Leben aber, das im Sinnlichen verwurzelt ist, ohne darin verstrickt zu sein, wird daraus immer frischer Sinn erwachsen und immer neue Lebensfreude. Bleibende Freude überdauert freilich die verwelklichen Sinne. Sie übersteigt und übertrifft das Nur-

Sinnliche. Nie aber ist echte Lebensfreude dem Sinnlichen entfremdet, so weit sie auch darüber hinauswächst.

Entfremdung von den Sinnen widerspricht so völlig echter Menschlichkeit und echter Christlichkeit, daß wir uns wundern müssen, wie wir uns je dahinein verirren konnten. Die Möglichkeit für eine solche Verirrung ist aber in unserem menschlichen Grundbewußtsein vorgegeben. Dieses ist nämlich zweifach. Einerseits erleben wir uns selbst als leiblich. Wir schauen in den Spiegel und sagen: »Das bin ich.« Andererseits sagen wir aber: »Ich habe einen Körper«, weil unser Selbst doch irgendwie über das rein Körperliche, das wir im Spiegel sehen, hinausgeht. Der Geschmack von Walderdbeeren, unsere Zahnschmerzen, oder das Wohlbefinden nach dem Bad, das sind offenbar körperliche Erfahrungen. Von Reue, Heimweh oder heiliger Scheu können wir das nicht mit derselben Überzeugung behaupten. Weil also sowohl Sinnliches wie Übersinnliches zu unserem Erleben gehört, besteht die Gefahr, das wirklich Menschliche ausschließlich in einem dieser beiden Bereiche zu suchen. Aber wir Menschen sind Überbrücker. Unsere große Aufgabe ist es, zwischen den beiden Bereichen menschlichen Bewußtseins keinen Zwiespalt aufkommen zu lassen. Ein Mensch, der das Übersinnliche nicht anerkennt und pflegt, sinkt tief unter das Tier. Wer aber das Sinnliche vernachlässigt oder verleugnet, kann sich gerade deshalb nicht darüber erheben. Ein solcher Mensch bleibt – das Bild stammt von Christopher Frei – ein schwachsinniger Engel, der einem Maultier aufgeschnallt ist.

Zur vollen Menschenwürde gehören Leib und Geist, Sinnlichkeit und Sinnfindung. Rainer Maria Rilke will uns an unsere hohe Aufgabe erinnern, in drei Zeilen, die hier für uns von großer Bedeutung sind:

Sei in dieser Nacht aus Übermaß
Zauberkraft am Kreuzweg deiner Sinne,
ihrer seltsamen Begegnung Sinn.

Kreuzweg unserer Sinne ist das Herz. Herz bedeutet den
Schnittpunkt unserer geistigen und unserer leiblichen Wirklichkeit. Herz bedeutet jenen Mittelpunkt unserer individuellen Innerlichkeit, wo wir zugleich eins sind mit allen anderen Menschen, Tieren, Pflanzen – mit dem ganzen Kosmos.
In unserem Herzen ist Gott uns näher, als wir uns selber
sind. Der heilige Augustinus versichert uns dies aus seiner
mystischen Erfahrung, und wir ahnen es aus unserer eigenen. Zugleich weiß Augustinus aber auch (und wir wissen
es), daß unser Herz ruhelos sei, bis es heimfinde zu seinem
Ausgangspunkt, heim zur göttlichen Mitte. Vom Ursprung
unserer Ruhelosigkeit sagt Rilke:

Gott spricht zu jedem nur, ehe er ihn macht,
dann geht er schweigend mit ihm aus der Nacht.
Aber die Worte, eh jeder beginnt,
diese wolkigen Worte, sind:
Von deinen Sinnen hinausgesandt,
geh bis an deiner Sehnsucht Rand;
gib mir Gewand.

Hinter den Dingen wachse als Brand,
daß ihre Schatten, ausgespannt,
immer mich ganz bedecken.

Laß dir Alles geschehn: Schönheit und Schrecken.
Man muß nur gehn: Kein Gefühl ist das fernste.
Laß dich von mir nicht trennen.

Nah ist das Land,
das sie das Leben nennen.
Du wirst es erkennen
an seinem Ernste.
Gib mir die Hand.

»Von deinen Sinnen hinausgesandt, geh bis an deiner Sehnsucht Rand ...« Was aber ist diese Sehnsucht? Ist sie nicht letztlich Heimweh? Heimweh nach jenem Urquell von Sinn, den wir Gott nennen. Und der quillt in unserem innersten Herzen auf. Die Sinne senden uns hinaus. Und nur so können wir dahin kommen, wo wir immer schon sind. Unsere Ausfahrt zum äußersten Rand unserer Sehnsucht ist Heimkehr zur Herzmitte. Sinn finden wir, wenn wir mit dem Herzen horchen lernen. Das Menschenherz ist das Organ der Sinnfindung. Mit dem Herzen horchen wir. Mit dem Herzen können wir aber auch schauen. Mit dem Herzen können wir wie Spürhunde Wind bekommen und einer Fährte folgen; können im Dunkeln tasten; können dankbar kosten vom Festmahl, das uns bereitet ist. Das Herz ist wahrhaft Kreuzweg all unserer Sinne.

Am geläufigsten sind uns die Redewendungen, in denen dem Herzen ein inneres Schauen zugeschrieben wird. Wir sprechen z. B. von den Augen des Glaubens, die doch nur die Augen des Herzens sein können. Sie schauen durch alle Äußerlichkeiten hindurch auf das Wesentliche. Sie sehen, wie im Unscheinbarsten das Leuchten göttlicher Herrlichkeit aufstrahlt. Sie erkennen im tiefsten Grund aller Dinge eine Treue, der wir vertrauen dürfen. – Wir sprechen auch von den Augen der Hoffnung, die noch größere Sehkraft besitzen. Sie sehen selbst in der Finsternis der Gottesferne

Gottes Gegenwart. – In der Liebe geht das Herz aber noch über den Glauben und die Hoffnung hinaus. Die Augen der Liebe sehen, was es noch gar nicht gibt, weil das Schauen des Herzens ein schöpferisches Schauen ist. Wir meinen, die Liebe sei blind. Aber sie drückt nur ein Auge zu, dem Kind zuliebe, wie eine Mutter. Mütter übersehen gern vieles, um des Einen willen, das noch seine Möglichkeit ist. Und wer so angeschaut wird, der wächst in diese Möglichkeit hinein. Das Herz hat die Augen einer Mutter.

Gerade deshalb aber hat das Herz auch jungfräuliche Augen. Es ist noch offen für unbegrenzte Möglichkeiten. Nur die Augen der Jungfrau können das Einhorn sehen, »das Tier, das es nicht gibt«, wie die Gobelinstickerinnen in Rilkes Sonett.

> O DIESES ist das Tier, das es nicht gibt.
> Sie wußtens nicht und habens jedenfalls
> – sein Wandeln, seine Haltung, seinen Hals,
> bis in des stillen Blickes Licht – geliebt.
>
> Zwar war es nicht. Doch weil sie's lieben, ward
> ein reines Tier. Sie ließen immer Raum.
> Und in dem Raume, klar und ausgespart,
> erhob es leicht sein Haupt und brauchte kaum
>
> zu sein. Sie nährten es mit keinem Korn,
> nur immer mit der Möglichkeit, es sei.
> Und die gab solche Stärke an das Tier,
>
> daß es aus sich ein Stirnhorn trieb. Ein Horn.
> Zu einer Jungfrau kam es weiß herbei –
> und war im Silber-Spiegel und in ihr.

So schöpferisches Schauen ist Vollendung, nicht Anfänger-übung. Wir dürfen nicht erwarten, das Einhorn zu sehen, wenn wir uns nicht einmal einen Laufkäfer gründlich an-schauen, der uns über den Weg läuft. Das Schillern seines Panzers hatte ich schon lange bewundert. Aber erst eine Bemerkung von C. S. Lewis hat mir die Augen geöffnet für das irgendwie Altmodisch-Komische dieses langbeinigen Geschöpfes, das alle beweglichen Bestandteile außen hat, wie eine Eisenbahnlokomotive aus dem vorigen Jahrhun-dert. Aber um so etwas zu bemerken, müssen wir uns Zeit lassen. Es genügt nicht, dem kaum Beachteten schnell eine Bezeichnung zu geben, es sozusagen mit einer Inventurnum-mer abzufertigen. Wir müssen anschauen, was uns unter-kommt. Die Sinnschau des Herzens beginnt mit dem genau-en Hinschauen der Augen. Wenn wir Sinn finden wollen im Leben, so müssen wir mit den Sinnen beginnen. Um mit dem Herzen horchen zu lernen, müssen wir zuerst lernen, mit den Ohren wirklich zu lauschen. Und so mit allen Sinnen.
Wie aber sollen wir dies angehen? Aus meiner eigenen Erfahrung glaube ich, drei Schritte unterscheiden zu kön-nen, die vielleicht Allgemeingültigkeit besitzen. Den ersten Schritt nenne ich »Kindliche Sinnlichkeit«, eine Haltung, die wir als Kinder besitzen, die wir aber im späteren Leben erst wieder erwerben müssen. Wesentlich daran ist das un-getrübte Vertrauen, mit dem wir uns dem Sinnlichen hinge-ben. Diese Hingabe führt uns, wenn sie echt ist, zu einer Begegnung: Überrascht begegnen wir – ich kann es nicht besser ausdrücken – einem Gegenüber, das sich uns gibt, in dem Maß, in dem wir uns selber geben. Diesen Schritt möchte ich mit Rilkes oben angeführtem Ausdruck »Die seltsame Begegnung« nennen. Im dritten Schritt wird uns

zur Erfahrung, daß das ganz andere, das unseren Sinnen da begegnet, zugleich unser eigenstes Selbst ist. Wir sind selber der Sinn dessen, was wir sinnlich erfahren. Wenn uns das klar wird, und erst dann, finden wir durch unsere Sinne Sinn. Sinn wird, wenn wir selber Sinn werden. Beides klingt an, wenn wir diesen dritten Schritt »Sinnwerdung« nennen. Scheint das allzu philosophisch? Wir dürfen uns nicht abschrecken lassen. In Wirklichkeit ist es ganz einfach. In unserer Kindheit waren uns diese drei Schritte durchaus vertraut, wenn wir auch nicht darüber nachdachten. Wenn der Dichter sagt: »Sei … am Kreuzweg deiner Sinne ihrer seltsamen Begegnung Sinn«, so ist das unserem Herzen verständlich, wenn unser Verstand auch nachhinkt. Und das Kind in uns kann kaum warten, bis wir ihm erlauben, sich, von seinen Sinnen hinausgesandt, bis an seiner Sehnsucht Rand zu wagen. Sobald wir aber nur einmal damit anfangen, führt schon ein Schritt zum nächsten. Wir dürfen uns da auf unser eigenes Erleben verlassen. Darauf kommt es ja schließlich an. Denn was nicht im Erleben wurzelt, ist ja nur Scheinwissen. Im folgenden möchte ich also aus meinem eigenen Erleben über »Kindliche Sinnlichkeit«, über »Die seltsame Begegnung« und über »Sinnwerdung« sprechen. Wenn das hie und da ein Echo weckt in der Erinnerung derer, die es lesen, dann sind wir vielleicht doch auf der rechten Spur zu einem hellhörigen Herzen.

Die meisten von uns sind mehr Augen- als Ohrenmenschen. Wir stoßen also wohl auf den geringsten Widerstand, wenn wir die Beispiele für unsere drei Schritte zunächst aus dem Bereich des Schauens wählen. Gewöhnung und Übersättigung machen es andererseits gerade unseren Augen schwer, kindliche Frische zu bewahren. Vielleicht bemerken das schon die Kinder. Sie unterhalten sich manchmal damit, Daumen und Zeigefinger zum Rahmen eines Guckloches zu machen, durch das die Welt auf einmal ganz anders aussieht. In den entlegensten Teilen der Welt erfinden Kinder dieses Spiel offenbar immer wieder von neuem. Dahinter steckt die Tatsache, daß ein ungewohnter Ausschnitt des allzuoft Gesehenen uns überraschend neu erscheinen kann.

Es gibt da in Spielwarenhandlungen neuartige Kaleidoskope, die nicht in einer Mattscheibe mit bunten Glasstückchen enden, wie die altmodischen, sondern in einer Linse. Man kann sie also wie ein Fernrohr ringsum auf Gegenstände richten, die dann die Prismen im Rohr zu sechs- oder achteckigen Sternen umgestalten. Plötzlich ist uns die alltägliche Umwelt verzaubert. Wir sehen sie wie zum ersten Mal.

Noch einfacher läßt sich das erreichen, indem wir in ein Blatt Papier ein winziges Guckloch stechen. Da brauche ich nur auf meine eigene Hand zu schauen. Weil ich nun nicht mehr die ganze Hand in den Blick bekomme, ja nicht einmal einen ganzen Finger, läßt sich, was ich sehe, nicht mehr einfach mit »Hand« oder »Finger« abtun. Was ist das denn eigentlich, dieses knollig gerunzelte Braune mit ein paar borstigen Haaren? In dem Bruchteil eines Augenblickes, bevor mir »Fingergelenk« in den Sinn kommt, habe ich endlich einmal wirklich hingeschaut. Das läßt sich lernen. Und das Lernen wird uns Spaß machen, sobald das Kind in uns nur einmal wach wird. Nichts ist wichtiger als das. Nur wenn wir das Kind in uns wiederentdecken und befreien, dürfen wir hoffen, Sinnenfreudigkeit wiederzufinden. Das aber ist der erste Schritt auf dem Weg, im Leben Sinn zu finden.

Wieviel uns doch verlorengeht, nur weil wir so abgestumpft durchs Leben gehen. Wieviel uns doch verlorengeht an Freuden, an Überraschungen, die uns überall umgeben und nur darauf warten, entdeckt zu werden. Aber es muß nicht so sein. Wir können unser fortschreitendes Stumpfwerden aufhalten wie einen Krankheitsprozeß. Wir können den Ablauf umkehren, können lernen, jeden Tag noch nie Gewürdigtes neu zu erleben. Am Morgen, noch bevor wir die Augen öffnen, können wir schon damit anfangen. Wir brauchen uns nur daran zu erinnern, was für ein Geschenk unsere Augen doch sind. Der Blinde in einem Gedicht Rilkes kennt das Geschenk, weil es ihm fehlt. »Euch«, sagt er zu uns, »kommt jeden Morgen das neue Licht warm in die Wohnung.« Würden wir nicht unsere Augen ganz anders öffnen, wenn wir es dankbar täten? Dankbarkeit ist der Schlüssel zur Lebensfreude. Wir halten diesen Schlüssel in unseren eigenen Händen.

Wir sagen »blau«. Aber was heißt schon »blau«? Wir schauen ja kaum hin. Wir kleben dem Ding nur schnell eine Freimarke auf. Fertig. Wir drücken ihm einen Stempel auf: »Blau. – Erledigt. Nächste Nummer!«

Was unser Verstand mit kalter Ungenauigkeit blau nennt, das kennt unser Herz als die Farbe von Taubenflügeln und von Wiesenenzian, von Stahl und Lavendel, von kleinen Schmetterlingen, die am Feldweg um eine Pfütze tanzen, und vom Sommerhimmel, der sich im Braun der Pfütze dennoch blau spiegelt. Das Kind in uns weiß noch, wieviel tausenderlei Blau es gibt.

Das Kind in uns ist Dichter. Unser Herz bleibt zeitlebens dichterisch, ob wir es wahrhaben wollen oder nicht. Und Dichter wissen, wie vielschichtig, wie nahezu unerschöpflich das ist, was wir so einfachhin »blau« nennen. Wie Rilke etwa tiefer und tiefer taucht, wo an der Oberfläche nichts zu sehen ist als eine »Blaue Hortensie«.

So wie das letzte Grün in Farbentiegeln
sind diese Blätter, trocken, stumpf und rauh,
hinter den Blütendolden, die ein Blau
nicht auf sich tragen, nur von ferne spiegeln.

Sie spiegeln es verweint und ungenau,
als wollten sie es wiederum verlieren,
und wie in alten blauen Briefpapieren
ist Gelb in ihnen, Violett und Grau;

Verwaschenes wie an einer Kinderschürze,
Nichtmehrgetragenes, dem nichts mehr geschieht:
wie fühlt man eines kleinen Lebens Kürze.

Doch plötzlich scheint das Blau sich zu verneuen
in einer von den Dolden, und man sieht
ein rührend Blaues sich vor Grünem freuen.

Können Kinder wirklich all das sehen? Nein. Aber Kinder können so schauen. Und unser Leben ist nicht lang genug, um auszuschöpfen, was wir sehen können, wenn wir wie Kinder schauen; so offen, so hingegeben, so tapfer vertrauend. Ja, es gehört Tapferkeit dazu, sich etwa dem Blau einer Hortensie auszusetzen und »eines kleinen Lebens Kürze« zu erleiden. Als Kinder hatten wir noch den Mut dazu, aber seitdem sind wir feige geworden.

Goethe wundert sich in einem seiner Aussprüche, warum

denn aus so vielversprechenden Kindern immer wieder nichts würde als langweilige Erwachsene. Die Antwort ist einfach: aus Feigheit. Darum ist Dichtung so wichtig. Daß Dichter Gedichte machen, ist halb so wichtig, wie daß sie uns dadurch Mut machen, Mut, unsere Sinne zu öffnen. Unsere Kindheit ist viel zu kurz, um die Versprechen zu erfüllen, die sie enthält. Ein ganzes Leben reicht kaum dazu aus. Kindwerden liegt immer in der Zukunft, wie das Himmelreich, »das Land der tausend Sinne«, wie Walter Flex es nennt. Kindwerden kostet uns den Panzer aus eisernen Ringen, mit dem wir unser Herz unverwundbar machen, aber auch gefühllos. Wir können Kinder werden, wenn wir uns getrauen, unser Herz dem Leben auszusetzen, ungesichert, unverwundbar, aber wahrhaftig lebendig. Dichter wagen es. Sie haben ihr Leben – und wieder hat Rilke das rechte Wort gefunden – »ausgesetzt auf den Bergen des Herzens«. Kindwerden will geübt sein. Wir müssen nur irgendwo anfangen, und heute noch. Vielleicht sollten wir unsere geistige Ernährung aufbessern, etwa mit einem Gedicht pro Tag. Oder wir könnten es uns leisten, täglich fünf Minuten lang etwas anzuschauen, ganz gleich was, nur einfach um der Freude des Anschauens willen. Ein Museum erlaubt uns das, wenn wir nicht im Studieren steckenbleiben. Freilich, wir dürfen und sollen Museen auch zum Studieren benützen. Noch wichtiger ist aber, daß wir lernen, darüber hinauszugehen; daß wir die reine Freude des Anschauens lernen. Und dazu bedarf es gar keines Museums. Wir Kinder kannten ein Weidengestrüpp am Preinerbach, das wir »Bachmuseum« nannten. Nach jedem Wolkenbruch schwemmte dort das Wasser neue Sehenswürdigkeiten an. Da war ein rostiger Vogelkäfig, halb im Sand vergraben. Ein lederner Stiefel mit

Löchern in der Sohle lag halb im Wasser. Noch grüne Äpfel schwammen wieder und wieder im Kreis in einer seichten Bucht. Und Fetzen von einem gestreiften Hemd hingen im von der Strömung kahlgespülten Wurzelwerk. Stundenlang konnten wir da auf dem Schulweg am Bachrand stehen und schauen.

Wenn ich heutzutage wenigstens vor einem Werk Picassos oder El Grecos so stehen könnte und so schauen. Wenn es uns aber einmal geschenkt wird – sosehr wir uns nämlich bemühen müssen, es bleibt letztlich doch Geschenk –, wenn wir einmal ganz Auge sind, dann ereignet sich etwas Seltsames. Wieder ist es Rilke, der uns dies in Erinnerung ruft. Wir haben es ja alle erlebt. Aber es ist uns irgendwie unheimlich, und da ziehen wir uns furchtsam ins Vergessen zurück.

In seinem Sonett »Archaischer Torso Apollos« feiert der Dichter jene seltsame Begegnung. Zwölf Zeilen genügen ihm, um uns völlig in den Bann dieses griechischen Bildwerks zu ziehen. Wir stehen wie geblendet vor diesem Torso aus flimmerndem Marmor. Wir sind ganz Auge. Und das ist der Punkt, an dem sich das Seltsame ereignet. Völlig ins Anschauen versunken, sind wir plötzlich die Angeschauten. Mitten in der vorletzten Zeile dreht sich unvermittelt alles um: »denn da ist keine Stelle, die dich nicht sicht«.

Die wir uns für Kenner hielten, sind erkannt. Wir, die als Richter kamen, stehen vor Gericht. Dann fällt der Richtspruch.

> Wir kannten nicht sein unerhörtes Haupt,
> darin die Augenäpfel reiften. Aber
> sein Torso glüht noch wie ein Kandelaber,
> in dem sein Schauen, nur zurückgeschraubt,

sich hält und glänzt. Sonst könnte nicht
  der Bug der Brust dich
blenden, und im leisen Drehen
der Lenden könnte nicht ein Lächeln gehen
zu jener Mitte, die die Zeugung trug.

Sonst stünde dieser Stein entstellt und kurz
unter der Schultern durchsichtigem Sturz
und flimmerte nicht so wie Raubtierfelle;

und bräche nicht aus allen seinen Rändern
aus wie ein Stern: denn da ist keine Stelle,
die dich nicht sieht. Du muß dein Leben ändern.

Der letzte Satz, ganz am Ende der letzten Zeile, spricht das
Urteil über uns aus. Daß dieser Richtspruch uns zu dem
verurteilt, was wir uns im geheimen ersehnen, wird noch zu
zeigen sein. Hier wollen wir zunächst die seltsame Begegnung ins Auge fassen, aus der das Urteil mit innerer Notwendigkeit fließt. Wenn unser befeuertes Schauen jenen
Grad erreicht, den wir den Schmelzpunkt nennen könnten,
dann sind wir endlich völlig gesammelt. Was sich sonst an
Vergangenes klammert oder nach Zukünftigem ausstreckt,
ist jetzt in Sammlung gegenwärtig. Und da ereignet es sich
dann, daß uns etwas Geheimnisvolles »entgegenwartet«.
(Das Wort stammt auch von Rilke.) Ob wir es das Schöne
nennen, das Wahre, das Gute, oder einfach die treue Verläßlichkeit auf dem Grund aller Dinge – was uns da begegnet, erwartet etwas von uns, erwartet alles von uns: »Du
mußt dein Leben ändern.«
Unser gesammeltes Herz erlebt, daß Gegenwart etwas von

uns erwartet. Wir mögen von der Forderung betroffen sein. Was aber von uns gefordert wird, ist etwas, wonach unser Herz sich im Grunde sehnt. Das Kind in uns sehnt sich danach. Immer wieder erfinden Kinder ein Spiel, in dem das Ausdruck findet. Das Kind schließt die Augen und springt von einer Bank oder vom Treppenabsatz dem Vater in die Arme. »Papa, fang mich auf!« Was die Verläßlichkeit auf dem Grund aller Dinge von uns verlangt, ist, daß wir uns darauf verlassen. Treue fordert Vertrauen. Darin liegt immer ein Wagnis. Wie aber sollen wir ohne Wagnis verwandelt werden? Und auf Verwandlung läuft alles hinaus. Verwandlung ist das Wesen des dritten Schrittes im Dreischritt des horchenden Herzens. Kindliche Sinnlichkeit, unser erster Schritt, führt zu einem Höhepunkt im zweiten, in der seltsamen Begegnung. Aber diese Begegnung verwandelt uns. In seinem Gedicht »Spaziergang« spricht Rilke mit seltener Klarheit von der Verwandlung, die sich in unserem dritten Schritt vollzieht.

Schon ist mein Blick am Hügel, dem besonnten,
dem Wege, den ich kaum begann, voran.
So faßt uns das, was wir nicht fassen konnten,
voller Erscheinung, aus der Ferne an –

und wandelt uns, auch wenn wir's nicht erreichen,
in jenes, das wir, kaum es ahnend, sind;
ein Zeichen weht, erwidernd unserm Zeichen ...
Wir aber spüren nur den Gegenwind.

Schau wird hier zur Wandlung. Schönheit ergreift und macht die Ergriffenen selber schön. Das Erlebnis von Erhabenem ist erhebend. Mehr noch: der Anblick dieses blühenden Mandelbäumchens (im Garten oder auf van Goghs Leinwand) läßt mich ganz klar fühlen, daß ich dadurch jetzt mehr ich selbst bin, als ich vorher war. Die Begegnung mit dem Unfaßlichen am Rande unserer Sehnsucht verwandelt uns aber nicht in Fremdes, sondern »in jenes, das wir, kaum es ahnend, sind«.

Von hier aus rückblickend, können wir den Dreischritt des schauenden, horchenden Herzens überall dort entdecken, wo es darum geht, im Leben Sinn zu finden. Wir Menschen sind ja so angelegt, daß Zweck allein uns nicht genügt. Kein Zweck kann uns befriedigen, wenn wir ihn nicht sinnvoll finden. Und wenn wir im Leben keinen Sinn mehr finden, dann ist es um uns geschehen. Was für Tiere der Selbsterhaltungstrieb ist, das ist für uns Menschen die Sehnsucht nach Sinn. Darum können wir ja unseren Selbsterhaltungstrieb, den wir mit den Tieren gemeinsam haben, opfern, so stark er auch immer sei. Wir können unser Leben hingeben, wenn uns das sinnvoll erscheint. Wir können freiwillig sterben. Jeder weiß das. Was nur wenige wissen, ist dies: Wir können auch freiwillig leben. Die innere Gebärde ist die gleiche. Unser Leben (täglich) hingeben, das heißt freiwillig leben. Nur so können wir Sinn finden. Das aber heißt wahrhaft leben.

Wem fällt da nicht Goethes »Selige Sehnsucht« ein, und besonders die letzte Strophe?

> Und solange du das nicht hast,
> Dieses: Stirb und werde!
> Bist du nur ein trüber Gast
> Auf der dunklen Erde.

Rilke sagt es mit einer einzigen Zeile. Und die stammt aus dem Sonett, dem wir die Überschrift für diese Erwägungen entnommen haben:

> Geh in der Verwandlung aus und ein.

Ist das der Sinn unseres Lebens? Seit Urzeiten fragt das Kind in unserem Herzen nach dem Sinn des Lebens. Seit Urzeiten gibt unser Herz die Antwort, gibt sie in der Form des Heldenmythos. Es ist daher gar nicht schwer, im typischen Heldenmythos den Dreischritt des horchenden Herzens wiederzufinden. Kindliche Sinnlichkeit hat doch etwas von der Tapferkeit an sich, mit der ein jugendlicher Held in die Welt hinauszieht, bereit für Abenteuer. In der seltsamen Begegnung »faßt uns das, was wir nicht fassen können«, »es ergreift uns Ergriffene«. Auch der Held muß sich am Höhepunkt des Mythos dem Unfaßbaren stellen, dem Geheimnis von Liebe und Tod. Liebe und Tod verlangen letztlich vom Helden, was die seltsame Begegnung von uns verlangt: Bereitschaft, unser Leben hinzugeben. Das ist es ja, was wir innerlich tun, wenn wir uns vertrauend verlassen auf die Treue und Verläßlichkeit im Herzen aller Dinge – wenn wir uns (uns selbst) verlassen. Aber diese innere Gebärde verwandelt. Den Helden, wie uns, verwandelt sie. Der Held wird durch die Begegnung mit dem Unfaßlichen zum Lebensbringer, das heißt, zum Sinnträger. An uns wird das Wort wahr:

> Sei in dieser Nacht aus Übermaß
> Zauberkraft am Kreuzweg deiner Sinne,
> ihrer seltsamen Begegnung Sinn.

Daß wir selber Sinn werden, wenn wir Sinn finden, das ist vielleicht am schwersten zu verstehen. Das christliche Verständnis unserer drei Schritte kann uns da vielleicht weiterhelfen. In christlicher Schau entspricht die kindliche Sinnlichkeit dem Glauben. Mit gläubig tapferem Vertrauen geht sie auf Gottes Welt zu, verläßt sich auf die göttliche Güte. Grundzug der seltsamen Begegnung ist dann die Hoffnung. Wie kindliche Sinnlichkeit zur seltsamen Begegnung führt, so der Glaube zur Hoffnung. Hoffnung ist ja völlige Offenheit für Überraschung, und die ist nur im Vertrauen des Glaubens möglich. Hoffnung kann sich ergreifen lassen vom Ergreifenden; sie kann sich verlassen, weil sie um die Verläßlichkeit weiß, die jedem Ding und jedem Augenblick zuinnerst eignet. Sie kann sich fallen lassen, weil sie weiß, daß einer »dieses Fallen unendlich sanft in seinen Händen hält« (Rilke, »Herbst«). So aufgefangen zu werden im Fallen und dazu »ja« zu sagen, das ist der Liebe eigen. Es ist zugleich die innerliche Gebärde der Sinnfindung, der Sinnwerdung. Nur durch Liebe *finden* wir Sinn. Indem wir in Liebe aufgehen, *werden* wir Sinn.

»Wach auf!« heißt es in einer ganz frühen christlichen Hymne, »wach auf, der du schläfst, steh auf von den Toten, so wird dich Christus erleuchten.« (Eph. 5,14) Das bedeutet zwar mehr, als daß unsere Sinne wach werden müssen, setzt es aber zumindest unbedingt voraus. Wie soll unser Herz hellhörig sein, solange unsere Sinne abgestumpft bleiben? Ist nicht schon das Wiederlebendigwerden unserer halbtoten Sinnlichkeit ein Aufstehen von den Toten? »Auf also endlich!« ruft uns der heilige Benedikt im Prolog zur *Regula* zu:

Auf also endlich, auf mit uns, denn die Heilige Schrift spornt uns an, wenn es heißt: »Jetzt ist die Stunde da, vom Schlafe aufzustehen.« Unsere Augen offen für das Licht, das uns göttlich macht, laßt uns auf die göttliche Stimme horchen, die in unseren Ohren donnert, wenn sie uns täglich ruft und ermahnt und spricht: »Heute, wenn ihr seine Stimme hört, verhärtet nicht eure Herzen!«

Das Wort vom »Licht, das uns göttlich macht«, ist eines der kühnsten im Schrifttum der christlichen Überlieferung. Nur solche Kühnheit aber wird der Frohbotschaft gerecht. Christus ist das Licht der Welt. In ihm, durch ihn und auf ihn hin ist alles erschaffen – vom »es werde Licht« bis zum »es war sehr gut«. In seinem Lichte sehen wir das Licht, und in diesem Licht finden wir ihn als Urgrund alles Geschaffenen. Indem wir ihn da finden, finden wir zugleich den Sinn alles Geschaffenen und uns selbst. Sinn aller Schöpfung ist es ja, Gottes Liebe zu offenbaren. Christus ist Offenbarung von Gottes Liebe; und das müssen auch wir selber werden. Er ist Ebenbild des unsichtbaren Gottes. Da wir als Gottes Ebenbild geschaffen sind, finden wir unser wahres Selbst, wenn wir im Herzen aller Dinge ihn finden. Dem kühnen Wort des heiligen Benedikt entspricht das berühmte Wort Meister Eckharts: »Das Auge, mit dem ich Gott anschaue, ist das Auge, mit dem mich Gott anschaut.« Das findet seine Vollendung in der *visio beatifica* des Himmels. Es beginnt aber mit unserer dankbaren Sinnlichkeit hier auf Erden.

Zwei Mönche eines strengen Ordens kamen an einen Hochwasser führenden Fluß. An einer Furt stand verängstigt ein hübsches Mädchen, das sich nicht traute, durch die strudelnden Wasser zur anderen Seite zu waten.

Kurz entschlossen nahm der jüngere Klosterbruder sie auf den Arm und trug sie hinüber. Nachdem die beiden Mönche schweigend einige Stunden weitergewandert waren, konnte der Ältere nicht mehr an sich halten:

»Wie konntest du nur ein so attraktives Mädchen anfassen, du weißt doch genau, daß uns die Ordensregeln das strengstens verbieten?«

Da entgegnete der Jüngere: »Ich habe sie am anderen Ufer abgesetzt, trägst du sie noch immer?«

Respekt vor dem Leben

Erst wenn der letzte Baum gefällt, der letzte Fisch
gefangen ist, werdet ihr entdecken, daß man Geld
nicht essen kann.　　　Weisheit der Cree-Indianer

Erdkröte

Wieder webt der Buchfink das gewohnte Nest,
unaufhaltsam füllen Blätter das Geäst,
sprießen rote Nesseln und Vergißmeinnicht.
Frösche singen Kiebitzkinder in das Dämmerlicht.
Unbeirrbar steigen zeitenlose Sterne auf.
Immer schneller wird der Erdenlauf.
Aus allen Spalten dringt ein warmer Hauch:
Unergründlich tiefer Atem
lebt im Heckenrosenstrauch.
Lebt im Bach, im Löwenzahn,
stimmt den Lerchenjubel an,
und es lebt in jedem Korn ein Geist,
der aus dem Licht gebor'n.
Der uns mit Schmetterlingen
und mit Lindenblüten bindet,
Der sich in deinen Augen wiederfindet,
aus Wolken liest und in den Winden ahnt
und immerfort den Weg des Werdens bahnt.
Doch die Zeit, sie verrinnt,
wir zerbrechen das Leben,
weil wir dem Toten die Hände geben.
Die Fäden zerreißen, der Glaube fehlt.
Die ganze Erde wird entseelt.　　　Hubert Weinzierl

Vielleicht ist diese Welt die Hölle eines anderen
Planeten.　　　Aldous Huxley

374

Die Notwendigkeit, das Leben zu schützen, ist uns leider erst aufgrund von dessen augenblicklicher Bedrohung bewußt geworden. Wir hätten diesen Respekt natürlich auch schon am beispielhaften Leben eines Franz von Assisi lernen können oder im Umgang mit der Natur, wie ihn Hildegard von Bingen nahelegt. Heute sitzen wir nach wie vor im selben Boot, nur merken wir es jetzt recht deutlich, weil das Meer, das wir befahren, so schmutzig geworden ist.

**

Der DALAI LAMA, religiöses Oberhaupt Tibets und Politiker in einem, legt uns die Sorge für unsere Welt in eindringlichen Worten ans Herz:

Der schützende Baum der gegenseitigen Abhängigkeit
Mitgefühl und Verantwortung für die Umwelt

Im Laufe meiner ausgedehnten Reisen in die Länder der ganzen Welt – reiche und arme, östliche und westliche – habe ich Menschen gesehen, die im Vergnügen schwelgen, und Menschen, die leiden. Der Fortschritt in Wissenschaft und Technik scheint wenig außer einer linearen, quantitativen Verbesserung erbracht zu haben. Entwicklung bedeutet oft nichts weiter als mehr Häuser in mehr Städten. Als Ergebnis ist das ökologische Gleichgewicht – unsere Lebensgrundlage auf der Erde – massiv gestört.

Auf der anderen Seite hat das tibetische Volk in den alten Zeiten ein glückliches Leben im Einklang mit der Natur geführt, unbeeinträchtigt von Umweltverschmutzung. Heute hat uns der ökologische Verfall überall in der Welt, einschließlich Tibets, beinahe überholt. Ich bin fest davon überzeugt, daß wir ohne gemeinsame Anstrengungen, mit einem universalen Verantwortungsgefühl den schrittweisen Zusammenbruch jenes empfindlichen Ökosystems erleben werden, das uns erhält – und damit eine nicht unumkehrbare, unwiderrufliche Entwürdigung unseres Planeten Erde.

Die folgenden Verse sind verfaßt worden, um meine große Besorgnis zu unterstreichen und alle ebenso besorgten Menschen aufzurufen, sich kontinuierlich darum zu bemühen, die Zerstörung unserer Umwelt rückgängig zu machen und zu korrigieren.

> O Erhabener Tathagata,
> Vom Baume Iksvakus Geborener,
> Einzigartiger,
> Der Du um die allumfassende Natur der gegenseitigen
>   Abhängigkeit
> Zwischen der Umwelt und den fühlenden Wesen,
> Samsara und Nirwana,
> Beweglichem und Unbeweglichem weißt,
> Der Du die Welt aus Mitgefühl lehrst,
> Laß uns Deine Güte zuteil werden.

> O Befreier,
> Dessen Name Avalokitesvara ist,
> Der die Essenz des Mitgefühls
> Aller Buddhas verkörpert,
> Wir bitten Dich flehentlich: Laß unseren Geist reifen
> Und Früchte tragen, damit wir die Wirklichkeit erkennen
> Bar aller Illusionen.

Unsere verstockte Selbstsucht,
Tief in unser Bewußtsein eingegraben,
Verseucht, schändet und verschmutzt
Seit anfangsloser Zeit
Die Umwelt,
Die geschaffen ist vom gemeinsamen Karma
Aller fühlenden Wesen.

Seen und Teiche haben
Ihre Klarheit, ihre Kühle verloren.
Die Atmosphäre ist vergiftet,
Der Natur himmlisches Gewölbe am feurigen Firmament
Ist zersprungen.
Und die fühlenden Wesen leiden an Krankheiten,
Die sie früher nicht gekannt.

Berge ewigen Schnees, in strahlender Schönheit
Beugen sich und schmelzen zu Wasser.
Die majestätischen Weltmeere verlieren ihr natürliches
    Gleichgewicht
Und überfluten die Inseln.
Die Gefahren durch Feuer, Wasser und Wind sind
    grenzenlos,
Drückende Hitze trocknet unsere üppig grünen Wälder
    aus,
Unsere Welt wird von außergewöhnlichen Stürmen
    gepeitscht,
Und die Meere verlieren ihre selbstreinigenden Kräfte.

Zwar fehlt es den Menschen nicht an Wohlstand,
Es ist ihnen jedoch versagt, klare Luft zu atmen,

Regen und Flüsse reinigen nicht mehr,
Sind nur noch trübe, energielose Flüssigkeiten.

Die Menschen
Und die zahllosen Kreaturen,
Die Wasser und Land bevölkern,
Taumeln unter dem Joch physischer Schmerzen,
Hervorgerufen durch bösartige Krankheiten.
Ihr Bewußtsein ist getrübt
Von Trägheit, Stumpfsinn und Unwissenheit.
Die Freuden von Körper und Geist
Sind weit, weit weg.

Die Erde ist die Heimat der Lebewesen.
Gleichmütig und unparteiisch gegenüber dem
    Beweglichen und Unbeweglichen,
So sprach der Buddha wahrheitsgemäß,
Und Zeugnis legte ihm ab die große Erde.

Wie ein edler Mensch die Freundlichkeit
Der liebenden Mutter erkennt
Und sie zu erwidern sucht,
Sollten wir die Erde, die universale Mutter,
Die alles in gleichem Maße nährt,
Mit Zuneigung und Sorgfalt betrachten.

Gib jegliche Verschwendung auf,
Verschmutze nicht die reine, klare Natur
Der vier Elemente,
Um nicht das Wohlergehen der Menschen zu vernichten.
Gehe vielmehr ganz in Taten auf,
Die allen zum Nutzen gereichen.

Unter einem Baum ward der große Weise, Buddha,
  geboren.
Unter einem Baum überwand er die Leidenschaften
Und erlangte Erleuchtung.
Unter zwei Bäumen ging er ins Nirwana ein.
Wahrlich, der Buddha schätzte den Baum hoch.

Gut gedeihende Bäume klären den Wind,
Helfen uns die lebenserhaltende Luft zu atmen,
Sie erfreuen das Auge und besänftigen den Geist,
Ihre Schatten bieten einen willkommenen Ruheplatz.

Der Buddha verbot den Mönchen,
Lebende Pflanzen zu schneiden und andere dazu zu
  veranlassen,
Samen zu vernichten oder frisches grünes Gras zu
  schneiden.
Sollte uns dies nicht inspirieren,
Unsere Umwelt zu lieben und zu schützen?

Heißt es doch, daß in den himmlischen Gefilden
Die Bäume
Buddhas Segen ausstrahlen
Und widerhallen den Klang
Der essentiellen buddhistischen Lehren
Wie die der Unbeständigkeit.

Der Baum ist es, der den Regen bringt.
Es sind die Bäume, die die Böden zusammenhalten.
Kalpa-Taru, der wunscherfüllende Baum,
Bewohnt wirklich unsere Erde,
Um allen Zwecken zu dienen.

In alten Zeiten
Genossen unsere Vorfahren die Früchte der Bäume,
Kleideten sich mit den Blättern,
Entdeckten das Feuer durch das Reiben des Holzes,
Suchten Schutz unter dem Blätterdach,
Wenn Gefahr im Verzug war.

Sogar im Zeitalter der Wissenschaften,
Der Technologie,
Bieten Bäume uns Zuflucht.
Aus ihnen sind die Stühle, auf denen wir sitzen,
Und die Betten, in denen wir schlafen.
Wenn das Herz lodert
Durch das Feuer des Zornes,
Angefacht durch Streit,
Sorgen Bäume für willkommene, erfrischende Kühle.

Bäume und Pflanzen sind die Grundlage
Allen Lebens der Erde.
Wenn sie vernichtet werden,
Wird dieser Kontinent (Dschambudvipa),
der den Namen vom Laut des Jambu-Baumes hat,
Nichts mehr sein
Als eine trostlose, furchteinflößende Wüste.

Nichts ist den lebenden Kreaturen wichtiger als das
    Leben.
Dies beachtend sprach in den Regeln der Disziplin
Der Buddha Verbote aus
Wie den Gebrauch von Wasser,
in dem sich lebende Wesen befinden.

Im entlegenen Himalaja in alten Zeiten
Gab es in Tibet das Verbot, zu jagen und zu fischen
Und in festgelegten Zeiten auch zu bauen.
Diese Traditionen sind vortrefflich,
Denn sie bewahren und schätzen
Das Leben einfacher, hilfloser und wehrloser Geschöpfe.

Mit dem Leben anderer Wesen zu spielen
Ohne Feingefühl und Skrupel,
Wie durch das Jagen und Fischen als Sport,
Ist ein Akt achtloser, unnützer Gewalt
Und eine Verletzung der unantastbaren Rechte
Aller Lebewesen.

Achtsamkeit übend gegenüber der Natur,
Der gegenseitigen Abhängigkeit aller Dinge,
Belebter und unbelebter,
Sollten wir niemals in dem Bemühen nachlassen,
Die Kräfte der Natur zu bewahren und zu schonen.

An einem bestimmten Tag, Monat, Jahr
Sollte man an dem feierlichen Brauch teilnehmen,
Einen Baum zu pflanzen.
So nimmt man seine Verantwortung wahr
Und dient seinen Mitgeschöpfen.
Das bringt nicht nur uns selbst Glück,
Sondern Nutzen für alle.

Möge die Kraft zu befolgen, was recht ist,
Und zu unterlassen,
was falsche Praxis und schlechte Taten sind,

Den Wohlstand in der Welt nähren.
Möge sie die Lebewesen stärken und erblühen lassen,
Mögen wahre Freude und echtes Glück
Stetig wachsen, stetig sich verbreiten
und alles Seiende umfassen.

* * *

*RABINDRANATH TAGORE sagt es mit den verdichteten Worten
des Poeten:*

Verehrung den Bäumen

Als dein Leben keimhaft erwachte,
hast du im dunklen Leib der Erde
Der Sonne Anruf vernommen – Baum,
Du Erst-Entsprossener. Das Haupt erhoben
über den stumpfen Fels, hast du den ersten Preis
des Lichts gesungen, hast du der leblos-rauhen
Wüste Empfindungen gebracht.

Du hast
damals mit magischen Sprüchen aus Blau und Grün
dem Firmament – ihren Göttern und Sternen –
die Herrlichkeit dieser Erde verkündet.
Dieses Leben – das immer wieder die Schwelle
des Todes überschreitet und von Epoche
zu Epoche auf endlos langem Pilgerweg
in vielfältigen Verkörperungen vorüberzieht:
Du entfaltest die Siegesflagge dieses Lebens

stolz und furchtlos angesichts des Unbekannten.
Der Erde Traum zersprang bei deinem stillen
Anruf, und sie entsann sich freudig erregt
der eigenen Entstammung – als die,
eine kühne Tochter der Götter, einst ihren
leuchtenden Himmel zurückließ
– im ockern Kleid der Bettlerin, aschebestrichen –,
um die selige Freude in ihrer Zerstückung
in Zeit und Raum zu verkosten;
um ihr Tiefstes auszupressen,
wenn von den Stichen des Schmerzes
die Freude zerreißt.

Du mutiges Kind
des Ackerbodens, du hast Krieg erklärt,
um die Erde von der Unbezwingbarkeit der Wüste
zu befreien. Der Krieg geht immer weiter.
Du hast die bewegten Meere überquert
und, fest vertrauend, auf nackten Ufern
unerreichbarer Inseln grünbelaubte Königssitze
errichtet. Du hast entfernte Berge bestiegen
und auf ihrem Fels immer frische Triumphe
eingeschrieben in einer Sprache aus Laub;
den Staub hast du in Bann geschlagen, weit über
wegeloses Ödland hinweg hast du deine Zeichen
hinterlassen.

Einst waren
Wasser, Erde und Luftraum stumm,
die Jahreszeiten blieben ohne Feier.
In deinen Zweigen schufst du der Musik

den ersten Zufluchtsort: In diesem Lied
erkannte der unruhige Wind sich selbst;
er tauchte seinen unsichtbaren Leib in
die farbige Vielfalt der Melodien und malte
der Lieder Regenbogen auf seinen himmelweiten
   Umhang.
Du als erster hast ein Bild lebendiger Schönheit
auf diesen weitgefaßten, erdigen Boden gemalt,
indem du der Sonne formschaffende Kraft
in dich gesogen hast. Den geheimen Schatz des
Lichts hast du in tausend Farben ausgestreut.
Die himmlischen Wesen schlugen mit Armreifen
gegen die Wolken und brachen sie offen –
tanzend gossen sie das Elixier der Jugend
herab: Deine Blüten- und Blätterbecher
hast du damit gefüllt, mit ewiger Jugend
die Welt geschmückt.

Du schweigsam-feierlicher Baum,
Heldenmut zügelst du mit Geduld und offenbarst
das friedvolle Antlitz des Lebenstriebs.
Darum suchen wir bei dir Zuflucht, um
in den Frieden eingeweiht zu werden,
um dem großen Schweige-Wort zu lauschen;
um die niederdrückenden Sorgen in deinem
sanft-grünen Schatten abzuwerfen. Wir kommen
zu dir – um den Freiheitssinn des Lebens,
um deine sich ständig erneuernde Jugendkraft,
um dein weltbesiegendes Heldentum und deine
beredte Botschaft in unser Wesen aufzunehmen.
Mit der Kraft meines Denkens bin ich in dich

eingedrungen und habe erkannt: Das Feuer
der Sonne, das als Opferfeuer der Schöpfung
brennt, schafft in dir – verborgen – grüne,
frische Formen. Du Sonnenschein-Trinker!
Hunderte von Jahrhunderten von Tagen der
Sonnenkraft hast du in dich gesogen,
dein Mark sättigend: Dies hast du dem Menschen
geschenkt und ihn zum Welteroberer, zum
Hochverehrten, zum Götter-Rivalen erhoben:
Das Universum staunt über seine leuchtende
Kraft, die gefahrvolle Hindernisse durchbricht.
Den dein Atem durchatmet, dein Schatten kühlt,
den dein Feuer durchglüht und dein Blütenkranz
schmückt – im Namen dieses Menschen,
Baum! du Freund der Menschen, biete ich,
ein Dichter – betört von deinem grünen
Flötenspiel –, dir heute mit dieser Hymne
meine Huldigung an.

Zwei Planeten, einer davon die Erde, treffen sich auf
einem intergalaktischen Medizinkongreß.
Fragt der andere Planet die Erde: » Wie geht's dir denn
so?«
»Oh, gar nicht gut, ich hab' gerade den Homo sa-
piens!«
»Ach, der geht auch vorüber.«
»Von wegen – wenn jetzt die Ökos, Esos und Bios an
die Macht kommen, wird's noch ewig dauern.«

Über die Liebe

Nur der durch Liebe wissend geworden, wird
befreit vom Kreuz der Ursache und Wirkung,
an das ihn Unwissen schlug.
Nur die Liebe endet den Reigen der Wiedergeburten

HANS STERNEDER *(Sang des Ewigen)*

In vielen Legenden und Heilsgeschichten, und unter einem
bestimmten Gesichtspunkt sogar in allen, erweist sich die
Liebe als Lösung des Lebensdramas. Doch haben wir Menschen es nicht leicht mit ihr. Der Polarität entsprechend findet sie in unserer Welt im Haß ihren Gegenpol und ist auch
mit allen möglichen spirituellen Exerzitien nicht leicht zu
erringen. Die göttliche, allumfassende Liebe ist das Ziel, auf
das wir mit jedem Orgasmus einen winzig-kleinen Vorgeschmack geschenkt bekommen haben. Die Tantriker gehen
davon aus, daß dieses *hohe Lied der Liebe* sich aus den
Niederungen menschlicher Liebe durch Bewußtheit entwickeln läßt. Immerhin bedient sich auch die Bibel im
sprichwörtlich gewordenen *Hohelied (der Liebe)* der profa-
nen Worte aus dem Liebesspiel der Menschen.

* * *

Liebe

Das Verlangen, in den persönlichen Beziehungen sicher zu sein, erzeugt unvermeidlich Leid und Furcht. Dieses Suchen nach Sicherheit fordert die Unsicherheit heraus. Haben Sie in irgendeiner Ihrer Beziehungen jemals Sicherheit gefunden? Haben Sie das? Wenn wir lieben und geliebt werden, wünschen sich die meisten von uns Sicherheit in dieser Liebe. Aber ist das Liebe, wenn jeder seine eigene Sicherheit, seinen eigenen Weg sucht? Wir werden nicht geliebt, weil wir nicht zu lieben wissen.

Was ist Liebe? Das Wort ist so belastet und verfälscht, daß ich es ungern gebrauche. Jedermann spricht von Liebe – jedes Magazin, jede Zeitung und jeder Missionar spricht unaufhörlich von Liebe. Ich liebe mein Heimatland, ich liebe meinen König, ich liebe irgendwelche Bücher, ich liebe diesen Berg, ich liebe das Vergnügen, ich liebe meine Frau, ich liebe Gott. Ist Liebe eine Idee? Wenn sie es ist, dann kann sie kultiviert, gehegt und gepflegt, herumgestoßen und verunstaltet werden, ganz nach Ihrem Belieben. Wenn Sie sagen, Sie lieben Gott, was bedeutet das? Es bedeutet, daß Sie die Projektion Ihrer eigenen Vorstellungen lieben, eine Projektion Ihrer selbst, die in konventionelle Formen gekleidet dem entspricht, was Sie für edel und heilig halten. Darum ist es absoluter Unsinn zu sagen: »Ich liebe Gott.« Wenn Sie Gott anbeten, beten Sie sich selbst an – und das ist keine Liebe.

Da wir uns über diese menschliche Regung, die wir Liebe nennen, nicht klarwerden können, flüchten wir in abstrakte

Begriffe. Liebe mag die endgültige Lösung aller menschlichen Schwierigkeiten, Probleme und Qualen sein – wie werden wir also herausfinden, was Liebe ist? Durch bloßes Definieren? Die Kirche hat die Liebe auf ihre Art definiert, die Gesellschaft auf eine andere, und es gibt Abweichungen und Entstellungen jeder Art. Jemanden verehren, mit jemandem schlafen, Gefühlsaustausch, Kameradschaft – ist es das, was wir unter Liebe verstehen? Das ist zur Norm, zur Schablone geworden und ist so überaus persönlich, sinnenhaft und begrenzt, daß die Religionen erklärt haben, daß wirkliche Liebe weit darüber hinausgeht. In der menschlichen Liebe sehen sie Sinneslust, Wettstreit, Eifersucht, den Wunsch, zu besitzen, festzuhalten, zu herrschen, sich in das Denken anderer einzumischen, und da sie um die Komplexität dieser Dinge wissen, sagen sie, daß es eine andere Art der Liebe geben muß, eine göttliche, schöne, unversehrte, unverdorbene.

Überall in der Welt haben die sogenannten Heiligen behauptet, daß es unheilvoll sei, eine Frau anzusehen; sie sagen, daß man Gott nicht näherkommen könne, wenn man der Sexualität fröne. Daher stoßen sie sie beiseite, obgleich sie sich danach verzehren. Indem sie aber die Sexualität verneinen, ist es gerade so, als ob sie sich die Augen ausstächen und die Zunge ausrissen; denn sie verneinen die ganze Schönheit der Erde. Sie haben Herz und Geist verkümmern lassen, sie sind ausgetrocknete menschliche Wesen, sie haben die Schönheit verbannt, weil die Schönheit mit dem Weiblichen verbunden ist.

Kann Liebe in eine heilige und eine profane, in menschliche und göttliche eingeteilt werden, oder gibt es nur Liebe? Gehört Liebe dem einen und nicht den vielen? Wenn ich sage: »Ich liebe dich«, schließt das die Liebe zu den anderen aus?

Ist die Liebe persönlich oder unpersönlich, moralisch oder unmoralisch? Kann es Liebe nur im Rahmen des Familienkreises geben oder auch außerhalb? Wenn Sie die Menschheit lieben, können Sie dann den einzelnen lieben? Ist Liebe Sentimentalität? Ist Liebe Gefühlsregung? Ist Liebe Lust und Verlangen? Alle diese Fragen zeigen doch wohl, daß wir über die Liebe bestimmte Vorstellungen haben, was sie sein sollte oder nicht sein sollte, ein Modell oder einen Kodex, entwickelt durch die Kultur, in der wir leben.

Um nun in die Frage einzudringen, was Liebe ist, müssen wir sie zunächst von der jahrhundertealten Kruste befreien und alle Ideale und Ideologien darüber, was sie sein sollte oder nicht sein sollte, beiseite tun. Etwas aufzuteilen in das, was sein sollte und in das, was ist, ist der trügerischste Weg, sich mit dem Leben zu befassen.

Wie kann ich nun herausfinden, was diese Flamme ist, die wir Liebe nennen – nicht wie sie einem anderen zu erklären ist, sondern was sie an sich bedeutet? Ich werde zunächst ausscheiden, was die Kirche, was die Gesellschaft, was meine Eltern und Freunde, was jeder einzelne und jedes Buch darüber gesagt haben, weil ich selbst herausfinden möchte, was sie ist. Hier liegt ein gewaltiges Problem, das die ganze Menschheit umfaßt. Es hat tausend Arten gegeben, sie zu definieren, und ich bin selbst in irgendeine dieser Schablonen eingefangen, je nachdem, was mir im Augenblick gefällt oder woran ich mich erfreue. Sollte ich mich daher nicht, um die Liebe zu verstehen, zuerst von meinen eigenen Neigungen und Vorurteilen befreien? Ich bin verwirrt, durch meine eigenen Wünsche zersplittert; darum sage ich mir, beseitige zunächst deine eigene Verwirrung. Vielleicht gelingt es dir, die Liebe durch das zu finden, was sie nicht ist.

Die Regierung sagt: »Gehe hin und töte aus Liebe zu deinem Vaterland.« Ist das Liebe? Die Religion sagt: »Gib die Sexualität aus Liebe zu Gott auf.« Ist das Liebe? Ist Liebe Begehren? Sagen Sie nicht nein. Für die meisten von uns ist es so – das Begehren nach Sinnenlust, der Genuß, der durch die Sinne, durch sexuelle Bindung und Erfüllung erlangt wird. Ich bin nicht gegen Sexualität, sehe aber, was sie in sich birgt. Was Sexualität Ihnen vorübergehend schenkt, ist die völlige Preisgabe Ihrer selbst, dann aber fallen Sie zurück in Ihre Unruhe und wünschen eine ständige Wiederholung jenes Zustandes, in dem es keinen Kummer, kein Problem, kein Selbst gibt. Sie sagen, daß Sie Ihre Frau lieben. In dieser Liebe ist sexuelle Lust enthalten, das angenehme Gefühl, jemanden im Haus zu haben, der nach Ihren Kindern sieht, der kocht. Sie sind von ihr abhängig; sie hat Ihnen ihren Körper gegeben, ihre Gefühle, hat Sie angespornt und Ihnen ein gewisses Gefühl der Sicherheit und des Wohlseins vermittelt. Dann wendet sie sich von Ihnen ab; sie langweilt sich oder geht mit einem anderen davon. Damit ist es um Ihre Gemütsruhe geschehen, und diese Störung, die Sie nicht mögen, wird Eifersucht genannt. Darin liegt Leid, Angst, Haß und Gewalttätigkeit. In Wirklichkeit meinen Sie: »Solange du mir gehörst, liebe ich dich, aber in dem Augenblick, da du mir nicht mehr gehörst, beginne ich dich zu hassen. Solange ich mich darauf verlassen kann, daß du meine sexuellen oder anderen Wünsche erfüllst, liebe ich dich; aber in dem Augenblick, da du aufhörst, meine Wünsche zu befriedigen, mag ich dich nicht mehr.« So kommt es zur Feindschaft zwischen Ihnen, zur Trennung, und in diesem Zustand gibt es keine Liebe mehr. Aber wenn Sie mit Ihrer Frau leben können, ohne daß das Denken alle diese widersprüchlichen Zustände, diese endlosen Streitereien in Ihnen hervorruft, dann vielleicht – *vielleicht* – werden Sie wissen, was Liebe ist. Dann sind Sie völlig ungebunden, und Ihre Frau ist es auch. Wenn Sie jedoch durch das Verlangen nach den Freuden des Daseins von ihr abhängig werden, sind Sie ihr Sklave. Wenn man liebt, muß Freiheit dasein, nicht nur von dem anderen, sondern auch von sich selbst.

Einem anderen anzugehören, von einem anderen seelisch gestützt zu werden, von einem anderen abhängig zu sein – dadurch entsteht innere Unruhe, Furcht, Eifersucht, Schuldgefühl. Und solange Furcht da ist, gibt es keine Liebe. Ein Mensch, der von Kummer geplagt wird, kann niemals wissen, was Liebe ist. Sentimentalität und Gefühlsüberschwang haben nichts mit Liebe zu tun. Und so ist Liebe mehr als nur Vergnügen und Begehren.

Liebe ist nicht die Frucht der Gedanken, die immer aus dem Vergangenen kommen. Aus dem Denken kann sich unmöglich Liebe entwickeln. Liebe wird nicht durch Eifersucht eingeengt und eingefangen, denn auch Eifersucht hängt mit dem Vergangenen zusammen. Liebe ist immer lebendige Gegenwart. Sie ist nicht »Ich will lieben« oder »Ich habe dich geliebt«. Wenn Sie die Liebe kennen, werden Sie niemandem folgen; Liebe gehorcht nicht. Wenn Sie lieben, gibt es weder Wertschätzung noch Geringschätzung.

Wissen Sie nicht, was es wirklich bedeutet, jemanden zu lieben – ohne Haß zu lieben, ohne Eifersucht, ohne Ärger, ohne den Wunsch, sich in das, was der andere tut oder denkt, einzumischen, ohne zu urteilen, ohne zu vergleichen –, wissen Sie nicht, was das bedeutet? Stellt man Vergleiche an, wenn man liebt? Wenn Sie jemanden von ganzem Herzen lieben, mit allen Kräften des Geistes und des Körpers, mit

Ihrem ganzen Wesen – gibt es da noch ein Vergleichen? Wenn Sie sich dieser Liebe völlig hingeben, gibt es nichts anderes.

Kennt Liebe das Gefühl der Verantwortung und der Pflicht, und wird sie diese Worte gebrauchen? Wenn Sie etwas aus Pflicht tun, liegt darin noch Liebe? In der Pflicht gibt es keine Liebe. Der Begriff der Pflicht, der den Menschen gefangenhält, zerstört ihn. Solange Sie gezwungen sind, etwas zu tun, weil es Ihre Pflicht ist, lieben Sie das nicht, was Sie tun. Wo Liebe ist, gibt es kein Gefühl der Pflicht und der Verantwortung.

Die meisten Eltern glauben bedauerlicherweise, daß sie für ihre Kinder verantwortlich sind, und ihr Verantwortungsgefühl besteht darin, den Kindern zu sagen, was sie tun sollen und was sie nicht tun sollen, was sie werden sollen und was sie nicht werden sollen. Die Eltern wünschen, daß ihre Kinder eine gesicherte Stellung in der Gesellschaft erlangen. Was sie Verantwortung nennen, ist Teil der Konvention, die sie anbeten; und es scheint mir, daß dort, wo konventionelle Regeln bestehen, Unordnung herrscht; sie sind nur daran interessiert, perfekte Bürger zu werden. Wenn sie ihre Kinder abrichten, sich in die Gesellschaft einzufügen, verewigen sie Krieg, Konflikt und Brutalität. Nennen Sie das Obhut und Liebe?

Eine wirkliche Betreuung würde darin bestehen, sich wie um einen Baum oder eine Pflanze zu bemühen, die man bewässert, deren Bedürfnisse man studiert; man sorgt für den besten Boden und kümmert sich um sie mit aller Umsicht und Zartheit. Aber wenn Sie Ihre Kinder für die Gesellschaft abrichten, bereiten Sie sie darauf vor, getötet zu werden. Wenn Sie Ihre Kinder liebten, würden Sie keinen Krieg haben.

Wenn Sie jemanden verlieren, den Sie lieben, vergießen Sie Tränen – gelten diese Tränen Ihnen oder dem Toten? Wehklagen Sie um Ihretwillen, oder beklagen Sie den anderen? Haben Sie je um einen anderen geweint? Haben Sie um Ihren Sohn, der auf dem Schlachtfeld getötet wurde, geweint? Sie haben geweint, aber kommen solche Tränen nicht aus dem Mitleid, das Sie mit sich selbst haben? Oder haben Sie geweint, weil ein Mensch getötet worden ist? Wenn Sie aus Selbstbemitleidung aufschreien, haben Ihre Tränen keine Bedeutung, weil Sie nur mit sich selbst beschäftigt sind. Wenn Sie jammern, weil Sie eines Menschen beraubt wurden, in den Sie sehr viel Zuneigung investiert hatten, war das keine wirkliche Zuneigung. Wenn Sie um Ihren Bruder weinen, der stirbt, dann sollten Sie es um seinetwillen tun. Es ist sehr leicht, um sich selbst zu wehklagen, weil der andere gestorben ist. Augenscheinlich weinen Sie, weil Ihr Herz getroffen wurde, aber es ist nicht seinetwillen bewegt, sondern weil Sie sich selbst leid tun. Selbstbemitleidung aber macht Sie hart, engt Sie ein, macht Sie träge und stumpf.

Wenn Sie um sich selbst weinen, wenn Sie wehklagen, weil Sie einsam sind, weil Sie verlassen wurden, weil Sie keinen Einfluß mehr haben, wenn Sie über Ihr Schicksal und Ihre Umwelt klagen und immer um sich selbst Tränen vergießen – ist das Liebe? Wenn Sie das verstehen, das heißt, wenn Sie damit unmittelbar in Kontakt kommen, wie wenn Sie einen Baum oder eine Säule oder eine Hand berühren, dann werden Sie einsehen, daß das Leid selbsterzeugt ist, daß das Leid durch das Denken geschaffen wird, daß das Leid das Ergebnis der Zeit ist. Vor drei Jahren hatte ich noch meinen Bruder, nun ist er tot, nun bin ich einsam und voller Kummer, niemand ist da, bei dem ich Trost oder Kameradschaft suchen kann, und das füllt meine Augen mit Tränen.

Wenn Sie darauf achtgeben, können Sie sehen, wie das alles in Ihnen vor sich geht. Sie können es mit einem Blick in seiner ganzen Bedeutung wahrnehmen, ohne durch Analyse Zeit zu verschwenden. In einem Augenblick können Sie das gesamte Gefüge und Wesen dieses belanglosen kleinen Dinges sehen, das wir das »Ich« nennen – *meine* Tränen, *meine* Familie, *meine* Nation, *mein* Glauben, *meine* Religion –, dieses Häßliche, es liegt alles in Ihnen. Wenn Sie es mit Ihrem Herzen sehen, nicht mit Ihrem Verstand, wenn Sie es aus der Tiefe Ihres Herzens erkennen, dann haben Sie den Schlüssel zur Beendigung des Leides.

Leid und Liebe können nicht zusammen gehen. Aber in der christlichen Welt haben sie das Leid idealisiert, haben ihm im Kreuz Gestalt gegeben, es angebetet und deutlich gemacht, daß Sie niemals dem Leid entrinnen können, ausgenommen durch dieses eine bestimmte Tor. Das ist die wahre Struktur einer ausbeuterischen religiösen Gesellschaft.

Wenn Sie nun fragen, was Liebe ist, mögen Sie sich davor fürchten, die Antwort zu finden. Es mag einen völligen Umbruch bedeuten; die Familie mag aufgelöst werden; Sie mögen entdecken, daß Sie Ihre Frau oder Ihren Mann oder Ihre Kinder gar nicht lieben. Vielleicht müssen Sie das Haus zerstören, das Sie gebaut haben; vielleicht gehen Sie niemals wieder in den Tempel.

Aber wenn Sie dennoch den Wunsch haben, es herauszufinden, werden Sie erkennen, daß Furcht nicht Liebe ist, daß Abhängigkeit nicht Liebe ist, daß Eifersucht nicht Liebe ist, daß Besitzgier und Herrschsucht nichts mit Liebe zu tun haben, daß Verantwortungs- und Pflichtgefühl keine Liebe sind, daß Selbstbemitleidung keine Liebe ist, daß der Schmerz, nicht geliebt zu werden, keine Liebe ist. Liebe ist nicht das Gegenteil des Hasses, ebensowenig wie Demut der Gegensatz zur Eitelkeit ist. Wenn Sie das alles aus sich entfernen können, nicht durch Zwang, sondern indem Sie die Dinge fortspülen, so wie der Regen den Staub vieler Tage von einem Blatt wäscht, dann werden Sie vielleicht zu jener seltsamen Blume hinfinden, nach der der Mensch immer hungert.

Wenn Sie keine Liebe in sich haben – nicht nur ein wenig, sondern in Hülle und Fülle –, wenn Sie davon nicht erfüllt sind, geht die Welt einer Katastrophe entgegen. Verstandesmäßig ist es Ihnen klar, daß die Einheit der Menschheit unbedingt notwendig ist und daß die Liebe der einzige Weg ist – aber wer wird es Sie lehren, wie Sie lieben sollen? Kann es Ihnen eine Autorität, eine Methode, ein System sagen, wie zu lieben ist? Wenn es Ihnen jemand sagt, ist es keine Liebe. Können Sie sich vornehmen, Liebe zu üben? Können Sie sagen, »Ich will mich Tag für Tag niedersetzen und darüber nachdenken; ich will mich darin üben, freundlich und zartfühlend zu sein, und mich zwingen, den anderen Aufmerksamkeit zu schenken«? Wollen Sie behaupten, daß Sie sich zur Liebe erziehen können, daß Sie den Willen gebrauchen, um zu lieben? Wenn Sie Disziplin und Willen gebrauchen, um zu lieben, fliegt die Liebe zum Fenster hinaus. Wenn Sie die Liebe nach einer Methode oder einem System praktizieren, mögen Sie außerordentlich geschickt werden oder freundlicher, oder Sie mögen in einen Zustand der Gewaltlosigkeit geraten, aber das hat nichts mit Liebe zu tun.

In dieser zerrissenen, wüsten Welt gibt es keine Liebe, weil Vergnügen und Begehren die Hauptrollen spielen. Doch ohne Liebe hat Ihr Leben keinen Sinn. Und ohne Schönheit ist keine Liebe möglich. Schönheit ist nicht etwas, das Sie sehen – nicht ein schöner Baum, ein schönes Bild, ein schönes Gebäude oder eine schöne Frau. Schönheit ist nur vorhanden, wenn Sie im tiefsten Herzen wissen, was Liebe ist. Ohne Liebe und ohne Gefühl für Schönheit gibt es keine Tugend, und Sie wissen sehr wohl, daß Sie mit all Ihrem Tun – die Gesellschaft verbessern, den Armen zu essen geben – nur mehr Unheil schaffen werden, denn ohne Liebe ist in Ihrem Herzen und in Ihrem Geist nur Häßlichkeit und Armut. Aber wenn Liebe und Schönheit in Ihnen wohnen, ist alles, was Sie tun, richtig, ist alles, was Sie tun, in Ordnung. Wenn Sie zu lieben wissen, dann können Sie tun, was Sie wollen, dann werden sich alle Probleme lösen.

So kommen wir zu der Frage: Kann der Mensch zur Liebe gelangen ohne Disziplin, ohne Gedanken, ohne Zwang, ohne irgendein Buch, einen Lehrer, einen Führer – kann er ihr begegnen, so wie man einen lieblichen Sonnenuntergang erlebt?

Ich glaube, daß eines absolut notwendig ist – und das ist Leidenschaft ohne Motiv, eine Leidenschaft, die nicht das Ergebnis irgendeiner Bindung oder Neigung ist, eine Leidenschaft, die nicht Lust ist. Ein Mensch, der nicht weiß, was Leidenschaft ist, wird nie um die Liebe wissen, weil die Liebe sich nur bei völliger Selbstlosigkeit entfalten kann.

Ein Mensch, der auf der Suche ist, hat keine Leidenschaft. Der Liebe zu begegnen, ohne sie zu suchen, ist der einzige Weg, sie zu finden; man muß ihr unbeabsichtigt begegnen und nicht durch Anstrengung oder Erfahrung. Sie werden entdecken, daß eine solche Liebe zeitlos ist. Solche Liebe ist sowohl persönlich als auch unpersönlich, sie gehört dem einen wie den vielen. Sie ist wie eine duftende Blume; Sie können ihren Duft wahrnehmen oder an ihr vorübergehen. Diese Blume ist für jeden da und besonders für den einen, der sich die Zeit nimmt, ihren Duft innig einzuatmen und sie mit Entzücken anzuschauen. Ob man ihr im Garten ganz nahe ist oder weit entfernt, für die Blume ist es das gleiche, weil sie voll des Duftes ist und ihn für jeden verströmt.

Liebe ist immer neu, frisch, lebendig. Sie hat kein Gestern und kein Morgen. Sie ist jenseits der gedanklichen Unruhe. Nur der unschuldige Mensch weiß, was Liebe ist, und der unschuldige Mensch kann in einer Welt leben, die ohne Unschuld ist. Dieses Ungewöhnliche, das der Mensch ewig gesucht hat – durch Opfer, durch Anbetung, durch Beziehungen, durch Sexualität, durch jede Art von Lust und Leid –, wird er nur finden, wenn es dem Denken gelingt, sich selbst zu verstehen und auf natürlichem Wege zu einem Ende zu kommen. Dann hat die Liebe keinen Gegenspieler, dann ist die Liebe ohne Konflikt.

Sie mögen fragen: »Wenn ich eine solche Liebe finde, was geschieht dann mit meiner Frau, meinen Kindern, meiner Familie? Diese müssen Sicherheit haben.« Wenn Sie eine solche Frage stellen, waren Sie nie außerhalb des Gedankenbereichs, des Bewußtseinsraumes. Wenn Sie einmal außerhalb dieser Ebene waren, werden Sie niemals wieder eine solche Frage stellen, weil Sie dann wissen werden, was eine Liebe ist, in der es kein Denken und daher keine Zeit gibt.

Sie mögen dieses lesen und fasziniert und entzückt sein. Aber wirklich über Denken und Zeit hinauszugelangen und jenseits des Leides zu sein bedeutet, sich dessen bewußt zu sein, daß es eine andere Dimension gibt, Liebe genannt.

Aber Sie wissen nicht, wie Sie zu dieser ungewöhnlichen Quelle gelangen können – was werden Sie also tun? Wenn

Sie nicht wissen, was Sie tun sollen, dann tun Sie doch wohl nichts. Absolut nichts! Dann sind Sie innerlich vollkommen still. Verstehen Sie, was das bedeutet? Das bedeutet, daß Sie nicht suchen, nicht wünschen, kein Ziel verfolgen; es gibt überhaupt kein Zentrum mehr. Dann ist Liebe da.

* * *

KHALIL GIBRAN *sagt* Von der Liebe:

Da sprach Almitra: »Rede uns von der Liebe.«
Und er erhob das Haupt und blickte auf die Menge, und es fiel ein Schweigen über sie. Und die große Stimme sprach also:

Winkt dir die Liebe, so folge ihr,
Sind auch ihre Wege hart und steil.
Und umfahn dich ihre Flügel, so ergib dich ihr,
Mag auch das unterm Gefieder verborgne Schwert dich
    verwunden.
Und redet sie mit dir, so trau ihrem Wort,
Mag auch ihre Stimme deine Träume erschüttern, wie
    der Nordwind den Garten verwüstet.
Denn gleich wie die Liebe dich krönt, so wird sie dich
    kreuzigen,
Wie sie deinen Lebensbaum entfaltet, so wird sie ihn
    beschneiden.
Wie sie emporsteigt zu deiner Höhe und die zartesten
    Zweige liebkost, die in der Sonne erbeben,
Ebenso wird sie hinabsteigen zu deinen Wurzeln und
    sie aufrütteln in ihrem Festklammern am Erdboden.

Gleich Garben von Korn rafft sie dich an sich.

Sie drischt dich, um dich zu entblößen.

Sie siebt dich, um dich von Spreu zu befrein.

Sie zermalmt dich, bis du weiß wirst,

Sie knetet dich, bis du geschmeidig bist.

Und dann beruft sie dich an ihr heil'ges Feuer, auf daß
    du heil'ges Brot werdest zu Gottes heil'gem Festmahl.

All dies soll Liebe dir antun, auf daß du kennest das
    Geheime deines Herzens und in diesem Wissen ein
    Bruchteil werdest vom Herzen des Lebens.

Doch suchest du in deiner Angst nur der Liebe Ruh'
    und der Liebe Lust,

Dann tätest du besser, deine Nacktheit zu verhüllen
    und der Liebe Tenne zu entfliehn,

In die schale Welt, wo du wirst lachen, doch nicht dein
    ganzes Lachen, und weinen, doch nicht all deine
    Tränen.

Liebe gibt nichts als sich selber und nimmt nichts als
    aus sich selbst heraus.

Liebe besitzet nicht und läßt sich nicht besitzen;

Denn Liebe genügt der Liebe.

Wenn du liebst, so sage nicht: »Gott ist in meinem
    Herzen«, – sag lieber: »Ich bin in Gottes Herzen.«

Und denke nicht, du könntest der Liebe Lauf lenken;
    denn Liebe, so sie dich würdig schätzt, lenkt deinen
    Lauf.

Liebe hat keinen anderen Wunsch, als sich zu erfüllen.

Doch so du liebst und noch Wünsche haben mußt, so
    seien dies deine Wünsche:

Zu schmelzen und zu werden wie ein fließender Bach,
    der sein Lied der Nacht singt,

Zu kennen die Pein allzu vieler Zärtlichkeit.
Wund zu sein von deinem eignen Verstehn der Liebe;
Und zu bluten, willig und freudigen Herzens.
Zu erwachen beim Morgenrot mit beschwingter Seele
  und Dank zu bringen für einen neuen Tag der Liebe;
Zu rasten um die Mittagsstund' und nachzusinnen über
  der Liebe Verzückung;
Heimzukehren in Dankbarkeit, wenn der Abend graut;
Und dann einzuschlafen, mit einem Gebet für dein
Lieb im Herzen und einem Lobgesang auf den Lippen.

Zwei Freundinnen treffen sich auf der Straße.
Die eine ist hochschwanger.

»Ach, ich würde alles dafür geben, wenn ich
auch ein Kind bekommen könnte! Aber bei uns
scheint das aussichtslos zu sein.«

»Ich weiß, was du meinst, mir ging es genauso,
und jetzt bin ich doch schon im siebten Monat.«

»Wie hast du es nur geschafft?«

»Ganz einfach, ich bin zu Swami Erosananda
gegangen.«

»Ach, da waren mein Mann und ich auch
schon.«

»Tu nicht so dumm, geh allein hin!«

Der Weg der Befreiung

Da ich kein Ziel habe, verlaufe ich mich nie.
ZEN-MEISTER IKKYU

Susya sagte kurz vor seinem Tod:
»Wenn ich in den Himmel komme, werden sie mich nicht fragen: Warum warst du nicht Moses?
Sie werden mich vielmehr fragen: Warum warst du nicht Susya?
Warum wurdest du nicht, was nur du werden konntest?«
CHASSIDISCHE WEISHEIT

Das Geheimnis der Erleuchtung

Milarepa hatte überall nach Erleuchtung gesucht, aber nirgends eine Antwort gefunden.

Eines Tages sah er einen alten, weißhaarigen Mann langsam einen Bergpfad herabsteigen, der einen schweren Sack auf der Schulter trug. Milarepa wußte augenblicklich, daß dieser alte Mann das Geheimnis kannte, nach dem er so viele Jahre verzweifelt gesucht hatte.

»Alter, sage mir bitte, was du weißt. Was ist Erleuchtung?«

Der alte Mann sah ihn lächelnd an, dann ließ er seine schwere Last von der Schulter gleiten und richtete sich auf.

»Ja, ich sehe!« rief Milarepa. »Meinen ewigen Dank! Aber bitte erlaube mir noch eine Frage: Was kommt nach der Erleuchtung?«

Abermals lächelte der alte Mann, bückte sich und hob seinen schweren Sack wieder auf. Er legte ihn sich auf die Schulter, rückte die Last zurecht und ging seines Weges.

* * *

Alle, die den Weg gegangen sind, beschreiben mit großer Eindringlichkeit die Wichtigkeit, dem eigenen inneren Muster gerecht zu werden. Nicht das Gute gilt es zu tun und nicht das Schlechte, sondern das eigene. GUSTAV MEYRINK *konzentrierte diese Erkenntnis in folgender Parabel:*

Die Geschichte vom Löwen Alois

war so: Seine Mutter hatte ihn geboren und war sofort gestorben. Vergebens hatte er getrachtet, mit seinen runden Pfoten, die so weich waren wie Puderquasten, sie aufzuwecken, denn er verschmachtete vor Durst in der sengenden Mittagsglut.

»Wie die Sonne frühmorgens die Tautropfen schlürft, wird sie auch sein Leben austrinken«, murmelten pathetisch die wilden Pfauen oben auf der Tempelruine, machten Prophetengesichter und schlugen rauschend stahlblau schimmernde Räder.

Und wären nicht Schafherden des Emirs des Weges gezogen, hätte es auch so kommen müssen.

Da aber wendete sich das Schicksal.

»Hirten haben wir nicht, unberufen, die dreinreden dürften«, meinten die Schafe – »warum sollen wir diesen jungen Löwen also nicht mitnehmen? Übrigens die Witwe Bovis macht's gewiß gern, erziehen ist ja ihre Leidenschaft. Seit ihr Ältester nach Afghanistan geheiratet hat – (die Tochter des fürstlichen Oberwidders) –, fühlt sie sich sowieso ein bißchen einsam.«

Und Frau Bovis sagte kein Wort, nahm das Löwenjunge zu sich, säugte und hegte es – neben Agnes, ihrem eigenen Kind.

Nur der Herr Schnucke Ceterum aus Syrien – schwarz gelockt und mit krummen Hinterbeinen – war dagegen. Er legte den Kopf schief und sagte melodisch: »Scheene Sachen werden da noch emol herauskommen«, aber weil er immer alles besser wußte, kümmerte sich niemand um ihn. – Der kleine Löwe wuchs erstaunlich, wurde bald getauft und erhielt den Namen »Alois«.

Frau Bovis stand dabei und fuhr sich ein ums andere Mal über die Augen – und der Gemeindeschöps trug ins Buch ein: »Alois ✢✢✢«, statt eines Familiennamens drei Kreuze. Damit aber jeder sehen könne, daß hier wahrscheinlich eine uneheliche Geburt vorliege, schrieb er es auf eine Extraseite. Alois' Kindheit floß dahin wie ein Bächlein.

Er war ein guter Knabe, und nie gab er – von gewissen Heimlichkeiten vielleicht abgesehen – Grund zur Klage. – Rührend war es anzusehen, wie er heißhungrig mit den anderen weidete und die Schafgarbe, die sich ihm widerspenstig immer um die langen Eckzähne legte, in kindlicher Unbeholfenheit mühsam zerkaute.

Jeden Nachmittag ging er mit Klein-Agnes, seinem Schwesterchen, und ihren Freundinnen ins Bambusgehölz spielen, und da war des Scherzens und der Lustbarkeit kein Ende. Alois, hieß es dann immer, Alois, zeig mal deine Krallen, bitte, bitte, und wenn er sie recht lang herausstreckte, erröteten die kleinen Mädchen, steckten kichernd die Köpfe zusammen und sagten: »Pfui, wie unanständig«; aber sie wollten es doch immer wieder sehen.

Zur kleinen schwarzhaarigen Scholastika, Schnucke Ceterums lieblichem Töchterlein, entwickelte sich in Alois frühzeitig eine tiefe Herzensneigung.

Stundenlang konnte er an ihrer Seite sitzen, und sie bekränzte ihn mit Vergißmeinnicht.

Waren sie ganz allein, so sagte er ihr das wunderschöne Gedicht auf:

> Willst du nicht das Lämmlein hüten,
> Lämmlein ist so fromm und sanft,
> Nährt sich von des Grases Blüten
> Spielend an des Baches Ranft.

Und sie vergoß dabei Tränen tiefster Rührung.

Dann tollten sie wieder durch das saftige Grün, bis sie umfielen.

Kam er abends erhitzt vom kindlichen Spiele nach Hause, sagte Frau Bovis, seine Mähne nachdenklich betrachtend, immer nur: »Jugend hat keine Tugend« – und – »Junge, wie du heute wieder mal unfrisiert aussiehst!« (Sie war so gut.)

Alois reifte zum Jüngling, und das Lernen war seine Lust. In der Schule allen ein Vorbild, glänzte er stets durch Fleiß und gute Sitten – und im Singen und in »Vaterländischer Ruhmesgeschichte« hatte er durchweg Ia.

»Nicht wahr, Mama«, sagte er immer, wenn er mit einem Lob des Herrn Lehrers heimkam, »nicht wahr, ich darf später in die Kadettenschule?«

Da mußte sich jedesmal Frau Bovis abwenden und eine Träne zerdrücken. »Er weiß ja nicht, der gute Junge«, seufzte sie, »daß dort nur wirkliche Schafe aufgenommen werden«, streichelte ihn, zwinkerte verheißungsvoll mit den Augen und sah ihm gerührt nach, wenn er hoch aufgeschossen, wie er war, mit dem ein wenig dünnen Hals und den weichen X-Beinen der Flegeljahre wieder hinaus an seine Schulaufgaben ging.

Der Herbst zog ins Land, da hieß es eines Tages: Kinder, vorsichtig sein, ja nicht zu weit außerhalb spazierengehen, besonders nicht in der Dämmerung, wenn die Sonne zu sinken beginnt – wir kommen jetzt in gefährliches Gebiet. – Der persische Löwe – nämlich – mordet und würgt dort.

Und immer wilder wurde das Pundshab und immer finsterer das Gesicht, das die Landschaft schnitt.

Die steinernen Finger der Berge von Kabul krallen sich in die Niederungen – Bambusdschungel starrt wie gesträubtes Haar, und auf den Sümpfen treiben träge die Fieberdämonen mit lidlosen Augen und atmen vergiftete Mückenschwärme in die Luft.

Die Herde zog durch einen Engpaß, ängstlich und schweigend. Hinter jedem Felsblock Todesgefahr.

Da machte ein hohler, schauerlicher Ton die Luft beben – in wilder, besinnungsloser Furcht stürmte die Herde davon.

Hinter einem Felsen hervor schoß ein breiter Schatten gerade auf Herrn Schnucke Ceterum los, der nicht rasch genug vorwärts kam.

Ein riesiger alter Löwe!

Herr Schnucke wäre rettungslos verloren gewesen, hätte sich nicht in diesem Augenblick etwas Merkwürdiges ereignet. Mit Gänseblümchen bekränzt, ein Sträußchen Georginen hinter dem Ohr, kam Alois mit schmetterndem »Bäh, bäh« im Galopp vorbei.

Als hätte vor ihm der Blitz eingeschlagen, hielt der alte Löwe im Sprung inne und stierte in maßlosem Staunen dem Fliehenden nach.

Lange konnte er keinen Laut hervorbringen, und als er endlich ein wütendes Gebrüll ausstieß, antwortete ihm Alois' »Bäh, bäh« schon aus weiter Ferne.

Eine ganze Stunde noch blieb der Alte in tiefem Grübeln stehen; alles, was er je über Sinnestäuschungen gelesen und gehört, ließ er an seinem Geist vorüberziehen.

Vergebens!

Die Nacht fällt rasch und kalt vom Himmel im Pundshab; fröstelnd knöpfte sich der alte Löwe zu und ging in seine Höhle.

Aber er konnte keinen Schlaf finden, und als das gigantische Katzenauge des Vollmondes grünlich durch die Wolken starrte, brach er auf und setzte der geflohenen Herde nach.

Gegen Morgengrauen erst fand er Alois – die Blumenkränze noch im Haar – süß schlummernd hinter einem Strauche.

Er legte ihm die Pranke auf die Brust, und mit entsetztem »Bäh« fuhr Alois aus dem Schlafe.

»Herr, so sagen Sie doch nicht immer ... ›bäh‹. Sind Sie denn wahnsinnig? Sie sind doch ein Löwe, um Gottes willen«, brüllte ihn der Alte an.

»Da irren Sie, bitte –«, antwortete Alois schüchtern, »ich bin ein Schaf.«

Der alte Löwe schüttelte sich vor Wut. »Sie – wollen Sie mich vielleicht zum besten haben?! Frotzeln Sie gütigst meinetwegen die Frau Blaschke – – –.«

Alois legte die Tatze beteuernd aufs Herz, blickte ihm treuherzig ins Auge und sagte tief bewegt:

»Mein *Ehrenwort* – ich bin ein Schaf!«

Da entsetzte sich der Alte, wie tief sein Stamm gesunken, und ließ sich Alois' Lebensgeschichte erzählen.

»Das alles«, meinte er dann, »ist mir zwar gänzlich schleierhaft, aber daß Sie ein Löwe und kein Schaf sind, steht fest, und wenn Sie's nicht glauben wollen – zum Teufel –, so vergleichen Sie unser beider Bilder hier im Wasser. Und jetzt lernen Sie zuvörderst mal anständig brüllen, schauen Sie – so: Uuuaah, uuuuaah.«

Und er brüllte, daß die Oberfläche des Weihers ganz rieselig wurde und aussah wie Schmirgelpapier. »Also versuchen Sie's, es ist ganz leicht.«

»Uhah«, setzte Alois schüchtern an, verschluckte sich jedoch und mußte hüsteln.

Der alte Löwe blickte ungeduldig zum Himmel auf: »Na, meinetwegen üben Sie's, wenn Sie allein sind, ich muß jetzt sowieso nach Hause.«

Er sah auf die Uhr: »Himmelsakra! schon wieder halb fünf! – Also Servus!« Und er salutierte flüchtig mit der Pranke und verschwand.

Alois war wie betäubt – – –: Also doch!

Vor ganz kurzer Zeit erst hatte er das Gymnasium absolviert – hatte es sozusagen schwarz auf weiß bekommen, daß er ein Schaf sei – und jetzt!

Gerade jetzt, wo er in den Staatsdienst treten sollte!

Und – und – und Scholastika!

Er mußte weinen – Scholastika!!

So schön hatten sie alles miteinander verabredet, wie er vor Papa und Mama hintreten solle usw.

Und Mama Bovis hatte noch zu ihm gesagt – neulich –:
»Junge, den alten Schnucke, den halte dir warm, der hat ein
Viechsgeld – das wäre so ein Schwiegervater für dich bei
deinem Riesenappetit.« – Und immer lebendiger zogen die
Ereignisse der letzten Tage vor Alois' innerem Auge vorüber: Wie er auf einem Spaziergange Herrn Schnucke über
sein blühendes Aussehen und seinen Reichtum Elogen gemacht hatte: »Herr von Schnucke haben, wie ich vernahm,
in Syrien einen so schwunghaften Exporthandel in Trom-
melschlegeln unterhalten, und das soll, höre ich, den Grund-
stock zu Ihrem Reichtum gelegt haben!?« – – – »Auch hab'
ich gehandelt dermit –«, hatte Herr Ceterum etwas zögernd
geantwortet, ihn aber dabei recht argwöhnisch von der Seite
angesehen.

»Sollte ich da am Ende etwas Dummes gesagt haben?« –
hatte sich Alois damals gedacht – »aber man spricht doch
allgemein – – – – – –« Ein Geräusch schreckte ihn jetzt aus
seinen Träumereien. – Also alles, alles sollte jetzt zu Ende
sein! Alois legte sein Haupt auf die Tatzen und weinte lange
und bitterlich.

Tag und Nacht vergingen – da hatte er sich durchgerungen.
Übernächtig, tiefe Schatten um die Augen, ging er zur Herde, trat mitten unter sie, richtete sich majestätisch auf und
rief:

»Uh – hah!«

Ein ungeheures Gelächter brach los.

»Pardon, ich meine damit«, stotterte Alois verlegen – »ich
meine damit nur – ich bin nämlich ein Löwe.« Ein Augenblick der Überraschung, allgemeine Stille, und wiederum
erhoben sich großer Lärm, höhnische Worte, Warnungsru-
fe, lautes Lachen.

Erst als Dr. Simulans, der Herr Pastor, hinzutrat und Alois in strengem Tone befahl, ihm zu folgen, legte sich der Tumult.

Es mußte ein langes ernstes Gespräch gewesen sein, das die beiden miteinander führten, und als sie zusammen aus dem Bambusdickicht traten, da leuchteten des Predigers Augen in frommem Eifer. »Sei dössen eingedenk, mein Sohn«, waren seine letzten Worte – »mannigfaltig sind die Fallstricke des bösen Feindes! Tag und Nacht versuchet ör uns, dörweilen wir im Fleische wandeln allhier.

Siehe, das ist ös ja eben, wir allesamt sollen trachten, das Löwentum in uns niederzuwerfen und in Demut zu verharren, daß wir einen *nojen* Bund schließen und unsere Bitten erhöret werden – hier zeitlich und dort öwiglich.

Und was du gesehen und gehört gestern morgen dort am Weiher, das vergiß – ös war nicht Wirklichkeit –, war teuflisch Gaukelspiel dös bösen Feindes! Anathema!

Eines noch, mein Sohn! Heiraten ist gut, und ös wird dir die finsteren Dünste des Fleisches vertreiben, die den Teufeln ein Wohlgefallen sind, so freie denn die Jungfrau Scholastika Cöterum und sei zahlreich wie der Sand am Meere.« Er hob seine Augen zum Himmel – »das wird dir helfen des Fleisches Bürde zu tragen und – (hier wurde seine Rede zum Gesang):

> lär-nee zu leideen
> oh-näh zu klaa-geen!«

Und dann schritt er von hinnen.

Alois' Augen standen voll Tränen.

Drei Tage lang sprach er kein Wort, reinigte nur rastlos sein

Inneres von allen Schlacken, und als ihm eines Nachts im Traum eine Löwin erschien, die angab, der Geist seiner Mutter zu sein, und verächtlich dreimal vor ihm ausspuckte, da trat er erhobenen Hauptes vor den Herrn Pastor – jauchzend, daß nunmehr die Blendwerke der Hölle von ihm abgelassen hätten und er von nun an das Denken wolle ganz und gar sein lassen, um sich so blinder der Leitung des Herrn Pastors hinzugeben.

Der Herr Pastor aber hielt in beredten Worten Fürsprache für ihn um die Hand der Jungfrau Scholastika bei ihren Eltern.

Zwar wollte Herr Ceterum anfangs nichts hören, war sehr wild und rief immer: »Er is nix, er hat nix«, aber schließlich fand seine Ehegattin den Schlüssel zu seinem Herzen: »Schnucke«, sagte sie, »Schnucke, was willst de eigentlich, was hast de gegen Alois? Schau – – – er ist doch *blond*.« – Und tags darauf war Hochzeit.

Bäh.

* * *

Da es besser ist, die eigenen Fehler zu machen, als fremder Tugend zu dienen, kommt der Freiheit auf dem Weg zur Befreiung so große Bedeutung zu. Natürlich handelt es sich nicht einfach um die Freiheit, zu tun und zu lassen, was man will. Über diese besondere Freiheit und ihre verschiedenen Aspekte kommen nun HERMAN WEIDELENER und anschließend KRISHNAMURTI zu Wort.

Innere Weisheit

Ich habe gestern einiges von den Antrieben zu einer solchen Schulung behandelt. Wir haben die Rolle des Leidens und der Enttäuschungen betrachtet und ihren unvergleichlichen Wert erkennen können.

Ist nun ein Mensch durch die Enttäuschung hindurchgegangen, wird folgerichtig mit immer stärkerer Macht in ihm das *Bedürfnis nach Wahrheit* wachsen. Er stellt sich die Frage nach der Wahrheit und nach der Wirklichkeit.

Weiterhin wird im Menschen das Bedürfnis nach einer Lebensform entstehen, die den gewonnenen Erfahrungen wie den daraus sich ergebenden Zielsetzungen entspricht. Die seitherige Lebensweise hat ihn dazu geführt, sich in die Ebenen zu verstricken, in denen er Leiden und Enttäuschungen geerntet hat. Mag er auch den Wert von Leiden und Enttäuschungen absolut anerkennen können: Dem gesunden menschlichen Empfinden widerspricht es, aus einer Art sadistischer oder masochistischer Selbstquälerei heraus Räume aufzusuchen, in denen sich Leid und Enttäuschung fortsetzen. Das ist ungesund, und die gesunde Natur lehnt es ab. Der Mensch wird nach Räumen suchen, in denen er das, was er nun durch die Erfahrung gekostet hat, vermeiden kann.

Sehr bald wird er hier erkennen, daß es keinen größeren Feind für eine Schulung gibt als die *Konvention jeder Art*. Natürlich kann die Konvention umgewandelt werden dadurch, daß der Mensch die einzelnen Formen der Konvention erkenntnisgemäß durchdringt, sie auf ihren Wirklichkeits- und Echtheitsgehalt hin prüft und dann, von ihrer Richtigkeit überzeugt, sie wiederum annimmt – ein etwas langsamer, vielleicht mühseliger, aber außerordentlich fruchtbarer Weg. Aber: Irgendwelche Formen darum, weil sie konventionell sind, anzunehmen und zu pflegen, das verhindert einen gemäßen Lebenswandel und außerdem die Darstellung des Wahrhaftigen im eigenen Leben.

Der Mensch muß das Bedürfnis empfinden, in jedem Augenblick *ganz echt zu* sein. Das darf nicht verwechselt werden mit einer gewissen Art burschikoser Brutalität, die man vielfach antrifft – wobei der Betreffende sich darauf etwas zugute tut, möglichst rücksichtslos zu sein –, ein Vorgang, durch den sich nur eine Schwäche des eigenen Wesens kompensiert. Das ist nicht die Äußerung der Wahrhaftigkeit, sondern eines Selbstbetruges und hat nichts zu tun mit einem wahrhaftigen Zu-sich-selber-Stehen. Das Stehen zu sich selbst wird sich meist in den Räumen der Zurückhaltung und des Schweigens vollziehen – dadurch, daß man sich nicht durch eigene Emotionen oder durch Herausforderungen der Umwelt zerren läßt.

Der Raum, in dem sich die Konvention am meisten fortsetzt, sich am meisten entwickelt hat und am hartnäckigsten ist, ist ja das *Gehirn* des Menschen, der Raum des intellektuellen Denkens. Das Denken des heutigen Menschen verläuft im allgemeinen vollkommen konventionell. An dieser Stelle muß wohl der Hebel am intensivsten angesetzt werden.

Jede moderne Schulung muß darauf abzielen, eine Wandlung des Bewußtseins beim Schüler herbeizuführen. Das Bewußtsein des heutigen Menschen ist in erster Linie erfüllt von übernommenen, ererbten oder erlernten Begriffen und Denkabläufen. Es ist in kürzerer Zeit unmöglich, alle im Gehirn vorhandenen Gedanken und Denkabläufe in die Kontrolle zu nehmen. Man muß mit einzelnen beginnen. An welcher Stelle begonnen werden soll, hängt von der Neigung des einzelnen Menschen ab; dafür kann keine allgemeine Regel aufgestellt werden, aber wo immer er beginnt, ist es notwendig, sich von dem Bann des Konventionellen zu befreien.

Wenn der Mensch beim Religiösen ansetzt, so bedeutet das etwa: daß er sich vollkommen löst von dem, was er an Gottesvorstellungen überliefert bekommen oder gelernt hat. Er muß sich davon ganz frei machen und – indem er sich in dieser Befreiung von dem Konventionellen löst – in eine Art von Nullpunkt geraten. An dieser Stelle bedeutet ihm das Überkommene, das Erlernte gar nichts mehr. Er fragt *nur* sich selbst, was Gott für ihn bedeutet.

Zunächst ja nur ein Wort, einen Namen.

In diesem Augenblick beginnt die erste Stufe der *Meditation*. Der Mensch versenkt sich in sein eigenes Wesen und befragt dieses eigene Wesen, bittet bei diesem eigenen Wesen, ihm, dem Fragenden, Lauschenden und Schauenden, das zuzuführen, was zu dieser Frage gehört, was sie erweitern, vertiefen oder gar beantworten kann.

HERMAN WEIDELENER

* * *

Freiheit

Weder die Qualen der Unterdrückung noch die gewaltsame Disziplin der Anpassung an ein Vorbild haben zur Wahrheit geführt. Um die Wahrheit zu finden, muß der Mensch vollkommen frei sein ohne die geringste Verzerrung oder Verkrampfung.

Aber zunächst wollen wir uns fragen, ob wir wirklich frei sein möchten. Wenn wir über Freiheit sprechen, meinen wir dann die totale Freiheit oder nur die Freiheit von etwas, das uns unbequem oder unangenehm oder unerwünscht sei? Wir würden gerne von schmerzlichen und häßlichen Erinnerungen und traurigen Erfahrungen frei sein; aber unsere angenehmen, befriedigenden Ideologien, Formeln und Beziehungen möchten wir behalten. Es ist aber unmöglich, die einen ohne die anderen zu bewahren, denn, wie wir gesehen haben, ist die Freude vom Leid nicht zu trennen.

So muß sich jeder von uns entscheiden, ob er vollkommen frei zu sein wünscht oder nicht. Wenn wir sagen, daß wir frei sein wollen, dann müssen wir das Wesen und die Struktur der Freiheit verstehen.

Ist es Freiheit, wenn Sie *von* etwas frei sind – frei von Leid, frei von irgendeiner Angst? Oder ist Freiheit etwas völlig anderes? Sie können frei von Eifersucht sein, wollen wir einmal annehmen; aber ist diese Freiheit nicht eine Reaktion und daher überhaupt keine Freiheit? Sie können sich sehr leicht von einem Dogma lösen, indem Sie es analysieren, indem Sie es abstoßen; aber diese Loslösung ist die Auswirkung eines Motivs, das darin bestehen mag, daß Sie von dem Dogma frei sein wollen, weil es nicht mehr modern oder zweckdienlich ist. Oder Sie können vom Nationalismus frei sein, weil Sie an den Internationalismus glauben oder weil Sie empfinden, daß es wirtschaftlich nicht länger notwendig ist, an diesem törichten nationalistischen Dogma mit seiner Flagge und dem ganzen Unsinn zu hängen. Davon können Sie sich leicht trennen. Oder Sie mögen sich gegen einen spirituellen oder politischen Führer entscheiden, der Ihnen Freiheit als Ergebnis von Disziplin oder Revolte versprochen hat. Hat aber eine solche vernünftige Überlegung, solche logische Schlußfolgerung irgend etwas mit Freiheit zu tun?

Wenn Sie sagen, daß Sie von etwas frei sind, ist das eine Reaktion, aus der dann eine andere Reaktion folgt, mit einer anderen Anpassung, einer anderen Form der Hörigkeit. In dieser Art können Sie eine Kette von Reaktionen haben und jede Reaktion für Freiheit halten. Aber es ist keine Freiheit, es ist nur die Fortsetzung einer modifizierten Vergangenheit, an der der Verstand festhält.

Die Jugend von heute empört sich wie jede Jugend gegen die Gesellschaft. Das ist an sich etwas Gutes, aber Aufruhr ist keine Freiheit, denn wenn Sie revoltieren, ist das eine Reaktion, und diese Reaktion stellt ihr eigenes Modell auf, darin Sie hängenbleiben. Sie glauben, daß es etwas Neues sei. Es ist aber nichts Neues; es ist das Alte in einer anderen äußeren Form. Jeder soziale oder politische Aufstand wird unvermeidlich in die gute alte Denkungsart bürgerlicher Gesinnung zurückfallen.

Freiheit kommt nur, wenn Sie sehen und handeln – niemals durch Revolte. *Das Sehen ist Handeln,* und eine solche Handlung ist so unmittelbar, wie wenn Sie eine Gefahr wahrnehmen. Dann wird nicht das Gehirn eingeschaltet, und es gibt keine Diskussion, kein Zögern; die Gefahr erzwingt die Handlung, und dann ist Sehen, Handeln und Freiheit eines.

Freiheit ist ein Zustand des Geistes – nicht die Freiheit *von* etwas, sondern das Gefühl der Freiheit, der Freiheit, alles anzuzweifeln und in Frage zu stellen, und zwar so intensiv, aktiv und kraftvoll, daß sie jede Art von Abhängigkeit, Sklaverei, Anpassung und Anerkennung von sich wirft. Solche Freiheit bedeutet, völlig allein zu sein. Aber kann der Mensch, der in einer Kultur aufgewachsen ist, die so bedingt ist durch die Umwelt und innere Tendenzen, jemals diese Freiheit finden, in der er vollkommen allein steht und in der es keine Führerschaft, keine Tradition, keine Autorität gibt? Diese Abgeschiedenheit ist ein innerer Zustand des Geistes, der von keinem Anreiz und keinem Wissen abhängig ist und der nicht das Ergebnis einer Erfahrung oder einer gedanklichen Festlegung ist. Die meisten Menschen sind innerlich niemals allein. Es besteht ein Unterschied zwischen Isolierung, in der man sich selbst absondert, und dem Alleinsein, das eine innere Abgeschiedenheit ist. Wir alle wissen, was es bedeutet, isoliert zu sein, eine Mauer um sich zu errichten, um niemals verletzt zu werden, niemals angreifbar zu sein, oder eine Unabhängigkeit zu züchten, die eine andere Form seelischer Angst ist, oder in dem traumerfüllten Elfenbeinturm einer Ideologie zu leben.

Alleinsein ist etwas ganz anderes.

Sie sind niemals allein, weil Sie mit Erinnerungen aus der Vergangenheit angefüllt sind, mit den Gestalten und den Einflüsterungen des gestrigen Tages. Ihr Geist ist niemals frei von dem ganzen Plunder, den er angesammelt hat. Um allein zu sein, müssen Sie sich von der Vergangenheit lossagen. Wenn Sie allein sind, vollkommen allein, innerlich zu keiner Familie, keiner Nation, keiner Kultur, keinem bestimmten Kontinent gehören, entsteht das Gefühl, ein Außenseiter zu sein. Der Mensch, der in dieser Art vollkommen allein ist, ist unschuldig, und diese Unschuld ist es, die den Menschen vom Leid befreit.

Was unzählige Menschen gesagt haben, tragen wir als Last mit uns herum, und dazu die Erinnerungen an alles Mißgeschick. Das alles völlig aufzugeben heißt, allein zu sein, und der Mensch, der innerlich allein ist, ist nicht nur unschuldig, sondern auch jung – nicht in bezug auf Zeit und Alter, sondern unabhängig von jedem Alter ist er jung, unschuldig, lebendig –, und nur ein solcher Mensch kann die Wahrheit sehen und das, was nicht mit Worten zu ermessen ist.

In dieser Abgeschiedenheit werden Sie anfangen zu verstehen, wie notwendig es ist, daß Sie so leben, wie Sie sind – nicht wie Sie glauben, sein zu müssen, oder wie Sie gewesen sind. Sehen Sie zu, ob Sie sich ohne jede Erregung betrachten können, ohne falsche Bescheidenheit, ohne jede Furcht, ohne Rechtfertigung oder Verurteilung – leben Sie einfach mit sich, so wie Sie tatsächlich sind.

Nur wenn Sie sich innig mit etwas befassen, beginnen Sie es zu verstehen. Aber in dem Augenblick, da Sie sich daran gewöhnen – sich an Ihre Angst oder Ihren Neid oder was es sonst sein mag, gewöhnen –, hat der lebendige Kontakt aufgehört. Wenn Sie an einem Fluß leben, hören Sie nach einigen Tagen nicht mehr das Geräusch des Wassers, oder wenn Sie ein Bild im Zimmer haben, das Sie alle Tage sehen, beachten Sie es nach kurzer Zeit nicht mehr. Es ist das gleiche mit den Bergen, den Tälern, den Bäumen, mit Ihrer Familie,

Ihrem Ehemann, Ihrer Ehefrau. Um mit etwas zu leben, zum Beispiel mit der Eifersucht, dem Neid oder der Angst, dürfen Sie sich nicht daran gewöhnen, sich niemals damit abfinden. Sie müssen sich darum mühen, wie Sie sich um einen neu gepflanzten Baum sorgen würden, den Sie gegen die Sonne, gegen den Sturm schützen. So müssen Sie an den inneren Vorgängen interessiert sein, sie nicht verurteilen oder rechtfertigen; dann beginnen Sie sie zu lieben. Wenn Sie um etwas besorgt sind, beginnen Sie es zu lieben. Nicht, daß Sie es lieben, neidisch oder bekümmert zu sein, wie es bei vielen Menschen der Fall ist, sondern daß Sie voller Achtsamkeit darauf hinschauen.

Können Sie nun – können Sie und ich – mit *dem* leben, was wir tatsächlich sind, mit dem Wissen, daß wir träge, neidisch, ängstlich sind, daß wir große Zuneigung zu haben glauben, die gar nicht vorhanden ist, daß wir leicht verletzbar, leicht geschmeichelt und gelangweilt sind – können wir damit leben, ohne es hinzunehmen, ohne uns damit abzufinden oder es abzulehnen, sondern es einfach betrachten, ohne morbid, bedrückt oder hochmütig zu werden?

Wir wollen uns eine weitere Frage stellen. Können wir zu dieser Freiheit, dieser Abgeschiedenheit durch die Zeit gelangen? Kann uns die Zeit dazu verhelfen, mit dem Gesamtgefüge unserer inneren Natur in Kontakt zu kommen? Das heißt: Kann Freiheit durch einen allmählich fortschreitenden Prozeß erreicht werden? Offensichtlich nicht, denn sobald Sie die Zeit zulassen, versklaven Sie sich immer mehr. Sie können nicht allmählich frei werden. Es ist keine Frage der Zeit.

Die nächste Frage ist, ob Sie sich dieser Freiheit bewußt werden können. Wenn Sie sagen »Ich bin frei«, dann sind

Sie nicht frei. Es ist so, als ob ein Mensch sagt »Ich bin glücklich«. In dem Augenblick, da er das sagt, lebt er in der Erinnerung an etwas, das vorbei ist. Freiheit kann nur ungezwungen entstehen, nicht durch Wollen, Wünschen, Sehnen. Sie können die Freiheit auch nicht dadurch finden, daß Sie sich ein Bild von dem schaffen, was Sie für Freiheit halten. Um zur Freiheit zu gelangen, muß der Mensch lernen, ohne die Fessel der Zeit auf das Leben zu schauen, das eine unendliche Bewegung ist; denn Freiheit liegt jenseits des Bewußtseins.

JIDDU KRISHNAMURTI

* * *

Der deutsche Lama ANAGARIKA GOVINDA *beschreibt den Ausblick des Schülers auf seinen Weg, der ihm in einer Vision zuteil wurde, in seiner wunderbaren Reiseerzählung* Der Weg der weißen Wolken:

Die Vision des Tschela

Die Sonne war noch nicht untergegangen, so daß es noch zu früh zum Schlafen war, und außerdem fühlte ich mich auch keineswegs müde. Aber es war angenehm, sich nach einem langen Tag im Sattel auszustrecken und auszuruhen. So blieb ich liegen und musterte die mir gegenüberliegende, frisch beworfene Wand, deren Unebenheiten ihr eine merkwürdige Lebendigkeit gaben.

Dabei kam mir zum Bewußtsein, daß dieser Raum bei aller Kahlheit etwas außerordentlich Sympathisches an sich hatte, obwohl ich nicht imstande war, irgendwelche vernünftigen Gründe dafür zu entdecken. Das düstere Wetter und die trüben Aussichten für den nächsten Tag waren ganz und gar nicht dazu geeignet, mich in gehobene Stimmung zu versetzen. Aber seit ich diesen Raum betreten hatte, war jegliche Depression von mir gewichen, und ich empfand eine große innere Ruhe und Heiterkeit.

War es die allgemeine sympathische Atmosphäre dieser altehrwürdigen Kultstätte, die aus der Höhle eines frommen Einsiedlers im Lauf der Jahrhunderte zum stattlichen Kloster gewachsen war, in dem ungezählte Generationen von Mönchen ein Leben der Hingabe und der Kontemplation geführt hatten? Oder war es die besondere Atmosphäre dieses Raumes, unter deren Einfluß diese Wandlung in mir vor sich gegangen war? Ich wußte es nicht und konnte keine Erklärung dafür finden.

Ich fühlte nur, daß irgend etwas an der Oberfläche dieser Wand meine Aufmerksamkeit auf sich zog und mich wie in einem Bann gefangenhielt, wie eine seltsame, faszinierende Landschaft. Aber sonderbarerweise war da nichts, was an eine Landschaft erinnerte. Diese augenscheinlich zufälligen Formen waren in einer geheimnisvollen Weise miteinander verbunden; und je länger ich meine Aufmerksamkeit auf sie richtete, desto plastischer und zusammenhängender wurden sie. Sie schlossen sich zu festen Umrissen zusammen und wuchsen plastisch aus dem flachen Grund. Es war wie ein Kristallisationsvorgang oder wie ein organisches Wachstum; und die Verwandlung der Wandoberfläche war so natürlich und überzeugend, als ob ich einem unsichtbaren Bildhauer bei der Schaffung eines lebensgroßen Reliefs zusähe. Der einzige Unterschied war, daß der unsichtbare

Bildner nicht von außen, sondern vom Innern des Materials aus und an allen Stellen zugleich arbeitete.

Bevor ich wußte, wie es geschah, formte sich eine hoheitsvolle Gestalt vor meinen Augen. Sie saß auf einem Thron, mit beiden Füßen auf dem Boden, auf dem Haupt ein fünfteiliges Diadem, die Hände in erklärender Geste erhoben: Es war die Gestalt des Maitreya, des kommenden Buddha, der schon jetzt auf dem Wege zur vollen Buddhaschaft ist und der – wie die Sonne, bevor sie über den Horizont steigt – die Strahlen seiner Liebe in die Welt sendet, durch die er in unzähligen Formen durch unzählige Wiedergeburten und durch unendliche Zeiten gewandert ist. Ich fühlte eine Welle unbeschreiblicher Freude mich durchströmen, ähnlich jener, die mich in der Gegenwart meines Gurus erfaßt hatte, der mich in den mystischen Kreis *(mandala)* des Maitreya eingeweiht hatte, dessen Statuen durch seinen Einfluß in allen Gegenden Tibets errichtet wurden.

Ich schloß meine Augen und öffnete sie wieder: Die Figur in der Wand hatte sich nicht verändert. Sie stand unbeweglich vor mir, wie aus Stein gehauen und dennoch voller Leben! Ich blickte umher, um mich zu vergewissern, daß ich nicht träumte – aber alles war unverändert: da war der Felsvorsprung, der in den Raum hineinragte, mein Kochgeschirr auf dem Boden und mein Gepäck in der Ecke, wie zuvor.

Ich richtete meinen Blick wieder nach der Wand. Die Gestalt war da – oder täuschte ich mich? – Was ich sah, war nicht die Gestalt eines gütig lehrenden Buddha, sondern die eines schreckenerregenden Dämons von gedrungenem Körperbau, die Füße wie zum Sprung auf den Boden gestemmt, auf dem Kopf ein Diadem von Totenschädeln, aus dem das Haar wie lodernde Flammen emporstieg, in der rechten, in drohender Geste weit von sich gestreckten Hand das Diamantzepter schwingend, während die linke die Ritualglocke vor der Brust hielt.

Wäre das alles nicht wie ein von Künstlerhand aus der Wand gehauenes Relief vor mir erschienen, würde mir vor Entsetzen das Blut in den Adern erstarrt sein. So aber empfand ich die mit der Furchtbarkeit gepaarte grandiose Schönheit und die Gewaltigkeit des Symbols, das in der Gestalt Vajrapānis zum Ausdruck kommt, der als Wahrheitskämpfer gegen die Mächte der Dunkelheit und der Verblendung zugleich der Hüter und Meister der tiefsten Mysterien ist.

Während ich noch im Bann der machtvollen Gestalt von diesen Empfindungen bewegt wurde, verwandelte sich das Diamantzepter *(vajra)* in ein flammendes Schwert, und an Stelle der Glocke wuchs aus der linken Hand ein Lotus empor. Er wuchs bis zur Höhe der linken Schulter, und auf seiner entfalteten Blüte erschien das heilige Buch der transzendenten Weisheit. Der Körper nahm die Form eines wohlgebildeten, in indischer Weise auf einem Lotusthron sitzenden Jünglings an, und an Stelle der flammenden Haare und der Totenköpfe war sein Haupt mit der Krone der Fünf Weisheiten geschmückt. Sein Gesicht aber leuchtete vom Feuer jugendlicher Schönheit, erfüllt mit der Weisheit eines Vollkommen-Erleuchteten. – Es war die Gestalt Mañjushris, der Verkörperung aktiver Weisheit, der die Knoten der Zweifel und das Dunkel des Nichtwissens mit dem flammenden Schwert der Erkenntnis durchschneidet.

Nach einiger Zeit begann auch diese Figur sich zu verwandeln, und eine weibliche Gestalt formte sich vor meinen Augen. Sie hatte die jugendliche Grazie Mañjushris, und selbst der Lotus, der aus ihrer linken Hand wuchs, schien der gleiche zu sein. Aber sie schwang kein Flammenschwert, sondern sie hatte die rechte Hand segenspendend geöffnet auf dem rechten Knie liegen. Ihr rechter Fuß war ausgestreckt, als ob sie im Begriff sei, von ihrem Lotusthron zu steigen, um ihre helfende Hand den Hilfesuchenden entgegenzuhalten. Die wunschgewährende Geste, der liebevolle Ausdruck ihres Gesichtes, das sich den ihre Hilfe suchenden Bittstellern entgegenzuneigen schien, waren die lebendigste Verkörperung der Worte Shākyamunis:

> Wie eine Mutter, die ihren Sohn, ihren einzigen Sohn,
> mit dem eigenen Leben schützt,
> so möge man allen Wesen gegenüber
> ein Herz unbegrenzter Liebe entfalten.

Ich war tief bewegt, und indem ich meine ganze Aufmerksamkeit auf den lieblichen Ausdruck ihres göttlichen Antlitzes richtete, war mir, als ob ein schmerzliches Lächeln ihren Mund umspielte, wie wenn sie sagen wollte: »Ja, meine Liebe ist unbegrenzt, aber auch die Zahl der leidenden Wesen ist unbegrenzt. Wie kann ich, die ich doch nur *einen* Kopf habe und nur zwei Arme, das unsägliche Leid unzähliger Wesen stillen?!«

Waren dies nicht die Worte Avalokiteshvaras, die in meinem Geist widerhallten? Und wirklich, Tārās Antlitz trug die Züge des Großen Mitleidsvollen, von dem es heißt, daß eine Träne im Anblick der leidenden Welt seinem Auge entrollte und daß dieser Träne die jungfräulich-mütterliche, allerbarmende Göttin Tārā entsprungen sei.

Doch ehe ich noch wußte, ob das Antlitz der göttlichen Gestalt das der Tārā oder dasjenige Avalokiteshvaras war, barst ihr Haupt, wie von der Überfülle des Leidens zersprengt, in eine Unzahl von Köpfen, während die Arme sich in tausend Arme zerteilten, deren tausend Hände sich helfend in alle Weltrichtungen erstreckten, wie die Strahlen einer Sonne, die sich nach allen Seiten in den Weltraum stürzen. Und wirklich löste alles sich in Licht auf, denn in jeder der unzähligen Hände öffnete sich ein strahlendes Auge, ebenso liebend und gütig wie die Augen, die mich aus dem Antlitz Avalokiteshvaras oder Tārās angeblickt hatten. Verwirrt und geblendet von der Überfülle des Lichtes und der Erscheinungen, wußte ich, daß ich diesem Antlitz schon einmal begegnet war: es war das des kommenden Buddha Maitreya, des Großen Liebenden.

Als ich wieder emporblickte, war alles verschwunden, aber der Glanz auf der Wand war geblieben, und als ich mich umwandte, sah ich, daß es die letzten Strahlen der Abendsonne waren, die durch die gelichteten Wolken drangen. Freudig sprang ich auf und eilte zum Fenster. Alles Düstere und Unheimliche war aus der Landschaft verschwunden. Sie war in die sanften Farben des scheidenden Tages gebadet. Über den grünen Matten des Talbodens stiegen rötliche und goldschimmernde Felsenberge auf, und hinter ihnen erschienen hellbeleuchtete Schneeflächen, die sich grell von den hinter ihnen lagernden dunkel-violetten Wolkenmassen abhoben, in denen hier und da noch Blitze aufzuckten. Fernes Donnergrollen zeigte an, daß jenseits der Berge Vajrapāni noch immer sein Diamantzepter schwang, im Kampf mit den Mächten der Finsternis.

Tief unter mir im Tal sah ich meine Pferde grasen, klein wie Spielzeuge, und nicht weit von ihnen stieg der blaue Rauch eines Lagerfeuers auf, an dem meine Leute ihre Abendmahl-

zeit kochten. Aus dem Höhlentempel kam in regelmäßigen
Abständen der tiefe vibrierende Ton einer Kesselpauke, wie
eine Stimme aus den Eingeweiden der Erde, ein Ruf aus der
Tiefe nach dem Licht – dem Licht, das alle Furcht und Finsternis des ewigen Abgrunds in seinen Strahlen auflöst.
Und aus der Freude meines Herzens formten sich spontan
die Worte eines Gebetes:

Wer bist Du, Mächtiger,
der an die Pforten
meines Herzens klopft?

Bist Du ein Strahl
der Güte und des Wissens,
der aus der Aura
eines Still-Versenkten
hervorbricht
und der reifen Wesen
Geist erleuchtet?

Bist Du der Kommende,
der Retter aller Wesen,
der in tausend Formen
die schmerzversehrte
dunkle Welt durchwandert?

Oder das letzte Schwingen derer,
die das andre Ufer –
das Ufer der Vollkommenheit –
erreichten und das Floß verließen,
das ihr Vermächtnis,
unser Erbe ist.

Wer Du auch seist,
o Leuchtender im Geiste!
Geöffnet sind die Tore
meines Herzens!
Bereitet ist der Lotusthron,
Dich zu empfangen!

Treff' ich Dich nicht
auf allen meinen Wegen?
Im Aug' des Freundes,
in des Gurus Stimme,
im treuen Sorgen
mütterlicher Liebe?

Warst Du es nicht,
der mir den Stein belebte
und aus der Wand
Dein Abbild treten ließ?
Der mir in heil'ger
Weihestunde nahte,
der mich in Träumen
segnete und labte?

O tausendarm'ge Sonne Du, der Güte,
des allerinnigsten Verstehns!
Du tausendfält'ges Auge,
dessen Blick durchdringt,
doch nicht verletzt,
nicht richtet und nicht schreckt,
doch wärmt und reifen läßt,
wie sanfter Sommerregen.

Du Auge, dessen Blick
selbst unsre Schwäche
heiligt und verwandelt
und aus dem Gift
des Todes selbst
des Lebens Heiltrank
wundersam bereitet!

Wo in das Meer
des Hassens und des Irrens
ein Strahl der Liebe,
des Verstehens, leuchtet:

Da weiß ich Dich,
gewaltlos Waltender,
an dem die Mächte dieser Welt
zerschellen
und zu nichts vergehen.

Nimm meine ird'ne Form
und laß mich auferstehen
in Dir!

* * *

In SOMERSET MAUGHAMS *Entwicklungsroman* Auf Messers
Schneide *muß der Held Larry zuerst die vertrauten Bahnen
verlassen, bevor er im Laufe eines leidvollen und bewegten
Lebens den eigenen Weg findet, der ihn schließlich in die
schlichte Existenz eines Taxifahrers in den Straßen von
New York führt.*

Auf Messers Schneide

Eine Stunde später kam Larry sie holen. Sie nahmen einen
Wagen bis zum Pont St. Michel und schlenderten den über-
füllten Boulevard hinauf, bis sie zu einem Café kamen, das
ihnen gefiel. Sie setzten sich auf die Terrasse und bestellten
zwei Dubonnet. Dann nahmen sie wieder einen Wagen und
fuhren zu einem Restaurant. Isabel hatte einen gesunden
Appetit, und die guten Dinge, die Larry bestellte, schmeck-
ten ihr. Sie genoß es, die Leute zu sehen, die dichtgedrängt
um sie herum saßen, denn das Restaurant war sehr voll, und
sie lachte, wenn sie beobachtete, mit welch großem Vergnügen die Leute aßen. Aber vor allem genoß sie es, daß sie an
einem kleinen Tisch allein neben Larry saß. Sie liebte es,
seine Augen lächeln zu sehen, während sie fröhlich plauder-
te. Es war zauberhaft, sich in seiner Gesellschaft so wohl zu
fühlen. Und doch erfüllte sie eine unbestimmte Unruhe,
denn obwohl auch er sich wohl zu fühlen schien, hatte sie
doch das Gefühl, als wäre nicht so sehr sie die Ursache dafür
als die Umgebung. Was ihre Mutter gesagt hatte, verwirrte
sie doch ein wenig, und trotz allem unbefangenen Plaudern
beobachtete sie jeden Ausdruck seines Gesichts. Er war
nicht derselbe, als der er Chicago verlassen hatte, aber sie

vermochte nicht zu sagen, worin der Unterschied lag. Er sah genauso aus, wie sie ihn in Erinnerung gehabt hatte, ebenso jung, ebenso offen, und doch hatte sich sein Ausdruck verändert. Nicht daß er ernster geworden wäre, sein Gesicht war immer ernst gewesen, aber es strahlte jetzt eine Ruhe aus, die ihr neu war; es war, als wäre er mit sich selbst ins reine gekommen und fühlte sich jetzt wohler als je zuvor. Nach dem Lunch schlug er einen Gang durch das Luxembourg vor.

»Nein, ich möchte jetzt keine Bilder ansehen.«

»Schön, dann bleiben wir im Garten sitzen.«

»Nein, das möchte ich auch nicht. Ich möchte mir einmal ansehen, wo du wohnst.«

»Da gibt es nichts zu sehen. Ich wohne in einem schäbigen kleinen Hotelzimmer.«

»Onkel Elliot behauptet, du hättest eine Wohnung und würdest dort mit einem Modell in Sünde leben«, lachte sie.

»Dann komm und sieh es dir selbst an«, sagte er lachend. »Es ist nur ein paar Schritte von hier. Wir können zu Fuß gehen.«

Er führte sie durch enge, gewundene Gäßchen, die trotz dem Streifen blauen Himmels, der zwischen den hohen Häusern hindurchschimmerte, dunkel waren, und nach einer Weile blieb er vor einem kleinen Hotel mit anspruchsvoller Fassade stehen.

»Da sind wir.«

Isabel folgte ihm in eine kleine Halle; auf der einen Seite stand ein Pult und dahinter ein Mann in Hemdsärmeln mit einer schwarz-gelb gestreiften Weste und einer schmutzigen Schürze, der eine Zeitung las. Larry bat um seinen Schlüssel, den der Mann ihm von dem Gestell hinter sich reichte. Isabel warf er einen prüfenden Blick zu, der zu einem verständnisvollen Schmunzeln wurde. Es war klar, daß er annahm, sie gingen nicht in ehrbarer Absicht auf Larrys Zimmer.

Sie stiegen zwei Treppen hinauf, auf denen ein verschlissener roter Teppich lag, und Larry öffnete die Tür. Isabel trat in ein längliches Zimmer mit zwei Fenstern. Sie blickten auf ein graues Mietshaus gegenüber, in dessen Erdgeschoß ein Schreibwarengeschäft war. Es stand nur ein Bett im Zimmer, daneben ein Nachttisch, ein mächtiger Schrank mit einem großen Spiegel, ein gepolsterter, aber gradlehniger Armstuhl und zwischen den Fenstern ein Tisch mit einer Schreibmaschine, Papieren und einer Anzahl Bücher. Auf dem Kaminsims türmten sich Broschüren.

»Setz dich in den Lehnstuhl! Er ist nicht sehr bequem, aber es ist das Beste, was ich dir anbieten kann.«

Er zog einen anderen Stuhl heran und setzte sich nieder.

»Und hier wohnst du?« fragte Isabel.

Er lachte über ihre Miene.

»Ja. Seit ich in Paris bin, wohne ich hier.«

»Aber warum?«

»Es ist bequem. Es ist nicht weit zur Bibliothèque nationale und zur Sorbonne.« Er wies auf eine Tür, die sie nicht bemerkt hatte. »Es gibt auch ein Badezimmer. Ich kann im Hotel frühstücken, und zum Mittagessen gehe ich meist in das Restaurant, in dem wir heute Mittag essen waren.«

»Es ist schrecklich schmutzig.«

»O nein. Es ist in Ordnung. Es ist alles, was ich brauche.«

»Aber was für Leute wohnen hier?«

»Ach, ich weiß nicht. Oben in den Mansarden ein paar Studenten. Zwei oder drei alte Junggesellen, die in irgendeinem Amt arbeiten, und eine ehemalige Schauspielerin vom

Odéon. Das einzige Zimmer, das noch ein Bad hat, bewohnt eine Frau, deren Freund sie jeden zweiten Dienstag besuchen kommt. Und dann vermutlich Durchreisende. Es ist ein sehr ruhiges, anständiges Haus.«

Isabel war ein wenig verwirrt, und da sie wußte, daß Larry das bemerkte und sich darüber amüsierte, war sie fast geneigt, beleidigt zu sein.

»Was ist denn dieses dicke Buch auf dem Tisch?« fragte sie.

»Das? Ach, das ist mein Griechischwörterbuch.«

»Dein was?« rief sie aus.

»Keine Angst. Es beißt nicht.«

»Lernst du denn Griechisch?«

»Ja.«

»Wozu?«

»Ich dachte, es würde mir Spaß machen.«

Er sah sie mit einem Lächeln in den Augen an, und sie erwiderte sein Lächeln. »Meinst du nicht, daß du mir erzählen könntest, was du die ganze Zeit über in Paris getrieben hast?«

»Ich habe viel gelesen. Acht oder zehn Stunden am Tag. Ich habe Vorlesungen an der Sorbonne gehört. Ich glaube, daß ich alles gelesen habe, was in der französischen Literatur von Bedeutung ist. Und ich kann auch Latein lesen, zumindest lateinische Prosa; fast so fließend, wie ich französisch lese. Griechisch ist natürlich schwerer. Aber ich habe einen sehr guten Lehrer. Vor deiner Ankunft bin ich gewöhnlich an drei Abenden in der Woche zu ihm gegangen.«

»Und wohin soll das führen?«

»Zur Erwerbung von Wissen«, sagte er lächelnd.

»Das klingt nicht sehr praktisch.«

»Vielleicht ist es das auch nicht, aber andererseits ist es das vielleicht doch. Jedenfalls ist es außerordentlich amüsant. Du kannst dir gar nicht vorstellen, was für ein Gefühl es bedeutet, die Odyssee im Original zu lesen. Man meint, man müsse sich nur auf die Fußspitzen stellen und die Hand ausstrecken, um die Sterne zu erreichen.«

Er stand auf, wie von einer Erregung übermannt, und ging in dem kleinen Zimmer auf und ab.

»Vor ein paar Monaten habe ich Spinoza gelesen. Ich verstehe vermutlich noch nicht viel davon, aber es erfüllt mich wie mit einem Jubel. Es ist, wie wenn man sein Flugzeug auf einer weiten Ebene im Gebirge niedergehen läßt. Einsamkeit und eine Luft, die so rein ist, daß sie einem wie Wein zu Kopf steigt und man sich wie eine Million Dollar fühlt.«

»Wann kommst du nach Chicago zurück?«

»Nach Chicago? Ich weiß nicht. Daran habe ich nicht gedacht.«

»Wenn du binnen zwei Jahren nicht erreichst, was du anstrebst, dann wirst du es aufgeben. Das hast du gesagt.«

»Ich könnte jetzt nicht zurückgehen. Ich stehe auf der Schwelle. Ich sehe weite Länder des Geistes, die sich vor mir ausdehnen und mich locken. Ich sehne mich danach, sie zu bereisen.«

»Was erwartest du in ihnen zu finden?«

»Die Antworten auf meine Fragen.« Er warf ihr einen fast verspielten Blick zu, und hätte sie ihn nicht so gut gekannt, so hätte sie glauben können, er spreche mit ihr im Scherz.

»Ich möchte mir klar darüber werden, ob es einen Gott gibt oder nicht. Ich möchte herauskriegen, warum es das Böse gibt. Ich möchte wissen, ob ich eine unsterbliche Seele habe oder ob mit meinem Tod alles zu Ende ist.«

Isabel hielt den Atem an. Es war ihr unbehaglich, Larry

solche Dinge sagen zu hören, und sie war ihm dankbar dafür, daß er so leichthin sprach, so sehr im Ton eines gewöhnlichen Gesprächs, daß es ihr möglich wurde, ihre Verlegenheit zu überwinden.

»Ja, aber, Larry«, lächelte sie, »die Menschen haben solche Fragen seit Tausenden von Jahren gestellt. Wenn man sie beantworten könnte, dann wären sie bestimmt schon beantwortet.«

Larry lachte.

»Lach nicht, als ob ich etwas Dummes gesagt hätte«, sagte sie scharf.

»Im Gegenteil, ich finde, daß du etwas sehr Kluges gesagt hast. Aber andererseits könntest du auch sagen, die Tatsache, daß Menschen sich seit Tausenden von Jahren diese Fragen gestellt haben, beweist, daß sie nicht anders können als fragen und weiterfragen müssen. Es ist übrigens nicht richtig, daß keiner die Antwort gefunden hat. Es gibt mehr Antworten als Fragen, und eine Menge Menschen haben Antworten gefunden, die sie vollauf befriedigt haben. Der alte Ruysbroek, zum Beispiel.«

»Wer war das?«

»Ach, ein Kerl, den ich im College nicht gekannt habe«, antwortete Larry leichthin.

Isabel wußte nicht, was er meinte, aber sie ging darüber hinweg.

»Das alles klingt für mich so unreif. Das sind die Dinge, über die sich Studenten im zweiten Jahr den Kopf zerbrechen und die sie vergessen, sobald sie aus dem College draußen sind. Sie müssen einfach ihren Lebensunterhalt verdienen.«

»Ich mache ihnen daraus keinen Vorwurf. Ich bin in der

glücklichen Lage, daß ich genug zum Leben habe. Wäre es nicht so, dann hätte ich es machen müssen wie die anderen und Geld verdienen.«

»Bedeutet Geld dir denn gar nichts?«

»Nicht das geringste«, sagte er und lachte.

»Und wie lange, glaubst du, wird dich das alles noch in Anspruch nehmen?«

»Ich weiß nicht. Fünf Jahre. Zehn Jahre.«

»Und nachher? Was wirst du mit all dieser Weisheit anfangen?«

»Wenn ich jemals Weisheit erwerbe, dann werde ich auch weise genug sein, um zu wissen, was ich damit anfangen soll.«

Isabel krampfte die Hände leidenschaftlich zusammen und lehnte sich in ihrem Stuhl vor.

»Du hast unrecht, Larry. Du bist ein Amerikaner. Dein Platz ist nicht hier. Dein Platz ist in Amerika.«

»Ich werde zurückkommen, sobald ich fertig bin.«

»Aber du versäumst so viel. Wie kannst du es ertragen, hier inmitten dieses geistigen Stillstandes zu sitzen, während wir das wunderbarste Abenteuer durchleben, das die Welt je gesehen hat? Europa ist erledigt. Wir sind das größte, das mächtigste Volk der Erde. Unser Fortschritt vollzieht sich sprunghaft. Wir haben alles. Es ist deine Pflicht, an der Entwicklung deines Landes teilzunehmen. Du hast vergessen, du weißt nicht, wie aufregend heute das Leben in Amerika ist. Bist du auch sicher, daß du dies alles nicht nur deswegen tust, weil du nicht den Mut hast, die Arbeit auf dich zu nehmen, die heute auf jeden Amerikaner wartet? Ach, ich weiß, in gewissem Sinn arbeitest du auch; ist es aber nicht eine Flucht vor der Verantwortung? Ist es mehr als eine Art

434

arbeitsamer Müßiggang? Was sollte aus Amerika werden, wenn alle sich so drücken würden, wie du dich drückst?«

»Du bist sehr streng, mein Liebes«, sagte er lächelnd. »Die Antwort darauf ist, daß nicht alle das gleiche fühlen wie ich. Die meisten Leute sind, vielleicht zu ihrem Glück, bereit, den normalen Weg zu gehen; was du vergißt, ist, daß ich ebenso leidenschaftlich danach verlange zu lernen, wie – beispielsweise Gray danach verlangt, Säcke voll Geld zu verdienen. Bin ich wirklich ein Verräter an meinem Land, weil ich ein paar Jahre darauf verwenden will, mich selber zu bilden? Vielleicht habe ich eines Tages, wenn ich es hinter mir habe, den Menschen etwas zu geben. Das ist natürlich nur eine Möglichkeit, aber wenn ich scheitere, so bin ich schließlich nicht schlimmer dran als ein Mann, der in ein Geschäft eingetreten ist und nichts daraus gemacht hat.«

»Und was ist mit mir? Bedeute ich dir denn gar nichts?«

»Du bedeutest mir sehr viel. Ich möchte, daß du mich heiratest.«

»Wann? In zehn Jahren?«

»Nein. Jetzt. So bald wie möglich.«

»Auf welcher Grundlage? Mama kann mir nichts geben. Überdies würde sie es auch nicht tun, wenn sie es könnte. Sie würde es für unrecht halten, dich in deinem Nichtstun zu unterstützen.«

»Ich würde auch nichts von deiner Mutter annehmen«, sagte Larry. »Ich habe dreitausend im Jahr. Das ist für Paris eine ganze Menge. Wir könnten eine kleine Wohnung nehmen und eine *bonne à tout faire*. Wir würden großen Spaß haben, mein Liebes.«

»Aber Larry, von dreitausend im Jahr kann man nicht leben.«

435

»Natürlich kann man. Es gibt eine Menge Leute, die von viel weniger leben.«

»Aber ich möchte nicht von dreitausend im Jahr leben. Es ist kein Grund vorhanden, warum ich das sollte.«

»Ich lebe derzeit von der Hälfte.«

»Aber wie!«

Sie sah sich in dem schäbigen kleinen Zimmer um und schüttelte sich vor Widerwillen.

»Das heißt, ich habe auch noch etwas gespart. Wir können unsere Flitterwochen in Capri verbringen, und dann, im Herbst, fahren wir nach Griechenland. Ich möchte leidenschaftlich gern hin. Erinnerst du dich, wie wir immer davon gesprochen haben, miteinander die ganze Welt zu bereisen?«

»Natürlich möchte ich gern reisen. Aber nicht so. Ich möchte auf dem Schiff nicht zweiter Klasse fahren, nicht in drittklassigen Hotels ohne Badezimmer absteigen und in billigen Restaurants essen.«

»So habe ich im letzten Oktober ganz Italien bereist. Es war wunderbar. Mit dreitausend im Jahr könnten wir die ganze Welt sehen.«

»Aber ich möchte Kinder haben, Larry.«

»Natürlich. Wir nehmen sie mit uns.«

»Du bist so dumm.« Sie lachte. »Weißt du denn nicht, was ein Kind kostet? Violet Tomlinson bekam voriges Jahr ein Baby, und sie hat das so billig erledigt, wie sie nur konnte, aber alles in allem hat es doch zwölfhundertfünfzig Dollar gekostet. Und hast du eine Ahnung, was ein Kindermädchen kostet?« Unter der Fülle der Vorstellungen, die auf sie eindrangen, wurde sie immer heftiger. »Du bist so unpraktisch. Du weißt nicht, was du von mir verlangst. Ich bin jung, ich

436

möchte mich unterhalten. Ich möchte all das mitmachen, was die andern Leute tun. Ich will zu Gesellschaften gehen, ich will tanzen, ich möchte Golf spielen und reiten. Ich möchte hübsche Kleider tragen. Kannst du dir denn nicht vorstellen, was es für ein Mädchen bedeutet, nicht so gut angezogen zu sein wie die anderen in seinem Kreis? Weißt du nicht, was es bedeutet, Larry, die alten Kleider seiner Freundinnen kaufen zu müssen, wenn sie diese satt haben, und dankbar zu sein, wenn einem jemand aus Mitleid ein neues schenkt? Ich könnte es mir nicht einmal leisten, zu einem anständigen Friseur zu gehen, um mich ordentlich frisieren zu lassen. Ich möchte nicht in Straßenbahnen und Omnibussen fahren. Ich möchte meinen eigenen Wagen haben. Und was soll ich den ganzen Tag tun, während du in der Bibliothek sitzt und liest? Mir die Auslagen anschauen oder im Luxembourggarten sitzen und aufpassen, daß meine Kinder nichts anstellen? Wir würden keine Freunde haben.«

»Ach, Isabel«, unterbrach er sie.

»Nicht die Freunde, an die ich gewöhnt bin. O ja, Onkel Elliots Freunde würden uns hin und wieder ihm zuliebe einladen, aber wir könnten nicht hingehen, weil wir nicht die passende Kleidung hätten und weil wir uns nicht revanchieren könnten. Ich möchte nicht einen Haufen ruppiger, ungewaschener Leute kennen; ich habe ihnen nichts zu sagen, und sie haben mir auch nichts zu sagen. Ich möchte leben, Larry.« Plötzlich wurde ihr sein Blick bewußt, der so zärtlich war wie immer, wenn er ihn auf sie heftete, aber doch auch ein wenig belustigt. »Du meinst jetzt, daß ich dumm bin, nicht wahr? Du hältst mich für trivial und abscheulich.«

»Nein, gewiß nicht, ich finde, daß das, was du sagst, vollkommen natürlich ist.« ...

»Als ich zwei Jahre in dem Aschram gewesen war, ging ich einmal aus einem Grund, über den Sie lächeln werden, in meine Waldeinsamkeit hinauf. Ich wollte meinen Geburtstag dort verbringen. Am Vortag ging ich hin. Am nächsten Morgen erwachte ich vor der Dämmerung und dachte, ich könnte zu der Stelle gehen, von der ich Ihnen eben erzählt habe, um von dort aus den Sonnenaufgang zu beobachten. Den Weg kannte ich auch im Dunkeln. Ich setzte mich unter einen Baum und wartete. Es war noch Nacht, aber die Sterne verblaßten am Himmel, und der Tag war nahe. Ich hatte ein seltsames Gefühl der Ungewißheit. So sachte, daß ich es kaum wahrnahm, begann das Licht durch die Dunkelheit zu sickern; langsam, wie eine geheimnisvolle Gestalt, die durch die Bäume schleicht. Ich fühlte mein Herz schlagen wie beim Nahen einer Gefahr. Die Sonne ging auf.«
Larry machte eine Pause, und ein wehmütiges Lächeln umspielte seine Lippen.
»Ich habe kein Talent zur Naturschilderung. Ich finde nicht die Worte, um ein Bild zu entwerfen. Ich kann Ihnen nicht so, daß Sie es vor sich sehen können, beschreiben, wie großartig das Schauspiel war, das sich vor mir abspielte, als der Tag in seinem Glanz anbrach. Die Berge mit ihrem dichten Dschungel, der Dunst, der sich noch in den Wipfeln der Bäume verfing, und der bodenlose See tief unter mir. Die Sonne schien auf den See durch einen Spalt in den Gipfeln, und er schimmerte wie polierter Stahl. Die Schönheit der Welt entzückte mich. Solche Erregung und solch außerordentliche Freude hatte ich noch nie empfunden. Ich hatte ein

seltsames Gefühl, ein Zittern, das in meinen Füßen begann und bis zu meinem Kopf hinaufwanderte, und es war mir, als ob ich plötzlich, meines Körpers entledigt, als reiner Geist einer Schönheit teilhaftig wäre, die ich nie geahnt hatte. Mir war, als hätte ein übermenschliches Wissen von mir Besitz ergriffen, so daß alles, was wirr gewesen war, klar wurde und alles, was mich beunruhigt hatte, sich jetzt erhellte. Ich war so glücklich, daß es schmerzte, und ich kämpfte, um mich davon zu befreien, denn ich fühlte, ich würde sterben, wenn es noch einen Augenblick länger andauern sollte; und doch war es solch ein Entzücken, daß ich lieber sterben als es verlieren wollte. Wie kann ich Ihnen sagen, was ich fühlte? Keine Worte vermögen die Ekstase meiner Seligkeit wiederzugeben. Als ich wieder zur Besinnung kam, war ich erschöpft und zitterte. Ich schlief ein.

Es war Mittag, als ich erwachte. Ich ging zum Bungalow zurück, und es war mir im Herzen so leicht, daß es mir schien, als würde ich kaum die Erde berühren. Ich kochte mir mein Essen, Gott, war ich hungrig, und zündete meine Pfeife an.«

Larry zündete auch jetzt seine Pfeife an.

»Ich wagte nicht zu glauben, daß es Erleuchtung war, was mir, Larry Darell aus Marvin, Illinois, zuteil geworden war, während andere, die sich jahrelang mit strenger Lebensweise und Kasteiung um sie bemühten, noch warteten.«

»Was bringt Sie auf den Gedanken, daß es mehr war als ein hypnotischer Zustand, herbeigeführt von Ihrer geistigen Verfassung in Verbindung mit der Einsamkeit, dem Geheimnis der Dämmerung und dem polierten Stahl Ihres Sees?«

»Nur mein überwältigendes Gefühl der Wirklichkeit dieses Zustands. Es war schließlich ein Erlebnis der gleichen Art, wie es die Mystiker auf der ganzen Welt all die Jahrhunderte hindurch erlebt haben. Brahmanen in Indien, Sufis in Persien, Katholiken in Spanien, Protestanten in Neuengland; und soweit sie imstande waren zu beschreiben, was sich der Beschreibung widersetzt, beschrieben sie es mit ähnlichen Ausdrücken. Es ist unmöglich, die Tatsache des Vorkommens zu leugnen; die einzige Schwierigkeit ist, es zu erklären. Ob ich einen Augenblick lang mit dem Absoluten eins war, oder ob aus dem Unterbewußtsein ein Verwandtschaftsgefühl mit dem Weltgeist einströmte, der in uns allen verborgen ist, das weiß ich nicht.«

Larry schwieg einen Augenblick lang und warf mir einen schelmischen Blick zu.

»Können Sie Ihren kleinen Finger mit dem Daumen berühren?« fragte er.

»Natürlich«, sagte ich lachend und bewies es mit der entsprechenden Bewegung.

»Ist Ihnen bewußt, daß das etwas ist, was nur der Mensch und die Affen können? Weil man den Daumen den übrigen Fingern gegenüberstellen kann, darum ist die Hand das wunderbare Instrument, das sie ist. Ist es nicht möglich, daß dieser gegenübergestellte Daumen, zweifellos in einer rudimentären Form, sich an einem fernen Ahnen des Menschen und des Gorillas an bestimmten Individuen entwickelt hat und ein Charakteristikum war, das erst nach unzähligen Generationen allen gemeinsam wurde! Ist es nicht mindestens möglich, daß diese Erlebnisse der Identität mit der Wirklichkeit, die so viele verschiedene Personen hatten, auf die Entwicklung eines sechsten Sinns im menschlichen Bewußtsein hinweisen, der in ferner, ferner Zukunft allen Menschen gemeinsam sein wird, so daß sie das Absolute ebenso unmittelbar wahrzunehmen vermögen wie wir heute das unseren Sinnen Wahrnehmbare?«

»Und welche Wirkung würde das, Ihrer Meinung nach, auf sie haben?« fragte ich.

»Das kann ich Ihnen ebensowenig sagen, wie das erste Geschöpf, das entdeckte, daß es den kleinen Finger mit dem Daumen berühren konnte, Ihnen zu sagen vermocht hätte, daß diese unbedeutende Bewegung zahllose Folgen mit sich bringen würde. Was mich anbelangt, kann ich Ihnen nur sagen, daß jenes intensive Gefühl von Frieden, Freude und Sicherheit, das mich in jenem Augenblick des Entzückens erfaßte, noch immer in mir ist und daß die Vision von der Schönheit der Welt heute so frisch ist wie damals, als sie meine Augen blendete.«

»Aber Larry, Ihre Vorstellung vom Absoluten zwingt Sie doch bestimmt zu glauben, daß die Welt und ihre Schönheit lediglich eine Illusion ist – ein Werk Mayas.«

»Es ist ein Irrtum, zu meinen, daß die Inder die Welt als Illusion betrachten. Das tun sie nicht. Alles, was sie behaupten, ist, daß sie nicht im gleichen Sinn wirklich ist wie das Absolute. Maya ist nur eine Spekulation, ersonnen von jenen eifrigen Denkern, um zu erklären, wie das Unendliche das Endliche hervorbringen konnte. Samkara, der Weiseste unter ihnen allen, entschied, daß es ein unlösbares Geheimnis sei. Sie sehen, die Schwierigkeit liegt darin, zu erklären, warum Brahman, das das Seiende, die Seligkeit und die Einsicht ist, das unveränderlich ist, das immer ist und für alle Zeiten ruht, dem nichts fehlt und das nichts braucht und daher weder Wechsel noch Kampf kennt und vollkommen ist, die Welt erschaffen haben soll. Nun, wenn Sie diese Frage stellen, dann pflegt man Ihnen gewöhnlich die Antwort

zu geben, daß das Absolute die Welt im Spiel ohne irgendein Ziel erschuf. Doch wenn Sie an Überschwemmung und Hungersnot, an Erdbeben und Stürme denken und all die Krankheiten, die das Fleisch ererbt, dann empört sich Ihre Moral bei der Vorstellung, daß soviel Schreckliches im Spiel erschaffen worden sein kann. Shri Ganesha war zu gütig, um das zu glauben; er sah die Welt als Ausdruck des Absoluten und als den Überfluß seiner Vollkommenheit an. Er lehrte, daß Gott schaffen müsse und daß die Welt die Offenbarung der Natur sei. Wenn ich fragte, wie die Welt, da sie die Offenbarung der Natur eines vollkommenen Wesens sei, doch so verabscheuungswürdig sein kann, daß es das einzig vernünftige Ziel eines Menschen werden müsse, sich von ihren Fesseln zu befreien, antwortete Shri Ganesha, die Befriedigungen der Welt seien flüchtig und allein das Unendliche gebe die dauernde Glückseligkeit. Doch endlose Dauer macht Gutes nicht besser und Weiß nicht weißer. Wenn die Rose zu Mittag die Schönheit verliert, die sie am Morgen besessen, dann war die Schönheit, die sie besaß, wirklich. Nichts in der Welt hat Bestand, und wir sind Toren, wenn wir verlangen, daß etwas dauern solle, aber noch törichter sind wir, wenn wir es nicht genießen, solange wir es haben. Wenn der Wechsel das Wesen des Daseins ist, so wäre es nur vernünftig, wenn man ihn zur Prämisse unserer Philosophie machen würde. Keiner von uns kann zweimal in den gleichen Fluß steigen, denn der Fluß fließt weiter, und der andere Fluß, in den wir steigen, ist auch kühl und erfrischend.
Als die Arier zum ersten Mal nach Indien kamen, erkannten sie, daß die Welt, die wir kennen, nur eine Erscheinungsform jener Welt ist, die wir nicht kennen; und doch begrüßten sie sie als anmutig und schön. Erst Jahrhunderte später,

nachdem der Sieg, nachdem das schwächende Klima ihre Lebenskraft erschöpft hatte, so daß sie eine Beute eindringender Horden wurden, sahen sie im Leben nur Übel und sehnten sich nach Befreiung von einer Wiederkehr. Doch warum sollten wir aus dem Westen, vor allem wir Amerikaner, uns von Verfall und Tod, Hunger und Durst, Krankheit, Alter, Kummer und Enttäuschung entmutigen lassen? Der Lebensgeist ist stark in uns. Wenn ich in meiner Holzhütte saß und meine Pfeife rauchte, fühlte ich mich lebendiger, als ich mich je gefühlt hatte. Ich fühlte eine Energie in mir, die danach schrie, verbraucht zu werden. Es war nicht meine Sache, die Welt zu verlassen und mich in ein Kloster zurückzuziehen, sondern in der Welt zu leben und die Dinge dieser Welt zu lieben, natürlich nicht um ihrer selbst willen, sondern um des Unendlichen willen, das in ihnen ist. Wenn ich in diesen Augenblicken der Ekstase tatsächlich eins mit dem Absoluten gewesen bin, dann könnte mich – wenn das, was sie sagten, wahr ist – nichts mehr berühren, und sobald ich das Karma meines jetzigen Lebens überwunden hätte, würde ich nicht mehr wiederkehren. Dieser Gedanke erfüllte mich mit Unbehagen. Ich wollte wieder und immer wieder leben. Ich war gewillt, jede Art von Leben hinzunehmen, was es auch an Kummer und Sorge enthalten mochte. Ich fühlte, daß nur ein Leben nach dem anderen mein Verlangen, meine Kraft und meine Neugier befriedigen konnte.

Am nächsten Morgen stieg ich den Berg hinab, und tags darauf kam ich im Aschram an. Shri Ganesha war überrascht, als er mich in europäischer Kleidung sah. Ich hatte sie im Bungalow des Forsthauses angezogen, als ich bergauf stieg, denn oben war es kälter, und ich hatte nicht daran gedacht, mich umzuziehen.

›Ich bin gekommen, um dir Lebewohl zu sagen, Meister‹, sagte ich. ›Ich gehe jetzt zu meinem Volk zurück.‹

Er sagte nichts. Er saß wie immer mit gekreuzten Beinen auf dem erhöhten Sitz mit dem Tigerfell. In der Schale davor brannte Weihrauch und erfüllte die Luft mit seinem schwachen Geruch. Er war allein, wie er es gewesen war, als ich ihn zum ersten Mal gesehen hatte. Er sah mich so durchdringend an, daß ich den Eindruck hatte, er blicke in die tiefsten Winkel meines Wesens. Ich wußte, daß er wußte, was geschehen war.

›Es ist gut‹, sagte er. ›Du bist lange genug weg gewesen.‹

Ich kniete mich nieder, und er gab mir seinen Segen. Als ich aufstand, füllten sich meine Augen mit Tränen. Es war ein Mann von edlem, heiligem Charakter. Ich werde es immer als ein Privileg betrachten, ihn gekannt zu haben. Ich sagte auch den Schülern Lebewohl. Einige waren seit Jahren hier; andere waren erst nach mir gekommen. Ich ließ meine wenige Habe und meine Bücher zurück, denn sie mochten jemandem von Nutzen sein, und wanderte, meinen Ranzen auf dem Rücken, in denselben alten Hosen und in dem braunen Rock, in denen ich gekommen war, in die Stadt zurück. Eine Woche später bestieg ich in Bombay ein Schiff und ging in Marseille an Land.«

Schweigen senkte sich über uns, denn jeder folgte seinen eigenen Gedanken; doch so müde ich auch war, gab es noch etwas, das ich ihn sehr gern fragen wollte, und so war ich es, der endlich sprach.

»Larry, alter Junge«, sagte ich. »Diese Ihre lange Suche begann mit dem Problem des Bösen. Das Problem des Bösen hat Sie vorwärts getrieben. Aber Sie haben die ganze Zeit nichts gesagt, das darauf hinweist, daß Sie auch nur zu einer vorläufigen Lösung gekommen sind.«

»Mag sein, daß es keine Lösung gibt, mag sein, daß ich nicht klug genug bin, um sie zu finden. Ramakrishna sah die Welt als Gottes Spiel an. ›Es ist wie ein Spiel‹, sagte er, ›in diesem Spiel gibt es Freud und Leid, Tugend und Laster, Wissen und Unwissenheit, Gut und Böse. Das Spiel kann nicht weitergehen, wenn Sünde und Leiden ganz und gar aus der Schöpfung eliminiert werden.‹ Das möchte ich mit meiner ganzen Kraft zurückweisen. Dazu kann ich höchstens sagen, daß das Böse die natürliche Ergänzung des Guten war, als das Absolute sich in der Welt offenbarte. Niemals könnte man die überwältigende Schönheit des Himalajas haben ohne das unvorstellbare Grauen eines Krampfes der Erdkruste. Der chinesische Handwerker, der eine Vase aus dem, was man Eierschalenporzellan nennt, anfertigt, kann ihr eine liebliche Form geben, sie mit schönen Mustern verzieren, mit hinreißender Farbe bemalen und ihr eine vollendete Glasur geben, aber ihrer Natur gemäß kann er sie doch nur zerbrechlich machen. Wenn Sie sie auf den Boden fallen lassen, wird sie in ein Dutzend Stücke zerbrechen. Ist es nicht möglich, daß auf die gleiche Art jene Werte, die wir in der Welt hochhalten, nur im Zusammenhang mit dem Bösen bestehen können?«

»Das ist ein scharfsinniger Gedanke, Larry, aber ich glaube nicht, daß er sehr befriedigend ist.«

»Ich auch nicht«, sagte er lächelnd. »Dann kann ich nichts weiter dazu sagen, als – wenn man zu dem Schluß kommt, daß etwas unvermeidlich ist, dann kann man nichts tun als das Beste daraus machen.«

»Was haben Sie jetzt für Pläne?«

»Ich habe hier noch eine Arbeit zu beenden, und dann werde ich nach Amerika zurückkehren.«

»Um was zu tun?«

»Leben.«

»Wie?«

Er antwortete sehr kühl, aber mit einem schelmischen Zwinkern in den Augen, denn er wußte sehr wohl, wie wenig ich eine solche Antwort erwartete.

»Mit Ruhe, Geduld, Mitleid, Selbstlosigkeit und Enthaltsamkeit.«

»Eine strenge Regel«, sagte ich, »warum aber Enthaltsamkeit? Sie sind ein junger Mensch; ist es weise, das zu unterdrücken, was neben dem Hunger der stärkste Instinkt des Menschentieres ist?«

»Ich bin in der glücklichen Lage, daß sexuelle Befriedigung für mich eher ein Vergnügen als ein Bedürfnis war. Ich weiß aus persönlicher Erfahrung, daß die weisen Männer Indiens in nichts mehr recht haben als in ihrer Behauptung, daß Keuschheit die Kraft des Geistes außerordentlich steigert.«

»Ich hätte gedacht, daß die Weisheit darin besteht, ein Gleichgewicht zwischen den Ansprüchen des Körpers und denen des Geistes zu schaffen.«

»Gerade das haben wir, nach der Überzeugung der Inder, im Westen nicht getan. Sie meinen, daß wir mit unseren zahllosen Erfindungen, unseren Fabriken und Maschinen und allem, was sie produzieren, das Glück in materiellen Dingen gesucht haben, daß aber das Glück nicht in ihnen, sondern in den geistigen Dingen liegt. Und sie meinen, daß der Weg, den wir gewählt haben, zur Zerstörung führt.«

»Und stehen Sie unter dem Eindruck, daß Amerika ein geeigneter Ort ist, um gerade die Tugenden zu üben, die Sie nannten?«

»Warum nicht? Ihr Europäer wißt nichts von Amerika. Weil wir große Vermögen anhäufen, glaubt ihr, daß wir uns nur aus Geld etwas machen. Wir machen uns nichts daraus; sobald wir es haben, geben wir es aus, manchmal gut, manchmal schlecht, aber wir geben es aus. Geld bedeutet uns nichts; es ist lediglich das Symbol für Erfolg. Wir sind die größten Idealisten der Welt. Ich glaube nur, daß wir unsere Ideale auf falsche Ziele gerichtet haben; ich glaube nur, daß das höchste Ziel, das der Mensch sich setzen kann, die Vervollkommnung ist.«

»Es ist jedenfalls ein edles, Larry.«

»Lohnt es sich nicht, dafür zu leben?«

»Können Sie sich aber einen Augenblick lang vorstellen, daß Sie, ein einzelner Mann, irgendeine Wirkung auf ein so ruheloses, geschäftiges, gesetzloses, zutiefst individualistisches Volk, wie es die Amerikaner sind, ausüben können? Ebenso können Sie versuchen, das Wasser des Mississippi mit den bloßen Händen aufzuhalten.«

»Ich kann es versuchen. Es war ein einzelner Mann, der das Rad erfunden hat. Es war ein einzelner Mann, der das Gesetz der Schwerkraft entdeckte. Nichts, was geschieht, bleibt ohne Wirkung. Wenn Sie einen Stein in einen Teich werfen, ist das Universum nicht mehr ganz das gleiche, das es vorher war. Es ist ein Irrtum, zu glauben, daß jene heiligen Männer ein unnützes Leben führen. Sie sind ein Licht in der Dunkelheit. Sie stellen ein Ideal dar, das für ihre Mitmenschen eine Ermutigung bedeutet; die Durchschnittsmenschen mögen es niemals erreichen, aber sie achten es, und es beeinflußt ihr Leben zum Guten. Wenn ein Mensch rein und vollkommen wird, dann breitet sich der Einfluß seines Charakters derart aus, daß jene, die die Wahrheit suchen, auf natürliche Art zu ihm hingezogen werden. Wenn ich das Leben führe, das ich plane, dann kann es sein, daß es andere beeinflußt. Die Wirkung ist vielleicht nicht größer als die kleine krause Welle, die ein in einen Teich geworfener Stein hervorbringt, aber eine Welle bringt eine andere hervor, und diese eine dritte. Es ist immerhin möglich, daß einige Leute erkennen, daß meine Art zu leben Glück und Frieden bedeutet, und daß sie ihrerseits andere lehren, was sie gelernt haben.«

»Ich frage mich, ob Sie auch eine Vorstellung davon haben, wogegen Sie ankämpfen wollen, Larry. Sie wissen, die Philister haben seit langem die Folter und den Scheiterhaufen als Mittel zur Unterdrückung unangenehmer Meinungen abgeschafft; sie haben eine viel tödlichere Vernichtungswaffe entdeckt – den Spott.«

»Ich bin ganz schön zäh«, lächelte Larry.

»Nun, alles, was ich sagen kann, ist, daß es verdammt gut für Sie sein dürfte, ein privates Einkommen zu haben.«

»Es war mir sehr nützlich. Ohne das hätte ich nichts von dem machen können, was ich gemacht habe. Doch meine Lehrzeit ist vorüber. Von nun an kann es für mich nur eine Last sein. Ich werde mich davon befreien.«

»Das wäre sehr unklug. Das einzige, was die Art zu leben, die Sie sich vorgenommen haben, ermöglicht, ist finanzielle Unabhängigkeit.«

»Im Gegenteil, finanzielle Unabhängigkeit würde das Leben, das ich plane, sinnlos machen.«

Ich konnte eine ungeduldige Geste nicht unterdrücken.

»Das mag für einen Bettelmönch in Indien recht schön sein,

Larry; er kann unter einem Baum schlafen, und die Frommen sind bereit, sich ein Verdienst zu erwerben, indem sie ihm seine Schale mit Speisen füllen. Aber das amerikanische Klima ist für das Übernachten im Freien ziemlich ungeeignet, und wenn ich auch nicht behaupten will, viel von Amerika zu wissen, so weiß ich doch, daß Ihre Landsleute sich darin einig sind, daß man arbeiten muß, wenn man essen will. Mein guter Larry, Sie werden als Landstreicher in ein Arbeitshaus geschickt, bevor Sie den ersten Schritt gemacht haben.«

Er lachte.

»Ich weiß. Man muß sich seiner Umgebung anpassen, und natürlich werde ich arbeiten. Sobald ich nach Amerika komme, werde ich trachten, eine Arbeit in einer Garage zu finden. Ich bin ein recht guter Mechaniker, und ich glaube nicht, daß es allzu schwierig sein wird.«

»Würden Sie damit nicht eine Energie verschwenden, die auf andere Art nützlicher verwendet werden könnte?«

»Ich liebe körperliche Arbeit. Immer wenn ich das Studium satt hatte, habe ich mich ihr eine Weile zugewandt, und ich fand sie geistig anregend. Ich erinnere mich, daß ich eine Biographie Spinozas las und fand, der Autor sei recht töricht, der es als schreckliche Härte ansah, daß Spinoza, um sein karges Brot zu verdienen, Linsen schleifen mußte. Ich bin überzeugt, daß das für ihn eine Hilfe bei seiner geistigen Tätigkeit bedeutete, wenn auch vielleicht nur, weil es seine Aufmerksamkeit zeitweilig von der harten Arbeit der Spekulation ablenkte. Während ich einen Wagen wasche und einen Vergaser flicke, ist mein Geist frei, und sobald die Arbeit getan ist, habe ich das angenehme Gefühl, irgend etwas vollbracht zu haben. Natürlich möchte ich nicht ewig in einer Garage bleiben. Es ist lange her, daß ich in Amerika war, und ich werde von neuem anfangen müssen. Ich möchte als Lastwagenfahrer arbeiten. Auf diese Weise könnte ich das Land von einem Ende bis zum anderen befahren.«

»Sie haben vielleicht die wichtigste Funktion des Geldes vergessen. Es spart Zeit. Das Leben ist so kurz, und es gibt so viel zu tun, man kann sich nicht leisten, auch nur eine Minute zu vergeuden. Denken Sie daran, wieviel Zeit Sie zum Beispiel verschwenden, wenn Sie zu Fuß von Ort zu Ort gehen, statt den Bus zu nehmen, oder den Autobus nehmen statt eines Taxis.«

Larry lächelte.

»Stimmt genau, und ich habe nicht daran gedacht, aber mit dieser Schwierigkeit könnte ich dadurch fertig werden, daß ich mein eigenes Taxi hätte.«

»Was meinen Sie damit?«

»Schließlich werde ich mich in New York niederlassen, unter anderem seiner Bibliotheken wegen. Ich kann von sehr wenig leben, es ist mir gleich, wo ich schlafe, und eine Mahlzeit am Tage genügt mir vollkommen. Und wenn ich alles von Amerika gesehen habe, was ich sehen will, dann müßte ich eigentlich genug gespart haben, um mir ein Taxi kaufen und Taxichauffeur werden zu können.«

»Man sollte Sie einsperren, Larry, Sie sind vollkommen verrückt.«

»Durchaus nicht. Ich bin sehr vernünftig und praktisch. Als Besitzer des Wagens muß ich nur so viele Stunden arbeiten, als nötig sind für Nahrung, Wohnung und Erhaltung des Wagens. Meine übrige Zeit kann ich anderer Arbeit widmen, und wenn ich rasch irgendwohin will, kann ich dazu immer mein Taxi verwenden.«

»Aber, Larry, ein Taxi ist ebensogut Eigentum wie ein Staatspapier«, sagte ich, um ihn zu necken. »Als Wagenbesitzer sind Sie ein Kapitalist.«

Er lachte.

»Nein. Mein Taxi würde lediglich mein Werkzeug sein. Es würde dem Stab und der Schale der Bettelmönche entsprechen.«

In diesem scherzhaften Ton endete unser Gespräch. Ich hatte seit einiger Zeit bemerkt, daß die Leute in größerer Zahl ins Kaffeehaus kamen. Ein Mann im Abendanzug setzte sich unweit von uns nieder und bestellte ein ausgiebiges Frühstück. Er hatte die müde, aber zufriedene Miene eines Menschen, der selbstgefällig auf ein amouröses Abenteuer zurückblickt. Ein paar alte Herren, Frühaufsteher, weil man im Alter wenig Schlaf braucht, tranken gemächlich ihren *café au lait* und lasen mit ihren dicken Brillengläsern die Morgenzeitung. Jüngere Leute, einige unter ihnen sauber und adrett, andere in fadenscheinigen Mänteln, kamen hastig herein, um auf ihrem Weg in ein Geschäft oder ein Büro eine Schale Kaffee zu trinken und ein Brötchen zu essen. Ein altes Weib kam mit einem Stoß Zeitungen herein und ging von Tisch zu Tisch, um sie zum Verkauf anzubieten. Soviel ich sah, mit geringem Erfolg. Ich blickte durch die großen Fensterscheiben und sah, daß es heller Tag war. Ein paar Minuten später wurde das elektrische Licht abgeschaltet. Ich blickte auf meine Uhr. Es war sieben vorüber.

»Wie wäre es mit einem Frühstück?« sagte ich.

Wir bekamen *croissants*, noch knusprig und warm vom Bäcker, und *café au lait*. Ich war müde und verdrossen und hatte das Gefühl, wie der Zorn Gottes auszusehen, Larry aber war frisch wie immer. Seine Augen strahlten, in seinem

451

sanften Gesicht war keine Falte, und er sah um nichts älter als fünfundzwanzig aus. Der Kaffee belebte mich wieder.

»Wollen Sie mir erlauben, Ihnen einen kleinen Rat zu geben, Larry? Das ist etwas, was ich selten tue.«

»Es ist auch etwas, was ich selten annehme«, antwortete er lachend.

»Wollen Sie es noch einmal sorgfältig überlegen, bevor Sie Ihr kleines Vermögen weggeben? Wenn es fort ist, dann ist es für immer fort. Es kann eine Zeit kommen, da Sie Geld sehr dringend brauchen, entweder für sich oder für jemanden anderen, und dann werden Sie es bitter bereuen, daß Sie ein solcher Narr waren.«

In seinen Augen glitzerte Spott, als er antwortete, aber er sprach ohne Groll.

»Sie messen dem Geld mehr Bedeutung bei als ich.«

»Das kann ich mir wohl denken«, antwortete ich schroff.

»Sie müssen wissen, daß Sie es immer gehabt haben und ich nicht. Es hat mir gegeben, was ich im Leben mehr schätze als irgend etwas anderes – Unabhängigkeit. Sie können sich nicht vorstellen, wie tröstlich der Gedanke für mich war, daß ich, wenn ich Lust hätte, jedem Menschen sagen könnte, er solle sich zum Teufel scheren.«

»Aber ich will ja niemandem sagen, er solle sich zum Teufel scheren, und wenn ich es wollte, dann würde der Mangel eines Bankguthabens mich nicht abhalten. Sehen Sie, für Sie bedeutet Geld Freiheit, für mich bedeutet es Bindung.«

»Sie sind ein hartnäckiger Bursche, Larry.«

»Ich weiß. Das kann ich nicht ändern. Jedenfalls habe ich noch eine Menge Zeit, meine Meinung zu ändern, wenn ich will. Ich fahre erst nächstes Frühjahr nach Amerika zurück. Mein Freund, Auguste Cottet, der Maler, hat mir ein Häuschen in Sanary geliehen, und dort werde ich den Winter verbringen.«

Sanary ist ein anspruchsloser Badeort an der Riviera zwischen Bandol und Toulon und wird von Malern und Schriftstellern aufgesucht, die keinen Wert auf die Maskerade von St. Tropez legen.

»Es wird Ihnen gefallen, wenn es Ihnen nichts ausmacht, daß es zum Kotzen langweilig ist.«

»Ich habe Arbeit. Ich habe eine Menge Material gesammelt und will ein Buch schreiben.«

»Worüber?«

»Das werden Sie sehen, sobald es herauskommt«, sagte er lächelnd.

»Wenn Sie mir das fertige Manuskript schicken wollen, kann ich Ihnen vielleicht einen Verleger verschaffen.«

»Machen Sie sich deswegen keine Sorgen. Ich habe einige amerikanische Freunde, die in Paris eine kleine Druckerei betreiben, und ich habe mit ihnen ausgemacht, daß sie es für mich drucken.«

»Aber Sie können nicht erwarten, daß ein Buch, das auf diese Art herauskommt, besprochen und verkauft wird.«

»Mir liegt nichts daran, ob es besprochen wird, und ich erwarte auch nicht, daß es sich verkauft. Ich drucke nur ein paar Exemplare, um sie meinen Freunden in Indien und den wenigen Leuten in Frankreich zu schicken, die ich kenne und die vielleicht Interesse daran haben. Besondere Bedeutung hat es nicht. Ich schreibe nur, um das Material zu verwerten, und ich veröffentliche es, weil ich glaube, daß man dergleichen nur beurteilen kann, wenn man es gedruckt vor sich sieht.«

»Diese beiden Gründe verstehe ich.«

Wir waren mit dem Frühstück fertig, und ich rief den Kellner, um zu zahlen. Als er mir die Rechnung reichte, gab ich sie Larry.

»Wenn Sie Ihr Geld ohnehin zum Fenster hinauswerfen wollen, dann können Sie, zum Teufel, auch mein Frühstück bezahlen.«

Er lachte und zahlte.

***

Der Meditationslehrer RAM DASS, *früher unter dem Namen Richard Alpert ein renommierter Psychologieprofessor in Harvard, schildert auf seine Art dieses* Niemand Besonderes werden *als Ziel des Weges.*

Niemand Besonderes

Wir befinden uns in einem Training, um niemand Besonderes zu werden. Und erst in dieser Nicht-Besonderheit können wir jemand sein. Die Erschöpfung, die Neurose, die Angst – all das stammt aus der Identifikation mit dem Bestreben, jemand sein zu wollen. Trotzdem muß man irgendwo beginnen. Es scheint so zu sein, daß man jemand sein muß, bevor man niemand werden kann. Wenn wir zu Beginn dieser Inkarnation gleich damit begonnen hätten, niemand zu sein, dann wären wir wahrscheinlich nicht da, wo wir uns jetzt befinden. Lebensunfähige Babies sind ein Beispiel für jene Nicht-Besonderheit. Sie haben einfach nicht den Willen, zu atmen oder zu essen oder zu leben. Denn erst durch jene Kraft, jemand sein zu wollen, werden die sozialen und physischen Überlebensmechanismen bei ihnen entwickelt. Erst jetzt, nachdem wir diesen Punkt erreicht haben, lernen wir, dieses Jemand-Sein, diese »Ego« genannte Überlebensausrüstung, aus der richtigen Perspektive zu betrachten.

Als ich Professor in Harvard war, verbrachte ich meine ganze Zeit mit Denken. Dafür wurde ich bezahlt. Ich machte Notizen und Tonbandaufzeichnungen, um meine Gedanken zu sammeln. Jetzt werde ich mit zunehmender Ruhe immer schlichter. Manchmal, wenn ich meditiere, scheint es in mir niemanden mehr zu geben. Wenn etwas geschehen muß, geschieht es – auch das Denken und das Sprechen –, und ich beobachte es einfach.

Es ist schon eine sehr überwältigende Erfahrung, wenn man allmählich nichts mehr denkt, oder wenn das Denken vorüberzieht und man sich nicht damit identifiziert. Anfangs »denkt« man wirklich, daß man etwas verloren hat. Es dauert eine Weile, bis man den Frieden anerkennt, der aus der Einfachheit des Nicht-Denkens, des Leer-Seins, aus der Freiheit kommt, nicht ständig jemand sein zu müssen. Wir sind lange genug jemand gewesen. Wir haben die erste Hälfte unseres Lebens damit verbracht, jemand zu werden. Jetzt können wir daran arbeiten, niemand zu werden, wodurch wir erst wirklich jemand werden.

Denn wenn wir niemand sind, dann gibt es keine Spannung mehr, keine Täuschung, niemanden, der irgend jemand oder irgend etwas sein möchte, und der natürliche Zustand des Geistes kann ungehindert hervorleuchten. Der natürliche Zustand des Geistes ist reine Liebe, was nichts anderes ist als reines Bewußtsein. Können wir uns vorstellen, wie es ist, wenn wir selbst zu jenem Zustand werden, den wir durch unsere Meditation nur berührt haben? Können wir uns vor-

455

stellen, wie es ist, wenn wir Liebe sind? Dann haben wir uns selbst endlich so anerkannt, wie wir wirklich sind. Wir haben alle Gedanken-Muster beiseite geschoben, die uns in unserer Identität festhielten. Jetzt sind wir in jeden verliebt, den wir anschauen. Wir spüren die Freude dieses Verliebtseins, ohne deswegen etwas unternehmen zu müssen. Denn wir haben unser Mitgefühl entwickelt. Das Mitgefühl besteht aus der Freiheit, die Menschen so sein zu lassen, wie sie sein müssen, ohne sie belehren zu wollen. Wir belehren sie nur, wenn ihre Handlungen die Befreiung anderer Wesen behindern. Und auch dann tun wir es auf eine sehr bewußte Art, mit offenem Herzen. Denn wenn wir andere durch reine Belehrung verändern wollen, dann erschaffen wir damit nur mehr Entzweiung. Wenn wir niemand Besonderes sind, unser Dharma aber darin besteht, eine Ungerechtigkeit aufzuzeigen, dann führen wir diese Handlung dharmisch aus. Nicht einen Moment lang verlieren wir jene allumfassende Liebe für die andere Person, die sich von uns in nichts wirklich Wesentlichem unterscheidet. Denn wenn wir niemand sind, dann gibt es niemanden, der wir nicht sind.

Hätten wir genügend Disziplin, könnten wir den steilsten Pfaden folgen, um unsere Modelle der Anhaftung an unserer Identität zu verlieren. Wir könnten einfach sitzen – wie beim Zen-Buddhismus – und jeden Gedanken einfach loslassen, der vorüberzieht und eine neue Realität erschafft. Und ohne an einem Gedanken zu haften, würden wir Erleuchtung erfahren. Oder wir könnten dem Pfad von Ramana Maharshi folgen – Vicharya Atman: »Wer bin ich?« Wir fragen einfach: »Wer bin ich?« »Wer bin ich?« Und langsam beginnt sich unsere Selbstidentifikation zu verändern – als Körper, als Organe, als Gefühle, in sozialen Rollen. Wir disassoziieren uns ständig davon, bis wir nur noch mit dem Gedanken »Ich« zurückbleiben: »Ich bin der Gedanke, der ›Ich‹ denkt.« Dieser Pfad erfordert unglaubliche Disziplin, denn während wir uns von unserem Körper und unseren Emotionen befreien und gerade diesen letzten Gedanken »Ich« loslassen wollen, nimmt uns unser Körper bereits wieder in Besitz. Und wir befinden uns wieder in unserer gewohnheitsmäßigen Identifikation mit unseren Gedanken, unserem Körper und unserer Rolle.

Wenn wir unseren Geist beobachten, dann erkennen wir, daß er ständig nach Dingen greift, um sie in den Vordergrund zu stellen. Dadurch wird alles andere in den Hintergrund gedrängt. Wenn wir lesen, dann können wir nicht zuhören. Wenn wir zuhören, dann können wir nicht lesen. Wenn wir uns erinnern, dann vergessen wir die Gegenwart. Können wir aber funktionieren, wenn die ganze Welt zum Hintergrund wird und Gewahrsein allein den Vordergrund bildet?

Wenn Gewahrsein mit Gedanken identifiziert wird, dann existieren wir nur innerhalb einer bestimmten Raum/Zeit-Dimension. Wenn aber Gewahrsein über das Denken hinausgeht, dann können wir uns von der Zeit befreien und den Prozeß des Entstehens und Vergehens der Gedanken erkennen. Wir beobachten die Gedanken-Formen, wie sie erschaffen werden, wie sie existieren und in einer Millisekunde wieder vergehen. Und wenn wir durch die Intensität unserer Konzentration den Raum zwischen zwei aufeinanderfolgenden Gedanken sehen können, dann schauen wir in die Ewigkeit. Dort ist kein Gedanke. Wir erkennen, daß Gedanken vor dem Hintergrund von Nicht-Gedanken existieren. Wir existieren vor dem Hintergrund der Leere, des Nichts.

Und dann stehen wir an der Schwelle der Wahrnehmung unser selbst. Wir stehen vor einer der größten Ängste, mit denen wir je konfrontiert sein werden: der Angst vor unserer eigenen Auslöschung – der Angst, nicht nur als Körper nicht mehr zu existieren, sondern auch als Seele zu verlöschen. Es entspricht der Aussage, die Huang Po über Leute macht, die an diesem Punkt Angst vor dem Eintritt in die Leere haben, weil sie glauben, daß sie dann unendlich tief fallen würden und nichts ihren Fall bremsen würde – in Ermangelung der Erkenntnis, daß die Leere der Dharma selbst ist.

Wenn wir aber für die endgültige mystische Pforte bereit sind, die innere Pforte des siebenten Tempels, dann sagen wir: »Ich bin nicht dieser Gedanke.« Wir lassen sogar die große Angst des Nicht-Existierens los. Die Sinne funktionieren einfach von sich aus. Es findet ein Hören statt, aber es gibt keinen Zuhörer, es findet ein Sehen statt, aber es gibt keinen Zuschauer. Alle Sinne erfüllen ihre Aufgaben, aber es ist niemand zu Hause. Wenn der Geist denkt: »Ich bin gewahr«, dann wird das als weiterer Gedanke erkannt, als Teil des vorüberziehenden Schauspiels, und nicht als das Gewahrsein selbst. Die Gedanken ziehen wie ein Fluß vorbei, und das Gewahrsein ist einfach. Wenn wir zum Gewahrsein werden, dann gibt es kein »Ich« mehr, das gewahr ist.

Wenn man den Gedanken »Ich« losläßt, was bleibt dann übrig? Es gibt nichts, worauf man sich stützen könnte, und niemanden, der sich auf etwas stützen könnte. Nirgends eine Trennung. Reines Bewußtsein. Weder dies noch das. Nur Klarheit und Sein.

Wer Gott erreichen will, muß zwei Wahrheiten kennen.

Erstens: Alle Anstrengungen, Ihn zu erreichen, sind vergeblich.

Und zweitens: Man muß handeln, als wüßte man nichts von der ersten Wahrheit.

Der Weg zur Ganzheit
und seine Krisen

Laß mich nicht bitten, vor Gefahr bewahrt zu
werden, sondern ihr furchtlos zu begegnen.
Laß mich nicht das Ende der Schmerzen er-
flehen, sondern das Herz, das sie besiegt.
Laß mich auf dem Kampffeld des Lebens
nicht nach Verbündeten suchen, sondern
nach meiner eigenen Starke.
Laß mich nicht in Sorge und Furcht nach
Rettung rufen, sondern hoffen, daß ich Geduld habe, bis meine Freiheit errungen ist.
Gewähre mir, daß ich kein Feigling bin, der
seine Gnade nur im Erfolg erkennt.
Laß mich aber den Halt Deiner Hand fühlen,
wenn ich versage. RABINDRANATH TAGORE

Der Weg, der aufs Ganze zielt, wird nicht selten auch durch
spirituelle Krisen führen. Das Wort Krise hat in unserer Zeit
einen einseitig negativen Geschmack bekommen, der nicht
seiner ganzen Bedeutung gerecht wird. Im Chinesischen
setzt sich das Doppelzeichen für Krise aus den Einzelzeichen
für Gefahr und Chance zusammen und kommt so der ursprünglichen Aussage nahe. Auch im Griechischen finden
wir für *Krisis* noch die zweite Bedeutung von *Entscheidung*.
Die Entscheidung, die das Schwert aus der Scheide befreit,
hat aber etwas Erleichterndes und oft genug Befreiendes.
Analog haben auch die Krisen auf dem Weg diesen entscheidenden Charakter und bieten die Möglichkeit, aus Gefahren
Chancen zu machen.

In unserer Arbeit als Psychotherapeuten haben wir naturgemäß viel mit Krisen auf dem Weg zu tun und erleben oft, wie sich solche vermeintlichen Stolpersteine in Wachstumschancen verwandeln. In diesem Sinn sind Buchtitel wie *Lebenskrisen als Entwicklungschancen* und *Krankheit als Sprache der Seele* gemeint. Man könnte das Leben als eine Kette von Krisen und Krankheitsbildern verstehen, und nur wer sich ihnen stellt und ihre inneren Botschaften annimmt, gelangt ans Ziel. In Ausbildungsseminaren zur »Esoterischen Medizin« fällt immer wieder auf, daß die meisten Kollegen – Ärzte wie Psychotherapeuten –, die die Mühen eines solchen Weges auf sich nehmen, durch persönliche Krisen dazu veranlaßt wurden. Je gefährlicher die Krise, desto größer der gesetzte Wachstumsreiz.

In der religiösen Geschichte finden wir viele solche Krisenbeschreibungen. Jene von der Wandlung des Saulus zum Paulus ist sprichwörtlich geworden. Aber auch der heilige Franz von Assisi, der sich als Bruder der Tiere und Menschen so radikal auf die Seite des Lebens stellte, begann als »Playboy«. Durch ein einschneidendes, ihn schockartig treffendes Erlebnis auf einem Kriegszug gegen ein Nachbarfürstentum fiel er in eine schwere Krise, die ihn wie von Sinnen zurückließ. Was andere vielleicht in den Wahnsinn getrieben hätte, entwickelte sich für Franziskus zum Bekehrungserlebnis. Er war danach nicht mehr derselbe Mensch, war nicht mehr der lebenslustige Sohn eines reichen Händlers, sondern wurde zum heiligen Franziskus, dem von seinen früheren Kumpanen nur wenige folgen und den die eigenen Eltern nicht mehr verstehen konnten. Gerade seine dunkle Seite machte ihn, als sie sich mit seinem lichten Seelenanteil verband, zu einem ganzen, eben heiligen Menschen.

Nach Stanislav Grof, dem tschechischen Psychiater, der sich intensiv mit spirituellen Krisen beschäftigt hat, landen bei uns viele Menschen mit solchen tiefen, an die Grundlagen der Existenz rührenden Krisen in der Psychiatrie. Edward Podvoll, jener buddhistische Psychiater aus den Vereinigten Staaten, dem wir in diesem Buch bereits begegnet sind, hat in *Verlockungen des Wahnsinns* ein Lied vom Leid solch existentieller spiritueller Krisen gesungen.

* * *

Auf die spirituellen Gefahren des Entwicklungsweges, die unweigerlich auf den Suchenden lauern, weil er die Welt der Schatten nicht meiden darf und daher auch den Abgrund, den vielbesungenen Abyssos, überwinden muß, weist Bhagwan-Osho *hin, der in seinem Aschram mit Tausenden von Schülern aus Ost und West reichlich Erfahrungen sammeln konnte:*

Gesundheit und Erleuchtung
Was ist der Unterschied zwischen Irrsinn und Erleuchtung?

Da gibt es einen großen Unterschied, aber auch eine große Ähnlichkeit. Man muß die Ähnlichkeit zuerst verstehen, weil es sonst schwierig ist, den Unterschied zu verstehen. Beides – Irrsinn ebenso wie Erleuchtung – liegt jenseits des Verstandes. Die Erleuchtung ist höher als der Verstand. Aber beide sind außerhalb des Verstandes. Darum sagt man auch von einem Irren, er sei »nicht bei Verstand«. Denselben Ausdruck könnte man auch auf einen Erleuchteten anwenden; auch er ist »nicht bei Verstand«.

Der Verstand funktioniert logisch, rational, intellektuell. Weder Irrsinn noch Erleuchtung funktionieren intellektuell. Darin besteht die Ähnlichkeit. Im Wahnsinn fällt man tiefer als die Vernunft, in der Erleuchtung steigt man höher als die Vernunft, aber beide sind irrational. Darum wird manchmal im Osten ein Geisteskranker für erleuchtet gehalten. Das kommt von dieser Ähnlichkeit.

Und im Westen hält man gelegentlich – obwohl es kein alltägliches Phänomen ist, aber hie und da kommt es auch im Westen vor – einen Erleuchteten für geisteskrank, denn der Westen begreift nur eines: Wenn man nicht bei Verstand ist, muß man verrückt sein. Der Westen hat keine Kategorie für die Ebene über dem Verstand. Er kennt nur die eine Kategorie, die Ebene unter dem Verstand.

Im Osten rührt dieses Mißverständnis daher, daß es dort seit Jahrhunderten Menschen gegeben hat, die »nicht bei Verstand« waren, gleichzeitig aber über den Verstand hinausgelangt sind; darum sind sie den Verrückten ähnlich. Für die breite Masse im Osten erzeugt das Verwirrung, erzeugt es ein Problem. Sie halten lieber einen Irren für erleuchtet als einen Erleuchteten für irrsinnig – denn was verliert man schon, wenn man einen Irren für erleuchtet hält? Gar nichts. Wenn man aber einen Erleuchteten für geisteskrank hält, läßt man sich zweifellos eine riesige Chance entgehen. Aber dieses Mißverständnis ist möglich aufgrund der Ähnlichkeit.

Ein Geisteskranker kann manchmal Einblicke haben, die einem normalen Menschen nicht zugänglich sind, weil ein Geisteskranker aus dem Mechanismus des Verstandes ausgestiegen ist – natürlich auf der falschen Seite, durch die Hintertür –, aber dennoch befindet er sich außerhalb des

Verstandes. Selbst durch die Hintertür kann er noch Einblicke haben, die einem normalen Menschen, der das Haus nie verläßt, versperrt sind. Natürlich ist er nicht so gut dran, wie wenn er durch die Vordertür gegangen wäre. Dazu sind größere Anstrengungen nötig.

Irrsinn ist eine Krankheit. Sie geschieht von allein – man braucht keine Anstrengungen zu unternehmen, um verrückt zu werden. Es ist eine Krankheit, und sie ist heilbar.

Erleuchtung geschieht durch ungeheure Bewußtheit und mühevolle Arbeit.

Erleuchtung ist der Gipfel der Gesundheit.

Man muß das Wort »Gesundheit« richtig verstehen. Es hat nicht nur eine physiologische Bedeutung. Natürlich hat es auch eine physiologische Bedeutung, aber nicht nur. Es hat auch noch eine viel höhere Bedeutung.

Gesundheit bedeutet die Heilung aller Wunden.

Das englische Wort *health* kommt aus derselben Wurzel wie Heilen. Wenn eure Physiologie Heilung benötigt, bietet sich die Medizin an. Wenn eure Spiritualität Heilung benötigt, bietet sich die Meditation an. Seltsamerweise stammt das Wort *health*, Gesundheit, von derselben Wurzel wie das Wort *wholeness*, Ganzheit.

Health bedeutet, der Körper ist heil und ganz, *whole*; es fehlt ihm nichts. Und von *wholeness* kommt das Wort *holy*, heilig: Die Spiritualität ist heil und ganz, es fehlt ihr nichts.

Ebenso stammen das Wort Medizin und das Wort Meditation aus derselben Wurzel – das, was heilt.

Die Medizin heilt Wunden in eurer Physiologie, und die Meditation heilt Wunden in eurer spirituellen Existenz, in eurem höchsten Sein.

Die Sufis nennen den Geisteskranken *masta*, und *masta* be-

464

deutet betrunken. Der Irre und der Erleuchtete müssen beide ein bestimmtes Stadium durchmachen, wenn sie die Vernunft, den Verstand hinter sich lassen. Sie müssen dieselbe Grenzlinie überschreiten. Durch die falsche oder durch die richtige Tür überschreiten beide dieselbe Grenzlinie, und indem sie diese Grenze überschreiten, werden beide zu Betrunkenen, *masta*. Der Erleuchtete erlangt aber sein Gleichgewicht bald wieder, denn er hat jede Anstrengung unternommen, um aus dem Verstand herauszukommen. Er ist darauf vorbereitet, aus dem Verstand herauszukommen; er ist reif dafür, aus dem Vestand herauszukommen. Der Irre ist unvorbereitet aus dem Verstand herausgekommen. Er war nicht reif dafür. Er ist lediglich aus dem Verstand herausgefallen – rein zufällig. Die Erleuchtung geschieht nie zufällig.

Außerdem ist der Erleuchtete immer glückselig. Ich gebrauche ein anderes Wort, damit ihr es nicht verwechselt. Der Irre ist immer glücklich. Aber es besteht die Möglichkeit, daß er geheilt wird; dann wird er unglücklich sein, dann wird er anfangen, sich Sorgen zu machen. Er wird sich mehr Sorgen machen als ihr, denn er weiß, daß er verrückt war. Jetzt wird er Angst haben, er könnte wieder verrückt werden. Als er verrückt war, machte er sich überhaupt keine Sorgen; es war ihm völlig egal. Jetzt wird er sich Sorgen machen, weil er verrückt war, und er wird Angst haben, daß es morgen wieder passieren könnte, weil es ja schon einmal passiert ist.

Seht den springenden Punkt: Selbst wenn man unter die Ebene des Verstandes fällt, ist man glücklich. Es ist der Verstand, der in euch vielfältiges Leid und Elend, Eifersucht, Haß, Wut, Gewalt und Gier erzeugt. Und alles das läßt euch mehr und mehr Schmerzen an euch selbst erleiden. Ihr fangt an, überall Schmerzen zu spüren; jeder hat überall Schmerzen. Selbst wenn man also unter die Ebene des Verstandes fällt – was bedeutet, unter die Ebene des Menschseins zu fallen, denn darin besteht der einzige Unterschied zu den Tieren … ein Irrer fällt tatsächlich in die Welt der Tiere zurück. Er ist aus der Evolution ausgestiegen, ist zurückgegangen und hat Charles Darwin den Rücken zugekehrt. Er hat gesagt: »Tschüs, ich pfeife auf die Evolution!« Er ist auf ein untermenschliches Niveau zurückgefallen.

Tiere sind nicht glücklich, aber sie sind auch nicht unglücklich. Habt ihr schon mal ein Tier unglücklich gesehen? Gewiß, ihr werdet sie nicht glücklich sehen. Sie können nicht glücklich sein, weil sie nicht wissen, was es heißt, unglücklich zu sein. Aber wenn ein Mensch vom menschlichen Niveau auf das untermenschliche Niveau zurückfällt, wird er glücklich sein, weil er das Unglücklichsein kennt. Er ist nicht im selben Zustand wie das Tier, bevor es Mensch wurde. Er ist eine ganz neue Spezies: ein glückliches Tier. Es gibt keine glücklichen Ochsen, keine glücklichen Esel, keine glücklichen Affen. Tiere sind nicht glücklich, weil sie das Unglücklichsein nicht kennen. Aber ein Irrer ist einfach grundlos glücklich. Das ist ein guter Beweis für das, was ich euch sage: Wenn ihr den Verstand hinter euch lassen könnt – aber nicht bloß durch einen Zufall, nicht durch einen Schock –, dann werdet ihr glückselig sein.

Der Erleuchtete ist »nicht bei Verstand«, doch er behält die volle Kontrolle über seinen Verstand. Und er braucht dazu keinen Schalter – seine bloße Bewußtheit genügt. Wenn ihr irgendeine Sache sehr genau beobachtet, könnt ihr eine kleine Erfahrung davon bekommen, wie es sein mag, erleuchtet zu sein – nicht die vollständige Erfahrung, aber einen kleinen Vorgeschmack, eine kleine Kostprobe. Wenn ihr eure Wut sehr genau beobachtet, wird sie verschwinden. Wenn schon durch euer bloßes Beobachten diese Dinge sich auflösen, um wieviel mehr dann erst bei einem Menschen, der sich ständig auf einer höheren Warte, außerhalb seines Verstandes aufhält, der sich ständig seiner gesamten Psyche bewußt ist?

All die häßlichen Dinge, die ihr so gerne loswerden wollt, werden sich dann ganz einfach auflösen. Und bedenkt: Sie alle enthalten Energie. Wut ist Energie. Wenn die Wut sich auflöst, wird die zurückbleibende Energie sich in Mitgefühl verwandeln. Es ist dieselbe Energie. Durch das Beobachten verschwindet die Wut – sie war der Ausdruck, die Form, in die die Energie sich kleidete –, und was zurückbleibt, ist die reine Energie. Jetzt hat sich die Energie der Wut, von der Wut befreit, in Mitgefühl verwandelt. Wenn der Sex verschwindet, ist das, was zurückbleibt, die immense Energie der Liebe. Jedes häßliche Ding in eurem Verstand läßt, wenn es verschwindet, einen großen Schatz zurück.

Ein Erleuchteter braucht nichts loszuwerden, und er braucht auch nichts zu üben. Alles Falsche fällt von allein von ihm ab, weil es seiner Bewußtheit nicht standhält, und alles Gute entsteht von allein, weil Bewußtheit dafür der Nährboden ist.

Einem Verrückten kann sehr leicht geholfen werden, denn er hat einen Vorgeschmack davon bekommen, wie es ist, außerhalb des Verstandes zu sein – man muß ihm nur die richtige Tür zeigen.

In einer besseren Welt werden unsere Irrenhäuser nicht bloß versuchen, die Geisteskranken wieder geistig gesund zu machen – das ist bedeutungslos; statt dessen werden sie versuchen, den Geisteskranken zu helfen, diese Chance zu nutzen und durch die richtige Tür zu gehen. Ein Verrückter, der ins Irrenhaus geht, wird dann als Erleuchteter wieder herauskommen – und nicht als dasselbe alte, unglückliche, leidende Selbst.

Für mich hat Irrsinn also eine ungeheure Bedeutung. Er kann ein Pfad zur Erleuchtung werden.

* * *

THORWALD DETHLEFSEN beschreibt die Gefahren des Weges, die aus den verschiedenen Gruppen und Zirkeln erwachsen, und gibt in Schicksal als Chance *hilfreiche Hinweise, um den Gang in die Irre zu vermeiden:*

Jede Gruppe hat ihre Berechtigung und kann einem Suchenden zu einem bestimmten Zeitpunkt gewisse Anregungen und Impulse geben. Dieser Impuls kann recht unabhängig von der inneren Qualität der Gruppe selbst sein. Nichts in dieser Welt kann so schlecht sein, daß es nicht dem, der bewußt sehen gelernt hat, eine bestimmte Information vermittelt. Der Wert eines Systems oder einer Gemeinschaft ist schwer absolut festzulegen, er richtet sich vielmehr nach dem jeweiligen Bewußtseinsstand des Suchenden. Empfindet jemand zu einer bestimmten Vereinigung eine Affinität, so zeigt dies, daß er offensichtlich von deren Lehren noch profitieren kann; dann wird diese Vereinigung für ihn wertvoll.

Dies kann aber nur in den seltensten Fällen für immer so bleiben. Denn alle Vereinigungen erlangen ab einer gewis-

sen Größe eine bestimmte Trägheit in ihrer Eigenentwick-
lung, die meist langsamer ist als das Entwicklungstempo
eines einzelnen.

So wird der Tag kommen, da diese Gemeinschaft ihren
Zweck dem einzelnen gegenüber erfüllt hat; dieser hat eine
Affinität für einen weiteren Schritt, für eine neue Erkennt-
nisstufe erreicht.

Hier liegt der Gefahrenpunkt aller Vereinigungen. Die eigene Lehre, die zwangsläufig meist nur einen Ausschnitt der
Wirklichkeit umfaßt, wird zur alleinseligmachenden Wahrheit erhoben, und die Energien werden von der Eigenent-
wicklung abgezogen zugunsten von Vereinsmeierei, Mission und Rivalität mit Andersdenkenden. Ein System wird
zum Selbstzweck und fixiert, statt von Fixierungen zu befreien. Die Gruppe wird zum Fluchtort gegenseitiger Selbst-
bestätigungen. Eine Jüngerschar bildet sich, deren esoterischer Weg sich im Konsum der Worte des Meisters erschöpft. Hier wird der Weg zur Sackgasse.

Abgesehen von dieser allgemeinen Gefahr aller größeren
Gruppierungen lassen sich Vereinigungen auch noch quali-
tativ nach drei Grundrichtungen aufgliedern:

1. Gruppen mit reinen weißmagischen Absichten,
2. Gruppen mit schwarzmagischen Tendenzen und
3. jene Gruppen, die aufgrund ihrer Harmlosigkeit weder
   der einen noch der anderen Richtung dienen können.

Sieht man von den letzten, esoterisch völlig uninteressanten
Gruppen ab, so bleibt die Frage nach den Merkmalen, an
denen man den weißen oder den schwarzen Weg unterscheiden kann. Dabei dienen hier die Begriffe »weißmagisch«

und »schwarzmagisch« lediglich als Symbole einer Grundpolarität, die wir unabhängig davon benützen, ob eine beurteilte Gruppe sich selbst mit diesem Begriff der »Magie« jemals in Verbindung bringt.

Die gleiche Polarität kann man auch mit den Worten »linker« oder »rechter« Weg umschreiben. Beide Wege sind Polaritäten und haben deshalb ihre Berechtigung – weshalb es hier nicht darum geht, den »linken« Weg zu verteufeln – er ist als Antagonismus notwendig und macht die Helligkeit des »rechten« Weges erst richtig sichtbar. Doch ist der einzelne, der einen Weg gehen will, vor die Entscheidung gestellt, welche der beiden Richtungen er einschlagen will, den Pfad der Dunkelheit oder den des Lichtes. In dieser Entscheidung ist jeder frei – aber die Konsequenzen dieser Wahl muß ebenfalls jeder selbst vollständig tragen beziehungsweise ertragen. Der »linke« Pfad lockt mit der Macht – der »rechte« Pfad erwartet das Opfer. Vielen scheint die Entscheidung leichtzufallen.

Doch man sollte bedenken, daß alles aus dem Licht geboren wurde und deshalb auch zum Licht zurückkehren muß. Dunkel ist Mangel an Licht. Der »linke«, der dunkle Pfad führt deshalb zu keinem eigentlichen Zielpunkt, sondern ist lediglich ein weiter Umweg, der jedoch schließlich auch einmal im Licht enden wird. Nicht umsonst werden seit alten Zeiten Wahrheit, Erkenntnis, Erlösung, Erleuchtung mit Licht assoziiert, Lüge, Betrug, Irrtum, Krankheit und Leid mit dem Dunkel. Entscheiden muß jeder selbst, doch sei hier festgehalten, daß wir mit dem esoterischen Weg immer den lichten Weg meinen, denn der dunkle Weg ist letztlich kein Weg, sondern dessen Schatten.

Es gibt sehr viele Organisationen und Gemeinschaften, die

dem dunklen Pfad dienen, jedoch nur die wenigsten bekennen sich offiziell dazu. Deshalb sollte man eine Gemeinschaft vor einem Beitritt nach einigen Merkmalen hin überprüfen. Typische Kennzeichen für den linken, dunklen Pol sind: alle Machtbestrebungen – seien es äußere Größe, Mission oder ähnliches –, jeder Versuch, einen Menschen an die Organisation zu binden, so daß ein späterer Austritt schwierig oder unmöglich wird; alle Arten von Drogenkonsum.

Wahre Esoterik, soweit diese überhaupt in organisierter Form vorkommt, will lediglich dem Suchenden helfen und wird ihm dienend zur Verfügung stehen, solange er sie braucht und um Rat und Hilfe bittet. Wahre Esoterik zeigt den Weg in die Freiheit und führt niemals in eine Abhängigkeit. Wahre Esoterik läßt sich schwer organisieren, weshalb man sie auch nicht unbedingt in großen Organisationen suchen sollte. Den Weg muß letztlich jeder allein gehen. Benötigt hierbei jemand Hilfe, so wird die Hilfe zu ihm kommen – ohne daß er auf die Suche gehen muß. Um Hilfe zu bekommen, genügt es, die Hilfe wirklich zu brauchen.

***

In einer ANONYMEN *christlichen Geschichte gipfelt die Suche des Pilgers in einem äußerlich ganz einfachen Exerzitium und führt gerade deshalb zu dauerhafter (Er-)Lösung. Auch solche einfachen Lösungen wollen nichtsdestoweniger auf einem intensiven persönlichen Weg gefunden sein.*

Wie soll ich meine Seele retten?
Aufrichtige Erzählung eines russischen Pilgers

Ich, nach der Gnade Gottes ein Christenmensch, meinen Werken nach ein großer Sünder, meiner Berufung nach ein heimatloser Pilger, niedersten Standes, pilgere von Ort zu Ort. Folgendes ist meine Habe: Auf dem Rücken trage ich einen Beutel mit trockenem Brot und auf der Brust die heilige Bibel; das ist alles. In der vierundzwanzigsten Woche nach Pfingsten kam ich in eine Kirche zur Liturgie, um dort zu beten; gelesen wurde aus der Epistel an die Thessalonicher im fünften Kapitel der siebzehnte Vers; der lautet: *Betet ohne Unterlaß.* Dieses Wort prägte sich mir besonders ein, und ich begann darüber nachzudenken, wie man wohl ohne Unterlaß beten könne, wenn doch ein jeder Mensch auch andere Dinge verrichten muß, um sein Leben zu erhalten. Ich schlug in der Bibel nach und sah dort mit eigenen Augen dasselbe, was ich gehört hatte, und zwar, daß man ohne Unterlaß beten, bei allem Gebet und Flehen allezeit im Geiste beten und darin wachen muß in Ausdauer und allerorts mit zum Gebet erhobenen Händen. Ich dachte viel darüber nach, wußte aber nicht, wie das zu deuten sei.

›Was tu ich nun?‹ dachte ich bei mir. ›Wo finde ich einen, der es mir deutet? Ich will in Kirchen gehen, die im Rufe stehen, gute Prediger zu haben; gewiß werde ich dort eine Unterweisung finden.‹ Und so tat ich. Ich hörte da sehr viele gute Predigen über das Gebet. Doch waren es Belehrungen über das Gebet im allgemeinen: was das Gebet ist, wie man beten soll, welche Frucht das Gebet bringt; darüber aber, wie man im Gebet fortschreiten könne, redete niemand. Wohl war da einmal eine Predigt über das Gebet im Geist und über das unablässige Gebet; doch wurde nicht gesagt, wie man zu diesem Gebet gelangen könne. So brachte mich denn das Hören der Predigten nicht zu dem Gewünschten. Als ich mich daher an ihnen satt gehört und keine Vorstellung bekommen hatte, wie man ohne Unterlaß beten soll, hörte ich auf, die öffentlichen Predigten zu besuchen, beschloß aber, mit Gottes Hilfe nach einem erfahrenen und wissenden Mann zu suchen, der mir das Beten ohne Unterlaß erklären könnte, da ich mich ja eben zu diesem Wissen so unverwandt hingezogen fühlte.

So pilgerte ich lange von Ort zu Ort; las immer die Bibel und forschte, ob es nicht irgendwo einen geistigen Lehrer oder einen frommen, erfahrenen Führer gäbe, nach einiger Zeit sagte man mir, daß in einem Dorf seit langer Zeit schon ein Herr lebe und dort ein frommes Leben führe, um seine Seele zu retten: Er habe in seinem Haus eine Kirche, ginge niemals aus und bete immer zu Gott und lese ohne Unterlaß in Büchern, die das Seelenheil fördern. Da ich dies hörte, ging ich nicht, nein, ich lief in das mir genannte Dorf; ich kam hin und fand dort auch den Gutsbesitzer.

»Was ist es, was dich zu mir führt?« fragte er mich.

»Ich habe gehört, daß Sie ein frommer und kluger Mann sind; darum bitte ich Sie auch, um Gottes willen, mir zu erklären, was es heißt, wenn der Apostel sagt: *Betet ohne*

Unterlaß, und auf welche Weise man auch ohne Unterlaß beten kann. Ich wünsche sehr, dies zu erfahren, kann ich es doch ganz und gar nicht verstehen.«

Der Herr schwieg, blickte mich aufmerksam prüfend an und sagte: »Das unablässige, innere Gebet ist das ununterbrochene Streben des menschlichen Geistes zu Gott. Um in dieser süßen Übung fortzuschreiten, ist es erforderlich, möglichst oft Gott zu bitten, er möge einen lehren, ohne Unterlaß zu beten. Bete mehr und mit größerer Inbrunst; das Gebet selber wird dir offenbaren, auf welche Weise es ohne Unterlaß gebetet werden kann; alles kommt zu seiner Zeit.«

Nachdem er dies gesagt, gab er mir eine Wegzehrung und entließ mich. So hatte er es mir denn nicht gedeutet.

Da ging ich dann wieder meines Weges, ich dachte und dachte, las und las, grübelte und überlegte, was mir der Herr gesagt hatte, und konnte es doch nicht verstehen; ich wollte es aber sehr verstehen, so sehr, daß ich in den Nächten keinen Schlaf fand. An zweihundert Werst mochte ich so gepilgert sein und kam dann in eine große Gouvernementsstadt. Ich sah dort ein Kloster. Ich machte in einer Herberge halt und erfuhr, daß der Abt dieses Klosters sehr gütig, fromm, gastfreundlich sei und Pilger bei sich aufnähme. Ich ging zu ihm; er nahm mich freundlich auf, hieß mich Platz nehmen und wollte mich speisen.

»Heiliger Vater«, sagte ich, »Eure Bewirtung ist mir nicht vonnöten. Ich wünschte aber, daß Ihr mir eine geistliche Unterweisung erteilt, wie ich meine Seele retten soll.«

»Wie du deine Seele retten sollst? Handle nach den Geboten und bete zu Gott, dann wirst du auch gerettet werden.«

»Ich höre, daß man ohne Unterlaß beten soll, weiß aber nicht, wie man ohne Unterlaß betet, und kann es gar nicht mal fassen, was es bedeutet, ohne Unterlaß zu beten. Ich bitte Euch, mein Vater, erklärt mir das.«

»Ich weiß nicht, lieber Freund, wie ich es dir noch erklären sollte. Doch halt, ich habe hier ein Buch, da ist es erklärt.« Und er brachte mir des heiligen Dimitrij »Geistliche Unterweisung des inneren Menschen«. »Lies mal hier auf dieser Seite.«

Ich las folgendes: »Die Apostelworte ›Betet ohne Unterlaß‹ sind zu verstehen als ein Gebet, das im Geist verrichtet wird; denn der Geist kann immer in Gott eindringen und kann ohne Unterlaß zu ihm beten.«

»Erklärt mir das, auf welche Weise der Geist immer in Gott eindringen kann, nicht abgelenkt wird und unablässig betet.«

»Dies ist überaus schwierig, es sei denn, daß es einem Gott selber gibt«, sagte der Abt. Und so erklärte er es mir nicht. Nachdem ich bei ihm übernachtet und ihm am Morgen für die freundliche Aufnahme gedankt, machte ich mich wiederum auf den Weg und wußte selber nicht, wohin. Mein Nichtverstehen bekümmerte mich. Und um das Herz zu erfreuen, las ich die heilige Bibel. So ging ich fünf Tage lang auf einer Landstraße; endlich holte mich gegen Abend ein altes Männchen ein, allem Anschein nach geistlichen Standes.

Auf meine Frage sagte mir der Alte, er sei Eremit und lebte in einer Einsiedelei, die zehn West entfernt läge, abseits von der Landstraße, und er forderte mich auf, mit ihm in seine Einsiedelei zu kommen. »Bei uns«, sagte er, »werden Pilger aufgenommen, werden beruhigt und zusamt anderen Frommen in einem Gasthof gespeist.«

Ich wollte aus irgendeinem Grunde nicht dorthin und antwortete also auf seine Einladung: »Meine Ruhe hängt nicht von der Herberge ab, sondern von einer geistlichen Belehrung; auch auf Nahrung bin ich nicht bedacht, denn ich habe in meinem Beutel noch viel Hartbrot.«

»Und was ist es denn für eine Belehrung, die du suchst? Was ist es, was du nicht verstehen kannst? Komm nur, komm, lieber Bruder, zu uns; wir haben erfahrene Starzen, die können dich wohl geistig speisen und dir den rechten Weg zeigen im Lichte des Wortes Gottes und der Unterweisungen der heiligen Väter.«

»Ja, seht, Vater, es mag ein Jahr hersein, daß ich in der Messe bei der Epistelverlesung das Gebot hörte: *Betet ohne Unterlaß*. Da ich dies nicht verstehen konnte, begann ich, in der Bibel zu lesen. Und auch dort fand ich an vielen Stellen das Gebot Gottes, man soll ohne Unterlaß beten, immer, zu jeder Zeit, an jedem Ort, nicht nur bei jeglicher Beschäftigung, nicht nur im Wachen, sondern sogar im Schlaf. ›Ich schlafe, aber mein Herz wacht‹ (Hld. 5,2). Dies setzte mich sehr in Erstaunen, und ich konnte nicht verstehen, wie man dieses erfüllen kann und welche Wege dahin führen; ein lebhaftes Wünschen und Neugierde wurden in mir wach; Tag und Nacht kam mir dies nicht aus dem Sinn. Darum bin ich hier in verschiedene Kirchen gegangen und habe Predigten über das Gebet gehört; aber so viele Predigten ich auch gehört habe, fand ich doch in keiner eine Belehrung, wie man ohne Unterlaß beten müsse; immer war nur die Rede von der Vorbereitung zum Gebet oder von den Früchten des Gebets und dergleichen, es war da aber keine Unterweisung, wie man ohne Unterlaß beten soll und was ein solches Gebet zu bedeuten habe. Ich habe oft in der Bibel gelesen und an ihr das Gehörte nachgeprüft; ich habe aber dabei nicht die gewünschte Erkenntnis gefunden. So bin ich denn bis hiero in Unwissenheit und Unruhe verblieben.«

Der Starez bekreuzigte sich und begann also: »Danke Gott, geliebter Bruder, daß er dir dieses unüberwindliche Verlangen nach der Erkenntnis des unablässigen inneren Gebetes offenbarte. Erkenne hierin die Berufung Gottes und sei stille, nachdem du dich davon überzeugt hast, daß bis zu dieser Stunde eine Prüfung dir auferlegt ward, ob dein Wille auch der Stimme Gottes gehorcht, und da dir gegeben ward, zu verstehen, daß man nicht durch die Weisheit dieser Welt und nicht durch äußeren Wissensdurst das himmlische Licht, das unablässige innere Gebet erlangen kann, sondern im Gegenteil: durch die Armut des Geistes und durch tätige Erfahrung wird es einfältigen Herzens erworben. Darum ist es auch gar nicht erstaunlich, daß du von dieser wichtigen Sache des Gebets nichts vernehmen und die Wissenschaft nicht erfahren konntest, wie man dazu gelange, ohne Unterlaß in dem Tun desselben zu beharren. Und dann, um die Wahrheit zu sagen, obwohl nicht wenig über das Gebet gepredigt wird und es auch viele Lehrmeinungen verschiedener Schriftsteller darüber gibt, so unterweisen diese doch, sofern ihre Erörterungen zumeist auf Verstandeserkenntnis, auf Erwägungen der natürlichen Anschauung, nicht aber der tätigen Erfahrung beruhen, eher über alles, was zum Gebete gehört, als über das Wesen des Gegenstandes selber. So mancher weiß wundervoll über die Notwendigkeit des Gebets zu sprechen; ein anderer wieder über seine Kraft und seine Segnungen; ein dritter über die Mittel, die zu vollkommenem Gebet führen, das heißt darüber, daß es fürs Gebet des Eifers, der Aufmerksamkeit, der Herzenswärme, keuschen Denkens, der Versöhnung mit den Feinden, der Demut, der Zerknirschung und dergleichen bedarf. Aber was ist das Gebet? Und wie lernt man beten? Für diese obwohl allerwichtigsten Fragen wird man bei den Predigern unserer Zeit sehr selten ausführliche Erklärung finden können, und zwar deshalb, weil solche Erklärungen schwieriger zu erfassen sind als alle oben hergezählten Erörterungen, auch bedürfen sie eines geheimen geheiligten Wissens, nicht nur einer schulmäßigen Gelehrtheit. Am beklagenswertesten ist aber, daß die eitle, natürliche Klugheit einen nötigt, Gott mit menschlichem Maß zu messen. Viele urteilen über das Gebet ganz verkehrt, wenn sie glauben, daß die vorbereitenden Mittel und die frommen Werke das Gebet erzeugen, nicht aber das Gebet diese frommen Werke und alle Tugenden gebiert. In diesem Falle verstehen sie die Früchte oder die Folgen des Gebets nicht richtig als Mittel und Wege zu ihm hin und erniedrigen eben hierdurch des Gebetes Kraft. Und dieses läuft der Heiligen Schrift ganz zuwider; denn der Apostel Paulus unterweist im Gebet mit folgenden Worten: ›Darum ermahne ich vor allem, daß Gebete geschehen‹ (1 Tim. 2,1). Hier, nach diesem Wort des Apostels, besteht die erste Unterweisung im Gebet darin, daß er das Gebet an allererste Stelle rückt: Darum ermahne ich vor allem, daß Gebete geschehen. Es gibt viele fromme Werke, die vom Christen verlangt werden, aber das Werk des Gebets muß vor allen anderen Werken stehen, denn ohne das Gebet kann kein anderes gutes Werk verrichtet werden. Unmöglich ist es, ohne Gebet den Weg zu Gott zu finden, die Wahrheit zu erkennen, das Fleisch mit seinen Leidenschaften und Lüsten zu kreuzigen, sein Herz mit dem Lichte Christi zu durchleuchten und die selige Verbindung mit Gott zu finden. Dies alles kann nicht geschehen ohne voraufgehendes häufiges Gebet. Ich sage häufiges Gebet, denn die Vollkommenheit und Richtigkeit des Gebets geht über unsere Möglichkeiten hinaus, wie der Apostel Paulus sagt: ›Denn wir wissen nicht, um was wir beten sollen, wie es sich ziemt‹ (Röm. 8,26). Folglich ist nur die Häufigkeit, die Unablässigkeit als Mittel unserem Vermögen zugefallen, um zur Reinheit des Gebetes zu gelangen, welche die Mutter eines jeden geistigen Gutes ist. Wirb um die Mutter, und sie wird dir Kinder gebären, sagt der heilige Isaak der Syrer; lerne das erste Gebet dir zu eigen zu machen, und leicht wirst du dann alle Tugenden erlangen. Hierüber aber bestehen nur unklare Vorstellungen, und wer mit der Übung und mit den tiefen inneren Lehren der Väter nicht vertraut ist, wird wenig darüber sagen können.«

So redend, waren wir unvermerkt fast bis zur Einsiedelei gekommen. Um diesen weisen Starez nicht aus den Augen zu verlieren, sondern möglichst schnell eine Erfüllung meines Wunsches zu finden, beeilte ich mich, ihm zu sagen: »Erweist mir die Güte, ehrwürdiger Vater, erklärt mir, was bedeutet das – unablässiges innerliches Gebet, und wie kann man es erlernen; ich sehe, daß Ihr es genau und aus Erfahrung kennt.«

Der Starez nahm diese meine Bitte voller Liebe entgegen und forderte mich auf, zu ihm zu kommen: »Komm jetzt zu mir, ich will dir ein Buch der heiligen Väter geben, und auf Grund dieses Buches wirst du mit Gottes Hilfe klar und genau verstehen und beten lernen.«

Wir betraten die Klause, und der Starez sagte folgendes: »Das unablässige innerliche Jesusgebet ist das ununterbrochene, unaufhörliche Anrufen des göttlichen Namens Jesu Christi mit den Lippen, mit dem Geist und mit dem Herzen, wobei man sich seine ständige Anwesenheit vorstellt und ihn um sein Erbarmen bittet bei jeglichem Tun, allerorts, zu jeder Zeit, sogar im Schlaf. Es findet seinen Ausdruck in folgenden Worten: Herr Jesus Christus, erbarme dich meiner! Wenn sich nun einer an diese Anrufung gewöhnt, so wird er einen großen Trost erfahren und das Bedürfnis haben, immer dieses Gebet zu verrichten, derart, daß er ohne dieses Gebet gar nicht mehr leben kann, und es wird sich ganz von selber aus ihm lösen. Verstehst du nun, was das unablässige Gebet ist?«

**

Die Sufi-Geschichte von der Sandwüste schildert die Transformation auf dem Entwicklungsweg in poetisch eindringlicher Weise: Es ist notwendig, dem Selbst das Ich zu opfern, um den letzten Schritt in Richtung Erlösung zu tun:

Die Geschichte von der Sandwüste

Ein Strom floß von seinem Ursprung in fernen Gebirgen durch sehr verschiedene Landschaften und erreichte schließlich die Sandwüste. Genauso wie er alle anderen Hindernisse überwunden hatte, versuchte der Strom nun auch, die Wüste zu durchqueren. Aber er merkte, daß – so schnell er auch in den Sand fließen mochte – seine Wasser verschwanden.

Er war jedoch überzeugt davon, daß es seine Bestimmung sei, die Wüste zu durchqueren, auch wenn es keinen Weg gab. Da hörte er, wie eine verborgene Stimme, die aus der

Wüste kam, ihm zuflüsterte: »Der Wind durchquert die Wüste, und der Strom kann es auch.«

Der Strom wandte ein, daß er sich doch gegen den Sand werfe, aber dabei nur aufgesogen würde; der Wind aber kann fliegen, und deshalb vermag er die Wüste zu überqueren.

»Wenn du dich auf die gewohnte Weise vorantreibst, wird es dir unmöglich sein, sie zu überqueren. Du wirst entweder verschwinden, oder du wirst ein Sumpf. Du mußt dem Wind erlauben, dich zu deinem Bestimmungsort hinüberzutragen.«

Aber wie sollte das zugehen? »Indem du dich von ihm aufnehmen läßt.«

Diese Vorstellung war für den Fluß unannehmbar. Schließlich war er noch nie zuvor aufgesogen worden. Er wollte keinesfalls seine Eigenart verlieren. Denn wenn man sich einmal verliert, wie kann man da wissen, ob man sich je wiedergewinnt.

»Der Wind erfüllt seine Aufgabe«, sagte der Sand. »Er nimmt das Wasser auf, trägt es über die Wüste und läßt es dann wieder fallen. Als Regen fällt es hernieder, und das Wasser wird wieder ein Fluß.«

»Woher kann ich wissen, ob das wirklich wahr ist?«

»Es ist so, und wenn du es nicht glaubst, kannst du eben nur ein Sumpf werden. Und auch das würde viele, viele Jahre dauern; und es ist bestimmt nicht dasselbe wie ein Fluß.«

»Aber kann ich nicht derselbe Fluß bleiben, der ich jetzt bin?«

»In keinem Fall kannst du bleiben, was du bist«, flüsterte die geheimnisvolle Stimme. »Was wahrhaft wesentlich an dir ist, wird fortgetragen und bildet wieder einen Strom.

481

Heute wirst du nach dem genannt, was du jetzt gerade bist, doch du weißt nicht, welcher Teil deines Selbst der wesentliche ist.«

Als der Strom dies alles hörte, stieg in seinem Innern langsam ein Widerhall auf. Dunkel erinnerte er sich an einen Zustand, in dem der Wind ihn – oder einen Teil von ihm? War es so? – auf seinen Schwingen getragen hatte. Er erinnerte sich auch daran, daß *dieses*, und nicht das jedermann Sichtbare, das Eigentliche war, was zu tun wäre – oder tat er es schon?

Und der Strom ließ seinen Dunst aufsteigen in die Arme des Windes, der ihn willkommen hieß, sachte und leicht aufwärts trug und ihn, sobald sie nach vielen, vielen Meilen den Gipfel des Gebirges erreicht hatten, wieder sanft herabfallen ließ. Und weil er voller Be-Denken gewesen war, konnte der Strom nun in seinem Gemüte die Erfahrungen in allen Einzelheiten viel deutlicher festhalten und erinnern und davon berichten. Er erkannte: »Ja, jetzt bin ich wirklich ich selbst.«

Der Strom lernte. Aber die Sandwüste flüsterte: »Wir wissen, weil wir sehen, wie es sich Tag für Tag ereignet; denn wir, die Sandwüste, sind immer dabei, das ganze Flußufer entlang bis hin zum Gebirge.«

Und deshalb sagt man, daß der Weg, den der Strom des Lebens auf seiner Reise einschlagen muß, in den Sand geschrieben ist.

Der Lebensweg des Menschen ist der eines Geschöpfes, dem ein versiegeltes Buch mit auf den
Weg gegeben wurde, das vor seiner Geburt geschrieben wurde.

Dieses Buch trägt er mit sich, bis er stirbt, und
während er dem Lauf der Zeit unterworfen ist,
weiß er nichts vom Inhalt dieses Buches.

ABU'L-MADSCHD MADSCHDUD SANA'I

Über das Ziel aller Wege:
Spirituelle Ökumene und die
Einheit der Religion

> Der Mensch ist der »grundsätzlich ins Wag-
> nis Gesandte«. Das Scheitern schadet ihm
> weniger als das vermeintliche Abgesichert-
> sein. Gott will nicht Sucher spiritueller Not-
> ausgänge, sondern Vollender des Mensch-
> seins vom Sinnlichen bis zum Übersinnlichen.
>
> HERBERT FRITSCHE

Alles Leben, alle Entwicklung treibt nach esoterischer Auffassung demselben Ziel zu, der Einheit. Sie ist im Mandala
durch den *Mittel*punkt symbolisiert, aus dem alles Leben
hervorgeht und zu dem alles Leben zurückkehrt. *Aus der
Mitte in die Mitte* beschreiben Hindus diesen Weg, und
Christen erkennen im Gleichnis vom verlorenen Sohn ebendiese Wegstrecke als ihre Lebensaufgabe. Von den beiden
Söhnen, die mit dem Vater zu Hause (in der Einheit) leben,
begehrt der eine auf, läßt sich auszahlen und macht sich auf
den Weg hinaus in die Welt der Polarität, wo er unter die
Räder kommt und verlorengeht. Als er am Tief- bzw. Höhepunkt seines Verlorenseins, an der Peripherie des Mandalas angelangt ist, erinnert er sich an die Einheit, an den Vater
und kehrt zurück. Das Fest, das dieser ihm ausrichtet, er-
zürnt den braven, zu Hause gebliebenen Sohn, der sofort
gleiches Recht für sich beansprucht. Der Vater jedoch be-
harrt darauf, daß ein Fest nur dem verloren gewesenen Sohn

zusteht. Hier fordert uns die Bibel sehr deutlich auf, den Lebensweg zu wagen und nicht als Nesthocker zu verkümmern. Christus sagt eben nicht: *Ach, wäret ihr Kinder geblieben,* sondern: *So ihr nicht umkehret und wieder werdet wie die Kinder, könnt ihr das Himmelreich Gottes nicht erlangen.* Wir sollen also die Einheit, den Mittelpunkt des Mandalas, verlassen, dürfen dabei sogar verlorengehen und sündigen. Das hebräische Wort für »sündigen«, *hamartaneine,* heißt, wörtlich übersetzt, »sich absondern«, »den Punkt verfehlen«. Wir müssen aber den Mittelpunkt gleichsam verfehlen, um den Weg in die polare Welt zu gehen. Gnade liegt darin, daß wir, gerade weil wir gescheitert und verlorengegangen sind, Erlösung finden, wenn wir uns denn auf die Mitte, die Einheit Gottes zurückbesinnen.

Diesen Weg beschreiten neben dem verlorenen Sohn auch viele Märchenhelden, etwa jener, *der auszog, das Fürchten zu lernen,* aber auch jeder *Hans im Glück,* der zum Schluß alles Materielle – genau wie der Verlorene Sohn – durchgebracht hat und dadurch reif wird, spirituelle Erlösung zu finden. In ihm erkennen wir unschwer den Narren als höchste Entwicklungsstufe des Tarotweges.

Zurückgekehrt in die Mitte, wird alles eins. Die christliche Aufforderung, seinen Nächsten zu lieben wie sich selbst, erfüllt sich hier ganz selbstverständlich, da ja keine Unterscheidung mehr möglich ist und alles zum Selbst geworden ist. Auch das hinduistische *Tat twam asi* – »Ich bin das und das und jenes« – findet seine Verwirklichung, wenn alles eins ist. Das buddhistische Lebensziel ist in der Ruhe der Mitte des Rades, wo alles Streben und Anhaften aufhört, ebenfalls erreicht, und die Verwirklichten erkennen als Zentrum des Universums die Leere, die in ihnen ist und die sie sind. Für den Taoisten bilden dreißig Speichen das Rad, und auch ihm geht es nur darum, dorthin zu gelangen, wo sie zusammenkommen und die Nabe des Rades bilden, jene Mitte, die einzig Ziel und letztes Geheimnis der Schöpfung ist. Den Zenmeister schüttelt nicht selten jenes kosmische Gelächter, wenn er die Mitte erreicht, auf den Weg zurückschaut und erkennt, daß das Ziel immer schon in ihm war und er folglich auch immer schon am Ziel und es nur nicht erkannt hat. Der Mensch der Mitte ist überall schon angekommen, er ist immer schon im Ziel und das Ziel in ihm. Den Moslems hat Mohammed ins Stammbuch geschrieben, daß es außer Gott keinen Gott gibt und daß eben letztlich alles Gott ist. Damit sie ihn nicht als individuelle Person sehen, sondern in allem erkennen, hat er ihnen untersagt, sich ein Bild von ihm zu machen, wie es ja auch die Bibel den Christen im zweiten Gebot so ausdrücklich nahelegt. Zwar gelang es dem Islam, dieses Gebot zu halten, während die Christen es sogleich und unausgesetzt zu brechen begannen, doch haben beide Richtungen ähnliche Schwierigkeiten im Spannungsfeld zwischen der Einheit des einen Gottes und der Polarität entwickelt.

Beide aus dem Judentum hervorgegangenen Religionen beziehen zwar das Mandala ein, wenn wir etwa an die Fensterrosen der christlichen Gotik denken, aber sie haben die vielen Wege, die alle in die eine Mitte führen, auf egozentrische Weise umgedeutet und neigen dazu, ihren als den einzig richtigen Weg darzustellen. Im Endeffekt ist das aber noch nicht weiter schlimm, denn wenn Christen, auf ihrem einzig rechten Weg wandelnd, die Einheit in der Mitte des Mandalas erreichen, werden sie eben erkennen dürfen, daß auch schon andere auf anderen Wegen angekommen sind, was in diesem Bewußtseinszustand aber kein Problem mehr sein dürfte. Das wirkliche Problem ist wohl, daß viele Amtschristen zwar behaupten, den einzig rechten Weg zu kennen, aber ihn selbst kaum noch gehen. Selbst wenn ihnen also noch jemand folgen wollte, würde ihn das kaum in die Mitte führen. Zu allen Zeiten aber sind Christen unabhängig und manchmal sogar im Gegensatz zu ihren vorgesetzten Amtschristen den Weg gegangen und ans Ziel gelangt, wie wir den verschiedenen Zeugnissen christlicher MystikerInnen entnehmen können.

Der esoterischen Philosophie geht es um die Essenz der Religion, und da findet sie im Hinblick auf das Ziel, die Einheit, eigentlich nur Übereinstimmungen, selbst zwischen Richtungen wie dem Buddhismus, der es ablehnt, Religion zu sein, und den christlichen Kirchen, deren ganzes Selbstverständnis gerade darauf beruht.

* * *

Thaddäus Golas hat in seinem Büchlein mit dem erfrischenden Titel Der Erleuchtung ist es egal, wie du sie erlangst *das Thema bereits im Titel auf den Punkt gebracht.* RAM DASS *sagt bezüglich der spirituellen Ökumene:*

Methoden und Mehr

Wir kommen zusammen als die Repräsentanten vieler Formen und vieler Methoden. Das reicht von Krishnamurti, der sagt, es gäbe keine Methode, bis zum Krishna-Bewußtsein oder dem fundamentalen Christentum, welches sagt: »Unser Weg ist der einzige Weg.« Und das alles beinhaltet sehr viel Form. Wir treffen uns in dem, was unseren ganzen Formen gemeinsam ist. Unseren Formen gemeinsam ist reine Liebe, ist nicht-beurteilendes Gewahrsein, ist der Fluß und die Harmonie des Universums, ist die Abwesenheit von Haften, ist Weite. Wir können es »Buddha-Geist« nennen. Wir können es »das Herz Allahs« nennen. Wir können es »Christus-Bewußtsein« nennen … Es gibt keine Form, die die Verschmelzung dieser ganzen Wege repräsentiert.

Wenn wir diesen Methoden bis zu ihrem Höhepunkt folgen, dann werden wir in den Bereich jenseits der Form geführt. Wir werden in diesen Moment hineingeführt. Das Verschmelzen mit Gott findet genau hier und jetzt statt.

Sei genau hier – Dir Deines Hiersitzens bewußt, Dir Deiner Selbstdefinition bewußt, die Du in Deinem Geist erschaffst. Sei Dir Deiner zuhörenden Ohren bewußt, und daß ich spreche. Sei Dir des Verkehrslärms draußen bewußt. Sei Dir der Gefühle in Deinem Körper bewußt. Sei Dir Deines Verstandes bewußt, der nach diesem und jenem greift. Sitze einfach hier mit mir in diesem Bewußtsein. Es gibt nichts, was wir tun müssen. *Sei* einfach in diesem Moment. Versuche nicht, ihn in Dir zu speichern, bewerte ihn nicht. Mach ihn einfach bewußter. Beobachte Deinen Geist. Höre auf Dich. Spüre Dein Herz. Fließt es? Atme durch die Mitte Deiner Brust ein und aus, als ob ein Fluß mit jedem Atemzug ein- und ausfließen würde. Fließe. Sei gegenwärtig. Hier. Mehr hier. Mehr.

Laß Deine Erwartungen noch mehr los. Laß Deine Definition von Dir selbst und von dem, was Gott ist, los. Laß Deine Vorstellungen von Deinem Ziel und von Deiner Herkunft los. Laß Deine Gefühle los: Traurigkeit und Freude.

Verdränge sie nicht. Nimm sie wahr. Erkenne sie an. Gib ihnen Raum. Sie sind alle Teil des Flusses: Deine Sinne, Deine Erinnerungen, Deine Pläne, Deine Vorstellungen – alles. Vergängliche Erscheinungen. Formen, die erschaffen werden, existieren und dann wieder im Formlosen verschwinden. Hier im Moment. Genau hier. Denn das Endergebnis all der Dinge, die wir miteinander während all der Jahre geteilt haben, ist nicht »dort« oder »dann« oder »vielleicht« oder »wenn nur« oder »sobald ich ...« Dies ist es. Erkenne das in Dir, das Dich davon abhält, in diesem Moment zu sein: Das Urteilen, Warten, Verlangen nach Erfahrungen. »Ich kann es nicht bekommen. Ich fühle mich von allem abgetrennt.« Dieser Gedanke, genau er ist das Problem. Laß ihn sein. Der ruhige Geist. Nicht-beurteilende Bewußtheit. Vollkommener Fluß und Harmonie. Kein Du. Kein Selbstbewußtsein. Nicht: »Ich versuche, erleuchtet zu werden.« In der Meditation gibt es keinen Meditierenden. Meditation *ist* einfach. Meditation ist Offenheit, Weite, Gegenwärtigkeit, Ist-heit.

Warum treten wir also diesen vielen Clubs bei? Warum zahlen wir diese hohen Beiträge? Worum dreht sich das alles? Sollte man alle Methoden meiden? Anscheinend nicht, aber es scheint nützlich zu sein, sie in der richtigen Perspektive zu sehen. Methoden stellen das Boot dar, welches den Ozean der Existenz überquert. Wenn wir die Hälfte des Weges über den Ozean zurückgelegt haben, dann wäre es ziemlich dumm, Methoden für unnötig zu erachten, wenn wir nicht schwimmen können. Wenn wir aber erst einmal zum anderen Ufer gelangt sind, dann wäre ein Weitertragen des Bootes unnütz. Die Regeln dieses Spiels scheinen einfach zu sein: Die Methoden sind nicht die Sache selbst; Methoden sind

Fallen. Wir lassen uns auf diese Fallen ein, um bestimmte Dinge in uns zu läutern, die uns von der Befreiung abhalten. Schließlich werden wir aus der Methode am anderen Ende wieder entlassen, und sie löst sich in nichts auf. Jede Methode – der Guru, das Chanten, das Studium, die Meditation, jede Praktik – wird sich auflösen. Denn das Endresultat ist »nichts Besonderes«.

Wenn wir das Erkennen Gottes als eine ständige, den ganzen Tag über ausgeführte Meditation betrachten, als nicht-beurteilendes Gewahrsein, als ein Klar-Sein ohne Meinungen, ohne Haften und Wollen, ohne zu schieben oder zu zerren, weder an diesem noch an jenem verhaftet, dann werden wir erfahren, was es bedeutet, Gott zu kennen und in ihm zu sein ...

Wenn ich an jedem Ort zu jeder Zeit ohne Anhaftung eingestimmt bin, wenn ich mich weder an der Leere noch an der Form festhalte, dann bin ich frei. Wenn ich die physische Existenz verdränge, um zu einem bestimmten »Raum« zu gelangen, wenn ich mich nur mit Krishna wohl fühle, meine Schwiegermutter aber nicht ausstehen kann, dann bin ich gefangen. Nirgends findet ein Haften statt. Dann wird jeder Moment so reichhaltig, daß alles in ihm vorhanden ist: jede astrale Ebene, jede physische Ebene, jede Ebene des Bewußt-seins, jeder mentale Zustand, alle Leerheit – alles befindet sich genau hier. Ein ruhiger Geist nimmt alles wahr.

Unsere Lauterkeit, die Anerkennung unserer wahren Natur, unsere Ruhe und unser Offen-Sein für den gegenwärtigen Moment rufen die Lehren hervor. Anstatt zu beurteilen und zu zerren und zu schieben, öffnen wir uns einfach. Wir nehmen alles in uns auf und lassen es durch uns hindurchfließen – wir lassen es weiterfließen ...

Wie sollten für alle Lehrer und Lehren offen sein und mit unserem Herzen zuhören. Bei einigen werden wir spüren, daß uns nichts mit ihnen verbindet. Andere werden uns anziehen. Wir müssen uns dabei selbst vertrauen. In uns ist alles enthalten, was Buddha, was Christus sind – wir alle besitzen dasselbe. Aber erst wenn wir das anerkennen, wird es interessant werden. Unser Problem besteht darin, daß wir Angst vor der Anerkennung unserer eigenen Schönheit haben. Wir sind zu sehr mit dem Festhalten an unserem Minderwertigkeitsgefühl beschäftigt. Wir möchten lieber als unwürdige Person vor dem großen Mann sitzen. Das stimmt eher mit dem Bild überein, welches wir von uns selbst haben. Nun, es ist genug. Wir sind schön.

Wißt Ihr, wie selten, historisch gesehen, ein mit so viel Bewußtsein geführter Dialog wie dieser stattfindet?

Wenn wir unsere spirituelle Linie finden – und wir können sie nicht suchen; wir werden von ihr angezogen werden, und sie wird nicht unbedingt in der Form eines einzigen Lehrers in Erscheinung treten –, dann ist sie lediglich die Weise, in der wir fortan das Universum betrachten. Indem wir uns dieser Linie ergeben, werden wir alle Handlungen mit immer größerer Klarheit ausführen, und sie werden dann nicht mehr von unserem persönlichen Verlangen bestimmt werden, sondern vom dharmischen Moment. Sie werden aus Dir hervorgeholt werden, genauso wie diese Worte von Euch aus mir hervorgeholt werden. Ich identifiziere mich nicht mit ihnen. Dieses Buch ist einfach eine Aufzeichnung von Worten, die zu uns gesprochen werden, die wir zuhören und verlangen, daß sie gesprochen werden. Wessen Buch ist es also? Wenn auf einer Violine schöne Musik erklingt, gehen wir dann zur Violine und bedanken uns bei ihr? Ich bin einfach das Sprachrohr eines Prozesses. Wir berühren durch dieses Buch uns selbst. Vergeßt mich. Ich bin eine vergängliche Erscheinung. Wir berühren uns selbst. Früher oder später werden wir unsere eigene Schönheit anerkennen müssen. Aber mit dieser Anerkennung ist es noch nicht getan. Wir tun das, um der Anerkennung unserer Häßlichkeit entgegenzuwirken, an die wir uns so sehr klammern. Dann werden wir beides loslassen müssen. Denn unser Ziel besteht nicht darin, selbstbewußt wie Narziß dazusitzen und zu sagen: »Seht, wie schön ich bin.« Unser Ziel besteht darin, im gegenwärtigen Moment zu sein.

Und wenn wir mit unserer Linie fertig sind und am anderen Ende wieder entlassen werden, dann werden wir uns umsehen und erkennen, daß alle Methoden zur Bergspitze führen. Wir können Gott in jedem Menschen finden. Wir sind dann nicht länger Buddhist oder Hindu oder Christ oder Jude oder Moslem. Wir sind Liebe, wir sind Wahrheit. Und Liebe und Wahrheit beinhalten keine Form. Sie fließen in Formen hinein. Das Wort ist niemals dasselbe wie das, was das Wort bezeichnet. Das Wort »Gott« ist nicht Gott, das Wort »Mutter« ist nicht die Mutter, das Wort »Selbst« ist nicht das Selbst, das Wort »Moment« ist nicht der Moment. All diese Worte sind leer. Wir spielen damit auf der Ebene des Intellekts und füttern das in uns, was ständig verstehen möchte.

Und hier befinden wir uns nun – alle unsere gesprochenen Worte sind verklungen. Wohin sind sie gegangen? Könnt Ihr Euch an alle erinnern? Leer, leer. Sollten wir sie tatsächlich gehört haben, sind wir doch in diesem Moment leer. Wir sind bereit für das nächste Wort. Und jenes Wort wird durch uns hindurchgehen. Wir brauchen nichts zu wissen.

Das ist das Absurde daran. Wir werden sehr schlicht. Wir werden leer. Wir wissen nichts. Wir sind einfach Weisheit. Und nichts werdend, sind wir alles.

***

HANS STERNEDER läßt in seinem gleichnamigen Roman den Wunderapostel *über Gott und die Welt, seine Schöpfung, sagen:*

Wie zwei Patriarchen standen der Wunderapostel und der hünenhafte Evangelist im weiten Fruchtland. Immer wieder ruhten Beatus' und der Fürstin Augen auf den zwei Gestalten, die ihnen wie die Seele der Landschaft erschienen. Nur Tristan war von unbeschreiblicher Erregung. Er fegte über die Felder, lief zu den Erntearbeitern, sprang um die Wagen, daß der Staub der Feldstraßen um ihn wirbelte wie gemahlenes Mehl, stand regungslos auf den Böschungen oben und witterte in das Land. In der Ferne blauten die Höhenzüge der Berge. In ihnen allen war die Freude über das gesegnete Erntewetter. Lange saßen die vier Betrachter auf einer Anhöhe im Schatten einer weit ausladenden Linde.

Den ganzen Nachmittag verbrachten sie teils in der Kühle des geräumigen Bibliothekssaales, teils im Schatten des Parkes unter den dichten Ästen der riesenhaften, tausendjährigen Trauerbuche, die ihre Zweige bis in die ruhigen Wasser des großen Teiches hängen ließ.

Spätabends noch, nachdem sie die emsige Heimkehr der wie eine Sturzflut durch das alte Hoftor drängenden Schafherde mit ihrem silberbärtigen Schäfer genossen hatten und wieder in ihren Stühlen saßen, die sie gestern um diese Stunde innegehabt, hörten sie das einförmige Singen des heimfahrenden Gesindes und das polternde Trommeln der über die Eichenbohlen der weit ausladenden Scheunen stampfenden Rosse. Lange gaben sie sich schweigend dem Hohen Lied der Erde hin, das in keiner Stunde des Jahres so erhaben ist wie in den Tagen, in denen die Menschen das heilige Korn einbringen und mit ihm die Liebe der Erde und den Segen des Himmels. Plötzlich erlosch wie mit einem Schlag jeder Laut von Arbeit, Mensch und Tier. Die Lauschenden wissen es. Bleischwer fallen in den Nächten dieser lohenden Tage die Menschen auf das Lager. Schwer wie Kornsäcke. Im düsteren Sparrenholz der Scheunengiebel aber hocken lauschend die mit dem Segen der Felder mitgekommenen Erdgeister. Nur die Fledermäuse vollziehen unermüdliche lautlose Schemenflüge durch den stillen Park. Und fern vom dürren Ast einer alten Eiche tönte immer wieder das klagende, hohle Gestöhn eines Käuzchens: Schuhuhu – huuu … Schuhuhu – huuu.

Klar wie ein Diamant steht der Abendstern am westlichen Himmel.

Endlich bricht Beatus das wohltätige feierliche Schweigen und richtet an seinen väterlichen Freund und Lehrer die Frage: »Du hast uns in den letzten Tagen so Unermeßliches gegeben, daß ich die Bitte an dich richten muß, uns zu sagen, wie denn die ganze Schöpfung und der Mensch überhaupt entstanden sind!«

Da diese höchsten Erkenntnisse des Menschheits-Urwissens den frühen Sehern aber zu heilig waren, als daß sie in weiheloser Form im nüchternen weltlichen Leben stünden, haben sie diese heiligsten Dinge, die sie aus ihrer kühlen, geistigen Höhe in die blutwarmen Bezirke der Menschen herabgeholt hatten, voll ehrfürchtiger Weisheit in höchster Genialität hinter geheimnisschweren Siegeln und lebensnahen Gleichnissen verborgen. Und zwar das eine Mal durch die himmlische Form der Religion, und das andere Mal durch die irdische Form der Märchen.

Genauso ist auch eure christliche Religion vorgegangen. Sie hat diese gewaltigsten Geschehnisse der Entstehung der Schöpfung und des Lebens in einen ganzen Ring dramatischster Legenden gefaßt, die in Moses' Genesis ihren Anfang haben mit der Erschaffung der Welt und dem Leben aller Geister im Himmel. Darauf folgt der Aufruhr Luzifers mit seiner Verführung der Menschengeister und ihrer aller Sturz aus der lichten Höhe des Himmels hinab in die Tiefe des Paradieses.

Und diesen dramatischen Bildern schließen sich an die nicht minder tragischen von Luzifers Versuchung des ersten Menschenpaares durch die Schlange, das Essen des Apfels vom »Baum der Erkenntnis«, der neuerliche Zerfall mit Gott, die Austreibung aus dem Paradies, die Verstoßung auf die Erde und die Verwehung des »Baumes des Lebens« durch den Engel mit dem hauenden Schwert.

Wenn ihr diesen gewaltigen Bericht genau durchdenkt, findet ihr in ihm drei Orte: den Himmel, das Paradies und die Erde.

Ich will gleich vorwegnehmend sagen, daß dies aber nicht drei Orte sind, sondern daß damit in der unübertrefflichen Meisterschaft der Symbolsprache, in die der ganze Bericht gehüllt ist, die drei Stufen oder Entwicklungszustände der Schöpfung und des Lebens ausgedrückt sind!

Zuerst die Stufe des Geistes, dann die Stufe der Seele und schließlich die Stufe des Körpers.

Also: der rein geistige oder mentale Zustand der Schöpfung, der dünnstoffliche oder astrale Zustand und der grobstoffliche, irdische Zustand.

Oder anders noch gesagt: die Welt des eingeschlechtlichen Hermaphroditen oder der reinen Geistigkeit, die Welt der Geburt der Seele und der Zweigeschlechtlichkeit in ihrer ersten Verstofflichung; und die Welt der grobstofflichen Körper und ihre zweite Verstofflichung.

Denn Gott hat jedem Ding einen bestimmten Dichtigkeitsgrad zugedacht, und so nimmt jedes Geschöpf in allmählicher rhythmischer Entwicklung des Urbaustoffes die ihm zugehörende Dichtigkeit an.

Genauso wie der Mensch, die höchste Form der Schöpfung, aus der Dreiheit Geist, Seele und Körper besteht, so hat die ganze Schöpfung auf dem Wege ihrer Entwicklung diese drei Stufen durchlaufen müssen.

Denn Gott dachte die Schöpfung so dicht und fest, wie sie heute ist.

Aber da Er sie geistig dachte, so war sie vorerst nur geistig. Denn es war am Anfang nichts da als Gott allein.

Diese rein geistige Erschaffung war der erste Zustand der Schöpfung, die *mentale* Form: – der *Himmel*.

Alles war bei Gott, war in Seiner Sphäre.

Damit die Erde und alle Geschöpfe nun stofflich werden konnten, mußte Er das Urlicht schaffen, den Urbaustoff. Nun war das materielle Baufeld gegeben.

Aber es war noch ein weiter Weg bis zu dem heutigen Dichtigkeitsgrad der Schöpfung. Denn jede Entwicklung im ganzen Weltall vom Größten bis zum Kleinsten geht rhythmisch vor sich und somit langsam. So auch der Weg von der reinen Geistigkeit zur dichtesten Stofform.

Die erste Verdichtung der geistigen Urbilder oder dieser zweite Zustand der Schöpfung war die *astrale* Form. Diesen Zustand nennt eure Kirche: – das *Paradies*.

Die Hülle war noch so dünnstofflich, daß das heutige menschliche Auge sie nicht gesehen hätte, und die Fesselung des Geistes somit so gering, daß es noch immer sein Seligkeitszustand war, in dem der Mensch nahezu alle seine uranfänglichen göttlichen Kräfte besaß.

In unendlichen Zeiträumen schritt die Verdichtung in ihren zweiten, endgültigen Grad hinein und führte zum dritten Zustand der Schöpfung, zur heutigen *irdischen* Form: – die *Erde*.

In dieser ist der Geist so gefangen und belastet, daß eure Kirche diesen Eintritt in die dritte Phase der Verdichtung mit Recht die »Austreibung aus dem Paradies« und die »Verstoßung auf die Erde« nennen konnte.

Und nun, meine lieben Freunde, höret, wie die Schöpfung und der Mensch entstanden sind!

Der Urgrund aller Schöpfung ist Gott. Gott ist der ewig Unberührbare, Unoffenbare. Eure Frühväter hatten für ihn das Symbol des Punktes in einem Kreis und nannten dies den »Punkt Rühr-mich-nicht-an«. Gott ist die Allmächtigkeit und ist der reinste Geist allen Geistes. Er durchdringt und erfüllt das ganze Weltall. Und Er durchdringt und trägt somit jedes Geschöpf und gibt allem das Leben. Gott ist überall – aber Er ist nirgends gebunden. Ganz so wie unsere Sonne, die mit ihrer Wärme, ihrem Licht und ihrer Lebenskraft das ganze Planetensystem durchdringt und dennoch völlig ungebunden ist.

Eines Tages überkam Gott das Bedürfnis, sich Seiner Selbst voll bewußt zu werden. Denn Gott hatte keinen Gegenpol.

Und so wie jedes Ding sich nur an seinem Gegensatz messen und bewußt werden kann – das Licht an der Finsternis, das Große am Kleinen, das Gute am Bösen –, so war es auch bei Gott. Auch Er, der reine Geist, konnte sich nur an dessen Gegenpol, dem Stoff, messen und bewußt werden!

So begann Gott aus Schöpfungslust und Tatendrang zu schaffen, ganz so wie jeder Mensch.

Und Er schuf als erstes Seinen ältesten Sohn Christus und mit ihm das Geistfeld. Dieser älteste Sohn ist gleichsam die Seele des Geistfeldes.

Was war nun das Geistfeld?

Das Geistfeld war die Unflut seiner Gottesgedanken. Da Gott aber das Leben und die Allmacht ist, so war jeder Seiner Gedanken im Augenblick, wo Er ihn gedacht hatte, auch schon Leben und somit Wesen.

So schuf Gott zuerst alle Seine Urengel, die Gestirne. Hernach dachte und senkte Er in jeden Gestirnengel die Unzahl jener Kreaturgedanken oder Geistwesen hinein, die diesem Gestirn zugehören sollten, so wie die heimlichen Wasserquellen in den Leib der Erde eingesenkt sind. Damit der Urengel zu jenem Zeitpunkt, wo er selbst zu schaffen beginnen sollte, sie aus sich heraushole, so wie der Künstler seine Gedanken schöpferisch aus sich heraushebt oder die mütterliche Erde ihre Wasserquellen sprießen läßt.

Diese Gedanken Gottes sind die ewigen Ur-Modelle jener Art und jeder einzelnen Kreatur. Sie sind die ewigen trächtigen Urmütter, welche Plato die Monaden nannte.

Diese Gottesgedanken oder Monaden spalten bei den drei niederen Reichen aus sich die Gruppen-Seelen heraus, und diese gießen dauernd die einzelnen Lebensflämmchen, die Gottesfunken, aus sich, so wie die Wolke die Tropfen oder das Feuer die Funken. Jedes einzelne Lebensflämmchen ist mit der Gruppen-Seele durch eine geistige Nabelschnur ebenso verbunden wie die Gruppen-Seele mit der Monade, die Planeten mit der Sonne oder die Urengel mit Gott.

In dieser ersten Schöpfungsfrühe war die ganze Schöpfung nicht nur rein geistig: eben das Geistfeld um Gott, sondern sie war ganz bei Gott, sie lebte in der geistigen Welt, also: »im Himmel«! Das war die *erste* Stufe der Entwicklung der Schöpfung. Die Zeit vor der Aussendung des Logos oder das Reich der geschlechtlosen Hermaphroditen.

Und nun setzte die *zweite* Phase der Entwicklung ein.

Die Unflut der rein geistigen Wesen, das Geistfeld, wollte nun ebenfalls wie Gott das volle Bewußtsein gewinnen, das sie nur durch den Widerstand gewinnen kann. Denn das Unendliche und Ungebundene wird sich erst durch das Endliche und Begrenzte, durch die Welt des Stoffes, voll bewußt. So begann Gott Seinen Logos auszusenden, also Sein großes »Es werde!« zu sprechen, damit die ganze geistige Welt sich bewußt und offenbar werde.

Und so schuf er zu diesem Zwecke Seinen zweiten Sohn Luzifer, das ist: »Träger des Lichtes«, und das Stoffeld. Und machte Luzifer zur Seele des Stoffes.

Was ist nun dieses Stoffeld?

Es ist das »Licht«, das Luzifer »trägt«, und von dem Moses in seinem Schöpfungsbericht als von dem Geschaffenen des ersten Tages spricht. Es kann damit aber nicht das Licht der Sonne gemeint sein, denn Moses spricht deutlich, daß die Sonne, die den Tag, also das Tageslicht, macht, von Gott erst am vierten Schöpfungstag geschaffen wurde. Also scheint hier ein Widerspruch zu sein, denn wir sind gewöhnt zu wissen, daß das Licht von der Sonne kommt. Da bei

Moses, diesem gigantischen Geist, aber ein so grober Irrtum nicht möglich sein kann, so kann das Licht des ersten Schöpfungstages nicht das Sonnenlicht sein, und wir stehen somit vor einem großen Rätsel. Um dieses Rätsel zu ergründen und dieses Licht zu erkennen, geben uns die Berichte der großen Frühvölker klare Auskunft.

So steht in den indischen Upanischaden: Brahma, also Gott, habe am Anfang das Licht geschaffen und aus ihm dann alle anderen Lebensformen gebildet!

Also muß dieses Licht ein Stoff sein, und ich will euch gleich sagen, daß es eben der Urbaustoff aller Schöpfung ist, der Weltäther, das Urlicht, Akāsha, also das Stoffeld. Es ist das Licht des ersten Schöpfungstages in Moses' Genesis. Die babylonischen Tontafeln berichten dasselbe. Und sowohl die alten Ägypter wie die keltischen und germanischen Druidenpriester sagen, daß das Urlicht die geistige Form aller materiellen Dinge sei.

Also seht ihr, daß auch diese Völker das Urlicht als Urmaterie bezeichnen, als den Urbaustoff aller stofflichen Gebilde!

Sie sagten wörtlich: »Das Licht ist dasjenige Element im materiellen Weltall, das Gott am nächsten steht.« Es muß also ein so dünner Stoff sein, daß er noch Geist ist, und bereits ein so verstofflichter Geist, daß er schon als Stoff angesprochen werden kann. Jene Form somit, wo Geist und Stoff sich berühren und in eins übergehen. Eure Wissenschaft wird bald zu ihm hinfinden und von ihm sagen, daß er konzentrierte, strahlende Energie ist, also konzentriertes, strahlendes Urlicht!

Gott schuf dieses Urlicht, dieses Urbaufeld nun ebenso aus sich, wie die Spinne den Faden aus sich schafft. Dieser Urbaustoff wurde von den frühen Sehern »Licht« genannt, weil er aus der Sonne aller Sonnen, aus Gott dringt und seine Leuchtkraft darum eine derart ungeheure sein muß, daß das menschliche Auge sie gar nicht mehr wahrzunehmen vermag. Und wir verstehen, daß vorerst dieser leuchtende Urlichtstrahl sein muß, bevor aus ihm in unfaßbaren Zeitläufen unsere Sonne sich bilden und ihrerseits in ihr Planetensystem jenes schwache Licht senden kann, das wir kennen und anbeten. Und daß es sich (abgesehen davon, daß Moses deutlich sagt, die Sonne sei erst am vierten »Gottes-Tag«, also im vierten, viele Millionen von Jahren umfassenden Schöpfungszyklus, geschaffen worden) um das Urlicht dreht, sagt uns ja auch schon die Erwägung, daß das Sonnenlicht nur in den kleinen Raum ihres Planetensystems strahlt, während es sich bei jenem Urlicht des ersten Schöpfungstages um ein »Licht« handelt, das alle Weltenräume erfüllt!

Nun ist das Stoffeld, der Gegenpol des Geistfeldes, vorhanden!

Nun stehen sich Christus, der Herr des Geistfeldes, und Luzifer, der Herr des Stoffeldes, gegenüber – und jetzt kann die Schöpfung wirklich beginnen. Gott hat Sein großes »Es werde!« gesprochen, nun kann alles rein geistig von Ihm Gedachte sich offenbaren, kann Form annehmen, kann der Geist sich am Stoff und Gott sich an seiner gesamten Schöpfung erkennen!

Zu diesem Behufe beginnt Gott nun die große »Ausatmung«, das heißt: strahlt Gott Seine ganze rein geistige Schöpfung ebenso in den Weltenraum, in das unermeßliche Urbaufeld hinaus, wie wir im Winter unseren Atem in Form einer Wolke von Wasserdampfbläschen sichtbar in die kalte

Luft hinausstoßen. Der »Tag Brahmas« beginnt, oder wie die Inder sagen, das »Manvantara«.

Zwei gigantische Vorgänge setzen nun ein!

Luzifer beginnt durch seine ewig wirkende Kraft das Licht, also Urbaufeld, in dauernde Elektronenwirbel zu versetzen, so daß die Urlichtteilchen sich zu Atomen zusammenschließen, und bereitet so den ersten »Urbaustein«, den »Urziegel« für alle kommende Körperwelt vor.

Der Stoff lockt nun den Geist an: – das ist die Versuchung Luzifers!

Hierauf wirft er um ihn seinen fesselnden Mantel und zieht ihn dadurch völlig von der geistigen Welt in das materielle Reich des Stoffes: – das ist der Aufruhr Luzifers!

Und die Ausstrahlungskraft Gottes, Seine Ausatmung, also die Zentrifugalkraft, stößt alles Geistige von sich in den Weltenraum, in das Stoffeld hinaus.

Diese Zentrifugalkraft Gottes wird bildlich als der »Erzengel Michael« dargestellt, der die Geistwesen »aus dem Himmel in die Tiefe des Paradieses stößt«.

Wir verstehen nun diesen ganzen Vorgang. Er heißt nichts anderes als: die zweite Phase der Entwicklung setzt ein, die Verstofflichung der geistigen Schöpfung!

Durch diese Berührung des Geistes mit dem Stoff vollzieht sich aber eines der größten Geschehnisse der ganzen Schöpfung: die *Geburt der Seele!*

Und so stehen wir unerwartet vor einem der größten Mysterien des Lebens. Seit die Welt steht, tasten die Menschen um die Seele. Mit Heftigkeit haben die Forscher unseres Jahrhunderts sie geleugnet und im gleichen Atemzug doch nicht ohne sie auszukommen vermocht. Die Klugen unter den Menschen aber haben gesagt: die Seele ist alles! Sie ist Instinkt, Artwissen und Intelligenz. Sie ist die »Innere Stimme«. Aus ihr kommen Gefühl und Erwägung, Einfall und Anpassung. Aus ihr steigen Empfindung, Streben, Wünschen und Wollen, Liebe und Haß, Freude und Schmerz, Sanftmut und Zorn. Und wenn ihr mich fragt, was die Seele eigentlich sei und ob wir sie uns als Wesen vorstellen müssen, dann sage ich ja!

Sie ist genau so ein reales Wesen wie der Vogel, jeder Baum, denn sie ist das ebenso gegenständliche Gebilde von Geist und Stoff wie das Kind von Mann und Weib! Nur ist dieses Seelenwesen unsichtbar wie das Geistwesen (Gottesfunke), denn die Seele ist halb reiner Geist, nach dem väterlichen Gottesfunken, und halb Stoff, nach dem mütterlichen Urlicht. Da dieser Urbaustoff aber noch unter der Grenze des für das gewöhnliche, unerweckte Auge Erfaßbaren liegt, so kann man die Seele nicht sehen.

Sie entsteht also immer, wenn der positive, elektrische, männliche Geist auf den negativen, magnetischen, weiblichen Stoff aufprallt – ob an jenem frühen Schöpfungsmorgen, in dem der Geist das erstemal den Stoff berührte, oder später dann in den schon materiellen Zeiten, wenn sich der Gottesfunke bei seinem Einfahren in das befruchtete Ei am Stoffe reibt.

Durch den Widerstand, den der Gottesfunke findet, wenn er zentrifugal vom Innern der befruchteten Zelle auf deren Leib hinausstrahlt, wird er sich seiner bewußt, erhält er das von ihm erstrebte Bewußtseinsvermögen.

Und durch den Gegenstoß, den der Körper zentripetal auf den Geist hineinsendet, erlangt die sich gebärende Seele ihr Empfindungsmoment und der Körper durch sie seinen Empfindungsleib.

So wird also die Seele durch diesen Stoß und Gegenstoß zwischen Geist und Körper geboren, und mit ihr wird geschaffen: die erste Verstofflichung der Schöpfung, die *astrale* Welt, das *Paradies!* Der Geist hat sein erstes Kleid bekommen, die Schöpfung ihre erste, wenn auch noch so dünne und unsichtbare stofflich-körperliche Urlichthülle.

Denn der von Gott in das Weltall hinausgestellte Geistfeueratem (die geistige Schöpfung) erfährt durch seine Entfernung von Gott seine erste Abkühlung und erste Verringerung seiner Schwingung und somit seine – erste stoffliche Verdichtung.

So ist also die Seele das Mittel, das Verbindungsglied, die Brücke zwischen den beiden gegensätzlichen Welten, durch die es dem Geist erst möglich wird, auf den Körper wirken zu können, ihm also dauernd die göttliche Lebenskraft zustrahlen und in ihm und mit ihm leben zu können.

Durch die Einbindung des Geistes in den Stoff hat aber der Gottesfunke völlig das Wissen der ewigen Lebensgesetze seiner Art verloren; und der Körper hat ja von Haus aus keine höhere Kenntnis der Organisationsgesetze seines Lebensdomes.

Die Seele aber, das Kind beider Welten, ist sowohl nach der einen wie nach der anderen Welt völlig wach und besitzt ebenso voll und klar das Wissen der ewigen Urgesetze der Monade, welcher ihr Gottesfunke zugehört, wie sie auch das Wissen der irdischen Bedürfnisse des stofflichen Leibes in sich trägt.

Mit einem Wort: Die Seele *übernimmt* das Urwissen, das vom Geist auf sie übergeht und das dieser bei seiner Verbindung mit der Materie verliert.

So wird sie zur großen Wächterin, zur Hegerin und Betreuerin des aus Geist und Stoff bestehenden irdischen Lebewesens. Sie hat die volle Leitung des gewaltigen Wunderwerkes »Körper«!

Sie holt die Atome heran, sie bildet mit den Atomen die Elemente und Chemikalien, die für die Erhaltung der Riesen-Fabrikanlage notwendig sind. Sie baut mit anbetungswürdiger Weisheit und Sicherheit die herrlichen Körperdome des Lebens. Sie ist der große Baumeister, Ingenieur, Physiker, Chemiker, Biologe und Künstler. Sie lenkt und überwacht die Funktionen der einzelnen Organe, ohne daß Kristalle, Pflanzen, Tiere oder Menschen auch nur einen einzigen Augenblick daran denken müssen, und es auch gar nicht können, da sie dies Wissen verlernt und vergessen haben.

Die Seele ist es, die weiß, wie man das Nest baut, die dem Wild sagt, welche Kräuter es zu äsen hat, die den Zugvogel über Länder sicher in die alte Heimat führt, dem einen Tier das Schwimmen, dem anderen das Fliegen beibringt. Die jedes Rotschwänzchen aus sich selbst die duckende Bewegung vollführen läßt und jedem Tier durch die Jahrtausende den ihm eigenen Schrei aus der Kehle preßt. Die Seele ist es, die Wunden und Brüche heilt, die jedem Geschöpf die unfaßbaren Arten und Schliche seiner Selbsterhaltung und Fortpflanzungssicherung eingibt und die bei der geschlechtlichen Vermählung zweier Menschen die Eigenart der Eltern in die Eizelle des künftigen Kindes senkt. Und die Seele ist es, die Kräfte aus der Natur und dem Kosmos holt, von denen wir noch gar keine Ahnung haben.

Sie ist die Meisterin aller Wunder. Sie selbst ist das Wunder! Denn die Seele ist ebenso himmel- und gottausgerichtet, wie sie erderfahren ist. Der Geist aber ist gefangen und hat zufolge seiner Stoff- und Weltzugekehrtheit das kosmische

Wissen und die göttlichen Fähigkeiten verloren. Der Geist handelt, aber er handelt großteils blind. Die Seele dient, aber sie wirkt immer weise. Darum wird *der* Mensch um so weiser und harmonischer sein, der sorgfältig und viel in seine Seele, die »Innere Stimme«, hineinhört und sich von ihr führen läßt. Denn die Seele ist allwissend, und ihr müßt ihr nur Gelegenheit geben, zu euch reden zu können, dann werdet ihr in Weisheit, Gesundheit und Frieden leben!

Die Seele thront in der linken unteren Herzkammer.

Von hier aus schaut sie den Weg des Menschen. Von hier aus mahnt, ruft und warnt sie. Von hier aus leidet und freut sie sich, und von hier aus lenkt und leitet sie alles.

Das Herz ist die Kammer des Blutes. So haust die Seele also nicht nur im Herzen, sondern auch im Blute. Somit steht im Talmud richtig geschrieben: »Das Blut ist das Haus der Seele!« Es ist darum nicht nur von größter Bedeutung, was der Mensch denkt, was also der »Vater Geist« in die Seele strahlt, sondern von ebenso großer Entscheidung ist, was der Mensch ißt, ob also die »Mutter Körper« die Seele mit reinem oder verschlacktem Blute ernährt! Denn je reiner das Denken, Wollen und Handeln und das Essen eines Menschen ist, um so wirkungsfähiger, gesünder und hellschauender wird die Seele! Wer aber edel und rein in seiner Gesinnung und rein in seiner Erzählung ist, betreibt im kosmisch-biologischen Sinn Hochzucht an sich und macht aus seiner Seele, diesem Götterbezirk zwischen Mensch und Himmel, ein edelstes Werkzeug, in dem die einstigen Gottgeistkräfte in alter Vollendung sich entfalten können. Ein derart kosmisch bewußt lebender Mensch steht über den vom Stoff und den Leidenschaften befangenen Menschen wie ein kraftstarker, lichtüberflossener Adler über sandbestaubten Hühnern. Und so ist es kein Wunder, daß ein solcher Lichtmensch von den dunklen, gottabgekehrten und stoffbesessenen Menschen instinktiv gemieden, ja gehaßt wird. Dieses Reinhalten sowohl des Geistes wie des Körpers aber ist die wahre Rassenhochzucht! Denn diese ist eine durchaus geistig-seelische Angelegenheit und hat nicht das geringste mit einfältiger Volksüberheblichkeit zu tun! Denn derart edle, reine, geistig-seelisch hochgezüchtete Menschen gibt es in jedem Volk der Erde. Das Problem der Rassenhochzucht ist mit das älteste Wissen der Menschheit. Aber es ist einzig und allein nur das Wissen um Licht oder Dunkel, edel oder niedrig, also die Entscheidung, ob ein Mensch ein Geist- und Christussohn oder ein Stoff- oder Luziferssohn sein will!

Der Gottesfunke hingegen thront in der Zirbeldrüse. In der heiligen »Hochzeitskammer«. In ihr soll einst (bis es der Seele gelungen ist, den Geist zum Erwachen und vollen Erkennen der Wahrheit des Lebens zu führen) die »Chymische Hochzeit« zwischen Mönch und Nonne, zwischen Geist und Seele vollzogen werden.

Dann werden sich die zwei so lange schmerzlich getrennten Geschwister zum heiligen Hermaphroditen vereinen und das Wunder vollziehen, daß aus dem kühlen Verstand und dem blutwarmen Gemüt, einem Vogel Phönix gleich, die göttliche Vernunft steht, die den Menschen nun nicht mehr den trüben Weg des Schlafes und der Dämonen führt, sondern den lichten Weg des Wachseins und der Engel – also den »Königlichen Pfad«!

Und nun laßt uns nach dieser Abschweifung wieder zurückkehren zu unserer Seele, die sich in der zweiten Phase der Entwicklung der Schöpfung gebiert und formt, wenn die reingeistige Welt sich zu verstofflichen beginnt und das Astralreich bildet, das eure Religion das Paradies nennt.

In dieser zweiten, gewaltigen Schöpfungsperiode – der ersten Verstofflichung – ist die körperliche Hülle, die sich um den Geist legt, noch so dünn, daß sie dem Gottesfunken wenig Behinderung auferlegt und der Mensch noch nahezu alle seine göttlichen Kräfte und Fähigkeiten besitzt. Darum spricht die Religion mit Recht vom glücklichen Zustand des Paradieses!

Aber zufolge der Wirkung der Ausatmung Gottes oder der Zentrifugalkraft, welche die geistige Schöpfung in den Raum hinausträgt, schreitet im Laufe unermeßlicher Zeiträume die Verstofflichung weiter, ähnlich wie die Wärme immer schwächer wird, je weiter sie von ihrem Kern wegstrahlt, oder das Licht blässer wird, je weiter es in den Raum eilt. Denn je weiter sich die geistige Schöpfung von ihrem göttlichen Urgrund entfernt, um so mehr nimmt die Schwingung ab.

Je mehr aber demzufolge auch die Schwingung des Urbaustoffes abnimmt, um so mehr verdichtet sich derselbe zur groben Materie.

Eure Religion drückt dies durch das Bild der Vertreibung des ersten Menschenpaares Adam und Eva aus dem Paradiese aus.

Je mehr sich aber der Urbaustoff verdichtet, um so schwerer wird die Last, die sich auf den Gottesfunken legt, um so stärker die Fessel, die ihn umschließt, und um so mehr geht er seiner Freiheit verlustig, werden seine einstigen im »Himmel« (der ersten, freien Schöpfungsphase) innegehabten gottgeistigen Kräfte und Fähigkeiten gebunden.

Diese starke Fesselung, Behinderung und Einengung erscheint dem Gottesfunken als ein »Ausgetriebensein« aus einstiger seliger, paradiesischer Unbeschwertheit.

So erreicht die Schöpfung langsam jene schwerste, grobstoffliche Verdichtungsform, die sie heute hat. Der aus dem »Himmel« gestürzte Geist ist tatsächlich auch aus dem »Paradies«, aus der dünnstofflichen Astralform, ausgetrieben und lebt nun auf der bitteren »Erde«, im grobstofflichen Gehäuse, wo er tatsächlich »im Schweiße seines Angesichtes sein Brot essen muß«. Das heißt, wo er von der dichten Materie schwer behindert ist und obendrein gegen die schweren luziferischen Verführungen und Versuchungen des Stoffes einen langen und harten Kampf führen muß, bis er den Trug der Materie erkennt, den Schleier der Maja von seinen Augen zu reißen vermag und nach vielen Irrungen, Fehlgängen, Verstößen und Leiden den Weg der Befreiung einschlägt. Er ist in dieser dritten, grobstofflichen Phase der Entwicklung der Schöpfung tatsächlich der gefangene Adler, der gefesselte Prometheus, der verschleierte Gott. Es sind die Zeitläufte des höchsten Triumphes Luzifers. Die Zeiten seiner vollen Herrschaft.

Moses hat im 2. und 3. Kapitel seiner Schöpfungsgeschichte diese endgültige Verstofflichung und tragische Bindung der Gottesfunken in die grobe Materie und das volle Verlieren der einstigen Gottgeistkräfte in geheimnisvoller Meisterschaft ausgedrückt mit den erschütternden Bildern von der Versuchung durch die Schlange, dem Essen vom »Baum der Erkenntnis«, dem Verlieren des »Baumes des Lebens« und der Absperrung von diesem durch den Engel mit dem hauenden Schwert.

Hinter all diesen Bildern aber verbirgt sich ein ungeheuer tiefer, weltentscheidender Sinn! Wer diesen Sinn zu ergründen vermag, hält den »Schlüssel« in Händen zur »Kammer der Meister« und zur »Großen Verwandlung«, welche die Auferstehung, Wiedergeburt und sieghafte Heimkehr heraufführt ...

Wie aber nun alles auf der Welt zweipolig ist, so ist auch der Rhythmus der ganzen Schöpfung zweipolig! Einmal, in unermeßlichen Zeiträumen, ist die Ausatmung Gottes beendet. Auf die große Hinausstellung Seiner geistigen Welt in den Raum und in die Materie folgt nun die Einatmung Gottes, das Zurückholen der geistigen Welt aus dem Exil, aus der Gefangenschaft des Stoffes, die »Nacht Brahmas«, das »Pralaja« oder der Beginn des Wirkens oder Zentripetalkraft.

Nun nimmt der andere Sohn, der erste, älteste Sohn, Christus, die Führung in die Hand und beginnt in ebenso unendlichen Zeiträumen die Entfesselung der Gottesfunken und die Vergeistigung des Stoffes. Also die Rückführung des Geistes aus der Welt der groben Materie in das Paradies der dünnstofflichen Astralform und von dieser in das uranfängliche Reich Gottes, dem »Himmel«, also in den Zustand der völlig ungefesselten freien Geistigkeit und der vollen Wiedervereinigung mit Gott. Und demzufolge die Auflösung der groben Materie in die dünnstoffliche Astralform und von ihr in den einstigen Urzustand des Urlichtes!

Bis dieser Zustand der vollkommenen stofflichen Auflösung und Vergeistigung der Schöpfung erreicht ist, hat Gott mit Ausatmung und Einatmung, mit Manvantara und Pralaja einen vollen Atemzug Seines Seins vollbracht.

Ich will dir nun einiges über die Zeitdauer einer solchen Atmung Gottes an der Hand unseres Sonnensystems erzählen. Die enträtselten Keilschriften der chaldäischen Astrologen sagen uns, daß in dem Rhythmus des Weltgeschehens die Zahl 432 eine große Rolle spielt. So erstaunlich uns das scheint, daß dieses Urvolk auf diese Zahl kam, so noch weit überraschender ist es, daß der große Denker und Astrologe Kepler auf ganz genau dieselbe Zahl kam!

Wenn du die Zahl mit 60 multiplizierst, erhältst du 25 920 Jahre – das ist genau die Zahl, welche der Tierkreis zu einer vollen Umdrehung braucht. Oder deutlicher gesagt: welche die Sonne zur Durchwanderung des ganzen Tierkreisringes benötigt. Es ist genau die Zeit des großen »Sonnenjahres«!

Über die Dauer einer Ausatmung Gottes: eines zentrifugalen Manvantaras, lehrten uns die Brahmanen, daß die Verstofflichung unseres Sonnensystems 10 Zeitalter umfasse und jedes einzelne dieser Zeitalter aus 4 Perioden besteht.

Da nun alle vier Perioden eines einzelnen Zeitalters 4 320 000 Jahre umfassen, so betragen alle zehn Zeitalter zusammen 43 200 000 Jahre.

Und da die Einatmung Gottes, das zentripetale Pralaja, genau denselben Zeitraum währt, so umfaßt also ein voller Atemzug Gottes die doppelte Zeitdauer, also 86 400 000 Jahre.

In diesem unermeßlichen Zeitraum vollzieht sich die »Weltenfahrt allen Geistes« vom »Himmel«-Zustand über die »Paradies«-Phase bis zum »Erden«-Zustand und von diesem wieder zurück in die einstige »Himmel«-Stufe der reinen Geistigkeit.

Innerhalb dieser Zeitdauer von 86 400 000 Jahren hat Gott eine Seiner Weltschöpfungen hinausgestellt und wieder in Sich eingesogen, so wie ein Feuer die von seiner Flammenkraft emporgeworfenen Funken nach kurzem, seligem Lebenstanz wieder in seinen Glutschoß zurückholt.

Und zwar ist der Weg nun umgekehrt: die Gottesfunken werden von den Gottesgedanken, den Monaden, eingesogen; die

Monaden von den Urengeln der Gestirne, und die Urengel von Gott. In die leer gewordenen Räume treten durch erneute Ausatmung Gottes neue Welten hinaus, und so erfüllt sich in stetem Rhythmus der ewige Kreislauf der Schöpfung.

* * *

Ein Text von WLADIMIR LINDENBERG *über Gebet und Meditation soll dieses Buch beschließen mit dem eindringlichen Hinweis, daß es zwar viele Wege in vielen Traditionen gibt, aber nur ein Ziel – ob dieses über Meditationen oder Gebete verwirklicht wird, ist gleichgültig, denn der Erleuchtung ist es egal, wie wir sie erlangen. Wichtig ist nur, daß wir sie erlangen, das wiederum ist bereits sicher. Es ist nur die Zeit, die große Täuscherin, die uns davon scheinbar noch trennt.*

Gebet und Meditation

Gebet ist das Gespräch des Menschen mit Gott. Es ist die geheimnisvollste und intimste Verbindung, die der Mensch mit dem Herrn des Weltalls aufnimmt. Er redet ihn aus der Herzensnähe mit Du an, und er sagt ihm alles, was ihn drückt, ihn bewegt und beglückt. Er kann sein Gebet improvisieren, und er kann ein uraltes geheiligtes Gebetsklischee benutzen, das hundert Generationen gebetet haben und das für den Menschen als Gattung Gültigkeit gewonnen hat. Er kann es hinausschreien, es singen, es flüstern und es nur in Gedanken bewegen. Er kann es mit Gebärden begleiten. Der frühe Christ erhob die Arme zum Gebet, der Katholik und der Orthodoxe bekreuzigt sich, der Russe wirft sich auf die

512

Erde, der Protestant faltet die Hände, der Moslem kniet gegen Mekka und verbeugt sich, der Hindu hebt im Pronam die gefalteten Hände gegen die Stirn. Immer ist es die Haltung der Demut, des Grußes, der Ehrfurcht.

Der eine bittet, der andere dankt, der dritte streitet und hadert, der vierte ringt verzweifelt und zweifelnd um Nähe und Hilfe, der fünfte führt ein Gespräch, der sechste ergreift den Zipfel seines Gewandes und ist einfach unaussprechlich glücklich. Dem einen wird im Fragen die Antwort kund, ein anderer lauscht und hört nichts, und einer geht hinweg, ohne auf die Antwort zu warten.

Das Gebet ist selbst ein Fahrzeug zu Gott, es kann das Gebet leicht sein wie eine Feder und schwer wie ein Kahn, es kann den Menschen zu Gott tragen, und es kann ihn herauskippen.

Rabbi Pinchas sagt: »Das Gebet, das der Mensch betet, das Gebet selber ist Gottheit. Der Beter, der wähnt, das Gebet sei ein ander Ding als Gott, ist wie ein Bittsteller, dem der König das Verlangte reichen läßt. Wer aber weiß, daß das Gebet selbst Gottheit ist, gleicht dem Königssohn, der sich aus den Schätzen seines Vaters holt, was er begehrt.«

Der in Gott Geborgene bedarf kaum der Worte, es genügt ein zu Gott gesandter Seufzer, und er wird erhört. So wird von Nachschon ben Aminadab erzählt, daß er, als Israel am Schilfmeer stand, noch ehe es gespalten war, hineinsprang, und als das Wasser ihm zum Halse reichte, sprach: »Hilf, Herr, die Wasser gehn ans Leben.« Er schrie nicht, er sprach es mit sanfter Stimme, denn sein Glaube war groß, und alles, was geschah, war natürlich.

Der große Yogi Ramakrishna über Gott: »Zahlreich sind die Namen Gottes und unendlich die Gestalten, die uns zu

Seiner Erkenntnis führen. Mit welchem Namen immer und in welcher Gestalt du Ihn auch anzurufen begehrst; in eben dieser Gestalt und unter diesem Namen wirst du Ihn sehen.«

Gebet ist nicht nur eine Bitte, ein Flehen oder ein Danken, es ist oft auch eine Antwort. Der Gott in uns antwortet dem Fragenden in uns, und es wird uns Erleuchtung und Kraft. Wie der heilige Aurelius Augustinus betet: »Herr, gib mir die Kraft, alles zu tun, was Du von mir verlangst. Dann verlange von mir, was Du willst.«

Der große Liebende betet für die ganze Welt und für alle Kreatur, sich in ihr eins wissend, wie es der russische Sämann tut: »Herrgott, gestalte und vermehre und laß gedeihen, daß es reiche für jedermann – für den Hungernden und den Verwaisten, für den Begehrenden, für den Bittenden und für den Entwendenden, für den, der da segnet, und für den, der undankbar davongeht.«

Und Kirill von Turow im 12. Jahrhundert: »O Güte, O Einfalt, O Liebe, O Jesus, meine Freude! Siehe, ich eile zu Dir, wie Nikodemus des Nachts; komme mir entgegen, öffne die Tür! Laß mich Gott hören, den Wandelnden, den Redenden. Dein Gewand ist schon in meinen Händen – zerschlage meine Lenden, aber ich lasse Dich nicht, Du segnest denn mit mir alle …!«

Mit diesem Alle meint er wirklich alle, die Guten und die Bösen, die Christen und die Andersgläubigen, die gesamte Kreatur.

Der sich in Gott und Gott in sich weiß, der schlesische Wandersmann Angelus Silesius:

Halt an, wo läufst du hin? Der Himmel ist in dir!
Suchst du Gott anderswo, du fehlst ihn für und für!

Und der große Leidende, der zu aller Erduldung dennoch ein frohes Ja sagt – Paul Gerhard, der alle Schrecken und Nöte des Dreißigjährigen Krieges erlebte:

Hoff, o du arme Seele, hoff, und sei unverzagt!
Gott wird dich aus der Höhle, da dich der Kummer
plagt,
Mit großen Gnaden rücken. Erwarte nur die Zeit,
So wirst du schon erblicken die Sonn' der schönsten
Freud!

Auf, auf gib deinem Schmerze und Sorgen gute Nacht!
Laß fahren, was das Herz betrübt und traurig macht!
Bist du doch nicht Regente, der alles führen soll,
Gott sitzt im Regimente und führet alles wohl.

Die schönste Bitte um die schönsten und edelsten Menschengaben der Liebe, des Dienstes, der Demut und des Verzeihens hat uns der christlichste aller Menschen, der Poverello, der heilige Franziskus von Assisi hinterlassen:

Herr, mein Gott, mach mich zum Werkzeug Deines
Friedens.
Daß ich Liebe übe, wo man mich haßt,
Daß ich verzeihe, wo man mich beleidigt,
Daß ich verbinde, wo Streit ist,
Daß ich die Wahrheit sage, wo Irrtum herrscht,
Daß ich Glaube bringe, wo der Zweifel drückt,
Daß ich Freude mache, wo Kummer wohnt.
Ach Herr, laß Du mich trachten:

Nicht, daß ich getröstet werde, sondern daß ich andere
tröste,
Nicht, daß ich verstanden werde, sondern daß ich andere
verstehe,
Nicht, daß ich geliebt werde, sondern daß ich andere
liebe.
Denn wer da gibt, der empfängt,
Wer sich selbst vergißt, der findet,
Wer verzeiht, dem wird verziehen,
Und wer da stirbt, der erwacht zum ewigen Leben.

Dieses schönste Gebet ist eine Zwiesprache mit dem Gott in
uns. Es bittet schon nicht mehr, es zeichnet in der Zwiesprache den Weg zur letzten Vollkommenheit und Heiligkeit.
Ähnliches sagt Vivekananda, der Schüler des Ramakrishna:
»Wollt Ihr Gott finden, so dienet dem Menschen.«
Mahatma Gandhi, der erhabene Erneuerer Indiens, betete
jeden Tag:

Ich will bei der Wahrheit bleiben.
Ich will mich keiner Ungerechtigkeit beugen.
Ich will frei sein von Furcht.
Ich will keine Gewalt anwenden.
Ich will guten Willens sein gegen jedermann.

Wenn der Betende durch das Gebet in Gott eingeht, mit ihm
eins wird, was der letzte und tiefste Sinn des Gebets ist, so
wird das Wort von Laotse wahr: »Der Grund, warum ich
große Übel erfahre, ist, daß ich ein Ich habe. Wenn ich kein
Ich habe, welches Übel gibt es dann noch?«
Als die Schüler Paramhansa Yogananda fragten, ob sie nie-

mals um irdische Güter bitten sollten, da er sie doch gelehrt habe, Gott zu bitten, Sich ihnen zu offenbaren, und nicht die Dinge des Alltags zu begehren, antwortete er: »Ihr habt natürlich das Recht, Gott um etwas zu bitten. Aber Ihr könnt auch sagen: ›Herr, Du weißt um mein Bedürfen, hilf mir nach Deinem Willen.‹ Wenn Ihr um die Gewährung eines Autos bittet und Euren Willen dahintersetzt, Ihr werdet es erhalten. Es mag aber sein, daß dies nicht das für Euch notwendige Ding ist. Manchmal beachtet Gott unsere kleinen Bitten nicht, weil Er Größeres mit uns vorhat. Vertraut Ihm mehr! Glaubt Ihr nicht, da er Euch erschaffen hat, daß er Euch nicht auch erhalten kann?«

Der große geistige Erneuerer Indiens, Swami Sivananda, sagt: »Laß all Dein Leben ein Gebet sein. Denn Leben ist Dienen, Leben ist Geben, Leben ist Vergeben, Leben ist Beherrschung der Sinne, Leben ist Streben nach Vollkommenheit, Leben ist Lieben, Leben heißt andere glücklich machen, Leben ist seinen Besitz mit anderen teilen. Leben ist immerdar an Gott denken und sich mit Ihm verbunden wissen, Leben heißt mutig, rein und freundlich sein, Leben heißt gut sein und Gutes tun.«

Und von Sören Kierkegaard wird gesagt: »Als sein Gebet immer andächtiger wurde, da hatte er immer weniger und weniger zu sagen. Zuletzt wurde er ganz still. Er wurde still – ja, was womöglich ein noch größerer Gegensatz zum Reden ist – er wurde ein Hörer. Er meinte erst, Beten sei Reden, er lernte aber, daß Beten nicht bloß Schweigen ist, sondern Hören. Und so ist es: Beten heißt nicht sich selbst reden hören. Beten heißt stille werden und stille sein und harren, bis der Betende Gott hört.«

Was von Kierkegaard hier geschildert wird, ist bereits der

Zustand der Meditation. Gebet und Meditation sind keine unterschiedlichen Dinge. Ihr Unterschied ist lediglich ein quantitativer und ein qualitativer. Während das Gebet ein aktives, oft gewohnheitsmäßiges, kurzes Hinstreben, ein Sich-Besinnen auf Gott, ein Bitten, ein Danken, ein Stoßseufzer sein kann, ist Meditation das Verweilen bei oder in Gott, das Seligsein in Gott, das Stille-Werden in Gott, die Schau Gottes.

Der Weg zur Meditation führt in der Regel über das Gebet, doch bedarf es dazu der Rede und der Worte nicht mehr, es kann in der Stille und in der Reglosigkeit geschehen. Es ist ein Zustand, in dem Mensch und Gott jeder den halben Weg zueinander gehen.

Auf dem Altarbild von Meister Berndt Notke in Lübeck, das das Wunder der Gregorsmesse darstellt, sehen wir es deutlich: Christus steigt vom Kreuz und ergießt noch einmal sein Blut in den Kelch, der vor dem Papst Gregor auf dem Altartisch steht: hier streben der Betende und der Heiland einander zu, die große Unio mystica, wie sie allen Heiligen aller Zeiten und aller Religionen als letzte Erfüllung vorschwebt, vollzieht sich hier.

Das Gebet und die Meditation haben ihre eigenen Gebärden. Der Betende faltet die Hände, macht das Kreuzeszeichen, senkt oder hebt sein Haupt, kniet nieder, er singt oder flüstert oder spricht das Gebet. Der Meditierende verweilt in diesem Zustand, er bedarf einer Vorbereitung zur Meditation, da er nicht die Fähigkeit hat, sich aus der Unrast des Alltags in die Stille umzuschalten.

In den verschiedenen Völkern und Religionen werden verschiedene, doch ähnliche Praktiken der Meditation geübt, das Ziel ist bei allen das gleiche – die Versenkung, das Auslöschen des kleinen Alltags-Ichs und sein Einströmen in den weiten, bergenden Schoß Gottes, des Atman, des Kosmos. Es bedarf dazu der Vorbereitung. Diese ist körperlicher, seelischer und geistiger Natur.

Die Einheit

In verzweifelter Hoffnung gehe ich umher und suche sie in allen Winkeln meines Zimmers; ich finde sie nicht! Mein Haus ist klein, und was einmal aus ihm fortgegangen ist, kann nicht wieder zurückgewonnen werden.

Unendlich aber ist Deine Wohnung, Herr, und auf der Suche nach ihr bin ich vor Deine Tür gelangt. Ich stehe unter dem goldenen Baldachin Deines Abendhimmels und hebe die flehenden Augen zu Deinem Antlitz empor. Am Rande der Ewigkeit stehe ich, aus der nichts verlorengehen kann, keine Hoffnung, keine Glückseligkeit, nicht das Bild eines durch Tränen erblickten Gesichts.

Oh, tauche mein leeres Dasein in jenen Ozean, versenke es in seiner tiefsten Fülle. Laß mich ein einziges Mal diesen verlorenen süßen Hauch im All des Universums verspüren.

RABINDRANATH TAGORE

Quellenverzeichnis

Anonym, »Wie soll ich meine Seele retten?«, aus: Emmanuel Jung-claussen (Hrsg.), *Aufrichtige Erzählungen eines russischen Pilgers,* Verlag Herder GmbH u. Co. KG, Freiburg i. Br. ³1995.

Richard Bach, *Die Möwe Jonathan,* Ullstein Verlag, Berlin 1993.

»Ein Becher voll Maya«, aus: Eli Jaxon-Bear/Sabine Lorenz, *Da lacht der Erleuchtete,* Droemersche Verlagsanstalt Th. Knaur Nachf., GmbH & Co., München 1991.

Dalai Lama, »Der schützende Baum der gegenseitigen Abhängigkeit«, aus: Geshe Thubten Ngawang, *Genügsamkeit und Nichtverletzen,* Verlag Herder GmbH u. Co. KG, Freiburg i. Br. 1995.

Thorwald Dethlefsen, *Schicksal als Chance,* C. Bertelsmann Verlag GmbH, München 1979.

Albert Einstein/Leopold Infeld, *Die Evolution der Physik,* Rowohlt Verlag GmbH, Reinbek 1995 (Rechte bei: Paul Zsolnay Verlag GmbH, Wien/Hamburg 1950).

Michael Ende, *Momo,* K. Thienemanns Verlag, Stuttgart/Wien/Bern ³¹1986.

Marie-Louise von Franz, *Der ewige Jüngling,* Kösel-Verlag, München ²1992.

»Die Geschichte von der Sandwüste«, aus: *Leben ist mehr,* Verlag Herder GmbH u. Co. KG, Freiburg i. Br. 1995.

Khalil Gibran, »Von der Liebe«, aus: Khalil Gibran, *Der Prophet,* Walter Verlag, Solothurn/Düsseldorf ³⁰1995.

Khalil Gibran, »Satan«, aus: Khalil Gibran, *Abgründe des Herzens,* Walter Verlag, Solothurn/Düsseldorf ⁸1995.

Lama Anagarika Govinda, »Die Vision des Tschela«, aus: *Der Weg der weißen Wolken,* Scherz Verlag, Bern/München/Wien 1975.

Adolf Guggenbühl, »Die Ehe – ein Heilsweg«, aus: Adolf Guggenbühl, *Die Ehe ist tot – lang lebe die Ehe!*, Kösel-Verlag (Rechte bei: Schweizer Spiegel Verlag, Zürich), München 1987.

Hermann Hesse, *Klein und Wagner* und *Siddhartha*, Suhrkamp Verlag, Frankfurt/M. 1974.

C. G. Jung, *Gesammelte Werke*, VII, 268 f, g, Walter Verlag, Solothurn/Düsseldorf ⁴1989 und *Gesammelte Werke*, XI, 362 g, ⁶1992.

C. G. Jung, »Über die Archetypen des kollektiven Unbewußten«, aus: C. G. Jung, *Bewußtes und Unbewußtes*, S. Fischer Verlag, Frankfurt/M. o. J. (Rechte bei: Walter Verlag, Solothurn/Düsseldorf).

Jiddu Krishnamurti, »Liebe«, aus: Jiddu Krishnamurti, *Einbruch in die Freiheit*, Ullstein Verlag, Berlin ¹⁶1992 (Rechte bei: Krishnamurti Foundation Trust, England).

Wladimir Lindenberg, »Begegnung mit dem Schicksal«, aus: Wladimir Lindenberg, *Mysterium der Begegnung*, 26. Tsd., Ernst Reinhardt Verlag, München/Basel o. J.

Wladimir Lindenberg, »Gebet und Meditation«, aus: Wladimir Lindenberg, *Die Menschheit betet. Praktiken der Meditation in der Welt*, 35. Tsd., Ernst Reinhardt Verlag, München/Basel o. J.

Abraham Maslow, *Psychologie des Seins*, Kindler Verlag, München 1973.

W. Somerset Maugham, *Auf Messers Schneide*, Diogenes Verlag AG, Zürich 1973.

Gustav Meyrink, »Die Geschichte vom Löwen Alois«, aus: Gustav Meyrink, *Tiergeschichten*, Langen Müller in der F. A. Herbig Verlagsbuchhandlung GmbH, München o. J.

William A. Miller, *Der Goldene Schatten*, Irisiana Verlag, München 1994.

Osho, *Das Buch der Heilung*, Verlag Wilhelm Heyne, München 1995.

Herbert Pietschmann, »Die Philippus-Frage«, aus: Herbert Pietschmann, *Die Wahrheit liegt nicht in der Mitte*, Weitbrecht Verlag im K. Thienemanns Verlag, Stuttgart 1990.

Herbert Pietschmann, »Die Welt, die wir uns schaffen«, aus: Herbert Pietschmann, *Die Spitze des Eisbergs*, Weitbrecht Verlag im K. Thienemanns Verlag, Stuttgart 1994.

Edward M. Podvoll, »Bilder des Wahnsinns«, aus: *Verlockung des Wahnsinns,* Irisiana Verlag, München 1994.

Karl Rahner, »Ein von niemand mehr gehörtes Signal«, aus: Karl Rahner, *Grundkurs des Glaubens,* Verlag Herder GmbH u. Co. KG, Freiburg i. Br. 1976.

Ram Dass, »Methoden und Mehr« und »Niemand Besonderes«, aus: Ram Dass, *Schrot für die Mühle,* Sadhana Verlag, Berlin 1995.

Oskar Ruf, *Die esoterische Bedeutung der Märchen.* Zusammenfassung der Grundthematik des Taschenbuches, Knaur Esoterik Nr. 86007, April 1992, für Ruediger Dahlke geschrieben im September 1995.

Oliver Sacks, »Reise nach Indien« und »Die Visionen der heiligen Hildegard«, aus: Oliver Sacks, *Der Mann, der seine Frau mit einem Hut verwechselte,* Rowohlt Verlag GmbH, Reinbek 1987.

Antoine de Saint-Exupéry, *Der kleine Prinz,* Karl Rauch Verlag KG, Düsseldorf 1950 und 1956.

Rupert Sheldrake, *Das schöpferische Universum,* Goldmann Verlag GmbH, München 1985 (Rechte bei: Edition Meyster in der F. A. Herbig Verlagsbuchhandlung GmbH, München).

Stanley Siegel, »Die Frau, die verrückt spielte«, aus: Stanley Siegel/ Ed Lowe, *Der Patient, der seinen Therapeuten heilte,* Irisiana Verlag, München 1995.

David Steindl-Rast, »Durch die Sinne Sinn finden« und »Mit dem Herzen horchen«, aus: David Steindl-Rast, *Die Achtsamkeit des Herzens,* Wilhelm Goldmann Verlag GmbH, München 1988.

Hans Sterneder, *Der Wunderapostel,* Verlag Hermann Bauer KG, Freiburg i. Br. 1977

Rabindranath Tagore, »Verehrung den Bäumen«, aus: Rabindranath Tagore, *Wo die Freude ihre Feste feiert,* Verlag Herder GmbH u. Co. KG, Freiburg i. Br. 1990.

Herman Weidelener, *Die Götter in uns,* Goldmann Verlag GmbH, München o. J.

Herman Weidelener, *Innere Weisheit,* Goldmann Verlag GmbH, München 1989.

Veröffentlichungen von Margit und Ruediger Dahlke

Margit Dahlke

Der Meditationsführer – Wege nach innen, Schönbergers Verlag, München 1985.

Astro-Dice – Das astrologische Orakelspiel, Urania Verlags AG, Neuhausen 1988.

Meditationen für den Widder, Stier, Zwilling, Krebs, Löwen, die Jungfrau, Waage, den Skorpion, Schützen, Wassermann, die Fische und den Steinbock. 12 Kassetten und CDs.
Carpe Diem, Brucker Allee 14, A-5700 Zell am See, Tel. + Fax: (00 43) 65 42 / 5 52 86.

Frauen-Heil-Kunde – Be-Deutung und Chance weiblicher Krankheitsbilder, Bertelsmann Verlag, München 1999.

Arbeitsbuch zur Mandala-Therapie, Hugendubel, München 1999.

Ruediger Dahlke

Krankheit als Symbol – Handbuch der Psychosomatik, Bertelsmann Verlag, München 1996.

Lebenskrisen als Entwicklungschancen – Zeiten des Umbruchs und ihre Krankheitsbilder, Bertelsmann Verlag, München 1995.

Krankheit als Sprache der Seele – Be-Deutung und Chance von Krankheitsbildern, Bertelsmann Verlag, München

Reisen nach innen – geführte Meditationen auf dem Weg zu sich selbst (+ 2 Kassetten), Irisiana-Hugendubel, München 1994.

Mandalas der Welt – Ein Meditations- und Malbuch, Irisiana-Hugendubel, München 1994.

Entgiften – Entschlacken – Loslassen (mit Doris Ehrenberger), Hugendubel, München 1998.

Erde – Feuer – Wasser – Luft (Photos: Bruno Blum), Schweizer Naturverlag und Bauer Verlag, Freiburg i. Br. 1995.

Krankheit als Weg – Deutung und Bedeutung der Krankheitsbilder (mit T. Dethlefsen), Bertelsmann Verlag, München 1983.

Bewußt Fasten – Ein Wegweiser zu neuen Erfahrungen, Urania Verlags AG und Goldmann TB, München 1996.

Das Senkrechte Weltbild – Symbolisches Denken in astrologischen Urprinzipien (mit N. Klein), Hugendubel, München 1986.

Der Mensch und die Welt sind eins – Analogien zwischen Mikrokosmos und Makrokosmos, Hugendubel, München 1990.

Die Spirituelle Herausforderung – Einführung in die zeitgenössische Esoterik (mit Margit Dahlke), Heyne TB, München o. J.

Habakuck und Hibbelig – das Märchen von der Welt, Heyne TB, München 1987.

In der Knaur-Taschenbuchreihe »Alternativ Heilen«:

Die Psychologie des blauen Dunstes – Be-Deutung und Chance des Rauchens (mit Margit Dahlke), München 1989.

Gewichtsprobleme – Be-Deutung und Chance von Über- und Untergewicht, München 1989.

Herz(ens)probleme – Be-Deutung und Chance von Herz-Kreislauf-Problemen, München 1990.

Verdauungsprobleme – Be-Deutung und Chance von Magen- und Darmproblemen, München 1990 (mit R. Hößl).

Vorträge auf Audiokassetten:
1. Der Mensch und die Welt sind eins;
2. Krankheit als Weg;
3. Krankheitsbilder unserer Zeit;
4. Sucht und Suche;
5. Fasten – Gesund durch Verzicht;
6. Krankheit als Sprache der Seele;

7. Heilung durch Meditation – Reisen nach Innen;
8. Gesunder Egoismus – Gesunde Aggression;
9. Lebenskrisen – Lebenschancen;
10. Medizin der Zukunft;
11. Krankheit als Symbol;
12. Spirituelle Herausforderung.
Nikolaus Gfrerer, Brucker Allee 14, A-5700 Zell am See,
Tel. + Fax: (00 43) 65 42 / 5 52 86:

Meditations-Kassetten und CDs:
Reihe »Heilmeditationen« mit den Titeln: Tiefenentspannung, Innerer Arzt, Leber, Verdauungsprobleme, Gewichtsprobleme, Hoher Blutdruck, Niedriger Blutdruck, Rauchen, Krebs, Allergie, Rückenprobleme, Angst, Suchtprobleme, Kopfschmerzen und Lebenskrisen als Entwicklungschancen, Entgiften – Entschlacken – Loslassen, Schlafprobleme, Frauen-Probleme, Mandala.
Kindermeditationen: Lieblingstier, Märchenland; 12 Sternzeichenmeditationen (mit Margit Dahlke).
Elemente-Rituale, Heilungs-Rituale.
Hermann-Bauer-Verlag, Freiburg i. Brsg., Tel.: 07 61 / 7 08 20.

Video-Kassette:
Reinkarnation – 60 Minuten mit Margit und Ruediger Dahlke.
Dieter Eichler, Stuttgart, Tel.: 07 11 / 62 80 99.

Ausbildungen

Grundausbildung: »Esoterische Medizin«.
Weiterführende Ausbildungen: AtemtherapeutIn, MeditationslehrerIn, FastenberaterIn, ReinkarnationstherapeutIn.
Informationsadresse: Schornbach 22, D-84381 Johanniskirchen,
Tel.: 0 85 64 / 8 19, Fax: 0 85 64 / 14 29
Internet: www.dahlke.at
E-mail: info@dahlke.at

Spirituelle Wege –
die kleine Bibliothek der
Weisheiten

(86157)

(86165)

(86172)

(86103)

(86112)

(86071)

Gesamtverzeichnis
bei Knaur, 81664 München

Spirituelle Wege –
die kleine Bibliothek der
Weisheiten

(86051)

(86053)

(86056)

(86073)

(86072)

(86130)

Spirituelle Entfaltung

(86070)

(86063)

(86157)

(86117)

(86155)

(86174)